WIZARD

WIZARD BOOK SERIES Vol. 56

投資苑2

トレーディングルームにようこそ

Come Into My Trading Room : A Complete Guide to Trading

アレキサンダー・エルダー
Alexander Elder

長尾慎太郎［監修］ 山中和彦［訳］

Pan Rolling

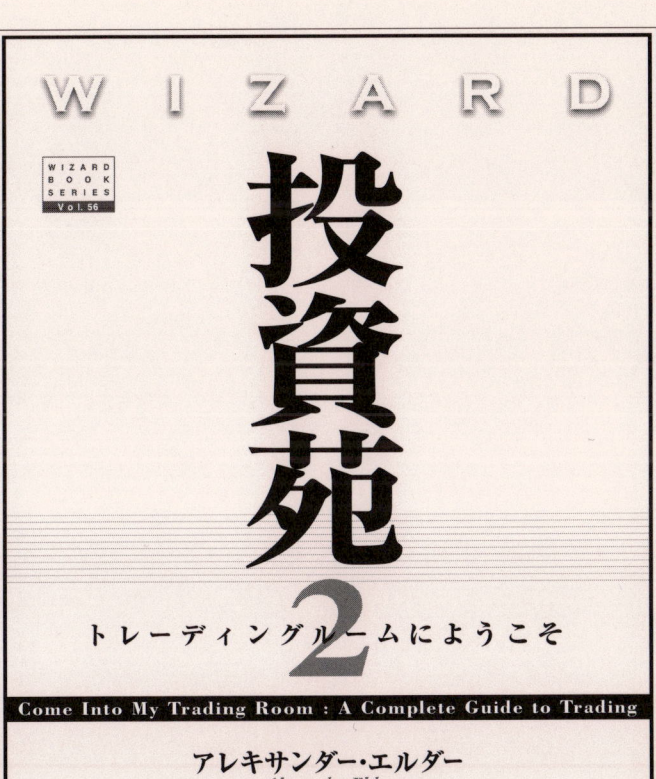

監修者まえがき

　マーケットやトレードを心理学的観点から解説したことによって好評を得た"Trading for a Living"（邦題『投資苑』パンローリング刊）から9年の歳月を経て、アレキサンダー・エルダー博士は本書である"Come Into My Trading Room"を著した。精神医学を専門とするエルダー博士は、前作に引き続き本書でも、独特のさまざまな観点から考察を行っている。ここで核となっている「マインド（心理）、メソッド（方法）、マネー（資金）がトレードで成功するために考慮すべき不可欠な要素である」という考え方は、最近でこそ必ずしも珍しいものではなくなったが、逆に、そういった概念が今日普及したということは、何よりエルダー博士の前著が業界にそれだけ強い影響を与えたということの証拠であると言える。
　さて、本書にはエルダー博士が自ら開発、利用し、実績を挙げてきたツールや売買手法が紹介されていることもその魅力のひとつではあるが、さらに目を引かれるのは、順を追って通読することによって、読者がトレードにおけるさまざまな問題点を認識し、各々の置かれた環境、条件に照らして、無理のない運用形態を選択できるレベルに導かれるようになっていることである。あまたある投資手法のなかから、マーケットそのものの特徴や問題点、あるいはトレードを行う側の個人的な事情や制約条件を正しく把握し、適切な投資手法を選択するプロセスは成功のために不可欠な条件であると言える。本書はその段階に至るまでの迷いや回り道による無駄や損失を大幅に軽減する手助けとなるであろう。限られた時間、限られた運用資金でもってトレードを始める私たち個人投資家にとっては、これは非常に大切なことである。トレードでの成功を売買の総合的な技術、知識の向上のプロセスとしてとらえる場合、エルダー博士のように実践家であり、かつ心理

学者である先達の導きが得られることは心強いかぎりである。

　最後に、本書の翻訳に当たってくださった山中和彦氏、編集・校正をしていただいた阿部達郎氏（FGI）、パンローリング社社長の後藤康徳氏に心から感謝の意を表したい。本書の題名には「トレーディングルーム」という言葉が含まれているが、その内容は、いわゆるトレードだけではなくすべての投資家、投機家にとって有益な示唆に富むガイドブックである。また前作と同様に、本書にはスタディガイドである「投資苑２　Q&A」も用意されている。本書に紹介された内容に共感し、そのエッセンスを確実に身につけたいと思われる読者におかれてはぜひこちらを使って演習されることをお勧めする。この書籍が読者のトレードに何らかの形で役に立つことができれば、関係者一同の幸せとするところである。

2003年７月

長尾慎太郎

Come Into My Trading Room
Copyright © 2002, Dr. Alexander Elder
Elder.com

私の生徒のみなさんに捧ぐ

CONTENTS

監修者まえがき　　　　　　　　　　　1
はじめに　　　　　　　　　　　　　　9
　本書の構成について　　　　　　　11
　男性か女性か？　　　　　　　　　13

第1部　カモにされない金融トレーディング　15

第1章　投資？　トレード？　ギャンブル？　17
　賢明なる投資家　　　　　　　　　17
　賢明なるトレーダー　　　　　　　19
　賢明なるギャンブラー？　　　　　25

第2章　どの市場をトレードすべきか？　27
　株　　　　　　　　　　　　　　　28
　先物　　　　　　　　　　　　　　31
　オプション　　　　　　　　　　　35

第3章　最初の数歩　41
　成功の外的障害　　　　　　　　　42
　道具の整備　　　　　　　　　　　51
　分析とトレーディング　　　　　　62

第2部　成功するトレーディングの3つのM　71

第4章　マインド──規律のあるトレーダー　75
　市場のなかを夢遊病者のようにさまよう　78
　自滅の救済策　86
　円熟したトレーダー　95

第5章　方法──テクニカル分析　105
　チャートの基礎　106
　指標──弾倉に5発の弾丸　129

第6章　トレーディング　183
　システムテスト　187
　トリプルスクリーンの更新　191
　デイトレーディング　204
　力積システム　231
　市場温度計　238
　刺激的なトレード　242
　トレード対象の選択　267

第7章　資金管理の公式　313
　計算能力　317
　経営者のリスクと損失　318
　2％策──サメ防止　320
　6％ルール──ピラニア防止　326

CONTENTS 目次

　　ポジションサイズ　　　　　　　　　　　　331
　　資金管理の段階　　　　　　　　　　　　　335

第3部　トレーディングルームへようこそ　341

第8章　組織化されたトレーダー　343
　　トレーダーのスプレッドシート　　　　　　345
　　資金カーブ　　　　　　　　　　　　　　　348
　　トレード日誌　　　　　　　　　　　　　　350
　　行動計画　　　　　　　　　　　　　　　　353

第9章　生計のためのトレーディング　357
　　規律と謙虚　　　　　　　　　　　　　　　360
　　時間はありますか？　　　　　　　　　　　365
　　意思決定木　　　　　　　　　　　　　　　373
　　初心者、セミプロ、プロ　　　　　　　　　383
　　プロになる　　　　　　　　　　　　　　　387

第10章　トレーディングルームへようこそ　393
　　日誌からの抜粋　　　　　　　　　　　　　395
　　次のトレード　　　　　　　　　　　　　　420

謝辞　　　　　　　　　　　　　　　　　　　　423
参考文献　　　　　　　　　　　　　　　　　　427
著者について　　　　　　　　　　　　　　　　431

はじめに

「あなたは自由になれます。世界のどこでも暮らし仕事をすることができます。日常の雑事から開放され、だれに従う必要もありません」——私の最初の本『投資苑』はこの言葉で始まります。あの本を出版してから、トレーディングで成功して自由になった人々に出会って友人になることが、私の大きな喜びになりました。私は年に数回トレーダーズキャンプを実施して、遠隔のリゾート地で１週間の集中講座を開催します。生徒のみなさんの成功が楽しみです。ある株式ブローカーは専業トレーダーになり、自分のビジネスをやめ、リオに引っ越してラテン系の女性に対する生涯の興味を深めています。ある女性の心理学者はオプションの売り手として大変な成功を収め、夫の早期退職の資金も追加して夫婦でバージン諸島に移住し、自称シンクロナス・ハンモッキングの専門家になりました。ある男性は、バーモントで山をひとつ買ってその頂上に建てた家からトレードしています。生徒のみなさん全員がこのように成功できればいいのですが、事はそんなに簡単ではありません。

　トレードで成功するために必要な生来の資質がいくつかあり、それを欠く人はトレードを始めることさえ避けたほうがいいでしょう。それは、規律、どのくらいのリスクに耐えられるか、数字に強いことなどです。大きく肥満して酒にいりびたりでタバコをやめられない場合、その人は規律を欠いています。あまりにもこせこせとけちな人はいつもピリピリして市場のリスクに耐えることができません。のろまで単純な計算を素早くできない人は、価格が急激に変動すると途方に暮れてしまいます。

　トレードで成功するためには、規律、どのくらいのリスクに耐えられるか、計算能力のほかに、３つのM、つまり、マインド、メソッド、

マネーが必要です。マインドとは、心理的なルールを整備して市場のノイズの真っただ中で冷静さを保つことです。メソッドとは、価格を分析し意思決定木を構築するシステムのことです。マネーとは資金管理を指し、いかなるトレードでもリスクにさらすのはトレーディング資金の小さい部分に限ることです。つまり、潜水艦は多くの区画に分割されていてひとつの区画に浸水しても沈没しないようになっていますが、自分の取引口座もそんなふうに組み立てるわけです。こうしたスキル——心理、トレーディング戦術、資金管理——を身につけることは可能なのです。

どれくらいの時間をかけたら有能なトレーダーになることができて、そのコストはいくらかかるのでしょうか？　どんなルールを設定し、どういうメソッドを用いて、トレーディング資金はどのように分割すればいいのか？　学ぶべきことの第一は、第二は、そして、第三は何か？　どの市場をトレードすればよくて、どれくらいの儲けを期待できるのか？　こうした問題に興味がある方に本書はピッタリです。

トレーディングで成功することは可能です。成功するのは、従来も、今日のこの瞬間も、ゼロから始めてトレーディングを習得し、豊かに生計を立てている人たちです。大成功して大金を手にする人もいます。無知か、あるいは規律を欠いて、失敗する人もいます。本書を読めば、無知の問題はなくなります。さらに、私は声を大にして何度も何度も、規律のある、理性的な、プロフェッショナルなトレーディングを強調します。

トレーディングは自己発見の旅です。習得が楽しかったら、リスクを恐れなかったら、報酬に魅力があれば、仕事に打ち込む心構えがあれば、前途に大きな目標が生まれます。努力を重ね自己発見を楽しみながら前進してください。

成功を祈りつつ、さあ、始めましょう。

本書の構成について

　心を込めた本には、独自の傾向があり、書き進められるなかで成長し変化します。最初に計画があって本を書き始め、いつのまにか、その計画をはるかに超えたところに来ているのです。

　私が本書を書き始めたのは3年前で、ニューヨーク行きの飛行機に乗っていて、メキシコで実施したトレーダーズキャンプからの帰路でした。いつもより初心者の割合が高く、その多くは女性でした。生徒のみなさんは、冗談めかして「間抜けのためのトレーディング」という本を終始求めていました。私たちのグループに間抜けはだれもいませんでした。生徒のみなさんは、頭が良くて、鋭敏で、意欲がありました。しかし、ルールとツールを習得する必要があったのです。私は、短くて実用的な手引を――タイトルは『カモにされない金融トレーディング』にして――クリスマスまでに書き上げようと思いました。

　私の計画が完成するとクリスマスが3回過ぎていました。初心者向けの部分は簡単に書けましたが、さらに掘り進んでトレーディングの深みに達し、『投資苑』以来9年の間に私が習得したことを書きました。私は新たな指標とシステムを開発したのです。私の資金管理は明快さを増し、また、記録をつけるための新たな手法を考案しました。数百人のトレーダーと作業をともにした結果、でたらめで一貫性を欠くトレーディングを、冷静でプロフェッショナルなスタイルに転換させる教育方法が明らかになりました。今、簡単に本書の構成を解説します。その価値がよく分かると思います。

　第1部の「カモにされない金融トレーディング」は、トレーディングに興味を持ち始めたばかりの人を主な対象にしています。成功するためにはぜひマスターしなければならない事項を提示し、大きな落とし穴の周りには危険標識を立てました。ベテランのトレーダーであってもこの第1部――とりわけ、トレーディングの文献でこれまで詳し

く触れられることのなかった成功の外的な障壁の考え方と、効率的市場仮説批判——をよく読むことをお勧めします。

　第2部の「成功するトレーディングの3つのM」は、トレーディングの3つの主要な側面——マインド、メソッド、マネー——を教示します。マインドはトレーディングの心理です。メソッドは、いかにトレードを検出して仕掛けと手仕舞いの判断をするかということです。マネーは、どのようにトレーディング資金を運用すれば長期にわたって生き残り、成功できるのかということです。心理的なルールを検討したあとで、私好みの分析ツールを、今まではまったく明らかにしなかったものも含めて、みなさんと共有したいと思います。解説するのは、システムチェック、デイトレーディング、そして、逆指値を置く新たな方法です。そのステップ・バイ・ステップ方式の資金管理作戦は、トレーディングの文献ではかつて一度も登場したことがないものです。

　第3部の「トレーディングルームにようこそ」は、これまた時間と努力、そして記録のつけ方を有機的に組み合わせる方法について解説します。適切な記録は成功するトレーディングの証明になります。適切な記録を手掛かりにして失敗や成功から学ぶことができるのです。みなさんも記録はつけるべきだと分かっているはずです。今度はその方法も正確に理解できるようになります。この第3部を読み終えるころには、だれもみなさんを「カモ」などと呼べなくなります。

　ゆっくり読んで、文章に印をつけ、非常に面白かったところを再読してください。本書は20年にわたる私のトレーディングと多くの生徒を指導した経験のエッセンスを集めたものです。書き上げるのに3年かけましたから、たぶん、読むのも一度だけでは足りないでしょう。何回か読むうちに価値がよく分かると思います。チャートのソフトを立ち上げてトレーディングの記録を引き出し、本書のアイデアのすべてを自分のデータに照らしてチェックしてください。チェックして初

めてそうしたアイデアが自分のものになります。

私のトレーディングルームを出るころには、みなさんは、さらに高度で知的で成功と言えるレベルのトレーディングができる態勢になっていることでしょう。

男性か女性か？

ノンフィクション作家はほとんどだれでも代名詞のジレンマに直面します。「彼」を使えばいいのか？ 「彼女」か？ 「彼または彼女」か？

男性のトレーダーはだいたい20対1の割合で女性のトレーダーに数で勝りますが、その差は急速に縮小して、女性がどんどん市場に参加するようになっています。私たちのトレーダーズキャンプは、比較的洗練されたトレーダーに人気があり、ほぼ男女均等の状態になっていて、男性の圧倒的優位はすでになくなっています。私は、成功するトレーダーの割合は女性のほうが高いと見ています。女性はあまり傲慢にならないし、傲慢はトレーディングでは極めて重大な過失です。男性の自尊心――太古の昔から男を戦争に、暴動に、殺戮に駆り立ててきたもの――はトレーディングの虜になりがちです。男はチャートを研究し、買う決断をすると、もう自尊心――私が間違うはずはない！――が絡んできます。市場が思惑どおりに動くと、自分の正しさがますます大きく証明されるのを待ちます。大きければ大きいほどいいのです。市場が思惑に反して動いても強靱に耐え忍び、市場が転換して自分の正しさが証明されるのを待ちます。その間、自分の口座はすり減っていくわけです。

ところが、女性のトレーダーは、単純なこと――お金の在りか――を問題にする可能性がはるかに高いのです。儲けたいから損を避けることにはこだわっても、自分の正しさを証明しようとしたりしません。

風が吹けば屈んで流れに逆らわず、方向をとらえて早めに飛び降り、利益を計上する傾向は女性のほうが強くなります。記録をつけることは成功の重要な側面だと私が述べていますが、そのとおりにする可能性は女性のほうが高いです。みなさんがトレーダーを雇いたい場合、ほかの要素がすべて同じなら、女性を採用することを勧めます。

　それでも、女性トレーダーより男性トレーダーのほうが数は勝ります。英語の現状からして、「彼または彼女」あるいはこの2つの代名詞を使い分けるより、「彼」のほうがとおりがいいのです。読みやすくするために、本書では終始男性代名詞を使うことにします。理解してもらえると思いますが、女性のトレーダーを軽視しているわけではけっしてありません。世界中のどこでも、だれでも、男女にかかわりなく、本書を読みやすいようにしたいだけなのです。

第1部
カモにされない金融トレーディング

PART1
FINANCIAL TRADING FOR BABES IN THE WOODS

　トレーダーは生来のものか作られたものか？　簡単な答えはありません。素質も学習も重要ですが、その比率は人によって異なります。両極端は、学習をほとんど必要としない天才と、どんな教育もまったく役に立たないギャンブラー、および間抜けです。残りの人たちはその中間で、ある程度の素質はあるが、教育も必要です。

　天才は本など必要とせず、ケタ外れの市場感覚を備えています。ギャンブラーはあまりに凝り性で興奮気味です。本書の狙いはその中間のトレーダーです。

第1章
投資? トレード? ギャンブル?
INVEST? TRADE? GAMBLE?

　市場に初めて参加する人には、宝物と危険に満ちた森に通じる3つの道があります。最初の道は、投資家用で、最も日当たりの良い地域を通ります。この道を通る人は、あまり儲からなくても、ほとんどが生還します。次の道は、トレーダー用で、森の心臓部に通じています。多数の旅人が消えてしまいますが、森から出てくる人は儲かっているようです。三番目は近道で、ギャンブラーが沼地にはまります。

　どうしたら道の見分けがつくのでしょう？　注意して道を選ばなければなりません。そうしないと、ギャンブラーの道をたどってしまいます。それが、投資家やトレーダーの道と交差しているからなおさらです。この問題は、トレーディングの心理に関する章で改めて検討します。

賢明なる投資家

　投資家は経済の新たなトレンドをいち早く察知した買いを入れて儲け、大多数の人の機先を制します。聡明な投資家は、非常に高率の利益を上げながらポジションを保有して、あまり活発に動くこともありません。

　私は、1970年代に、キンダーケアーという託児所のチェーンを経営

する会社の株を買いました。キンダーケアは、マクドナルドのハンバーガーチェーンのように仕様を統一して信頼性を高めようとしていました。次々に子供を生むベビーブーマーをターゲットにしていたのです。当時、私の友人の半数が妊娠していました。大きな社会的変化がアメリカで起きていて、女性が記録的な数で仕事に就いていきました。だれかがそうしたすべての共稼ぎ世帯の赤ちゃんの世話をしなければならなかったので、キンダーケアの株は社会の新たなトレンドの波に乗って反騰したのです。

AT&Tは長距離電話を独占していました。その後1970年代後半に、小さくて極めて意欲的な新興企業のMCIが法廷闘争に勝ち、AT&Tと競争できるようになりました。規制緩和の時代が来て、そのすき間を最初に突いた企業であるMCIの株は3ドルで売れ、新たなトレンドに飛び乗るもうひとつの大きなチャンスを提供していました。

数年前に私は友人のジョージと一緒にカリブ海からニューヨークへ飛びました。彼は大金持ちになっていました。3万ドル相当のデルの株をほとんどだれもデルのことを知らないうちに買って、3年後にテクニカル分析を利用して高値で売却したのです。ファーストクラスの座席に寝そべって投資レポートをあれこれ読みながら、ジョージはインターネット技術に次のトレンドを定めようとしていました。彼の判断は見事でした！　1年もしないうちにインターネット株は値を飛ばし、舞い上がりました。

それが投資の魅力です。デルを1株4ドルでまとめ買いして数年後に80ドルで換金すれば、リゾート地に飛んで1週間滞在するのは容易なことで、モニターにかじりついて常時株価をチェックすることもありません。

その欠点は何でしょう？　投資には、大変な忍耐と途方もなく根強い自信が必要です。破産の瀬戸際から救い出されたクライスラーや、何のことやらだれにも分からないインターネットのサーチエンジンの

会社を買うためには、社会や経済のトレンドを読み取る自分の能力にとてつもなく大きな自信があったはずです。だれでも後知恵は働きますが、ゲームの序盤で知恵の働く人はほとんどいませんし、強靱な精神力で自分の先見の明に大金を賭けて揺るがない人など極めてまれでしょう。そんなことができるウォーレン・バフェットやピーター・リンチのような人は、称賛を浴びるスーパースターです。

賢明なるトレーダー

　トレーダーは短期的な価格のスイングに賭けて儲けます。原則は、市場の指標がアップトレンドを示すときに買って上昇が息切れになるときに売ることです。代わりに、下落に賭けて、分析結果がダウントレンドを示すときに空売りし、底入れし始めたときに買い戻してもかまいません。この原則は単純ですが、実行するのは困難です。

　優れたアナリストになることは難しいが、優れたトレーダーになることはもっと難しいのです。初心者はたいてい、頭は切れるし、コンピューターは使えるし、仕事でも成功しているから、ひと儲けできると思い込みます。高性能のコンピューターを手に入れ、さらにはバックテストされたシステムまで情報ベンダーから買うことができるでしょうが、それにお金を使うことは、二脚が欠けた三脚のスツールに腰を掛けるようなものです。ほかの２つの要素は心理と資金の運用です。

　精神のバランスは市場の分析と同様に重要なことです。性格が知覚作用に影響して、成功と失敗の主要な要素になります。取引口座の資金管理は、避けられない口座の目減りを切り抜けて長期的に成功するために極めて重要です。心理、市場分析、そして資金管理の３つをそろってマスターすることが成功のカギになります。

　主に２つの手法で群衆行動から利益を得ることができます。まず、モメンタムトレーディング——群衆の間に小波が走り始めたときに買

って、市場を押し上げ、小波がやみ始めたときに売ること――です。新たなトレンドを序盤で確認することは容易なことではありません。そのトレンドが加速して群衆が熱狂してくると、素人は自分のポジションにほれ込んでしまいます。プロは冷静さを保って、そのトレンドのスピードを監視します。彼らは、群衆が活気をなくして常態に戻りつつあるのを察知すると直ちに利食いし、転換を待つことはありません。

　もうひとつの手法は、逆張り作戦です。逸脱した動きの逆を行って正常に戻るほうに賭けるわけです。逆張りのトレーダーは、上向きのブレイクアウトが減速し始めたときに空売りし、下降傾向が止み始めたときに買い戻します。初心者はトレンドに逆らうトレードを大変好みます（さあ、買おう、もう下がらないぞ！）。しかし、たいていの場合、転換しない価格スパイクで身動きが取れなくなります。わざわざ風に逆らっておしっこをする人に、クリーニングの代金について文句をつける権利はまったくありません。プロがトレンドに逆らってトレードできるのは問題の兆候が出ると直ちに避難する用意ができているからにほかなりません。転換に賭ける場合は、事前に手仕舞いのプランと資金管理を微調整しておくことが必ず必要です。

　モメンタムトレーダーと逆張りトレーダーは群衆行動の2つの相反する要素を十分に利用します。トレードを仕掛ける前に、投資するのか、モメンタムトレードをするのか、あるいは逆張りトレードをするのかを確認しなければなりません。いったんトレードに入ったら、計画を曲げないこと！　トレードの途中で作戦を変えてはいけません。勝者の福利ファンドに寄付することになってしまうからです。

　素人はどんなトレードにするのか考え続けますが、プロは同じ時間をかけて手仕舞い方法を思案しています。プロはまた資金管理を重視し、現在の市場状況の下で可能なポジションのサイズ、買い増し、一部利食いなどを判断します。さらに、かなりの時間をかけてトレード

の詳細な記録をつけます。

効率的市場仮説

　トレーダーは、不安なニュースが出ると、頭と精神と全存在を駆使して市場から利益を上げようとする――この考え方が効率的市場仮説です。この理論を支持するのは主に研究者で、価格は市場で得られる情報のすべてを織り込んでいるものだということを好んで指摘します。人々は知識に基づいて売買するので、直近の価格は市場で分かっているすべてのことを反映しているという主張です。これは有効な所見で、効率市場論者はそこから奇妙な結論――だれも市場を出し抜くことはできない――を導き出します。彼らは、市場はすべてのことを承知しているのだから、トレーディングは自分よりゲーム通の人とチェスをするようなものだと言います。時間とお金を浪費するのはやめて、ポートフォリオをリストにしてボラティリティに基づいて株を選ぶだけにしなさいというわけです。

　儲かるトレーダーはどうなっているのでしょう？　効率的市場論者によれば、勝者はただ運がいいだけです。たいていの人はどこかの時点で儲けるが、やがて損を出してその儲けを市場に戻してしまいます。毎年のように市場平均を上回る成果を上げる人はどうなんでしょう？　ウォーレン・バフェットは、20世紀最高の投資家のひとりですが、人々が効率的市場だと信じるところで投資することは、カードを見ても儲けにならないと信じている人たちを相手にポーカーをするようなものだと述べています。

　私は、効率的市場仮説は非常に正確な市場観のひとつであるが、とんでもない理論的なたわごとのひとつであるとも思います。この理論は、市場が群衆全体の知性を反映することを正しく指摘していますが、その致命的な欠陥は、投資家やトレーダーは合理的な人間で、利益を

最大にして損失を最小にしようと常に努力していると仮定していることです。それは、人間性を非常に理想化した見解です。

　ほとんどのトレーダーが合理的になれるのは、週末で市場が閉まっているときです。冷静にチャートを研究して、何を売買し、どこで利食い、どこで損切りするかを判断します。月曜日に市場が開くと、用意周到に決められた計画はトレーダーの汗ばんだ手でビリビリに破棄されるのです。

　トレーディングや投資は合理的な面もあり、感情的な面もあります。人はたいてい、たとえ自分を傷つけても衝動で行動します。勝っているギャンブラーは、自分のポジションを誇示して売りのシグナルを見落とします。市場でひどい目に遭わされてビクビクしているトレーダーは、極度に用心深くなります。自分の株が少しでも安くなったらすぐに売って、自分自身のルールを破ってしまいます。その後、株が元の利益目標を突破して上昇してくると、その上昇相場を見逃す苦痛に耐えられなくなって、予定の仕掛けのポイントを優に超えた価格でも買います。その株が失速して下落すると、ただじっと見るだけで、最初は希望を捨てなかったものの、やがて岩のように落下し始めると恐怖に身がすくんでしまいます。結局、苦痛に耐えられなくなり、かなりの損を出して売却するのです——まさに底値近くで。このどこが合理的でしょうか？　元の買い計画は合理的だったかもしれませんが、実行する段になってうろたえてしまったわけです。

　感情的なトレーダーは、長期的な得策を追求したりしません。興奮して感情の高まりにおぼれてしまったり、恐怖で体が引きつって必死でネズミ捕りから手を引き抜こうとしたりします。価格は、合理的な投資家やトレーダーの知的な行動だけではなく、ひどい集団ヒステリーも反映しています。市場が活発になるほど、トレーダーはますます感情的になります。合理的な人は少数派になり、手に汗握り、胸がドキドキして、頭の混乱した人たちで市場は取り囲まれます。

平坦なトレーディングレンジの期間は市場の効率が高くなり、人はよく考える傾向にあります。トレンドのある期間は市場の効率が低下して、人は感情的になります。平坦な市場では相手もわりあい冷静だからなかなか儲かりません。合理的な人は危険な敵になるからです。急速に動くトレンドで興奮しているトレーダーからお金を取ることはもっと簡単です。感情的な行動は幼稚で予測しやすいからです。成功するトレーダーになるためには、常に冷静にして、興奮した素人を相手に儲けなければなりません。

人はひとりでいるときのほうが合理的になる傾向があり、群衆に加わると衝動性が強くなります。トレーダーは、株、通貨、あるいは先物の価格を強く意識するあまり、それを売買する全群衆に巻き込まれます。価格が上下すると、トレーダーの目が、頭が、そして体が、世界中で、いっせいに上下し始めます。市場は、奇術師がフルートをリズミカルに上げ下げして蛇に催眠術をかけるように、トレーダーに催眠術をかけるわけです。価格の動きが速いほど、感情は高まります。市場は感情的になるほどますます効率が低下し、効率的でない状態が、冷静で規律のあるトレーダーに儲けのチャンスを生み出すのです。

合理的なトレーダーは冷静を保ち、自分のルールに従うことによって儲けることができます。彼の周囲では、群衆が上昇相場を追い回して強欲の塊になり、下落相場になると売り急ぎ、苦痛と恐怖で悲鳴を上げます。その間、知的なトレーダーは自分のルールに従います。機械的なシステムを利用したり、あるいは自由裁量で判断して、相場を読み、トレードを仕掛けるのです。いずれにしても、気力より自分のルールに従うこと——これが大変な強みになります。熟練のトレーダーは効率的市場仮説の大きな抜け穴からお金を引き出すのです。この理論は投資家やトレーダーは合理的な人間だと仮定しますが、ほとんどの人は違います。勝者だけがそうなのです。

価格とは何か？

　各トレードは、買い手と売り手の間の取引です。対面していたり、電話を通したり、インターネットを利用したり、ブローカーの仲介があったりなかったりします。買い手はできるだけ安く買いたいと思います。売り手はできるだけ高く売りたいと思います。両者ともに、群れを成し、虎視眈々として掘り出し物を狙うトレーダーたちからプレッシャーを感じます。取引が発生するのは、強欲な買い手が、価格で負けるのを恐れて踏み込み、買値を少しつり上げるときです。あるいは、ビクビクした売り手が、在庫を抱えて身動きできなくなるのを恐れて少し安い価格を受け入れるときです。また、恐怖に駆られた売り手が、冷静に自制しながらてぐすねひいて待ち構えている買い手に商品を投げ売りする場合もあります。すべてのトレードは市場の群衆の行動を反映しているのです。スクリーンに点滅する各価格は、市場参加者間の当座の価値合意を示しています。

　企業や商品のファンダメンタルな価値はゆるやかに変化しますが、価格は合意が急速に変化するので大きくスイングします。私の顧客のひとりが、価格は1マイルの長さのゴムバンドで価値とつながっていて、市場は割高と割安の間でスイングするのだとよく話していました。

　群衆はたいていの場合、動き回ってとりとめもなくしゃべり、らちがあきません。ときどき、上昇相場やパニックで興奮し暴発することがありますが、通常はただ時間つぶしをするだけです。あれこれのニュースやうわさで群衆に小波が立ち、スクリーンにその跡を残します。価格や指標は群衆心理の変化を反映します。

　市場に買いや空売りの明確なシグナルがまったくないとき、初心者はスクリーンに目を凝らしてトレードのシグナルを確認しようとします。しかし、儲かるシグナルはチャートから目の前に飛びだしてきます——見逃すはずがありません。そんなシグナルを待つほうが報われ

ます。市場に何もシグナルがないのにあえてトレードしなくてもいいのです。素人は無理をし、プロはゆったりとトレードします。敗者はトレードでハイになりますが、プロは最大の勝算を狙うのです。

　動きの速い市場は最高のトレーディングシグナルになります。群衆が感情の虜になっているとき、冷静なトレーダーはまたとない機会をとらえて儲けます。市場が横ばいのときは、多くの成功するトレーダーは撤退して、現場をギャンブラーやブローカーに任せます。ジェシー・リバモアは、20世紀の偉大な投機家ですが、強気に出るときもあれば、空売りするときもあり、魚つりに行くときもあるとよく語っていました。

賢明なるギャンブラー？

　ほとんどの人は人生のどこかでギャンブルをします。たいていは娯楽ですが、人によっては病みつきになり、少数の人たちはプロになって、それで生計を立てます。ギャンブルはごく少数の人たちにとっては生きる糧であり、大衆にとっては娯楽ですが、手っ取り早い金儲けに手を出す即席のギャンブラーが成功する可能性は、熱いストーブの上の氷のようにはかないものです。

　有名な投資家のなかには競馬に賭けるのが好きな人もいます。マゼラン・ファンドで名高いピーター・リンチや、競馬予想のニュースレターを出していたウォーレン・バフェットのような人たちです。私の友人のルーは、私が最初の本を献呈した人ですが、数年間予想屋として過ごして競馬で生計を立て、その後、証券取引所の会員権を購入して、冷静な馬券屋のように金融市場に乗り出すようになりました。トランプゲームのなかにはバカラのように確率だけが頼りのものもありますが、ブラックジャックのようにある程度の技量を要するものもあって、知的な人たちを引きつけます。

プロはギャンブルを仕事としてとらえます。勝算の算定を常に欠かさず、数字が有利なときにだけ賭けるのです。ところが、敗者は、うずうずして賭けを繰り返し、生半可にあれこれと手を出します。

　娯楽でギャンブルをする場合は、一連の資金管理ルールに従いましょう。最初のルールは、どのセッションでも賭け金を限定することです。たまに友人が私をカジノに誘うことがあります。私はその晩に負けてもかまわないお金だけを右のポケットに入れ、もし勝てば左のポケットに詰めることにしています。右のポケットが空になったらそれきりプレーをやめて、左のポケットに手を伸ばすことはありません。左のポケットに右よりたくさんお金が入っていることもありますが、それは当てにしません。

　成功しているビジネスマンで、華やかなラスベガスを楽しむ友人がいます。彼は年に数回5000ドルの現金を持ってラスベガスへ飛び1週間滞在するのです。資金がなくなるとプールで泳ぎ食事を満喫して、空路帰途につきます。娯楽に5000ドルはかまわず費やしますが、元の賭け金以上に浪費することはけっしてありません。資金がなくなるとプールでゆっくりくつろぐ彼と違って、病みつきになった多数のギャンブラーは、クレジットカードで賭札を買い続けて「ツキ」が戻ってくるのを待つのです。資金管理をまったく考えないギャンブラーは破滅すること請け合いです。

第2章
どの市場をトレードすべきか？
WHAT MARKETS TO TRADE?

　多くの人が人生の重要な決断にあまり関心を持ちません。人は、地理的な事情、時代、あるいは偶然の巡り合わせによって、思いがけずにある決断をすることになります。どこに住むのか、どんな仕事をするのか、どの市場を取引するのか――私たちはたいてい気まぐれに、あまり真剣に考えずに決断します。だから、人生に不満な人が多いのも当然なのです。気まぐれに市場を選択することもできますし、立ち止まって、トレードするのは株なのか、先物なのか、あるいはオプションなのかと考えることもできます。どちらにも長所と短所があります。

　成功するトレーダーは合理的な考えの持ち主たちです。勝者はお金のためだけにトレードしますが、敗者はゲームの刺激を楽しみます。そんな楽しみの結末がもうひとつの問題です。

　トレードする市場を選択する場合、株でも、先物でも、オプションでも、あらゆるトレーディング商品は2つの基準――流動性とボラティリティ――を満たしていなければならないことを念頭に置いておきましょう。流動性は1日の平均出来高のことで、同じグループのほかの銘柄と比較されます。出来高が多いほど、出入りが容易になります。出来高が少ない株で有利なポジションを建てることができても、結局出口でつかえて利食いをしようとしてもスリッページで苦しむだけに

なります。ボラティリティはその商品の変動の度合いです。変動すればするほど、トレードのチャンスは大きくなります。例えば、ほとんどの電力会社の株は非常に流動的ですが、ボラティリティが低いためにトレードが困難で、価格のレンジは非常に狭い範囲にとどまる傾向があります。出来高が少なくボラティリティも低い株は、長期的なポートフォリオとしての適切な投資になっても、トレード向きではありません。単に強気の動きを期待できるだけでは、トレーディングに適切であるとは限らないことを覚えておきましょう。十分な出来高と動きのよさも必要です。

株

株は会社の所有権の証書です。1億株を発行している会社の株を100株買うと、その会社の100万分の1を所有することになります。その企業の部分所有者になるわけで、ほかの人々がそれを所有したい場合は、その株に入札して価値を引き上げなければなりません。

人々がある企業の先行きを好感すると、その株に入札して価格を押し上げます。先行きを好感できない場合、その株を売って価格を押し下げます。株式会社は、株価を押し上げて株の増発や負債の売却を容易にしようとします。経営トップの賞与もたいてい株価と連動しています。

ファンダメンタルな価値、特に収益は、長期的に価格を動かします。しかし、ジョン・メイナード・ケインズは、有名な経済学者で抜け目なく株を選んだ人ですが、「長期的にはみんなやられてしまう」と述べています。市場は投機株だらけで、利益の出ない会社の株が天井を抜けて舞い上がります。魅力的な先端産業の、例えば、バイオテクノロジーやインターネットの株が、将来の業績を目当てに、実際の営業成績は一切無視して値を飛ばすことがあります。それぞれの株に日が

当たり、やがて実態が露呈します。利益を出し、経営状態の良い会社であっても、横ばいから下落に向かう場合もあります。市場は全参加者の知識、考え、株の感触の総体を反映し、下落する株価は大口の保有者が売っていることを意味します。どんな市場であっても本質的なルールは、「安く買うのはかまわないが、ナンピン（買い下がる）はいけない」ということです。お買い得に見える場合でも、トレンドが下落している株を買ってはいけません。ファンダメンタルズが好みであれば、テクニカル分析を利用してトレンドの上昇を確認しましょう。

ウォーレン・バフェットは、アメリカで最も成功した投資家のひとりですが、株を買えばミスター・マーケットとも呼ぶべき躁鬱症患者のパートナーになるんだということを、よく述べています。ミスター・マーケットは、毎日のようにやってきて、あなたの会社を買いますよとか、株を売りますよとか言います。たいていの場合そんな変な男は無視すればいいのですが、ときどきひどく落ち込んで、ただ同然で株を売りたいと言ってくることがあります。そういうときは買うべきです。また、ひどく浮かれて、とんでもない高い価格で株を買いたいと言うこともあります。そういうときは売るべきです。

このアイデアは素晴らしく単純明快ですが、実際はそんなにうまくいきません。ミスター・マーケットは、たいていの人の足をすくってしまうほど、影響力のある雰囲気を備えているのです。ほとんどの人はミスター・マーケットが落ち込んでいるときに売りたくなり、浮かれているときに買いたくなります。だから、正気を保つ必要があります。客観的な基準に基づいて割高と割安を判断しなければなりません。バフェットはファンダメンタル分析と素晴らしい直感に基づいて判断します。トレーダーはテクニカル分析を利用します。

直観は、投資家やトレーダーが何年も順調な経験を積んで鍛えるものです。初心者が直観と呼ぶのは、通常はギャンブルの衝動であって、私は彼らに直観を持つ資格はないと言います。

どんな株をトレードしたらいいのでしょう？　アメリカには1万の銘柄があり、外国にはもっとあります。ピーター・リンチは、非常に成功したマネーマネジャー（資金運用者）ですが、バカでも経営できるほど単純な会社の株だけを――結局はみんなが買うから――買う、と本に書いています。しかし、リンチは投資家でトレーダーではありません。ほとんどファンダメンタルな価値のない会社の株が素晴らしい上昇を始めて、強気のトレーダーに大金をもたらし、やがて崩壊して、今度は弱気のトレーダーに同じ大金をもたらすのです。

　市場は選択が豊富で、流動性のない株や横ばいの株を排除しても、それは変わりません。経済新聞を開くと、素晴らしい上昇や驚くような下落の記事が目に飛び込んできます。便乗してそんな記事の株をトレードすべきでしょうか？　そうした株はゲートから離れすぎていますか？　どのようにして次のリーダー株を探しますか？　選択しなければならないことが非常に多くて、初心者はイライラします。あまりにも手を広げすぎて、あれこれ銘柄をつまみ食いするだけで、少数の銘柄に焦点を当ててじっくりトレードすることが身につきません。自信を持ってひとつの銘柄をトレードできない初心者は、数千の銘柄を追跡できるスキャンソフトを探します。

　株に加えて、それに似たミューチュアルファンド、ヨーロッパのいわゆるユニットトラストから選んでもかまいません。長期の投資家は数百の銘柄を保有する分散型のファンドに出資する傾向があります。トレーダーはセクターファンドに的を絞ることによって、特定の業種や国全体をトレードしようとするのです。好みのセクターや国を選んで、個々の銘柄の選択はそうしたファンドに取り組むいわゆる第一線のアナリストに任せます。

　儲かる株またはファンドの選択は、パーティーで情報を聞いたり、新聞の見出しを読むよりずっと難しいことです。トレーダーは、一連のファンダメンタルな、あるいはテクニカルな検索指標を開発し、規

律正しく自分のシステムに従い、自分の口座に資金管理のセイフティーネットを広げる必要があります。第2部でこの3つの分野すべてを詳しく検討します。

この先どうすればよいのか？

ルイズ・エンゲル著『ハウ・ツー・バイ・ストックス（How to Buy Stocks）』は、株の投資家やトレーダーに最適の入門書です。著者が亡くなって何年もたちますが、出版社はこの本を数年ごとに改訂しています――必ず最新版を入手してください。

先物

先物は初めは危険に見えます――10人のうち9人のトレーダーが初年度に失敗します。よく見ると、危険なのは先物ではなくて、それをトレードする人であることが明らかになります。先物はトレーダーに最適の利益チャンスを与えてくれますが、危険は報酬に比例します。ギャンブラーが先物で自分の足を撃ってしまったり、あるいはもっとひどい失敗をすることはよくあることです。しかし、十分な資金管理能力のある人は先物を恐れる必要はありません。

先物は、以前は商品――経済の最も基本的な要素――と呼ばれていました。昔の人たちがよく口にしたことですが、商品というのは足に落としたら痛いもの――金、砂糖、小麦、原油など――です。最近の数十年は、多くの金融商品――通貨、債券、株価指数――が商品のようにトレードされ始めました。だから、先物という用語は、従来の商品に加えて新たな金融商品も意味しています。

先物は、一定量の商品を一定期日までに引き渡すか、あるいは引き渡しを受ける契約です。先物契約は買い手と売り手の両者を拘束します。オプションの場合、買い手は引き渡しを受ける義務ではなく権利

を有します。コールやプットを買ったら、いわば、そのまま立ち去っていてもかまいません。先物の場合、そんな優雅なことは許されません。市場が不利に動くと、追証を取られるか、あるいは損切りしてトレードから撤退しなければなりません。先物はオプションよりも厳しい世界ですが、トレーダーによって適正価格を付けられます。

　株を買うと会社の部分所有者になります。先物を買うと、何も所有するわけではありませんが、将来に商品——車1台分の小麦であれ、一束のTボンドであれ——を買わなければならない契約をすることになります。その先物を売った人は、引き渡しの義務を負います。株に支払うお金は売り手に渡りますが、先物の場合、証拠金は預かり金としてブローカーの元にとどまり、納会が到来したときに引き渡しを受ける保証になります。かつて証拠金はオネストマネーと言われていました。株の場合は貸し株に金利を支払いますが、先物の場合は証拠金に金利がつきます。

　各先物には納会があり、納会が異なると価格も異なります。プロのなかにはその価格差を分析して転換を予想する人もいます。先物トレーダーは、たいてい納会を待たずにその前に手仕舞いし、損益を現金で確定します。それでも、納会に向かって人々は行動を起こし、現実に目覚める有益な機会を提供します。損が出ている株を10年間も寝かして、評価損にすぎないと思い違いをしている人がいるかもしれません。先物の場合は、現実が納会という形で、常に空想家の邪魔をするわけです。

　先物の機能を理解するために、先物トレードと現物トレード——一定量の商品を即金で売買すること——を比較してみましょう。仮に、今は2月で、金が1オンス400ドルでトレードされているとします。分析の結果、数週間のうちに420ドルまで上昇する可能性が高いことが分かります。4万ドルで金の延べ棒を100オンス、ディーラーから買うことができます。分析が正しければ、数週間のうちにその金の価

値は４万2000ドルになります。それを売却すると手数料込みで2000ドル、つまり５％の利益が出ます。上出来です。今度は、同じ分析に基づいて先物をトレードするとどうなるか見てみましょう。

　今は２月ですから、４月限が金の中心限月になります。１枚の先物は100オンスの金、価値にして４万ドルをカバーします。この先物の証拠金は1000ドルだけです。つまり、４万ドル相当の金を1000ドルの供託金（証拠金）で押さえることができるわけです。分析が正しく、金が１オンス当たり20ドル上昇したら、100オンスの金を現金で買っていれば出たであろう利益——2000ドル——とだいたい同額の利益を出すことになります。しかし、今度は、証拠金は1000ドルでしたから、５％ではなく200％の利益です。先物は、儲けを実に大きく膨らませてくれます！

　ほとんどの人は、いったん先物の機能を理解すると、強欲の虜になります。素人は４万ドルを持ってブローカーに電話して、何と、40枚の買いを指示するのです！　分析が正しく、金が上昇して420ドルになれば、１枚当たり2000ドル、つまり８万ドルの利益になります。数週間で資金が３倍になる！　これを数回繰り返すだけで、１年もしないうちに百万長者です！　こんなあぶく銭の夢はギャンブラーを破滅させます。彼らはいったい何を見過ごしているのでしょうか？

　市場の難点は、直線的には動かないことです。チャートは、ダマシのブレイクアウト、ダマシの転換、そして平坦なトレーディングレンジに満ちています。金が１オンス400ドルから420ドルに上昇してもおかしくありませんが、途中で390ドルに下落する可能性も十分あるのです。１オンス当たり10ドル下落すれば、現金で100オンスの金を買った人の場合は1000ドルの評価損になったでしょう。100オンスの先物を1000ドルの証拠金で保有している先物トレーダーの場合は、10ドル下落すれば完敗です。その残念な時点に至るずっと前に、ブローカーが電話してきて、追証を要求します。もし、預け入れ証券残高のほ

とんどをトレードに回していたら、準備金がなくなり、ブローカーはすべて売却してしまいます。

ギャンブラーは、多大な利益を夢見て証拠金いっぱいまで買い、最初の不利な揺れで脱落してしまうのです。彼らの長期的な分析が正しく、金は目標価格まで上昇するかもしれません。しかし、初心者の運命はもう決まっています。預け入れ証券残高をあまりにもトレードに充当しすぎて、準備金が底をついているからです。先物がトレーダーを殺すわけではありません――まずい資金管理がトレーダーを殺すのです。

先物は、強力な資金管理能力を持つ人にとっては、非常に魅力的になり得ます。極めて高率な報酬を約束されますが、冷徹な規律も要求されます。最初にトレーディングに取り組むときは、動きの遅い株にするほうが賢明です。トレーダーとして円熟したら、先物に目を向けましょう。それで、非常に規律があるなら、先物がいいかもしれません。第2部でもう一度、先物に戻って、手始めに最も適切なものを検討します。

この先どうすればよいのか？

ジョージ・エンジェルの『ウイニング・イン・ザ・フューチャーズ・マーケッツ（Winning in the Futures Markets）』は先物トレーダーに最適の入門書です（彼のほかの本よりかなり優れています）。チューエルズとジョーンズとの共著『ザ・フューチャーズ・ゲーム（The Futures Game）』はミニ百科で、数世代にわたる先物トレーダーを教育してきました（必ず最新版を入手してください）。トマス・A・ヒエロニムスの『ザ・フューチャーズ・ゲーム（The Futures Game）』はたぶん最も深みのある先物の本ですが、長い間絶版になっています――古本を探してみてください。

オプション

　オプションは、一定の株、指標、あるいは先物が、一定の期間内に一定の価格に到達するか、それを超えることに対する賭けです。もう一度、この文章を読んでください。「一定の」という言葉が３回出てくることに注意しましょう。正しい株を選び、その動きの程度を予想し、どれだけ速くそこに到達するのかを予測しなければなりません。３つの選択が必要で、ひとつでも間違えばお金を失います。

　オプションを買うときは、３つの輪をひと飛びでくぐり抜けなければなりません。株や先物、その動き、さらにそのタイミングについて正しい判断が必要です。公園でボールをトスして３つの輪をくぐらせようとしたことがありますか？　この三重の複雑さがオプションの購入を極めて危険なゲームにしているのです。

　オプションはレバレッジ――小さい現金支出で大きなポジションを支配する力――が効きます。オプションの全体リスクは、オプションに支払う価格に限定されます。オプションの場合、トレーダーは、判断が正しければ手早く儲けることができ、市場が逆転しても撤退すればいいだけで、負債はまったく残りません！　これが、証券会社の標準的なプロパガンダです。そうして、株を買う余裕はないが少額の資金でドカンと儲けたい多数の小口トレーダーを引きつけるのです。たいていドカンとやられるのは、オプション購入者の頭です。

　私の会社のファイナンシャル・トレーディングは、もう何年もトレーダーに本を販売しています。人が別の本を買い求めに来るときは常に、市場で意欲的に活動している印になります。多くの顧客は株や先物の本を数カ月または数年ごとに買います。しかし、初めての客でオプションの本を注文する人は、二度と戻って来ません。なぜでしょうか？　たっぷり手早く儲かって、別の本など必要ないのでしょうか？　あるいは、すってんてんになってしまったのでしょうか？

初心者の多くが株を買う余裕がなくて、コールオプションを買います。先物で打ちのめされたトレーダーが先物オプションを始める場合もあります。敗者は、自分自身の無能なトレードを何とかしようとはしないで、オプションに切り替えるのです。しかし、問題を正視せずに安易な方法でごまかしても、けっしてうまくいきません。

　成功している株や先物のトレーダーは、オプションを利用してリスクを軽減したり利益を守ったりします。真剣なトレーダーがオプションを買うことは——また、あとで述べますが——めったになくて、特別な場合に限られます。オプションは、貧しい人たちが本物を買う余裕がないからといって株の代わりに利用しても、成功しません。

　プロは、オプションに群がる非現実的な初心者を利用し尽くします。プロの提示する買値と売値の差はひどいものです。オプションの買値が75セントで、売値が1ドルの場合、買えば直ちに25％の負けになります。「損失はオプションに支払った価格に限定されます」という表現は、完敗！の可能性を意味しています。すべてを失うことの大変さはどんなものでしょう？

　私の顧客のひとりは、アメリカ証券取引所のフロアのマーケットメーカーでした。彼女が私のテクニカル分析のクラスにやってきたのは、妊娠したのでフロアを下りて家でトレードしたかったからです。彼女は、「オプションは、希望を売るビジネスです。希望は買うことも売ることもできます。私は希望を売るプロです。朝、フロアに来て、人々が希望しているものを感知します。それから私はそんな希望に価格を付け、人々に売るのです」と話していました。

　プロは、オプションを買うよりむしろ売る方です。オプションを売ることは、資本集約的なビジネスです。数十万ドルもなければうまくいきませんし、成功しているオプションの売り手はたいてい数百万ドルで営業しています。その彼らでさえ、リスクのないゲームをしているわけではありません。7年前に、私の友人で全国屈指の資金運用責

任者だった人が、ウォール・ストリート・ジャーナルの一面に載りました。彼はネイキッドのプットオプションを売って、たった1日で20年分の利益を失ってしまったのです。

　オプションの売り手には2つのタイプがあります。カバードライターは株を買い、その株に対してオプションを売ります。ネイキッドライターは、自分が所有していない株のコールとプットを売り、それを自分の口座の現金で裏づけます。ネイキッドオプションを売ることは、何もないところからお金を取り出すような感じですが、急激な動きがあると破産してしまう可能性もあります。オプションを売ることは真剣なゲームで、規律があって資金が豊かなトレーダーにのみ適しています。

　市場はポンプのようなもので、大多数の事情に疎い人たちのポケットからお金を吸い上げ、それを少数の事情通の人たちのポケットに注ぎ込むのです。そのポンプを整備する人たちも、ブローカー、ベンダー、レギュレーター、さらには取引所のフロアを掃除する用務員も含めて、市場を貫流するお金の流れから報酬を得ているわけです。市場は大多数の人たちからお金を取り、従業員に支払い、その残りは事情通の少数の人たちに与えます。したがって、その大多数の人たちは当然負けることになります。つまり、大多数のトレーダーがしたり、信じたり、言ったりすることは何であろうと、したり、信じたり、言ったりする価値がないものだと確信してもいいわけです。成功するためには、群衆と距離を置かなければなりません。賢明なトレーダーが期待して待つのは、大多数の人たちの出方と少数の金持ちの人たちの出方が逆になるような状況です。

　オプションの場合、大多数の人たちは主にコールを買い、ある程度、プットも買います。インサイダーはほとんどもっぱらオプションを売ります。プロは頭を使い、素人は強欲と恐怖に駆り立てられます。オプションはそうした感情を最大限利用します。強欲は、オプション販

売プロパガンダのエンジンです。「たった数ドルで、大量の株があなたのものに！」——こんなスローガンを聞いたことがあるはずです。素人は、60ドルの株に強気になることがあっても、100株を買う6000ドルはないのです。彼は、残存期間が2カ月で行使価格70ドルのコールを1枚500ドルで買います。株が上昇して75ドルになれば、オプションの本質的価値は500ドルになり、ある程度時間価値も残っていて、投機家は1カ月で自分の賭け金を倍にすることができます！　その素人は、コールを買っただけで何もせず、自分のお金が倍になるのを見るわけです。

　奇妙なことが起こり始めます。彼のコールは、株が2ポイント上昇するごとに1ポイントしか上がらないのに、株が下落するかあるいは動かなくなるだけでも、スルスルと下落するのです。お金が急に倍になるのを見る代わりに、まもなく、50％の評価損に目を丸くするようになり、時計の音はますます高く響き始めます。満期日が接近して、株価は彼がコールを買ったときより高いにもかかわらず、コールは今や安くなって評価損が発生しています。彼は、売却して多少のお金を救い出すべきでしょうか、あるいは保有して反騰を待つべきでしょうか？　彼は、するべきことがちゃんと分かっていても、実行しません。強欲が彼を破滅させるのです。踏ん切りがつかないまま、彼のオプションは失効して無価値になります。

　オプション、特に先物オプションを買うもうひとつの大きな動機は恐怖です。敗者は痛烈な損失を数回経験します——分析が感傷的で資金管理が皆無だったからです。魅力的なトレードがあっても、損失が恐くなります。そんなときに、魅惑の言葉——「利益無限大、リスク限定」——を耳にし、先物オプションを買うわけです。投機家がオプションを買うのは、貧しい人々が宝くじを買うのと同じです。宝くじを買う人は支払額の100％を賭けます。100％賭けるような状況はすべて、リスク限定というには異様な感じがします。100％に限定！？！

ほとんどの投機家は、この不気味な数字を無視します。

　オプションの買い手の実績は暗澹たるものです。彼らが何回かのトレードで数ドル儲けることがあるとしても、私はオプションを買って資金を増やした人をひとりも見たことがありません。このゲームの勝率は極めて低く、数回のトレードだけで買い手は破滅します。同時に、オプションには高い娯楽価値があります。安いチケットで安価な夢を提供するのは、宝くじとそっくり同じです。

　オプションに触れる前に、最低でも１年間は株や先物で順調なトレーディング経験を積む必要があります。市場の経験がない場合は、オプションを株の代わりに利用することなど、夢想だにしてはいけません。口座がいかにつつましくても、何かの株を見つけてトレードを習得してください。

この先どうすればよいのか？

　オプションに関する空前のベストセラーで、それも当然な本がローレンス・マクミランの『オプションズ・アズ・ア・ストラテジック・インベストメント（Options as a Strategic Investment）』です。この本はまぎれもないミニ百科で、オプショントレーディングの全側面をカバーしていて、彼のほかの本より優れています。

第3章
最初の数歩
THE FIRST STEPS

　トレーディングは自由を約束して人を引きつけます。トレードの仕方を知っていたら、世界のどこでも暮らし、仕事をすることができます。日常の雑事から開放され、だれに責任を持つ必要もありません。トレーディングは、平均以上の知能があってゲームを楽しみ、リスクを恐れない人を引きつけます。このわくわくするような冒険に飛び込む前に、情熱に加えて、トレードの現実を冷静に理解する必要があることを念頭に置いてください。

　トレーディングは、感情をイライラさせます。生き残って成功するためには、健全なトレーディング心理を育成する必要があります。
　トレーディングは、頭のチャレンジです。市場で優位に立つためには、適切な分析方法を習得する必要があります。
　トレーディングは優れた数学的能力を要求します。リスク管理のできない数学音痴は破滅すること請け合いです。

　トレーディング心理、テクニカル分析、資金管理——この3つをすべて習得したら、トレーディングで成功できます。しかし、まず、成功の外的な障害を見てみましょう。
　市場は、最大多数の人からお金を切り取るような設定になっていま

す。窃盗は許されていませんが、市場は圧倒的にインサイダーに有利で、アウトサイダーに不利です。多くのトレーダーの成功を妨げる障害を探り、それを低くするようにしましょう。

成功の外的障害

投資家は、数千ドル相当の株を買って、ほとんど裸一貫で始めることができます。買って保有する場合は、売買手数料その他の経費は、失敗しても成功しても軽微な要因にすぎません。トレーダーの場合はもっと大変な仕事になります。ささいな経費でも命取りになるように思えますし、口座が小さいほど、危険は大きくなります。取引コストが克服しがたい障害となって勝利を阻むことが考えられます。

取引コスト！？

初心者は取引コストのことをほとんど考えませんが、実は、トレーダーが失敗する主な原因なのです。計画を修正してそうしたコストを削減すれば、市場の群衆に対して優位に立つことになります。私のある友人には12歳になる娘がいて、最近、新規ビジネスの素晴らしいアイデアを思いつき、自分ではモルモット代理店と呼んでいました。彼女はお母さんのコピー機で宣伝チラシを刷り、近所の郵便受けに入れて回りました。モルモットは彼女の近所の子供たちの人気者で、値段は6ドルですが、彼女はセントラルマーケットでたった4ドルで買うことができたのです。その女の子は儲けることを夢見ていました。それで、彼女のお母さんはトレーダーをしていますが、シドニーの郊外にある家からそのセントラルマーケットまでどのように往復するのか聞きました。だれかに乗せてもらえばいいのよ、とその子は答えました。

子供はただで乗せてもらえるかもしれませんが、市場はそうはさせてくれません。株を4ドルで買って6ドルで売っても、2ドル儲かる

わけではないのです。そのかなりの部分が取引コストに食われます。素人は取引コストを無視しがちですが、プロはそれを重視し、できるかぎりのことをして削減しようとします——ほかの人から徴収するのであれば、プロはどんどんコストを膨らませるでしょう。初心者は、モルモット代理店に夢中になって、4ドルで買って6ドルで売り続けているのに、なぜお金を失っているのか理解できないのです。

経験のないトレーダーは、うっかり暗い森に入ってしまった子羊のようなものです。やがて殺されて、その皮——トレーディング資金——は、ブローカーとプロのトレーダーとサービスプロバイダーの間で3つに分割されます。それぞれが、哀れな子羊の皮の分け前をつかみ取ろうとします。そんな羊になってはいけません——取引コストを考えましょう。取引コストには3つの種類があります。売買手数料とスリッページと経費です。

売買手数料

売買手数料は軽微な費用のように見えるかもしれません。ほとんどのトレーダーは無視しますが、それを計算してみたら、ブローカーはトレーダーの儲けのかなりをせしめていることが分かるでしょう。

証券会社が5000株までの売買にだいたい20ドルの手数料を取るとしましょう。口座に2万ドルあって100ドルの株を200株買う場合、その手数料は資金の1％の10分の1になります。その株を売ってまた手数料を払うと、取次コストは資金の1％の10分の2に上昇します。そのようなトレードを週に1回行うとして、トレーダーが儲かっても儲からなくても、月末にはブローカーはトレーダーの口座の1％を稼ぎます。しかし、ちょっと待ってください。それどころではありません。それが1年間続くと、売買手数料は資金の12％になります。それは大金です。プロの資金運用責任者は、年率25％の利益が毎年あれば満足

です。売買手数料で年率12％も支払わなければならなかったら、そんな利益は出せないでしょう。

　小口のトレーダーで20ドルの株を100株しか買えない場合を見てみましょう。彼の購入価格は2000ドルですが、同じ20ドルの手数料を支払います。それは彼の資金の何と１％も食ってしまいます。そのトレードを清算して、また手数料を支払うと、２％不利になります。そのようなトレードを週に１回行うとして、月末には手数料は彼の資金の10％になり、年間ベースでは100％を超えてしまいます。あの偉大なジョージ・ソロスは、平均して年29％の収益でした。彼でも、100％の手数料をクリアしなければならなかったら、とてもそんな業績を達成できなかったでしょう。

　口座が大きいほど、売買手数料に食われる比率は小さくなり、勝利を阻む障害は低くなります。大きな口座を持つことは非常に有利ですが、口座の規模が何であれ、ハイになってはいけません。各トレードが、そして安く思える各手数料が、成功の障害を高くします。あまり頻繁にトレードしないシステムを考えましょう。

　私は、フルサービスのブローカーに80ドルの往復手数料を支払う先物トレーダーに会ったことがあります。それは提供されるアドバイスの代償だったのでしょうが、利害関係のないプロならだれでも、80ドルの往復手数料を支払うトレーダーに勝利のチャンスはまったくないと言うでしょう。人はなぜこんな法外な料金を支払うのでしょうか？暗い森に挑戦する子羊は大きくて悪い狼、つまりプロのトレーダーが非常に怖いので、保護者、つまり総合証券会社を雇って自分を守ろうとするからです。

　いったん計算すれば、狼がいるかどうか分からないがともかくやってみるほうが、自分の保護者に必ず皮を剝がれる契約をするよりも、賢明であることが明らかになります。

　お金に見合うアドバイスをする総合証券会社はあります。適切な助

言をし、有利に注文を執行し、その売買手数料も法外ではありません。難点は、大量の取引を生む非常に大きな口座しか受け入れないことです。100万ドルの口座があって活発なトレーディング実績があれば、彼らの注意を引くかもしれません。

5桁か6桁の口座で週に2～3回しかトレードしない場合は、高額ブローカーの見せかけの安全を求めて時間とお金を無駄にしてはいけません。安価で、信頼できて、実質本位のインターネットか電話で簡単に連絡できるブローカーを見つけて、まずは適切なトレードを探しましょう。

スリッページ

スリッページは、注文したときの価格とその注文が執行されたときの価格の差です。モルモットが4ドルでトレードされているときに注文を出しても、勘定書は4.25ドルになるかもしれません。なぜでしょうか？ それからモルモットが6ドルに上昇して売り注文を出しても、受け取るのは5.75ドルだけになります。なぜでしょうか？ 日常の生活では、公示価格を支払うことに慣れています。ここでは、つまり、大人用のモルモット代理店では、買うときに25セント、売るときにも別の25セントを、切り取ります。それでは済まないこともあります。こうした25セントや50セントが積み重なると、そこそこ活発なトレーダーにとってはかなりの金額になります。そのお金をだれが取るのでしょうか？ スリッページは市場のプロにとっては主要な収入源のひとつで、彼らがそのことをごくうちうちにしがちなのはそのためです。

どんな株や先物あるいはオプションにも定価はありませんが、2つの急速に変動する価格――買い呼値と売り呼値――があります。買い呼値は買い手が支払うという価格であり、売り呼値は売り手が要求している価格です。プロは意欲的な買い手を喜んで受け入れてその人に

直ちにその場で——市場の直近のトレードよりわずかに高い価格で——売ります。強欲なトレーダーは、強気の列車がその駅を出るのを恐れて、直ちに株を売ってくれるプロに過分に支払います。そのプロは同様なサービスを売り手にも提供します。価格の崩壊を恐れて直ちに売りたい場合、プロはその場で——市場の直近のトレードよりわずかに安い価格で——買います。不安な売り手は、バカバカしいほど安い価格を受け入れます。スリッページは、市場参加者の感情的な状態に左右されます。

　買い手に売って売り手から買うプロは、民生委員ではありません。彼はビジネスをしているのであって、慈善事業をしているのではないのです。スリッページは、彼が速やかな処理につける価格です。彼は、売買注文の交差点にある自分の立場に大金を支払って、取引所の会員権を買ったり賃借りしたり、高価な設備を設置したりしているのです。

　注文のなかにはスリッページのない場合もありますが、スリッページを引き起こす場合もあります。最も一般的なタイプの注文は3つあって、指値注文、成行注文、逆指値注文です。指値注文は、価格を特定します——つまり、「モルモット代理店（GPF）の株を100株4ドルで買ってください」という注文です。市場が静かで待つ気がある場合は、その価格を取れるでしょう。GPFが4ドル以下になるころに注文が入れば少し安い価格になるかもしれませんが、それを当てにしてはいけません。相場が4ドルを超えると、その指値注文は執行されません。指値注文をすれば価格を限定できますが、執行は保証されません。

　成行注文をすれば、とにかく当座の価格で、直ちに売買できます。執行は保証されますが、価格は保証されません。直ちに、たった今、売買したいのであれば、最適の価格を取ることは期待できません——限定することはあきらめてスリッページを被ることになります。不安なトレーダーがする成行注文はプロの飯の種です。

逆指値注文は、相場がそのレベルに届くと成行注文になります。仮に、GPFを4.25ドルで100株買い、7ドルまで上昇することを期待しますが、3.75ドルの逆指値で自分のポジションを保護したいとします。価格が下落して3.75ドルになれば、その逆指値は成行注文になり、直ちに執行されます。撤退するわけですが、動きの速い市場ではスリッページを被ってしまうことが予想されます。

　注文するときに限定したいもの——価格あるいは時間——を選択できます。指値注文では価格を限定できますが、執行の確実性はまったくありません。成行注文を出せば、執行は確実ですが、価格は確実ではありません。冷静で忍耐強いトレーダーは好んで指値注文を利用します——成行注文を利用する人は、スリッページで資金を剥ぎ取られ続けるからです。

　スリッページは、売買手数料よりもはるかに大きいコストになりがちです。私は『投資苑』でこの2つのコストを概算して、最大の衝撃を与える部分になると思ったのですが、ほとんどだれも注目しませんでした。強欲や恐怖の虜になった人はどんな価格でもトレードしたくて、長期的にみて金銭的な障害となるものを重視しないのです。効率的市場仮説どころではありません。

　デイトレードの会社で、買い呼値と売り呼値の範囲内で取引することによってスリッページを巧みに利用することをトレーダーに教えると主張しているところがあります。そんな会社の技術は成功を保証するわけではないことに加え、活発なトレーディングの売買手数料はいかなる優位も帳消しにしてしまいます。人々はレベル2の価格情報に多額のお金を支払いますが、私は、それを利用する人たちが大きく成績を上げたことに気づいたことはまったくありません。トレードにかかわることは、急流に飛び込むようなものです。流れのなかにはチャンスもあれば危険もあります。堤に立っていたら安全で、どこへいつ飛び込むのか限定することができますが、流れから出るときはもっと

注意が必要です。出るところ——利食い目標、つまり指値注文をするところ——は分かるでしょう。流れがあるかぎりその川に運んでもらって、自分のポジションは、逆指値をして保護する手もあります。そうすれば利益は増えるかもしれません。しかし、スリッページも増えます。

　指値注文はトレードに参入するときに最もうまく機能します。トレードを逃すこともときにはあるでしょうが、ほかにもいろいろなことがあります。川は数百年間流れているのです。真剣なトレーダーは指値注文を利用してトレードに入り、逆指値で自分のポジションを保護します。スリッページを軽減するためにできるかぎりのことをすれば、それが収益に直結して長期的には勝率を高めることになります。

経費

　避けられない経費も、特に初めはあります——本が数冊、トレーディングソフトのダウンロード、データサービスの契約などが必要です。できるだけ経費を低く抑えることが重要です。素人には楽しい習慣ですが、クレジットカードでコンピューターや新聞購読料、それに投資情報サービスなどのトレーディング関連の費用を支払い、自分の取引口座からお金を引き出そうとしません。だから、資金が目減りする実際の割合を見ることができなくなるのです。

　優れたトレーダーは、有利なポジションは大きくしますが、連敗中はトレードのサイズを落とします。この健全な原則を出費に適用できます。敗者は、問題が起きると好んでお金を浪費しますが、勝者は利益のごく一部を営業に投資するだけです。成功するトレーダーが新しいコンピューターやソフトを奮発するのは、それだけの利益を上げたときだけです。

　どんなに優れたツールでもこてんぱんにやられることがあり

最近のフランクフルトのセミナーで、あるトレーダーは非常に張り切っていました。彼は、強力な分析パッケージを次週に申し込む予定で、それは１カ月で2000マルク（だいたい1000ドル）かかるが、とてつもなく有利な分析ができるようになる、と言っていました。私は「あなたの取引口座にいくらありますか？」と聞きました。５万マルクでした。「それだったら無理でしょう。このソフトは年間で２万4000マルクかかりますから、ほぼ50％の利益を出してもその配信の費用を払ったら終わりですよ。どんなにソフトが優れていても、そんな高率でお金が出ていくのです。もっと安くて、年間コストが1000マルク、つまりあなたの口座のだいたい２％を超えない程度のパッケージを探しなさい」と私は言いました。

　機関投資家のトレーダーはマネジャーや同僚やスタッフからのサポートがありますが、個人トレーダーはひとりで孤立しがちです。ベンダーは彼らを餌食にして荒野への案内を約束します。重荷を感じていればいるほど、ベンダーの言うことに耳を傾けます。どんな分野のプロ——弁護士、自動車整備士、医者など——でも、10人に９人は満足とはいえません。普通の自動車整備士や医者を信頼するよりも、尊敬する友人に紹介を依頼するほうがましです。ほとんどの個人トレーダーは、だれに相談していいのか分からなくて、派手な広告を出しているアドバイザーの言うことを聞きますが、そんな業者が非常に優れたトレーディングの専門家であることはまれです。

　私の長年の知り合いであるアドバイザーが、日本人の顧客から数百万ドルを窃盗した罪で、最近FBIに起訴されました。彼は、それまでは米国で最も著名な市場専門家のひとりとしての評判を高め、よくマスコミに登場していました。彼とはある会議で知り合ったのですが、人々はそこで数千ドルも払って彼の話を聞いていました。彼はその話の感想を聞いたので、私は、実に面白かったがあまりよく分からなかったと答えました。「それが狙いなんだ」と、彼はしたり顔で言いま

した。「人の知らないことを私が知っていると思い込ませたら、私の顧客は生涯逃げないよ！」。私は、彼が誠実でないことはすぐに分かりましたが、その略奪のひどさには驚きました。

　実に素晴らしいトレーディングのアドバイスもあります。数ドルで生涯の知恵になる本が買えます。数百ドル出せば独自の有益なアドバイスのあるニュースレターを購読できます。しかし、宝石はごくまれにしかなくて、強引な業者が大挙して不安なトレーダーに襲いかかります。私は、悪質な業者を排除する２つのルール——分からないサービスを避けることと高額なサービスを避けること——を持っています。

　アドバイザーの言うことが分からなかったら、その人に近づかないようにしましょう。トレーディングに引きつけられるのは平均以上の知能がある人で、たぶんあなたにも当てはまります。大変な努力をしても分からないのなら、たぶんそれは相手がでたらめを言っているからです。本に関していえば、私は、ひどい英語で書かれた本は避けます。言葉は思考の反映ですから、明確に書けないなら、その人の思考もたぶん明確ではありません。私は、参考文献のない本も避けます。だれでも前に書いた人から借用しますから、そのことを明らかにしない著者は、傲慢か怠惰か、あるいはその両方でしょう。そうしたことはトレーダーとしてひどい資質ですから、私はそんな書き方をする人のアドバイスなど欲しくはありません。もちろん、盗作などは問題外です。本のタイトルには著作権がなく、最近では多数の人が私の最初の本のタイトルである『投資苑』（原題『トレーディング・フォー・ア・リビング（生計のためのトレーディング）』）を、たいていわずかに変更を加えるだけで盗用しています。どこかのバカが、あなたが今読んでいるこの本のタイトルも必ず盗用するでしょう。自分で考える能力のない侵入者から学びたいと思いますか？

　私の２番目のルールは、大変高額なサービスは本でもニュースレターでもセミナーでも、避けることです。200ドルのニュースレターが

2000ドルのものよりも有益な場合があり、500ドルのセミナーが5000ドルのものよりも有益な場合があります。超高額商品の商人は、「王国へのカギ」を暗黙の了解として売ります。彼らの顧客は、たいてい必死になって底知れない敗北から脱出しようとしています。フットボールの選手はこれを「ヘイルメリー・プレー」(負けているチームが試合終了間際にエンドゾーンに向かってロングパスを投げて得点を狙うこと) と呼んでいます。技量ではすでにゲームに敗れていて、今や一発のギャンブルで逆転しようとしているわけです。トレーダーは、自分の口座の過半を失って3000ドルのトレーディングシステムを買う場合、それと同じことをしているのです。

有益なアドバイザーは地味な傾向があり、そのサービスの価格も控えめです。ひどい価格は販売のトリックで、サービスがマジックであることを暗に伝えています。マジックなどありません——だれもそんな約束は果たせません。相対的に安価なサービスは、有益であればお買い得になりますし、そうでなくてもわずかな損で済みます。

ジグムント・フロイトに患者に対する最適な態度は何かと尋ねた人がいました。その偉大な精神科医の答えは「良性の懐疑主義」でした。その適切なアドバイスは金融トレーダーにも有効です。健全な懐疑主義の態度を失わないようにしましょう。何か分からないことがあれば、もう一度考えてみて、それでも分からなかったら、それはたぶん価値のないものです。「王国のカギ」を売りますと言う人からは、ぐずぐずせず、さっさと逃げましょう。経費を低く抑えることです。そして、どんな情報を手に入れても自分のデータで試して自分のものにして初めて価値が出ることを忘れないようにしましょう。

道具の整備

成功するトレーダーは、流れに逆らい上流に向かって泳ぐ魚のよう

なものです。売買手数料、スリッページ、そして経費は、トレーダーを常に押し戻そうとします。この3つの障害を乗り切る十分なお金がないと一銭も稼げません。

トレーディングは難しすぎると判断して立ち去っても別に恥ずかしいことではありません。ダンスやピアノができなくてもまったく恥ずかしくないのと同じです。多くの初心者は何も考えずに飛び込んで、経済的にも感情的にも傷ついてしまいます。素晴らしいゲームではありますが、立ち去るなら、早いほうがいいのです。

トレードしようと決めたら、読み続けてください。このあとのセクションで、心理、トレーディング作戦、そして資金管理について検討するからです。しかし、まず、トレーディングの実際的な側面――口座の開き方、コンピューターの選び方、データ収集の仕方――を解説する必要があります。

重要な資金サイズ

市場でお金を儲けるのも失うのも、ある程度は口座に預ける金額次第です。2人の人が同一のトレードをして、ひとりは資金を増やし、もうひとりは破産することがあります。同じ株数の同じ銘柄を同時に売買してどうしてこうなるのでしょうか？

仮にあなたと私が会って、1時間コイン投げをして表か裏か競うことにするとします――表が勝ちで裏が負けです。それぞれが5ドル持ち寄り、1回投げて25セント賭けます。完全なコインであるかぎり、その時間の終わりにはだいたい勝ち負けなしで、それぞれ5ドル手にしているでしょう。

同じゲームを同じコインで、今度は、あなたは5ドルで始めて、私は1ドルしか持ってこないとしたらどうなるでしょう？　たぶん、あなたが私のお金を取り上げることになります。あなたが勝つ可能性が

高いのです。それは、資金面で私より持続力があるからです。あなたは20回負け続けないと破産しませんが、私は４回続けて負けるだけで致命的になります。４連敗する可能性は20連敗より可能性よりはるかに高くなります。少額の口座の難点は、準備金がないために短期間トレードで負け続けるだけで生き残れなくなることです。勝つトレードには常に敗者が絡んでいて、短期間の連敗で小口のトレーダーは一掃されてしまいます。

　ほとんどの初心者はほとんどお金がない状態で始めます。市場はノイズ――トレーディングシステムを寄せ付けないランダムな動き――にこと欠きません。少額で始めたトレーダーは、ランダムな動きの期間にぶつかった場合、まったく安全クッションがないのです。長期的な分析が素晴らしくても、連敗を乗り切る持続力がないために、市場にのみ込まれてしまいます。

　1980年当時、未熟な素人だったころ、私はチェース銀行に立ち寄ってクレジットカードで5000ドルの現金を前借りしました。私がそんな大金を必要としたのは、取引口座が減損して請求された追証を払うためでした。疑わしげな目をした出納係がマネジャーを呼び、そのマネジャーがレシートに私の母印を要求しました。不快なやりとりでしたが、私はそのお金を手にしました――それもやがて数カ月で失ってしまいました。私のシステムは正しかったのですが、市場のノイズが私を抹殺したのです。私は、取引口座の金額を５桁に増やしたときに初めて、利益を出せるようになりました。私は、だれかが資金サイズのことを解説してくれていたらよかったのにと、その当時思いました。

　少額の口座でトレーディングするのは、樹木ぐらいの高さで飛行機を飛ばすようなものです。作戦をとる余裕もないし、考える時間もありません。少しでも注意を欠いたり、ちょっと運が悪かったり、気まぐれな枝が飛び出していたりすると、墜落して炎上します。高く飛ぶほど、難を逃れる時間に余裕が出てきます。低空飛行は専門家でも非

常に困難ですが、初心者には致命的です。トレーダーは高度を取り、さらに資金を得て、作戦をとる空間を買う必要があるのです。

大きな口座を持つ人は、どんなトレードでもわずかな部分を賭けるだけですから冷静でいることができます。小口の口座の人は、どんなトレードでも1回するだけで口座を押し上げたり、傷つけたりするのが分かり、緊張します。そんなストレスが高じると、思考能力が低下します。

私は、お金がどれほどプレーヤーの精神をゆがめてしまうのか、その最たる例を長女にバックギャモンの仕方を教えていたときに目にしました。彼女はその当時8歳ほどで非常に断固としていて利口でした。数カ月練習すると、彼女は私を負かし始めました。それで私は、お金を賭けてプレーしようと言いました——1ポイントを1ペニーにして、私たちの採点法では1回のゲームで最高32セントになりました。彼女は私を負かし続け、私は賭け金を積み続けました。彼女は、1ポイントが10セントに達したころに負け始めて、やがて最後の1ペニーまですっかりなくしてしまいました。なぜ、彼女は、あるかなしかのお金を賭けていたときは私に勝てたのに賭け金が増えると負けたのでしょうか？　私にとって3ドル20セントは小銭でしたが、子供にとってそれはすごいお金だったからです。それを考えると、彼女は少し緊張が増してイマイチ力を出し切れず、脱落していったわけです。小口の口座のトレーダーは、お金にばかり気を取られて、考えてプレーしながら勝つ能力を損ねてしまうのです。

ほかの初心者はゲームにお金を持ち込みすぎますが、それもまた良くないことです。過大な資金を持つ初心者は、多数のウサギを追いすぎて注意散漫になり、自分の居場所が分からなくなって、結局お金を失ってしまいます。

初めはどれくらいのお金を取引口座に入れておけばいいのでしょうか？　忘れないようにしたいことは、今はトレーディング資金の話を

しているということです。貯蓄でも、長期投資でも、退職基金でも、住宅資金でも、あるいはクリスマスクラブ預金でもありません。計算するのは、Ｔビルで得られるよりも高率の収益を達成することを狙って市場で回すお金だけです。

　２万ドル未満で始めることなど夢想だにしてはいけません。それはぎりぎり最小限であって、５万ドルのほうがはるかに安全な飛行高度になります。それだけあれば、賢明な資金運用を展開し実行することが可能になります。しかし、私は、10万ドルを超える資金で始めることは勧めません。初心者は、取引口座に多くのお金があると、焦点を失って杜撰なトレーディングになってしまいます。プロはずっと多い資金を利用できますが、初心者は10万ドル未満に抑えてトレードを習得すべきです。単発機で飛ぶことを習得してから双発機で飛べばいいのです。成功するトレーダーは、つつましくする習慣を身につける必要があります。初心者が、私に、１万ドルか5000ドルしかなかったらどうしたらいいか、尋ねることがあります。私は、そんな人たちに、市場を研究してつもり売買をしながら、副業で資金を貯めるように力説します。適正なサイズの資金でトレードを始めてください。戦闘に乗り出したら、資金が武器になり、完全武装した敵と戦うことが可能な程度に長い武器が必要になるのです。

ハードウエアとソフトウエア

　私が最初に購入したトレーディング機器のことを考えると、実に懐かしくなります。私はフロリダのドラッグストアに立ち寄って、小型の計算機を買いました。その１年後に、磁器メモリーカードをスロットから引き込む小さな装置のついた、プログラムが可能な計算機を手に入れました。それから、最初のコンピューターを買ったのです。２つのフロッピードライブ——ひとつはプログラム用、もうひとつはデ

ータディスケット用――がついていました。それを48キロバイトから64キロバイト（メガバイトではなくキロバイト！）にアップグレードしたら、ロケットのように速くなりました。最初のモデムは、サクサクと300ボーでデータを集めましたが、それを1200ボーにアップグレードしたら絶好調になりました。ハードディスクドライブが利用できるようになると、10メガバイトのユニットを購入しました（20メガバイトのモデルもありましたが、そんな怪物をだれが必要としたでしょう？）。ひとつだけ優れたテクニカル分析のプログラムがあって、1900ドルしました。今だったら、100倍強力なソフトウエアを10分の1の価格で買うことができます。

　トレーダーはだれでもコンピューターが必要でしょうか？　私の友人のルー・テイラーはあらゆる調査を紙切れで済ませています。私は彼にコンピューターを勧めたのですが、無駄でした。ほとんどのトレーダーは、私も含めて、コンピューターがなかったら途方に暮れてしまうでしょう。コンピューターで、能力が拡大し、調査も速くなります。しかし、注意したいのは、コンピューターが利益を保証してくれるわけではないことです。テクノロジーは役に立ちますが、勝利を保証するものではありません。下手なドライバーは車を壊してしまいます。

　コンピューターを駆使するトレーダーになるためには、コンピューター、トレーディングソフトウエア、そしてデータソースを選ばなければなりません。トレーディングプログラムはたいていあまり重くなくて、旧式の遅いマシンで軽く動きます。優れたテクニカル分析のプログラムなら、データをダウンロードできて、チャートは日足、週足、それに日中の記録もおそらく可能で、多数の指標も利用できるはずです。優れたプログラムの場合、トレーダー独自の指標をシステムに追加し、そのパラメータに沿って株のリストをスキャンできるはずです。トレーダー用プログラムのリストは増え続け、いくら見直しても、み

なさんがこの本を読むころにはもう古くなっているでしょう。私の会社は簡単なソフトウエアガイドを始終更新していて、無料で閲覧できます。現在のコピーが必要であれば、この本の背表紙のアドレスに連絡してください。

　ここ数年、トレーダーがインターネットで利用できる情報源が飛躍的に発達して豊かになりました。今では、ソフトウエアをまったく買わなくても市場の分析が可能です——ただウエブサイトに行って、株や先物を入力し、指標を選択して、マウスをクリックするだけです。無料のウエブサイトもありますし、申し込みが必要な場合もあります。これほどウエブサイトがそろっているのに、なぜテクニカル分析のソフトウエアを買うのでしょう？　それと同じ事情があるから、ニューヨークのような公共の交通システムが発達した都会で、自分の車を所有する人がいるわけです。顧客はたいてい、好みのウエブサイトにどのようにして新たな指標を追加したらいいのか、私に尋ねます。バスで移動すると、自分の好みのルートをドライバーに依頼することはできないのです。

　独自の指標をウエブサイトにプログラムして、その指標でチャートをスキャンし、買いシグナルを緑のドットで、売りシグナルを赤のドットで示すことができますか？　それが可能なウエブサイトを見つけたら、もはやソフトウエアは不要になるかもしれません。そうなるまでは、調査を真剣に考える人はテクニカル分析のソフトウエアを買い続けるでしょう。最高のソフトウエアが数百ドルで手に入ります。1年間更新できるヒストリカルデータベースはもう数百ドル高くなります。しかし、口座がごく小さい場合は、無料のウエブサイトを使いましょう。経費は常に抑えて、口座に占める割合をできるだけ小さくすべきです。

データ

データサービスに申し込むのは簡単なように思えますが、トレーディングの核心に迫る疑問がいくつか出てきます。どれだけの数の市場をフォローすればいいのか？　どれくらいさかのぼって調査すべきなのか？　リアルタイムのデータは必要か？　こうした疑問に答えることで、トレーディング活動を掘り下げ、自分の意思決定プロセスを見直さざるを得なくなります。

どれだけの数の市場をフォローすればいいのか？

初心者の共通の誤りは、あまりにも多くの市場を一度にフォローしようとすることです。ソフトウエアを探し数千の銘柄をスキャンして行き詰まる人がいます。真剣な初心者であれば、2～3ダースの銘柄だけを取り出し、それを明けても暮れても追跡すればいいのです。それらの銘柄に馴染んで、その動き方をキャッチする感覚を養う必要があります。いつ収益を発表するか知っていますか？　前年の高値と安値を知っていますか？　知れば知るほど、自信がついて、意外なこともあまり起こらなくなります。多くのプロは数銘柄の株にだけ焦点を当てます。ひとつの銘柄に絞る場合さえあります。

どの株を追跡すべきでしょうか？　まず、今人気のある2～3の銘柄を選んでみましょう。ハイテク、インターネット、通信機器、そしてバイオテクノロジーの業界が、この本を書いている時点では市場の先頭に立っています。しかし、このリストは変わる可能性が高いです。常に変わっています。人気のある各業界の主要銘柄を6つ取り出して毎日追跡したらいいのです。そうした株が、最も出来高が多くなり、最もトレンドが安定し、最もきれいに転換することが分かります。数カ月後で、株に馴染みができて多少のお金を儲けたら、別の業界を追加して、その代表銘柄をまた6つ取り出しましょう。忘れてはいけな

いのは、調査の深さがその幅よりはるかに重要だということです。ごく少数の馴染みのある銘柄のほうがよく儲かるのです。

　先物のトレーダーのほうが選択は容易です——だいたい３ダースの先物しかなくて、６～７つのグループに分かれています。初心者は、非常に不安定な市場は避けるべきです。例えば、穀物を取り上げてみましょう。トウモロコシ、小麦、そして大豆を分析すべきですが、トレードするのは、トウモロコシだけにしましょう——そのグループのなかで最も動きが遅くて目立たないからです。まず補助輪をつけて自転車に乗ることを習得してからレースを始めましょう。熱帯産品はすべて分析して、トレードするのは、大きくて流動性があり適度に不安定な砂糖だけにして、S&P（スタンダード・アンド・プアーズ）並みに動きの速いコーヒーとココアは触れないでおきましょう。言うまでもなく、初心者は株価指数先物——フロアでのニックネームは「ロケット」——に用はありません。２～３年たったらそこまでレベルアップしてもいいでしょうが、今の段階で株式市場について思惑がある場合は、上場市場指数のSPDRs（スタンダード・アンド・プアーズ預託証券）かQQQ（ナスダック100指数株）をトレードしましょう。

どれくらいさかのぼって調査すべきか？

　コンピューターのスクリーンで日足チャートを見ると、過去の５～６カ月間の動きがきれいに分かります。ローソク足の場合は、もっとスペースを取るので、表示される期間が短くなります。日足チャートだけでは十分ではなく、少なくとも過去２年間の動きが分かる週足チャートも必要です。過去が分かると未来に対する準備になります。10年チャートを見て、長期的な枠組みで市場が高いのか低いのかを考えてみると役に立つでしょう。

　20年以上に及ぶチャートは先物トレーダーにはとりわけ有益です。先物は、株と異なり、自然な底と天井があります。そうしたレベルは

厳格なものではありませんが、売買する前に、底に近いのかそれとも天井に近いのか見極めるようにしたらいいでしょう。先物の底値はその生産コストです。市場がそのレベルを割り込んで下落すると、やめる生産者が出始めて、供給が低下し、価格が上昇します。砂糖が供給過剰になると、その価格は世界市場で栽培コストを割り込んで下落し、主要な生産者が操業を停止し始めます。例外は、例えば、絶望的に貧しい国が商品を世界市場で売って強い通貨を稼ぎ、国内の労働者には切り下げた国内通貨で支払っている場合です。価格が生産コストを割り込んで下落することはあっても、長い間そのままであるはずがありません。

　ほとんどの商品の天井は代替商品のコストです。ひとつの商品は別の商品とその価格が適正であれば、取り換えが可能です。例えば、主要な家畜飼料であるトウモロコシの価格が上昇すると、小麦を家畜に与えたほうが安くなるかもしれません。転換してトウモロコシの購入を減らす農家が増えてくると、トウモロコシの価格をつり上げていた熱気をそぐことになります。ヒステリーにかかっている市場はしばらくの間その天井を超えるかもしれませんが、長い間そのままであるはずがありません。市場は通常のレンジに回帰して、抜け目のないトレーダーに儲けの機会を提供します。過去のことが分かると、ほかの人たちが理性を失っているときに冷静を保ちやすくなるのです。

　先物は2〜3月ごとに納会が到来するので、長期のチャートを分析するのは困難です。日足の場合は、現在活発に取引されている限月を見ますが、週足はどうでしょう？　この場合は引継足、つまり数個の限月をつなぎあわせる数学的な手段を利用しなければなりません。2つのデータシリーズ——現在活発に取引されている限月をだいたい過去6カ月間、引継足を少なくとも過去2年間——をダウンロードすると有益です。連続データを利用して週足チャートを分析し、当限に切り替えて日足チャートを研究します。

リアルタイムのデータは必要か？

　市場で価格が変化すると、リアルタイムのデータが刻々とスクリーンに流れます。実況中継のスクリーンは地球上で最も魅惑的な光景で、目の前でヌードの女子大生がバレーボールをし、高速道路で玉突き衝突が起こる。株価が踊るのを目にすれば、売買に最適の時点を見つけやすくなるでしょう。または、現実を忘れて興奮してしまうかもしれません。リアルタイムデータはトレードを上達させるでしょうか？　その答えは、ごく少数の、または多少の人々にとっては「はい」で、ほとんどの人にとっては「いいえ」になります。実況中継のスクリーンが机上にあると、スロットマシンに座っているようなものだ、と友人のトレーダーが言います。必ず、次々とコインをつぎ込むことになってしまうのです。

　リアルタイムチャートでトレードすることは一見簡単に見えますが、実は世界最速のゲームのひとつです。午前10時05分に買って、数回価格が上昇するのを見て、10時15分ごろには200～300ドル儲ける。それを日に何回か繰り返して、4時には数千ドルを手にして帰宅し、未決済のポジションは持ち越さない。無心に眠って朝になるとトレードに戻る。難点は、それをするためには完璧な反射能力が必要なことです。立ち止まって考えたり、利食いを延ばしたり、あるいは損切りをためらうと負けです。

　成功するデイトレーダーはたいてい20代の人です。私は、30歳を超えたデイトレーダーに会ったことはほとんどありません。もちろん例外はあって、70代の友人は素晴らしいデイトレーダーです。しかし、彼女は例外の実例です。このゲームは電光石火の反射能力と、ある種の考えないで飛び込む能力を必要とします。そんな能力を30歳を過ぎて保持している人はほとんどいません。

　初心者は、日足と週足のチャートを使ってトレードの習得に専念し

なければならないのですから、リアルタイムデータは不要です。市場からお金を引き出せるようになったら、新たなスキルを日中チャートに応用してみるのもいいでしょう。長期のチャートで売買のシグナルが出るときに、リアルタイムデータは、デイトレードのためではなく、ポジションを素早く出し入れするために使えばいいのです。

　リアルタイムデータを利用することにした場合、それがほんとうにリアルタイムであることを確認しましょう。たいていの取引所はリアルタイムのデータに月額手数料を取りますが、インターネットには無料で20分遅れのデータを提供するウエブサイトがいっぱいあります。20分遅れでも娯楽的価値が損なわれることはないのですが、それでトレードすることは自殺同然です。リアルタイムデータが必要なら、最高のものを手に入れましょう。

分析とトレーディング

　市場は大量の情報を生み出します——年間および四半期のレポート、収益予測、企業インサイダーレポート、業界研究、テクノロジー予測、週足と日足と日中のチャート、テクニカル指標、出来高、チャットルームの見解、インターネット上で尽きることのない議論の輪などです。あまりにもデータが多くて、分析が完全になることなどあり得ないことがすぐに分かります。

　トレーダーのなかには、お金を失って分析麻痺になる人がいます。もっとデータを分析したら損失を食い止めて勝者になれるという奇妙な観念を持つようになるのです。そんな人は、きれいなチャートを作成して棚が株のレポートだらけになっているので、見分けがつきます。彼らは、どんなチャートでもその半ばで指標シグナルを指摘しますが、右端でどうするのか尋ねたら、ぶつぶつ言うだけです——トレードしないからです。

アナリストは判断が正しければ報酬を得ますが、トレーダーは儲かって報酬を得るのです。これは2つの違った目標であって、違った資質が必要になります。会社の場合はトレーダーとアナリストを分離して異なった部署に配置します。個人トレーダーにそんな贅沢はできません。

分析はすぐに収益逓減ポイントに到達します。目標は、完璧になることではなく、意思決定のプロセスを開発してそれを資金運用で支えることです。分析スクリーンをいくつか開発して、膨大な市場情報を管理可能な量に軽減する必要があります。

ファンダメンタル分析

ファンダメンタル分析は需給に基づいて価格変動を予測することです。株の場合、会社の製品の需給を研究します。先物の場合、商品の需給を調査します。

会社が画期的な技術を発表したか？ 海外進出するのか？ 新たな戦略提携を行うのか？ 経営責任者が交代するのか？ 会社にどんなことが発生してもその製品の供給とコストに影響する可能性があります。また、社会に発生するほとんどのすべてのことがその需要に影響する可能性があります。

ファンダメンタル分析は、多様な要素が時間の経過によって変化するので、困難です。例えば、経済の拡大期には、ファンダメンタル分析は成長率に焦点を当てますが、不況期には、配当の安全性に焦点を当てます。配当は、非常に強気の市場では奇異な過去の遺物のように思えます。しかし、いざというときに株の究極の評価基準になるのは、それがどれだけの収益を生み出せるのかということです。ファンダメンタルアナリストは、群衆の注意がマーケットシェアから技術革新へ、さらに当座夢中になるほかのあらゆるものへと転換するのを監視しな

ければなりません。ファンダメンタルアナリストは価値を研究しますが、価値と価格の関係は直接的ではありません。それは、まさに、あの１マイルの長さのゴムバンドです。

先物市場のファンダメンタルアナリストの仕事もあまり容易ではありません。FRB（連邦準備制度理事会）の金利と経済に対して強大な力を持つ活動をどのように読むのか？　穀物市場において非常に重要な成長期に、天気予報をどのように分析するのか？　天気のサイクルが６カ月離れている南半球と北半球における繰越在庫量と天候予測をどのように評価するのか？　生涯をかけてファンダメンタルズを習得してもいいし、調査を売る有能な人たちを探してもいいでしょう。

ファンダメンタル分析はテクニカル分析よりはるかに狭いものです。移動平均は、大豆でもIBMでも、週足と日足と日中のチャートで同じように機能します。MACDヒストグラムは、Tボンドでもインテルでも同様なメッセージを速報します。ファンダメンタルズは忘れてテクニカルズに専念すべきでしょうか？　多くのトレーダーはほとんど抵抗しませんが、私はそれは間違いだと思います。

ファンダメンタルな要素は、数カ月あるいは数年にわたって主要なトレンドに乗りたい長期のトレーダーにとっては非常に重要です。ファンダメンタルズが強気であれば市場の買い持ちサイドに加担すべきだし、弱気であれば売り持ちサイドに加担すべきです。ファンダメンタル分析は、短期のトレーダーやデイトレーダーにはあまり関係がありません。

あらゆる株や商品のファンダメンタル分析の専門家になる必要はありません。非常に賢明な人たちがファンダメンタル分析を専門にして、その調査を公開しています。彼らの多くもまた、なぜ市場のことをそんなによく知っているのにトレードで儲けられないのか理解できなくて、むなしい思いをしています。

ファンダメンタル分析から発想したアイデアをテクニカルスクリー

ンのフィルターにかけることができたら、ファンダメンタルズまたはテクニカルズだけを分析している人々をはるかに引き離すことになるでしょう。強気のファンダメンタルズは上昇するテクニカル指標で確認されなければなりません。そうでないと、疑わしくなります。弱気のファンダメンタルズは下落するテクニカル指標で確認されなければなりません。ファンダメンタルズとテクニカルズがかみ合うとき、抜け目のないトレーダーは大いに張り切ることができます。

この先どうすればよいのか？

株のファンダメンタル分析の主要な本は、グレアムとドッドの共著『証券分析』（パンローリング刊）です。両著者ともに亡くなって長いですが、この本は彼らの弟子たちによって更新が続けられています。それを勉強することにしたら、必ず最新版を入手してください。ウォーレン・バフェットはベンジャミン・グレアムの学生でしたが、世界でも指折りの金持ちのひとりになりました。バフェットのファンダメンタル分析の取り組みを解説した読みやすい本があります――ロバート・G・ハグストローム著『株で富を築くバフェットの法則』（ダイヤモンド社刊）です。

先物のファンダメンタルズを見直す最適の本は、チューエルズとジョーンズの共著『ザ・フューチャーズ・ゲーム（The Futures Game）』です。この古典的な本は改訂中で10年に１回ほど更新されます（必ず最新版を入手してください）。あらゆる先物市場に関する項目があります。トレードするのが大豆でも、あるいはスイス・フランでも、その市場の主要な要素を素早く勉強できます。

テクニカル分析

金融市場は２つの大きなグループ――ブルとベア――で動いていま

す。ブルは価格を押し上げ、ベアは価格を押し下げ、チャートはその足跡を示します。テクニカルアナリストはチャートを研究して、ひとつのグループが相手のグループを圧倒するところを確認します。彼らは反復される価格パターンを調べて、早い時期に上げトレンド、あるいは下げトレンドを認識し、売買のシグナルを出そうとします。

　ウォールストリートのテクニカル分析の役割は長年の間に変化してきました。チャールズ・ダウによって導入され、20世紀初期には非常に盛んでした。彼は、ウォール・ストリート・ジャーナル紙を創刊し、ダウ平均を考案しました。数人のロジャー・バブソンのような著名なアナリストが1929年の大天井を予測し確認しました。それから四半世紀の間は追放され、機関投資家のアナリストは仕事を失いたくなければ、チャートを隠さなければなりませんでした。テクニカル分析は、1980年代から極めて盛んになりました。パソコンの利用が容易になり、トレーダーはテクニカルソフトウエアに簡単に手が届くようになったのです。

　株式市場は、近年ますます短期志向になりました。今は「バイ・アンド・ホールド」する時代ではなく、人々はもはや、「いい株」を買って長期間保持し、寝かせ、配当を取ることをしなくなりました。経済変化のペースが加速して、株はますます速く動くようになりました。新たな産業が浮上し、古い産業は沈んで、多くの株はほかの商品よりも不安定になっています。テクニカル分析は、そんな速いペースの変化に適しています。

　主に2つのタイプのテクニカル分析——古典的なものとコンピューター化されたもの——があります。古典的な分析はチャートの研究だけに基づいていて、鉛筆と定規以上に複雑なものは一切使いません。古典的なテクニカルアナリストは、上げトレンドと下げトレンド、サポートゾーンとレジスタンスゾーン、さらに、トライアングルやレクタングルのような反復パターンを調べます。これは参加しやすい分野

ですが、主な難点は主観性です。古典的なテクニカルアナリストが強気になると、その定規は徐々に上向きになり、弱気になるとズルズル下向きになる傾向があります。

　現代のテクニカル分析は、コンピューター指標に基づき、シグナルがはるかに客観的です。２つの主なタイプは、トレンドフォロー型の指標とオシレーターです。トレンドフォロー型の指標は、移動平均、ディレクショナル・システム、MACD（移動平均収束拡散法）などで、トレンドの確認に有効です。オシレーターは、ストキャスティクス、勢力指数、RSI（相対力指数）などで、転換の確認に有効です。重要なことは、両グループから数個の指標を選択し、そのパラメータを設定して、変更しないことです。素人はたいていテクニカル分析を誤用し、自分が見たいものを表示する指標を探してしまいます。

　テクニカル分析の主なツールは鉛筆でもコンピューターでもなく、すべてのアナリストが２つの目の間に持っているはずの器官、つまり頭脳です。それでも、２人のテクニカルアナリストがいて上達レベルが同じであれば、コンピューターを持っている人が有利になります。

　テクニカル分析には、科学的な面と技術的な面――客観的な面と主観的な面――があります。コンピューター手法に基づいていますが、群集心理を追跡しますから、けっして完全に客観的にはなりません。テクニカル分析の最高のモデルは世論調査です。世論調査員は科学手法を利用しますが、心理的な資質がなければ質問を作成して調査方法を選択することができません。コンピュータースクリーンの価格パターンは群衆の行動を明らかにします。テクニカル分析は応用社会心理学であり、群衆の行動を分析して儲ける技術です。

　多くの初心者は、実に多量のデータに圧倒されて、自動トレーディングシステムの罠にはまります。彼らのベンダーは、最高のテクニカルツールをバックテストして組み合わせ、有利なシステムにしてあると主張します。興奮した初心者が私に自動システムを買う計画だと言

うときはいつでも、私は彼の職業を聞きその分野の自動意思決定システムを私が買って彼と競争するようになったらどうなるか尋ねます。人々はマジックを信じたがり、もしマジックのおかげで勉強も考えることも不要になるなら、そのマジックに喜んで大金を支払うのです。

　成功するトレーディングは3つのMに基づいています――マインド、メソッド、マネーです。テクニカル分析は、いかに賢明であっても、成功の3分の1に関与しているにすぎません。健全なトレーディング心理と適切な資金運用も必要で、あとで検討します。

この先どうすればよいのか？

　エドワーズとマギーの共著『アメリカの株価分析――チャートによる理論と実際』（東洋経済新報社刊）は、20世紀前半に書かれ、古典的なチャートに関する決定的な本だと考えられています。この本の最後の主要な改訂がなされた1955年よりあとの版ならどれでも入手してください。ジョン・マーフィー著『先物市場のテクニカル分析』（きんざい刊）は、現代および古典の最も徹底した概説書です。私の最初の本『投資苑』（パンローリング刊）は古典および現代のテクニカル分析の両方に大きなセクションを割いています。

売買の時期

　トレーディングの秘訣は、秘訣がまったくないことです。利益に魔法の合い言葉はありません。初心者はからくりを探し続け、多数の狡猾なベンダーがそれを販売しています。実際のところ、トレーディングは仕事です――そして、多少は資質です。ほかの分野の人間の活動とまったく変わりません。外科手術であっても、微積分を教えることであっても、飛行機の操縦であっても、結局はルールを知り、規律を持ち、時間をかけ、そして多少の資質を持っていることなのです。

知的なトレーダーはファンダメンタルズに注意を払います。彼は経済の主要な勢力を意識しています。分析時間のほとんどをテクニカル分析に費やし、トレンドと転換の確認に取り組みます。あとで、主要なテクニカルツールを検討し、トレーディング計画を組み立てます。市場は絶えず変化していますから、柔軟性が最も重要なことになります。素晴らしいプログラマーが最近、私に、自分はいつも損をしているけれども自分の損切り売り注文を買う人はだれでも、その損切りはいつでも下落の底値を固めているから、儲かっているに違いないと言いました。私は、彼に損切りをしているレベルでなぜ買い注文を出し始めないのかと尋ねました。彼は非常に厳格なのでそんなことはせず、彼にとって買い注文は買い注文であって、損切りは損切りだということでした。高等教育はトレーディングでは障害になる可能性があります。ブライアン・モニソンは、著名なシカゴのトレーダーですが、インタビューでこんなことを言いました。「私は数学の博士号を持っていてサイバネティクスの心得もありますが、そんな不利を克服して儲けることができました」

　多くのプロの人たちは間違えないことで頭がいっぱいです。エンジニアはすべて正しく計算できると確信し、医者は十分検査をすれば正しい診断と治療ができると確信しています。患者の治療には、精密さのほかにも非常に多くのことが必要です。いかに多くの医者や弁護士が、市場でお金を失うかが繰り返し冗談になっています。なぜでしょうか？　もちろん知性が欠如しているためではありません。謙虚さと柔軟性が欠如しているためです。

　市場は不確実な雰囲気のなかで機能しています。トレーディングシグナルはチャートの中央では明確ですが、右端になるほど、偉大な戦史家のジョン・キーガンの言った「戦雲」のなかに入ってしまうことが分かります。確実性はまったくなくて、あるのは勝算だけです。それで、目的は２つあります——儲けることと学ぶことです。勝っても

負けても、トレードから知識を得て明日はもっと優れたトレーダーにならないといけません。ファンダメンタルな情報を詳しく調べ、テクニカルシグナルを読み取り、資金運用とリスク管理のルールを実行しましょう。さあー、引き金を引く用意ができました。ドン！

第2部
成功するトレーディングの3つのM

PART2
THE THREE M'S OF SUCCESSFUL TRADING

　安く買って、高く売ろう。高く空売りして、安く買い戻そう。トレーダーはサーファーのように、良い波を捕らえようとします。ただし、その海岸は砂浜ではなく、岩浜です。プロは機会を待ちますが、素人は感情に駆られて飛び込みます——絶えず強気を買って弱気を売り、市場に資金を流失し続けます。安く買って高く売るというのは単純なルールのように思えますが、強欲と恐怖が最善の意図を押し切ってしまいます。

　プロは、馴染みのパターンが市場から出現するのを待ちます。上昇モメンタムの新たなトレンドが先高を示していることに気づくことがあります。または、上昇の最中にモメンタムが低下して先安を示していることに気づくこともあります。いったんパターンを確認すると、トレードを仕掛けます。どのように参入し、どのレベルで利食い、市場が不利になったらどのレベルで損切りをするかについて明確な見解を持っています。

　トレードは価格変化に対する賭けですが、パラドックスがあります。各価格は市場参加者の直近の価値合意を反映しています。トレードを仕掛けることはその合意に挑戦することになります。買い手はその集団の見識に異議を申し立てて市場は割安であると言います。売り手はその集団全体の見識に異議を申し立てて市場は割高だと考えます。買

い手と売り手はともにその合意が変わることを期待しますが、同時に市場に挑戦するのです。市場には天才もいれば、世界有数の金持ちもいます。この集団と論争することは危険なことで、非常に慎重にしなければなりません。

知的なトレーダーは効率的市場理論の矛盾点を探ります。彼は市場に目を走らせて短い非効率な期間を探します。群衆が強欲にとりつかれると、初心者が飛び込んで株をうんと買い込みます。価格が下落すると何千人もの買い手を締めあげます。彼らはうろたえてファンダメンタルな価値など無視して保有株を投げ売りします。こんな感情的な行動が起こると市場の冷静な効率性が希薄になり、規律のあるトレーダーのチャンスになります。市場が冷静で効率的なときは、トレーディングは投機的になり、売買手数料とスリッページが勝算を悪化させます。

群集心理はゆっくりと変化して、価格パターンは、多様性を示しながらも、反復します。感情的な揺れがあればトレーダーのチャンスになりますが、効率的な市場は不規則に変化して、トレーダーの有利になることはまったくなく、コストがかさむだけです。テクニカル分析ツールが機能するのは、規律を持ってパターンが出現するのを待つ場合だけです。プロがトレードするのは市場が特別な優位性を与えてくれるときに限ります。

カオス理論によれば、多くのプロセス——川の水の流れ、空の雲の動き、綿市場の価格変化——は無秩序状態で、一時的な自己相似形になっていて、フラクタルと呼ばれています。このフラクタルはどの距離からでも、望遠鏡で見ても顕微鏡で見ても、同じ形状に見えます。メーン州の海岸は、スペースシャトルから見てもはいつくばって拡大鏡で見ても同じようにギザギザに見えます。ほとんどの金融市場で、長期の週足チャートも短期の5分足チャートも非常に似ていて、表示がなければ区別がつきません。エンジニアは、多くのプロセスを無秩

序だととらえたら、さらに制御しやすくなると認識し、一時的なフラクタルの自己相似形を利用しようとします。それはまさに優れたトレーダーがしていることなのです。彼は市場を無秩序でほとんどの場合予測できないものと認識していますが、自己相似形を見つけようとします。そんなパターンを見つけたらとやかく言わずに売買するように自分を訓練します。

　成功するトレーディングは３つのＭに基づいています——マインド、メソッド、そしてマネーです。初心者は分析に焦点を当てますが、プロは三次元空間でトレードします。プロはトレーディングの心理——自分の感情と市場の群集心理——を意識しています。各トレーダーは、特定の株やオプション、先物を選ぶ方法と、引き金を引く——いつ売買するべきか判断する——堅固なルールが必要です。マネーとはトレーディング資金の運用方法のことです。

　マインド、メソッド、マネー、つまり、トレーディング心理、トレーディング法、そして資金管理のことですが、人々は私にこの３つのうちでどれがほかの２つより重要なのか尋ねることがあります。それは、三脚椅子のどの脚が最も重要か尋ねるのと同じことです。１回に一脚ずつ取り払って座ってごらんなさい。第２部では、市場で成功するためのこの３つの基盤に焦点を当てます。

第4章
マインド──規律のあるトレーダー
MIND──THE DISCIPLINED TRADER

　トレーダーは大きな期待を持って市場にやって来ますが、儲かる人はほとんどなく、ほとんどの人がすってんてんになります。この業界は有益な統計を隠し、失われたお金は勝者のところに行くという大うその宣伝をします。実際、勝者は敗者が失ったお金の一部を手にするにすぎません。損失の大半は、勝者も敗者も支払う売買手数料やスリッページ、そして経費などの業務コストとしてトレーディング業界に流れます。成功するトレーダーはいくつもの高いハードルを跳び越さなければ、そして跳び続けなければならないのです。平均より上程度では十分ではありません。群衆よりはるかに優れていなければならないのです。知識も規律もあって初めて勝てるのです。

　ほとんどの素人は、市場にやって来ても、計画は中途半端で心理や資金管理については何も分かっていない状態です。ほとんどが傷つき数回痛打を浴びてやめてしまいます。ほかの人はもっと現金を用意してトレーディングに復帰します。市場にお金を落とし続ける人たちは、見返りに何かを得ているのですから、敗者と呼ぶ必要はありません。彼らが得るのは素晴らしい娯楽価値です。

　市場は地上で最も面白い場所です。トランプとチェスと競馬を合わせてひとつにしたようなものです。ゲームは終始続きます──常に面白いことを見つけることができます。

私の知人のひとりはとんでもない家庭生活をしていました。妻を避けて会社で残業していましたが、週末にはビルが閉まるので、家庭のなかに押し込まれます。日曜の朝にはもう「家族団欒」に耐えられなくなって自宅の地下室に逃げ込みます。そこに彼はトレーディングの器具を設置していました。それは別の敗者から借りた装置で、将来利益が出たら分けることになっていました。日曜日の朝、ボストン郊外で何がトレードできますか？　実は中東で金市場が開いていたのです。私の知人は価格表示のスクリーンをつけて電話をかけ（当時はインターネット以前の時代でした）、アブダビで金の取引をしていたのです！

　彼は現地のトレーダーに対する自分の優位性を自問することはありませんでした。彼は、牧歌的なボストンの郊外に座って、アブダビのトレーダーが持っていない何を持っていたのか？　現地の人たちはなぜ彼に送金すべきなのか？　プロならだれでも彼の優位性は分かりますが、素人に尋ねても無駄です。自分の優位性が分からない人は優位に立てずにお金を失います。ウォーレン・バフェットは、世界有数の富裕な投資家ですが、ポーカーのテーブルに着いたら15分以内にだれが賞金を払うのか分からないといけないし、分からなかったら、払うのは自分だと言っています。私のボストンの友人は結局破産して家を失ったため、夫婦関係は新たな展開を迎えましたが、彼はもはやアブダビで金をトレードすることはありませんでした。

　多くの人は、金持ちでも貧しくても、ままならない生活に飽きるようになります。ヘンリー・デビッド・ソーローも2世紀前に書いています——「あまたの人が絶望を秘めて生きている」。

　毎朝同じベッドで目を覚まし、同じ朝食を食べ、同じ道路を車で仕事に行く。会社で同じ物憂い顔を見て、古いデスクで書類をめくる。また車で帰宅して、テレビでつまらない同じショーを見て、ビールを飲んで、同じベッドに寝る。こんな退屈な生活が、毎日、毎月、毎年

繰り返し続く。仮釈放のない終身刑のようなものです。何か楽しみにすることはあるのでしょうか？　たぶん来年は短期間のバケーション？　パッケージツアーを買って、パリへ飛び、団体でバスに乗り、凱旋門の前で15分間過ごし、半時間かけてエッフェル塔に上がる。また帰ってきて、代わり映えのしない日常に戻る。

　ほとんどの人は深く見えない溝にはまっています――考えることも、決断することも、人生のあらわな悲惨を感じることも不要です。日常はなるほど快適です――しかしひどく退屈です。

　娯楽でさえ面白くなくなります。ハリウッド映画を週末に何本観たら飽き飽きしますか？　ディズニーランドへ何回行ったらプラスティックの石鹸入れのような乗り物のどれもこれもバカらしくなりますか？　また、ソーローを引用します――「型にはまった、しかし無意識の絶望がいわゆる人間のゲームや娯楽にさえ潜んでいる。どこにも遊びはない」。

　それで、取引口座を開いて注文をキーボードで打ち込みインテルの株を500株買うわけです。数千ドルあればだれでも日常を脱出して、市場でスリルを感じることができるのです。

　突然、世界が生き生きした色彩になる！　インテルが半ポイント上昇する――表示をチェックし、急いで新聞のサイトに移って、直近の更新記事に注意する。仕事でコンピューターを使っている場合は小さな価格表示ウインドウを出して自分の株を見守る。インターネット以前は、人々は相場を聞くために携帯FM受信機を買って半分開けた机の引き出しに隠してあったものです。そのアンテナが中年の男性の机から突き出していて、刑務所の独房に差し入る光線のように見えました。

　インテルが１ポイント上がった！　売って利益を取るべきか？　買い増して倍にすべきか？　心臓がドキドキする――生きている心地がする！　今や３ポイントも上がった。その３ポイントに持ち株数を掛

けて、利益がたったの数時間でほぼ自分の週給になっていることが分かる。％で報酬を計算し始める——こんな調子で1年の残りをトレードし続けたら、クリスマスのころにはなんと大きなお金を手にできることか！

　突然、計算機から目を上げてインテルが2ポイント下落しているのを見る。胃が締めつけられ、目がスクリーンにくぎ付けになり、背をかがめて、息を詰め、頭に血がめぐらなくなって、決断などできる状態ではない。不安でいっぱいになり、罠にかかった動物のようだ。傷ついている——でも、生きている！

　トレーディングは、人が服を着たままできる最も刺激的な活動です。難点は、わくわくしながら同時に儲けることができないことです。カジノのことを考えてください。素人はそこでただの酒を飲んでお祭り騒ぎですが、プロは冷静にカードゲームを繰り返し、たいていは負けてカードを伏せ、カウントが少し有利な場合はそれをできるだけ生かそうとします。成功するトレーダーになるためには、鉄の規律（マインド）を養い、市場に対する優位性を獲得し（メソッド）、取引口座のリスクを制御しなければなりません（マネー）。

市場のなかを夢遊病者のようにさまよう

　トレードする合理的な理由がひとつあります——儲けることです。お金が人を市場に引きつけますが、新たなゲームに興奮しているうちにたいていその目標を見失ってしまいます。トレードを息抜きの娯楽にするようになり、家族や友人の前で自慢し、という具合になります。トレーダーがお金という目標をいったん失うと、たちまち行き詰まります。　週末に、冷静に、落ち着いて、集中して、本を読んだりチャートを見たりすることは簡単です。市場が閉まっているときに理性的になるのは簡単ですが、リアルなスクリーンの前で30分たったらどう

なるでしょう？　鼓動が速くなりますか？　上昇と下落で催眠状態になりますか？　トレーダーは市場で有頂天になり、判断が曇ってしまいます。週末の冷静な決意は上昇や下落の最中に窓の外へ飛んでいってしまうのです。「今度は違う……例外なのだ……今度は損切りはしない、相場が非常に不安定だ」というのが感情的なトレーダーがもらす台詞です。

　多くの知的な人たちが市場のなかを夢遊病者のようにさまよいます。目は開いていますが頭は閉じています。感情に駆られて間違いを繰り返します。間違ってもかまいませんが、それを繰り返してはいけません。初めての間違いは、生きていて、調べ、検証している証拠です。間違いを繰り返すことは、神経症の兆候です。

　敗者の性別、年齢、人種はさまざまです。しかし、いくつかの決まり文句を聞くと彼らの実態が明らかになります。ありふれた言い訳を検討してみましょう。自分に思い当たることがあればそれを合図に新たな市場手法の習得に乗り出してください。

ブローカーのせいにする

　トレーダーが最も緊張を強いられるときに、つまり、売買の注文を出したり、注文につながるような情報を欲しいときに、ブローカーの声を聞きます。多くの人は、ブローカーは市場の近くにいるので自分よりよく知っていると思い込んでいます。ブローカーの声を読んで自分の行動を是認しているかどうか理解しようとします。

　ブローカーの声を聞くことがトレーディングシステムの一部ですか？　そのシステムは、週足移動平均が上昇して、日足勢力指数が下落し、ブローカーが熱狂していたら買いを指示するのですか？　あるいは単にこれこれの指標がこれこれのパラメータに達したときに買いを指示するのですか？

ブローカーの声を読もうとするのは不安の兆候であり、初心者に共通の状態です。市場は巨大で不安定で、上昇や下落は圧倒的なものに感じるでしょう。おびえた人たちは、だれか強くて賢い人が荒野から脱出させてくれることを期待します。ブローカーが案内してくれますか？　たぶんしてくれませんが、お金を失ったときに格好の言い訳になります——ブローカーのせいであんなバカなトレードをしてしまったのだと。

　専門家の証人を物色していた弁護士が最近私に電話してきました。彼の顧客である大学教授が数年前にデルを、ブローカーに「もう上がらないでしょう」と言われて、20ドルで空売りし、その後株式分割がありました。デルの株は強気市場の花形株になって天井を抜け、教授は1年後に80ドルで買い戻したのですが、彼の100万ドルの口座は食い尽くされ、生涯の蓄えを全部失ってしまったというわけです。この人は頭もよくて博士号を取り、100万ドルも蓄えたのですが、感情的になってブローカーの言うとおりにしているうちに生涯の蓄えが徐々に燃え尽きてしまったのです。ブローカーを告訴までする人はほとんどいませんが、初心者はほとんどだれでもブローカーを非難します。

　トレーダーのブローカーに対する感情は、患者の精神科医に対する感情に似ています。患者は長椅子に横になり、精神分析医の声が要所要所に聞こえてきて、患者が自分ではたぶん発見できなかった深みのある心理的な事実を伝えているように感じるのです。実際のところ、優れたブローカーは職人で、ときには顧客のために注文がより有利に執行されるようにしたり、要求された情報を集めたりすることができます。ブローカーはヘルパーですが、アドバイザーではありません。ブローカーに頼って案内を求めるのは不安の印であり、トレーディングの成功を招くものではないのです。

　ほとんどの人は電子ブローカーに代えるとトレーディングがさらに活発になります。安い売買手数料もひとつの要素ですが、心理的な変

化がもっと重要です。人は生きた人間と交渉しなくてもいいときはあまり自分を意識しません。だれでもときには愚かなトレードをしますが、電子ブローカーならそれも内密にしてくれます。キーをたたく場合はブローカーに電話するときほど恥ずかしくないのです。トレーダーのなかには不安や恐れを不覚にも電子ブローカーに転嫁する人がいます。彼らは電子ブローカーがしてほしいことをしてくれない、例えば一部の注文を受けつけない、などと不平を言います。私がなぜ口座を移転しないのですかと尋ねると、恐れの表情を見せます。変わることの、従来のやり方を覆すことの恐れです。

　成功するトレーダーになるためには、自分の決断と行動に対する全面的な責任を取らなければなりません。

教祖のせいにする

　初心者が市場に参加するとたちまち華やかな一群の教祖たちに囲まれていることに気づきます——トレーディングのアドバイスを売る専門家たちです。ほとんどの場合は有料ですが、無料でアドバイスして自分の証券会社が儲かるようにする場合もあります。教祖はニュースレターを発行し、メディアで取り上げられ、多くの場合がんばってテレビに出ようとします。大衆は明快さを渇望し、教祖はその渇望を満たすために存在します。教祖は、ほとんどが失敗したトレーダーですが、そんなに気楽な商売ではありません。廃業率が非常に高く、２年以上持ちこたえる人はほとんどいません。目新しさはすり減って、顧客は購読を更新せず、教祖はトレンドラインを引くよりアルミの羽目板を売るほうが稼ぎやすいことを悟ります。私の書いた『投資苑』（パンローリング刊）のなかで喧騒と恐れを醸しだした最たるものが教祖に関する章だったのです。

　トレーダーの教祖に対する態度には３つの段階があります。まず、

教祖のアドバイスに陶酔して金儲けを期待します。次に、教祖を疫病神のように避けるようになり、独自の意思決定プロセスを錯乱させるものとみなします。最後に、成功するトレーダーの一部は新たなチャンスを説く少数の教祖に注目するようになります。

　負けトレーダーのなかには、指導者、教師、あるいはセラピストを探す人もいます。心理学とトレーディングの両分野の専門家はほとんどだれもいません。私が会った数人の教祖は、まったくトレードする能力がないにもかかわらず、心理学の専門知識があるからトレーダーを指導する資格があると勝手に公言していました。ここでちょっとセックスセラピーと比較してみましょう。私が性的な問題を抱えているとして、精神科医や心理学者やセックスセラピストに、または牧師カウンセラーにさえ、相談に行くかもしれませんが、カトリック司祭のところには、たとえ私がカトリック教徒であっても、けっして行かないでしょう。司祭はそんな問題の実際的な知識をまったく持っていません——もし持っているとしても、ぐずぐずせず、さっさと逃げるでしょう。トレードしない教師など極めて怪しいかぎりです。

　秘密情報に対するトレーダーの態度には数段階あります。初心者はことのほか秘密情報が好きで、もっと真剣な人は自分で研究すると言い張ります。上級者は秘密情報に耳を傾けはしますが、それを常に自分自身のトレーディングシステムに入れて、有効かどうか見極めます。私はトレーディングの秘密情報を聞くといつでも、自分自身のコンピュータースクリーンでそれを実行します。買いや空売りや傍観の判断は私が独自に行いますが、聞いた秘密情報を受け入れるのは平均して20にひとつです。秘密情報は私が見逃したかもしれないチャンスに注目させてくれますが、賢明なトレードに近道はまったくありません。

　火傷してしまった未熟な人は教祖の実績を尋ねてみたらいいでしょう。何年も前に私がニュースレターを出していたころに気づいたことですが、教祖が自分の実績を操作して歪曲するのは驚くほど容易なこ

とで、たとえ独立した格付けサービス機関が調査してもそれは変わりません。

教祖のアドバイスを——たとえ、それにどんなにお金を払っている場合でも——全面的に受け入れるトレーダーに私は出会ったことがありません。教祖に200人の購読者がいるとして、各購読者は異なるアドバイスを選択し、異なるトレードをして、ほとんどがお金を失いますが、それも各人各様です。アドバイザービジネスにはひとつのルール——「予測をして生計を立てるなら、多くの予測をすること」——があります。教祖は、損失の生贄を求めている夢遊病者のトレーダーに都合のよい言い訳を用意しているのです。

教祖の言うことを聞いても聞かなくても、自分のトレードの結果は100％自分の責任です。この次に素晴らしい秘密情報を手に入れたら、自分のトレーディングシステムに入れてそれが売買のシグナルを出すかどうか見極めましょう。アドバイスを受け入れても拒否してもその結果は自分の責任です。

思いがけないニュースのせいにする

突然の悪いニュースが自分の株に穴をあけたら、怒り傷つくのは容易なことです。何かの株を買って、値上がりして、悪いニュースが市場を襲い、その株が崩れるのです。市場のせいだと思いますか？ そのニュースは突然だったかもしれませんが、どんな困難があっても対処するのは自分の責任です。

ほとんどの会社のニュースは定期的に発表されます。ある株をトレードする場合、その会社がいつ収益を発表するのかかなり前から分かるはずですから、そのニュースに対する市場のどんな反応に対しても用意ができているはずです。次の発表の影響が確かでない場合はポジションを軽くしましょう。債券や通貨や株価指数先物をトレードする

場合は、主要な経済統計がいつ発表され、主要な指標や失業率がどのように自分の市場に影響する可能性があるのか知らなければなりません。重要なニュースの発表に先立ってストップをきつくしたり、トレードのサイズを軽減したりするのが賢明かもしれません。

ほんとうに思いがけないニュースだったらどうでしょう──大統領が狙撃されるとか、著名なアナリストが弱気な収益予測を発表するとかは？　自分の市場を調査し過去に同じような出来事があったときにどうなったのか知る必要があります。事件に襲われる前に調べておかなくてはなりません。この知識があれば遅滞なく行動することができます。例えば、大統領襲撃に対する株式市場の反応は一時的に鋭角的に下落していますが、その後は完全に戻っています。だから、賢明な行動はそのブレイクを買うことです。

トレーディング計画は、突然の出来事に起因する鋭角的で不利な動きの可能性を含んだものでなければなりません。逆指値を置き、トレードのサイズは転換があっても財政的に傷つくことのないようなものでなければなりません。多くのリスクがトレーダーに跳びかからんと待ち構えているかもしれません──被害対策に責任があるのは自分だけです。

希望的観測

苦痛が徐々にひどくなると、何もせずに回復を待つのが自然な傾向です。夢遊病のトレーダーは負けトレードに「さらなる時間を割いて消耗」し、自分の口座を徐々に破壊していきます。

夢遊病者は希望を抱き夢を見ます。彼は損失の対処を遅らせながら言います──「この株は戻る。いつもそうだった」。勝者はときどき被る損失を受け入れ、損切りをして、前進します。敗者は損切りを先送りします。素人は子供が宝くじを買うようにトレードをします。ル

ーレット盤が勝負を決めるのを待つのです。プロは逆に、鉄壁の退出計画を持っていて、利益かあるいは小さな損失を出します。プロと素人の主要な違いのひとつは退出計画です。

　夢遊病者のトレーダーは35ドルで買って32ドルにストップを置きます。その株が33ドルに下落すると、「もう少し余裕を与えよう」と思い、ストップを30ドルまで下げます。それは致命的な間違いです——彼は自分の規律を破り、自分自身の計画を反故にしたのです。ストップはひとつの方向——自分のトレードの方向——になら動かしてもかまいません。ストップは、帆のたるみを取るために設計されたヨットの歯止めのようなものです。自分のトレードに「もっと息をする余裕」を与え始めたら、その余分なたるみが揺れ動いて損害を与えます。市場がトレーダーにルール破りの仕返しをしたら、それが次のトレードのさらに深い罠を仕掛けることになります。

　決断をする最高のチャンスはトレードを仕掛ける前です。お金は危険にさらされていないので、利食い目標と損失パラメータをはかりにかけて慎重に考慮することができます。いったんトレードに入ったら、それにかかりきりになってしまいます。市場はトレーダーに催眠術をかけて感情的な判断を誘います。だから、手仕舞い・損切り計画を書き留めてそれに従わなくてはならないのです。

　負けトレードを「投資」にしてしまうのは小口の個人投資家に共通する病ですが、機関投資家のトレーダーも同じ病に苦しむことがあります。銀行や主要な金融会社で大惨事が発生するのは、監視の行き届かないトレーダーが短期のトレードでお金を失い、それを長期口座に組み込んで時間がたてば何とかなるだろうと思ってしまう場合です。初めに負けたら、終わりも負けるのです。考えて先送りしてはいけません。最初の損失が最も軽い損失なのです——これが目を開けて投資する者のルールです。

自滅の救済策

　不運に不平をもらす人は、たいてい軽はずみなことをして勝利目前で負けを食らう人です。自分のトラックを買って建設業を自営することを夢見ている友人のドライバーがいました。何年もかけてお金を貯め、ついに現金でトラックの新車を買いました。彼は仕事を辞めて、とても楽しく酔っ払い、その日の終わりに保険をかけていない自分のトラックを堤防に転落させてしまったのです——トラックは全壊し、ドライバーは戻ってきて元の仕事をさせてほしいと頼みました。悲劇？　ドラマ？　それとも、自由の恐怖と着実な給料の入る安全な仕事に対する無意識の願望？

　なぜ、知的で成功の実績もある人たちが次々と愚かなトレードをしてお金を失い、つまずいて災難に遭い破滅に至るのでしょうか？　不運？　あるいは隠れた破滅願望？

　多くの人には自滅傾向があります。私の精神科医としての経験から確信できることですが、深刻な問題に不平を言う人はほとんどの場合実は自分自身を破壊してしているのです。私は、患者の外的現実を変えることはできませんが、私が自滅を治してあげると、必ずその人は自分の外的な問題をすぐに解決するようになります。

　自滅がこんなに広く染みわたった人間の性格になっているのは、文明の基盤が攻撃を制御することにあるからです。人は成長するにつれて、他人に対する攻撃を制御するように訓練されます——行儀良くしなさい、押してはいけません、親切にしなさい。攻撃性ははけ口が必要で、多くの人はそれを自分自身——ただひとつの無防備な目標——に向けます。人は怒りをうちに向けて自分自身を破壊するようになります。非常に多くの人が大人になって不安になり、自己規制して、内気になるのは当然なことなのです。

　社会は、極端な自滅行為に対していくつかの防御手段を備えていま

す。警察は屋根から自殺を図る人を説得し、医学委員会は事故を起こしそうな外科医からメスを取り上げます。しかし、だれも自滅的なトレーダーを止めようとしません。彼は金融市場で規律を失い、自分自身を傷つけ、ブローカーとほかのトレーダーは喜んで彼のお金を奪います。金融市場には自滅行為に対する保護規制はないのです。

あなたは自分自身を破壊していますか？　確認するただひとつの方法は、適切な記録を、特にトレーダー日誌と資金曲線——あとで紹介します——をつけることです。資金曲線の角度はトレーダーの行動の客観的な指標になります。傾斜が上向きでほとんど下落がなければ、順調です。下向きであれば、市場とずれていてたぶん自滅モードです。それを観察したら、トレードのサイズを軽減してトレーダー日誌にもっと時間を割き、自分の行動を把握しましょう。

自覚のあるトレーダーになる必要があります。適切な記録をつけて過去の間違いから学び将来の向上を図るべきです。トレーダーはお金を失うと恥ずかしいと思いがちです。ひどい損をすると意地の悪い批評のように感じてしまいます——ほとんどの人は、ひたすら隠して、立ち去り、二度と見られたくないと思います。隠しても何の解決にもなりません。損失の苦痛を生かして自分自身を規律のある勝者に変えるのです。

匿名敗者の会

何年も前に私は悟るところがあってトレーディング生活が永久に変わりました。当時、私の資金はヨーヨーのように上下運動を繰り返していました。私は市場のことをよく知っていてトレードで何回も儲けたのですが、その利益を保持して資金を増やすことができなかったのです。私が悟るところがあってそのジェットコースターを降りることになったのは、たまたまAA（匿名アルコール依存症患者の会）を訪

れたからでした。

　ある午後遅く、私は友人について地元のYMCAで開かれたAAの会合に出ました。突然、私はその会合の虜になりました。私はその部屋の人たちがまるで私のトレーディングのことを話しているように感じたのです！　私はただ「アルコール」という言葉を「損失」という言葉に置き換えただけでした。

　AAの会合に集まった人たちはアルコールがいかに彼らの生活を支配しているかについて話していました。そして当時、私は、トレーディングの損失に追い詰められ、不安になって何とか切り抜けようとしていました。私は、ギザギザの資金曲線に沿って感情が揺れ、高いところでは上機嫌になり、低いとろでは冷たくぞっとするような不安に襲われて、指はスピードダイアルボタンの上で震えていました。

　その当時、私は精神科の開業医として多忙で、アルコール依存症患者も診ていました。私は、アルコール依存症患者と負けているトレーダーの間の類似点に注目するようになっていました。敗者は、アルコール患者が酒場に足を運ぶように、市場に入っていきます。楽しい期待を抱いて入るのですが、出てくると嫌な頭痛がして二日酔いになり、前後の見境もなくなります。人は、飲酒やトレーディングに誘惑され、楽しみの一線を超えて自己破滅に進んでしまうのです。

　アルコール依存症患者も敗者も目を閉じて暮らしています——どちらも中毒にかかっています。私が診たアルコール依存症患者はだれでも私の診断について議論したがりました。時間の浪費を避けるために、私はよく簡単なテストを提案しました。アルコール依存症患者に、次の週もいつものように飲み続け、ただし飲むごとに記録をつけてそれを次の予約のときに持ってきてくださいと言ったのです。ただのひとりも2～3日以上その日記をつけることができませんでした。鏡を見ると衝動的な行動の快楽が減ってしまうからです。今、私が負けているトレーダーにトレード日誌をつけるように言うと、多くの人は当惑

します。

　適切な記録は自覚と規律の印になります。不十分なあるいは記入のない記録は衝動的なトレーディングの印です。適切な記録をつけているトレーダーなら、優れたトレーダーなのです。

　アルコール依存症患者も敗者も過去や未来のことを考えず、現在――アルコールが食道を流れる、あるいは市場がスクリーンで脈打つ興奮――に焦点を合わせます。進行性アルコール依存症患者は現実を拒絶しています。絶望の深さ、問題の深刻さ、自分自身やほかの人たちに与えている害などについて知りたいとは思わないのです。

　アルコール依存症患者を拒絶から開放できる可能性があるのは、AAのいう「どん底」を味わう苦痛だけです。それは各人各様の個人的な地獄――命にかかわる病気、家族に見放されること、失業、あるいは別の破滅的なできごと――です。どん底を味わう耐え難い苦痛はアルコール依存症患者の拒絶に穴を開け、赤裸々な選択を余儀なくさせます。自滅するか更生するかです。

　AAはボランティアの非営利組織で、その唯一の目的はアルコール依存症患者が酒を断つのを助けることです。寄付を求めず、広告せず、ロビー活動をせず、あるいはどんな公共活動にも参加しません。有給のセラピストはだれもいません。ベテランのメンバーが中心になって会合で互いに助け合います。AAには後援システムがあって、古いメンバーが新しいメンバーに資金を提供して援助します。

　AAに参加するアルコール依存症患者は12段階プログラムというものを体験します。各ステップが個人的成長と回復の段階です。この方法は非常に効果的なので、ほかの常習行為から回復途上の人も利用し始めています。

　最初のステップがトレーダーにとっては最も重要です。簡単に見えますが、実行するのは極めて難しいです。多くのアルコール依存症患者が最初のステップを実行できなくて、AAから脱落し、そのまま自

分の人生を破壊していきます。最初のステップの構成は、会合で立ち上がり、部屋いっぱいの更生中のアルコール依存症患者を前にして、アルコールが自分より強いことを認めることです。これは難しいことです。アルコールのほうが強かったら、再びアルコールに触れることができないからです。最初のステップを実行したからには、全力で酒を断つ努力をすることになります。

アルコールは非常に強力な麻薬ですから、AAは1回に1日だけ酒を飲まないで生活する計画を勧めます。更生中のアルコール依存症患者は今後1年または5年も酒を断つ計画は立てません。簡単な目標です——今夜は飲まずに寝ること。結局、そうした断酒の日々がまとまって何年にもなるわけです。AAの会合と後援の全体のシステムは、1回に1日だけ断酒する目標に連動しています。

AAは、行動だけではなく人格も変えて断酒を強化することを目標にしています。AAの会員は一部の人たちを「しらふの酔っ払い」と呼びます。言葉の矛盾のような感じがします。人がしらふなら、どうして酔っ払うことができるのか？　断酒だけでは十分ではないのです。思考を変えない人は、ストレスがあったり退屈だったりすると、ただの一歩で飲酒に逆戻りしてしまいます。アルコール依存症患者は、生き方と感じ方を変えることによってアルコール依存症から立ち直らなければならないのです。

私は、アルコールで問題を起こしたことは一度もありませんが、アルコール依存症患者の更生で成果を上げているAAを、精神医学の経験を通じて、尊敬するようになりました。それは一般的な見方ではありませんでした。AAに行った各患者の分だけ私の仕事の収入は減りましたが、それはまったく気になりませんでした。私は、初めてAAの会合に出てから——何百万人のアルコール依存症患者がそのプログラムに従って更生することができるなら、トレーダーもAAの原則を応用して損失を止め、収支のバランスを回復し、勝者になることがで

きる——と悟りました。

　どのようにしたらAAの教訓をトレーディングの言葉に翻訳することができるでしょう？　負けているトレーダーは現実を拒絶しています。彼は、資金が縮小しても相変わらずトレードに跳び込み、問題を分析しないままです。彼が絶えず市場を替えるのはアルコール依存症患者がウイスキーを安物ワインに替えるのと同じです。気が弱くて小さな損失を受け入れることができない素人は結局大損をすることになります。取引口座に開いた大きな穴は自尊心を傷つけます。ひとつの莫大な損失または一連のひどい損失でトレーダーはどん底にたたきつけられます。ほとんどの初心者は崩壊して、すってんてんになります。平均的な投機家の寿命は年単位ではなく月単位で測定されます。

　生き残る人たちは２つのグループに分類されます。一部の人は元の木阿弥になります。アルコール依存症患者が、精神錯乱の時期を切り抜けたあとで、また酒場に潜り込むのとまったく同じです。彼らは口座にもっとお金を投げ込み、ベンダーの顧客になって魔法のトレーディングシステムを買います。ギャンブルを続けますが、引き金を引くときはさすがに不安と恐怖で手が震えます。

　少数のトレーダーがどん底を経験して、変わる決心をします。更生は時間のかかる孤独なプロセスです。チャールズ・マッケイは、群集心理学の名著を書いた人ですが、ほぼ２世紀前に、人は群衆のなかで狂気になるが、ゆっくりと、ひとりひとり、正気に戻ると書いています。私は、更生するアルコール依存症患者にAAがあるように、更生するトレーダーのための組織があったらいいのにと思います。トレーディングは極めて対抗意識の強いものですから、そのような組織はありません。AAの会員は断酒のために一緒になって懸命に努力しますが、更生するトレーダーの会合はねたみと見栄で汚染されてしまうでしょう。市場は容赦のない競争の場ですから、共同の支援グループを結成したり、資金提供者がいたりすることはありません。一部の日和

見主義者がトレーダーのコーチを引き受けことがありますが、私はたいていの場合、彼らの強欲さにぞっとします。トレーダーの組織を持つとしたら、私はそれをLA（匿名敗者の会＝Losers Anonymous）と呼びます。名称はそっけないですが、それで十分です。とにかく、匿名アルコール依存症患者の会は自分たちのことを匿名愛飲家の会とは呼びません。辛らつな名称は、衝動性と自滅性に取り組む助けになります。しかし、LAはないわけですから、更生の道をひとりで歩かなければなりません。私がこの本を書いたのは、そんな人たちの道中を助けたいからです。

経営者のリスク対損失

私は、何年も前に、負けることから更生し始め、毎朝、自称匿名敗者の会を自分ひとりのために開きました。オフィスに入って、価格表示スクリーンをオンにして、それが立ち上がる間に、私は、常に「おはようございます。私の名前はアレックスで、私は敗者です。そのため自分の口座に深刻な損害を与えています。今に始まったことではありません。今日のただひとつの目標は損を出さないで帰ることです」と言いました。スクリーンが立ち上がると、トレーディングを開始し、前夜市場が閉まっている間に書き留めた計画に従いました。

もう、反論が聞こえてきます——どういうことなんですか、損を出さないで帰るというのは？　毎日儲けるなんて無理でしょう。何か買ってそのまま下がったらどうなるんですか、つまりその日の高値を買ってしまったら？　何か空売りして直ちに上昇したらどうするんですか？

損失と経営者のリスクは明確に区別しなければなりません。経営者のリスクは資金の小さな低下です。損失はそんな限界を突破します。トレーダーとして、私はトレードの経営に従事していますから、通常

の経営リスクはとらなければなりません。しかし、損失を出す余裕はないのです。

　仮に、トレーディングではなく青果店を経営しているとします。トマトを１箱買うごとにリスクがあります。客が買わなかったらその箱のトマトは腐るだけです。それが通常の経営リスクです――ほとんどの商品は売るつもりでも、一部の青果はだめになります。注意深く買って、売れ残ってだめになる青果の割合を毎日低く抑えておくことができたら、経営は黒字を維持します。

　問屋がトレーラートラック１杯分の外国産の果物を青果店に持ってきてそれを全部卸そうとすると仮定します。その問屋は、次の２日間で今までの半年分を超える儲けになると言います。素晴らしい話ですが、客がその外国産の果物を買わなかったらどうなるでしょう？　腐っていくトレーラートラック１杯分の商品が経営に被害を与え、その生き残りを危うくします。これはもはや経営者のリスクではありません――損失です。

　資金管理のルールは経営者のリスクと損失を明確に区別します。これはあとで検討します。

　トレーダーのなかには、私のAA的取り組みはあまりにも否定的だと言う人もいます。シンガポールのある若い女性は私に、自分は積極思考を信じていて、自分を勝者だと思っていると言いました。彼女が積極的になれたのは、彼女がトレーダーとして働いている銀行の上司によって、外部から彼女を規律正しくされていたからです。私と議論した別の勝者はテキサスの70代の婦人で、ものすごく成功している株価指数先物のトレーダーでした。彼女は非常に宗教的で、自分のことをお金の執事だとみなしていました。毎日朝早く起きて長い間熱心に祈っていました。それから車でオフィスに行き、S&Pでさんざん儲けていたのです。トレードが不利になると直ちに損切りして逃げていました。お金は神のもので彼女が失うものではないからです。彼女は

損失を小さく抑えて利益を積み上げました。

　私たちの取り組みは共通点が多いと思いました。いずれの場合も市場の外に原則があって私たちがお金を失わないようにしていました。市場は世界で最も寛大な場所です。トレードに注ぎ込む資金が十分にあるかぎり、何でも好きなようにできます。興奮の虜になるのは簡単で、だからルールが必要なのです。私はAAのルールを信頼し、別のトレーダーは宗教的感情を頼りにし、ほかにも何か選択できるでしょう。ただ確認しておきたいことは、トレーダーは、市場でしても良いことと、してはいけないことを明確に規定する原則を持っていることです。

しらふの闘い

　トレーダーはたいていビジネスか職業で稼いだお金で口座を開きます。多くの人は個人的な成功実績を持ち、市場でも順調にやろうと思っています。ホテルを経営したり、目の手術を行ったり、裁判所で事件を裁くことができるなら、きっと、高値、安値、終値の間に活路を見いだせるはずです！　しかし、市場は初めは実に簡単に見えますが、絶えず人の高慢の鼻を折るのです。

　トレードで血が流れることはまずありませんが、お金が、市場の生血が、人の生活の質と長さに大きな影響を与えます。最近、友人で株式市場のアドバイスを書いている人が、彼の購読者からの手紙の山を見せてくれました。私の目を引いたのはある男性からの手紙で、その人は腎臓移植に支払う十分なお金をトレードで稼いだそうです。彼の命は救われたのですが、私はほかの大勢の人たちのことを考えました。彼らも大金が必要なのに、まずいトレードをして負けてしまったのです。

　トレーディングは闘いです。武器を取って命を賭けるとき、酔っ払

っていたいですか、しらふでいたいですか？　覚悟を決めて、勝負を選び、準備ができたら攻撃し、計画が達成されたら撤退するのです。冷静でしらふの人は落ち着いて勝負を選びます。自分で選択して参入し立ち退くのであって、だれか強気な人が挑戦状をたたきつけるからではありません。規律あるプレーヤーは何百もある候補のなかから自分自身の獲物を選びます。犬のように、舌をたらしながらあらゆるウサギを追いかける必要はありません――伏兵を置いて自分の獲物が来るのを待つのです。

　トレーダーは、たいてい、娯楽でトレードしていることを認めようとしません。通常は、儲けるために市場にいるのだという作り話をします。実のところ、ほとんどのトレーダーは中途半端なアイデアにお金を賭けて途方もないスリルを味わうのです。金融市場をトレードすることはポニーに賭けるより上品ですが、興奮は同じように素晴らしいものです。

　私は競馬をする友人に、馬がゲートを出たあとで賭けてレースが終る前にテーブルからお金を取り去るレースに行くことを想像したらいいと言います。トレーディングは素晴らしいゲームですが、その誘惑は極めて強烈です。

円熟したトレーダー

　成功するトレーダーは、鋭敏で、好奇心の強い、気取らない人たちです。たいていは負けた時期を経験しています。苦境の学校の卒業生で、その体験が人を丸くしています。

　成功するトレーダーは自信を持っていますが、傲慢ではありません。市場を生き抜くひとたちは警戒を怠りません。自分のスキルとトレーディング方法を信頼していますが、新たな展開に対し常に目と耳を働かせています。成功するトレーダーは、自信を持って注意深く、冷静

でいて柔軟で、一緒にいると楽しくなります。

　成功するトレーダーはたいてい型破りで、なかには極めて風変わりな人もいます。ほかの人と交際するときはしばしば社会のルールを破ります。市場は大多数の人がお金を失うように設定されていて、少数の勝者は市場の内外で一風変わった人たちです。

　市場は、同じ銘柄を見つめて小刻みの上昇と下落に魅惑される巨大な群衆で構成されています。コンサートや映画館の群衆のことを考えてください。ショーが始まると、群衆は気持ちがかみ合い、まとまりのないしかし強力な群集心理を生み出して、ともに笑い泣きます。群集心理は市場でも現れますが、ただし極めて悪質です。笑ったり泣いたりする代わりに、群衆は各トレーダー個人の心理的な弱点を探し出してずばりそこを突きます。

　市場は、強欲なトレーダーを誘惑し、口座の割に大きすぎるポジションを買わせておいて反対行動をとり、その耐える余裕のないトレーダーをたたきつぶすのです。不安に駆られたトレーダーを短い逆方向のスパイクでふるい落として勝ち残り、そのあとで脱走に取りかかります。怠惰なトレーダーは市場の恰好の餌食になり、市場は態勢の整っていないトレーダーに絶えず新たな策略を仕掛けています。市場は、トレーダーのいかなる心理的欠陥や不安、破滅の内的要因、隠れた弱点や妄想も追求して見つけだし、それを有利に活用します。巧みなレスラーが相手の体重を利用して地面に投げつけるのと同じです。

　成功するトレーダーは、破滅の内的要因を脱却するか、あるいは克服します。市場に投げ捨てられる代わりに、独自のバランスを維持しながら群衆の弱点を詳しく調べ、逆に市場を投げつけるのです。彼らは、風変わりに見えるかもしれませんが、トレーディングに関するかぎり群衆よりはるかに健全です。

　トレーダーであることは、自己発見の旅です。長くトレードを続けていると、自分のあらゆる心理的障害——不安、強欲、恐怖、怒り、

そして怠惰——に直面します。しかし、忘れてはいけないのは、心理療法のために市場に来ているのではないということです。自己発見は、トレーディングの副産物であって目標ではありません。成功するトレーダーの主要な目標は資金を蓄積することです。健全なトレーディングは、トレードするごとに問われなければならない2つの疑問に要約されます。「利食い目標はいくらか？」と「どのように自分の資金を守るか？」です。

　優れたトレーダーは、各トレードの結果に対して全面的な責任を引き受けます。お金を奪ったからとほかを非難することはできません。資金管理の自分の計画と方法を改善しなければならないのです。時間も、規律も必要です。

規律

　私のある友人は犬を訓練するビジネスをしていました。ときどき、見込みのある顧客が彼女に電話してきて、「私の犬を呼んだら来るように訓練したいのですが、座ったり横になったりさせる訓練はしたくないんです」と言いました。彼女は、「つないでいない犬を訓練して来させるようにするのは、教えるのが最も困難なことのひとつです。まず、しっかり指示に従うように訓練しなくてはなりません。あなたは、『私は犬を神経外科医にしたいのですが、高校へ行かせたくはないのです』と言っているようなものですよ」と答えていました。

　多くの新たなトレーダーは、スクリーンの前に座り、デイトレードをして簡単に儲けようとします。高校を省略していきなり神経外科を目指すのです。

　成功するためにはたいてい規律が必要ですが、市場では、外的な抑制がまったくないので、特に必要です。自分を監視しなければなりません。ほかに証拠金担当者以外はだれもいないからです。非常に愚か

で自滅的なトレードをしても、口座に十分なお金があるかぎり、だれも制止する人がいません。だれも——ちょっと待て、自分のやってることを考えてみろ！——とは言ってくれません。ブローカーは注文を復唱して確認するだけです。いったんその注文が市場に達したら、ほかのトレーダーがすかさず権利を行使してお金を奪います。

人が活動するほとんどの分野に、ルール、基準、原則を執行する専門機関があります。どれほど自立していると思っていても、常に何かの機関が存在して、肩越しに見ているのです。個人開業医が鎮痛剤の処方箋を書きすぎると、保健省から連絡があります。市場は、トレーダーが資金を十分持っているかぎりまったく規制を課しません。負けポジションを積み増すことは麻酔薬を過剰に処方することに似ていますが、だれも制止する人はいません。ほかの市場参加者は、制止するどころか、規律がなくて衝動的な行動を期待しているのです。彼らはそのほうが儲けやすいのです。自滅を防ぐのは規律です。自分自身のルールを設定しそれに従うことによって自滅を防がなければならないのです。

規律とは、計画を立てること、テストすること、そして自分のトレーディングシステムに従うことです。つまり、気まぐれに飛んで出入りするのではなく所定のシグナルを受けて出入りするようになることです。規律とは、正しいことをすることであり、容易なことをすることではありません。そして、規律あるトレーディングの道を歩む最初の難関は、記録をつけるシステムを設定することです。

記録管理

優れたトレーダーは適切な記録をつけます。会計士用の資料だけでなく、学習や規律のツールにもなります。適切な記録がなかったら、どのようにして、成績を測定し、進歩を評価し、間違いから学ぶこと

ができますか？　過去から学ぶことができない人は、また同じことを繰り返す運命にあります。

　トレーダーになることに決めるのは、高価なコースに申し込むようなものです。ゲームを理解するころには、そのコストは大学教育に匹敵するほどになります。ただし、ほとんどの学生はけっして卒業せずに脱落し、お金を支払ったのに何も身につかず、数回の激しいトレードだけが記憶に残ります。

　成績を改善しようと決めたら、生活のどんな分野でも、記録をつけることが役に立ちます。もっと速いランナーになりたいなら、スピードの記録をつけることはトレーニングの向上計画に欠かせません。お金が問題なら、あらゆる出費を記録して見直すことで確実に浪費癖を発見することができます。几帳面な記録をつけることで問題が照らし出されて改善が可能になります。

　優れたトレーダーになることは３つのコース──心理学、テクニカル分析、そして資金管理──を取ることです。各コースがそれぞれ独自の記録簿を必要とします。この３つのコースの全部でいい得点を取れば卒業できます。

　最初の不可欠な記録は、すべてのトレードのスプレッドシートです。記録しなければならないのは、仕掛けと手仕舞い、スリッページと売買手数料、損益です。第５章のトレーディングチャネルの「方法──テクニカル分析」で、すべてのトレードの質の評価を教示し、異なる市場や状況を通じて成績を比較できるようにします。

　別の不可欠な記録は、各月末の口座の残高を示すものです。チャートに記入して資金曲線を作成すると、その角度でトレーダーが市場とかみ合っているかどうか分かります。目標は、ときどき浅い下落を伴う着実な上昇傾向です。その曲線が下落すれば、市場とかみ合っていなくてトレードのサイズを減らさなければならないことを示します。ギザギザの資金曲線は、衝動的なトレーディングの印であることが多

いようです。　トレード日誌が３つ目の不可欠な記録です。市場に参入するときは常に、売買を促したチャートをプリントアウトします。そのチャートを大きなノートの左ページに張りつけて二言三言書き添え、売買した理由を解説し、利食い目標と逆指値をはっきりさせておきます。そのトレードを手仕舞うときは、再度そのチャートをプリントアウトして、右のページに張りつけ、完結したトレードから学んだことを書き添えます。

　これらの記録はすべてのトレーダーにとって不可欠のもので、第８章「組織化されたトレーダー」でまた検討します。取引確認伝票を詰め込んだ靴箱は記録管理システムとは言えません。記録が多すぎる？　時間がない？　高校を省略して神経外科に飛び込みたい？　トレーダーが失敗するのは、性急で規律がないからです。適切な記録があれば、市場の群衆から自分を切り離して成功への道を歩むことができます。

戦闘訓練

　必要な訓練の量は、希望する仕事によって決まります。管理人になりたいのであれば１時間の訓練で間に合うでしょう。ほうきの柄の先にちゃんとモップをつけて穴のないバケツを準備できれば用が足ります。しかし、飛行機を操縦したり、外科手術をしたいのであれば、ずっと多くのことを学ばなければなりません。トレーディングは床のモップがけより飛行機の操縦に近く、この技術を習得するためには多大な時間とエネルギーを投資しなければなりません。　社会はパイロットや医者には多大な訓練を義務づけています。過失があると極めて致命的になるからです。トレーダーとして経済的に破滅するのは本人の勝手で、社会は関知しません。損をしてもだれかほかの人の得になるからです。操縦や医術には、職業団体によって課せられた標準や基準があります。トレーディングの場合は、独自のルールを設定して自分

で執行しなければなりません。

パイロットや医者は教官から学びます。教官はテストや評価を通じて彼らに規律を課します。個人トレーダーには、学習、テスト、あるいは規律の外的なシステムはまったくありません。ひとりだけで、学び、規律を養い、市場で何度も何度も自分をテストしなければならないので、厳しい仕事になります。

パイロットや医者の訓練を見ると、3つの特徴が際立っています。徐々に責任を引き受けること、絶えず評価すること、行動が自動的になるまで訓練することです。この3つをトレーディングに適用できるかどうか見てみましょう。

1．徐々に責任を引き受けること

航空学校は、初心者を初日に操縦席に着かせることはありません。医学生は、初日の病院で患者の体温を測らせてもらえれば幸運です。彼は、複数の上司が二重のチェックをしてから、次のわずかに高いレベルの責務に進むことができます。

これは、新たなトレーダーの教育とどのように比較されるでしょうか？

段階的なものはまったくありません。ほとんどの人は、確かな情報やだれかの儲け話を聞くと、衝動的に取りかかります。初心者はお金を使いたくてうずうずしています。彼は新聞でブローカー名を拾って、宅急便で小切手を送り、最初のトレードに入ります。これで学び始めているのです！　この市場はいつ閉まるのか？　ギャップオープニングとは何か？　市場が上昇して私の株が下がっているのはなぜなのか？

「一か八か」の取り組みは、飛行機の操縦やトレーディングのような複雑な行動ではうまくいきません。飛び込むのは刺激的ですが、優れたトレーダーは刺激を求めているのではありません。特定のトレー

ディング計画がないなら、ラスベガスへお金を持っていくほうが賢明です。結果は変わりませんが、ラスベガスだったら少なくとも無料の飲み物が用意されます。

　真剣にトレードを学びたいなら、比較的小口の口座で始めて、急いで大儲けすることではなく、トレードを学ぶことを目標にします。トレード日誌をつけて、各トレードの成績を採点します。

２．絶えず評価すること

　航空学校生や医学生の進歩は数百のテストによって測定されます。教官は絶えず、知識、スキル、意思決定能力を評価します。優れた結果を出す学生はさらに責務を与えられますが、成績が落ちると、もっと勉強してもっとテストを受けなければなりません。

　トレーダーは同様なプロセスを経験するでしょうか？

　口座にお金があるかぎり、衝動的なトレードをして苦境を逃れようとすることは可能です。取引確認伝票を靴箱に放り込んで、納税申告のときにそれを会計士に渡せばいいわけです。自分でしないかぎり、だれもテスト結果の調査を強制できません。

　市場は常にトレーダーをテストしていますが、ほとんどだれも注意を払いません。市場はあらゆるトレードを採点してその評価を提示しますが、どこでそれを調べたらいいのか知っている人はほとんどいません。高度に客観的なもうひとつのテストは資金曲線です。いくつかの市場をトレードするとき、それらの各トレードや口座全体についてこのテストを受けることができます。ほとんどのトレーダーがこのテストを受けているのでしょうか？　いいえ、受けていません。パイロットや医者は免許認可機関に返事をしなければなりませんが、トレーダーは、だれも出席を取らないし自律性も弱いので、こっそりクラスを抜け出します。しかし、テストはトレーディング規律の重要な部分で、市場で勝つためには不可欠なものです。記録をつけて見直すこと

で、あとでも述べますが、規律のない競争相手よりかなり有利になるのです。

3．行動が自動的になるまで訓練すること

　私は、医学部で受けた最終試験のひとつの期間中に、患者を診察するために半分が空の部屋に送られたことがあり、突然カーテンの後ろで声がしました。見ると、そこに別の患者がいました。死にかけています！　私は、もうひとりの学生に「心停止」と叫んで、2人でその患者を床に下ろしました。私が彼の胸を押し始め、もうひとりの学生が、胸押し4回につき強制呼吸1回の割合で、マウス・ツー・マウスの人工呼吸をしました。2人とも助けを求めに行けなかったのですが、だれかがドアを開けて私たちを見ました。蘇生チームが走りこんできて、その患者に除細動器で電気ショックを与えて意識を回復させました。

　私はそれまでだれも蘇生させる必要はなかったのですが、5年間訓練を受けていましたから、初回でうまくできました。実行するときが来たとき、私は考える必要がなかったのです。訓練の目的は、行動を自動的にして作戦に専念できるようにすることです。

　自分の株が5ポイント有利に急転したらどうしますか？　5ポイント不利だったらどうですか？　自分の先物がストップ高したらどうしますか？　ストップ安だったらどうですか？　トレードの最中に立ち止まって考えなければならないとしたら、それで終わりです。時間をかけてトレーディング計画を用意し、市場で予想できないことが発生したらどうするのか、あらかじめ決めておく必要があります。そんなシナリオを頭のなかで描き、コンピューターを利用して、市場が急転したときにあれこれ考える必要がないような態勢を作っておくのです。

　円熟したトレーダーは、ほとんどのトレーディング行動がほぼ自動的にできるような段階に到達します。こうなれば作戦を自由に考えら

れるようになります。何を達成したいのかを考えて、それをどのように達成するのかという作戦はあまり考えなくなります。そんな段階に達するためには、長い間トレードする必要があります。トレードする経験が長く回数が多いほど、多くのことを学びます。習得中は小さいサイズでトレードし、回数を多くします。忘れてはいけないのは、初心者の最初の課題はトレードの仕方を習得することであって、儲けることではないことです。いったんトレードを習得すれば、お金はあとからついてきます。

第5章
方法──テクニカル分析
METHOD──TECHNICAL ANALYSIS

　この株は上がるのか下がるのか？　買うべきか空売りすべきか？　トレーダーは多数のツールに手を伸ばしてこれらの問いに答えようとします。多くのトレーダーが、パターン認識から、コンピューター指標、人工知能、必死な人たちには占星術まで含めたなかから選ぼうとして混乱します。

　だれもすべての分析ツールを習得できるわけではありません。だれもあらゆる分野の医学を習得できないのとまったく同じです。内科医は、心臓外科、産科、精神科などの専門医にはなれません。どのトレーダーも市場についてすべてを知ることはできないのです。魅力を感じる特定の分野を見つけて、それを専門にしなければいけません。

　市場は膨大な量の情報を放出しています。トレーダーのツールは、この情報の流れをまとめて管理できる形にします。自分が納得できる分析ツールとテクニックを選び、それらを組み合わせて一貫したシステムにして、資金管理に焦点を合わせることが重要なのです。チャートの右端でトレーディングの判断をするとき、扱うのは確率であって確実性ではありません。確実性が欲しい場合は、チャートの中央へ行き、注文を受けいれてくれるブローカーを見つけてみたらいいでしょう。

　このテクニカル分析の章では、ひとりのトレーダーがどのように市

場分析に取り組むのかを示します。それをモデルにして好みのモデルを選ぶべきで、盲目的に従わないほうがいいです。どれでも好きな方法を自分自身のデータでテストします。個人的にテストして初めて情報が知識になり、それらの方法を自分自身のものにできるからです。

この本では多くのアイデアがチャートを伴って解説されています。私はそれらを広範な市場——株式と先物——から選びました。テクニカル分析は、アクセントは多様ですが、普遍的な言語です。IBMのチャートで学んだことを銀や日本円に応用できます。私は主としてアメリカでトレードしますが、同じ方法を、ドイツ、ロシア、シンガポール、そしてオーストラリアで利用してきました。テクニカル分析の言語を知っていると世界のどんな市場でも読むことができます。

分析は難しいですが、トレーディングはもっと難しいです。チャートは起こったことを反映します。指標はブルとベアの力のバランスを明らかにします。分析は、会社のアナリストとして就職しないかぎり、それ自体が目的ではありません。トレーダーとしての仕事は、自分の分析に基づいて、買い、売り、あるいは傍観の判断をすることです。

各チャートを見直し、その右端で、ブルに賭けるのかベアに賭けるのか、あるいは傍観するのか難しい判断をする必要があります。チャート分析をさらに続けて利食い目標を決定し、損切りの逆指値を設定し、資金管理ルールを適用しなければなりません。

チャートの基礎

トレードは価格変化に対する賭けです。安く買って高く売る、あるいは高く空売りして安く買い戻すことによって儲けることができます。価格が仕事のかなめであるのに、価格とは何かを考える人はほとんどいません。正確には何を分析しようとしているのでしょうか？　金融市場は、取引所、電話、またはインターネットを介して出合う巨大な

群衆で成り立っています。この群衆は3つのグループ、つまり、買い手、売り手、そして様子見のトレーダーに分けることができます。買い手はできるだけ安く買いたいと思います。売り手はできるだけ高く売りたいと思います。彼らは果てしなく交渉できるでしょうが、様子見のトレーダーからのプレッシャーを感じます。素早く行動しないと、様子見のトレーダーのだれかが決断してゲームに飛び込み、漁夫の利を占めてしまいます。様子見のトレーダーがトレーディングを加速する勢力なのです。彼らは、市場を注視してトレードするお金を持っているかぎり、真の市場参加者です。各取引が市場の群衆の真っただ中で成立し、買い手と売り手の双方にプレッシャーをかけます。だから、各トレードが市場の群衆全体の現在の感情状態を示すわけです。

　価格は、瞬時のトレード行動で示される、すべての市場参加者間の価値の合意です。

　多くのトレーダーは何を分析しようとしているのか明確な自覚がありません。会社の貸借対照表なのか？　FRB（連邦準備制度理事会）の発表なのか？　大豆栽培州の天気予報なのか？　ギャン理論の宇宙の振動なのか？　すべてのチャートは市場の継続世論調査になります。それぞれの値刻みが市場参加者の現在の価値の合意を示しています。高値と安値、各バーの高さ、すべてのトレンドラインの角度、すべてのパターンの持続期間が群集行動の諸側面を反映します。これらのパターンを認識することがブルかベアに賭ける時期を判断するのに役立ちます。

　選挙運動の期間中に、世論調査会社が数千人の人々に電話してどのように投票するのか尋ねます。よく立案された世論調査には予測価値があり、だから政治家も費用を支払うのです。金融市場は二大政党制──ブルとベア──で動いていて、圧倒的大多数で無言の様子見のトレーダーが、いずれの政党にも圧力をかけています。テクニカル分析は市場参加者の世論調査です。ブルが優勢であれば空売りを買い戻し

て買い持ちにすべきです。ベアのほうが強い場合は、空売りすべきです。選挙があまりにも接戦の場合、賢明なトレーダーは傍観します。傍観は正当な市場ポジションであり、お金を失う可能性のない唯一のポジションです。

個人の行動は予測が困難です。一方、群衆ははるかに原始的で、その行動には同じことの繰り返しが多く、予測可能です。トレーダーの仕事は、群衆と論争して、何が合理的だとか不合理だとか言うことではありません。群衆の行動を見極めてこの先どうなるのか判断することです。トレンドが上向きで群衆がさらに楽観的になっていると思う場合は、買い持ちサイドから市場をトレードすべきです。群衆があまり楽観的ではなくなっていると思う場合は、売るときです。群衆が混乱しているように思えるなら、傍観して市場が決断するのを待つべきです。

価格の意味

高値と安値、寄付と大引け、日中のスイングと週足レンジは群集行動を反映します。チャート、指標、そしてテクニカルツールは市場の群集心理をうかがう窓です。真理に近づきたいなら、自分が何を研究しているのか明確に自覚しなければなりません。

多くのトレーダーは科学や工学の素養があって、たいてい物理学の原理を応用したい気持ちになります。例えば、トレーディングレンジのノイズを除去してトレンドの明確なシグナルを得ようとします。そんな方法は役に立ちますが、自動的なトレーディングシステムに仕立てることはできません。市場は物理的なプロセスではないからです。市場は群集心理の反映であり、物理学とは異なる、あまり正確ではない法則に従います。物理学の場合、すべてを計算してプロセスがどうなるのか予測します。市場の場合はそうではなくて、常に意表をつきます。こんな不確実な環境のなかで行動しなければならないのですか

ら、適切な資金管理で自分を守らなければならないのです。

寄り付き

　寄付値は、その日の最初の価格で、バーチャートに左向きの点で示されます。寄付値は一晩のうちに殺到する注文を反映します。だれがそんな注文をするのでしょうか？　それは、夕食後に雑誌で情報を仕入れた歯医者、ブローカーにうるさくトレードを勧められたけれども買うためには妻の許可が必要な教師、動きの遅い機関投資家の財務担当者で一日中会議に出席して自分のアイデアが委員会に承認されるのを待っていた人などです。こうした人たちが寄り付きで注文を入れます。寄付価格は、あまり情報のない市場参加者の思惑を反映します。

　アウトサイダー（一般のトレーダー）が売買するとき、だれがそのトレードの相手側になるのでしょう？　市場のプロが介入して一役買いますが、ただし、慈善行為ではありません。フロアトレーダーは買い注文の増加を見て、市場を高く寄り付かせ、アウトサイダーの払い過ぎを余儀なくさせます。プロは空売りして、少しでも下落があれば儲かるようにします。群衆が寄り付き前に不安になって売り注文が優勢になる場合、フロアは非常に安く寄り付かせます。彼らは商品を安く手に入れて、少しでも戻したら利ざやを稼げるようにします。

　寄付価格がその日最初のアウトサイダーとインサイダーの、つまり素人とプロのバランスを決めます。短期のトレーダーであれば、寄り付きのレンジ——最初の15～30分のトレードの高値と安値——に注意を払います。ほとんどの寄り付きレンジのあとにブレイクアウトがあり、これは、だれが市場を支配しているかを示すので、重要です。一部の日中トレーディングシステムは、寄り付きレンジ後のブレイクアウトに基づいています。

　トレードに参入する絶好のチャンスのひとつが発生するのは、寄り付きの市場で自分の意図しているトレードとは逆方向のギャップが出

現するときです。仮に、あなたが夜に市場を分析していて、システムが株の買いを指示しているとします。ひとつの悪いニュースが一晩のうちに市場を襲って、売り注文が入り、その株が急落します。価格が寄り付きレンジ内で安定して、あなたが依然として強気で、そのレンジが計画している損切りポイントを超えているなら、寄り付きレンジの高値よりも2～3呼値だけ上で買い注文を入れます。良い商品をお買い得で拾えるかもしれません！

高値

　価格はなぜ上昇するのでしょうか？　標準的な答え——買い手が売り手より多いから——は意味がありません。どのトレードにも買い手と売り手がいるからです。市場が上昇するのは、買い手が売り手よりお金も多いし、熱心だからです。

　買い手が儲かるのは価格が上昇するときです。アップティックごとに買い手の利益が増えます。成功して得意満面になって買い続け、友人に電話して買うように言います——沸き立ちます！　結局、価格があるレベルに達するとブルもお金の余裕がなくなり、利食いする人も出てきます。ベアは、市場は割高だと思って売りを浴びせます。相場は失速し、その日の高値のあとで向きを変え、下落し始めます。それが、ブルの力がその日に最大になる時点です。

　各バーの高いところがそのバーのブルの最大の力を示しています。ブルがその期間に持ち上げることのできた高さを示すわけです。日足バーの最高点がその日のブルの最大の力を示し、週足バーの最高点がその週のブルの最大の力を示し、5分足バーの最高点がその5分間のブルの最大の力を示します。

安値

　ベアが儲かるのは価格が下落するときです。ダウンティックごとに

空売り筋の儲けになります。価格が下落すると、ブルはますますびくびくします。買いを減らして、傍観し、もう少しあとになれば欲しいものをもっと安く買えるだろうと考えます。ブルがその角（つの）を引っ込めると、ベアは価格を押し下げやすくなり、下落が続きます。株を空売りするためにはお金が必要で、ベアのお金が乏しくなってくると価格の下落が鈍化します。強気のバーゲンハンターが登場します。ベテランのトレーダーは何が起こっているのか認識し、空売りを買い戻して買い持ちし始めます。価格は安値水準から上昇し、底値──その日の最安値──を離れます。

　各バーの低いところがそのバーのベアの最大の力を反映しています。日足バーの最低点がその日のベアの最大の力を示し、週足バーの最低点がその週のベアの最大の力を示し、5分足バーの最低点がその5分間のベアの最大の力を示します。数年前に私はエルダー線と呼ばれる指標を考案し、各バーの高いところと低いところが平均価格からどれだけ離れているかを測定して、ブルとベアの相対的な力を追跡するようにしました。

終値

　終値は、バーチャートに右向きの点で示され、その日の最終的な価値の合意を反映します。これはほとんどの人が日刊の新聞で見る価格です。先物市場では、取引口座が終値を基準にして清算されるので、特に重要です。プロのトレーダーは市場を終日監視します。彼らは、一日の初めに寄り付きを利用して高い寄り付きを売って、安い寄り付きを買い、あとでそのポジションの反対売買をして手仕舞います。彼らの普通の手口は、市場の行き過ぎの反対に賭けて──反対売買をして──正常に戻すことです。価格が新高値に達して行き詰まると、プロは売って、市場を押し下げます。価格が下落のあとで安定すると、買って市場の上昇を促します。

寄り付きに市場を襲う素人の売買の波は時間が経過するにつれて鎮まります。アウトサイダーが計画していたことを済ませ、市場は引け前になるとプロによって支配されます。

終値はプロの思惑を反映します。どのチャートを見ても、寄り付きと終値がしばしば価格バーの両端にあることが分かります。これは、素人とプロがトレードの両側に立つことが多いからです。

ローソク足とポイント・アンド・フィギア

バーチャートは価格の追跡に広く利用されていますが、ほかの方法もあります。ローソク足チャートは1990年代に欧米で普及しました。各ローソクが一日のトレードを表していて実体と上下にヒゲがあります。実体は寄り付きと終値の差を示します。上ヒゲの先はその日の最高値を表し、下ひげの先はその日の最安値を表します。ローソク足チャーチストは、寄り付きと終値の関係がその日の最も重要なデータだと考えます。終値が寄り付きより高く引ける場合、ローソクの実体は白、終値が安く引ける場合、実体は黒になります。

実体の高さとそのヒゲの長さはブルとベアの闘いを反映します。これらのパターンは、近辺の数本のローソクのパターンと相まって、市場の勢力争いを反映しているので、買い持ちすべきか売り持ちすべきかの判断に役立ちます。

ローソク足の難点は太すぎることです。バーチャートでコンピュータースクリーンを見ると、目盛りを絞らなくても、5～6カ月の日足データが分かります。ローソク足の場合、同じスクリーンで2カ月のデータが分かれば幸運でしょう。結局、ローソク足チャートもバーチャートも示すものは同じです。普通のバーチャートを描いて寄り付きと終値に注目し、いくつかのテクニカル指標で補強すれば、市場をローソク足の場合と同じように、たぶんもっとよく、読めるようになるでしょう。ローソク足チャートが役立つのは一部のトレーダーであっ

て、すべてのトレーダーではありません。気に入れば使えばいいのです。そうでなかったら、バーチャートをもっぱら利用し、物足りなさを気にしないようにします。

P&F（ポイント・アンド・フィギア）チャートは、価格のみに基づき、出来高を無視します。バーチャートやローソク足チャートと異なる点は、水平の時間尺度をまったく持たないことです。P&Fチャートは、価格が一定の基準点を超えて変動するときにだけ、新たな×または○のマスを追加するので、市場が沈滞すると描かれなくなります。P&Fチャートは、揉み合いがよく分かるのでトレーダーがサポートとレジスタンスを見極めるのに役立ち、転換と利食いの目標を用意してくれます。P&Fチャートはバーチャートよりはるかに古いものです。プロは取引所のピットでトレーディングデッキの裏に走り書きすることがあります。

チャートの選択は個人的な好みの問題です。最も満足するものを選べばいいのです。私はバーチャートを好みますが、P&Fチャートやローソク足チャートを好む真剣なトレーダーが多いことも知っています。

チャートの現実

価格のあらゆる動きの総体がバーで表され、バーはパターンになり、群衆がその感情日記をスクリーンに記しているようなものです。成功するトレーダーは少数のパターンを見極めてトレードします。彼らは、漁師が何度も魚釣りをしたことがある川の堤で魚の当たりを待つように、馴染みのパターンが出現するのを待ちます。

多くの素人は次々に銘柄を乗り換えますが、プロは同じ市場を何年もトレードする傾向があります。彼らは、狙った獲物の性格、習性や気まぐれな癖を把握します。プロは馴染みの株の短期的な底を見極め、

割安だと確認して買います。彼らの買いが下落を止めて株を押し上げます。価格が上昇するとプロはその買いを減らしますが、素人が殺到し、いいニュースにだまされます。市場が割高になると、プロは在庫を処分し始めます。彼らの売りが上昇を止めて市場を押し下げます。素人は狼狽して保有株を投げ売りし、下落を加速します。いったん弱気の保有者が振るい落とされると、価格はプロが底と見るレベルまで下落して、同じサイクルが繰り返されます。

そのサイクルは数学的に正確ではなく、したがって機械的なシステムは機能しないのです。テクニカル指標を利用するためには判断が必要です。特定のチャートパターンを検討する前に、基本的な定義を確認しましょう。

上げトレンドは、ほとんどの上昇が前の上昇よりも高いポイントに達し、ほとんどの下落が前の下落よりも高いレベルで止まるパターンです。

下げトレンドは、ほとんどの下落が前の下落よりも低いポイントに落下し、ほとんどの上昇が前の上昇よりも低いレベルまでしか上昇しないパターンです。

上げトレンドラインは、2つ以上の隣接する安値を結ぶ線で、上向きに傾斜しています。それに平行して高値を通る線を引けば、トレーディングチャネルになります。

下げトレンドラインは、2つ以上の高値を結ぶ線で、下向きに傾斜しています。安値を通る平行線を引いてトレーディングチャネルを示すことができます。

サポートは、2つ以上の隣接する安値を結ぶ水平の線によって示されます。たいていの場合、高値を通る平行線を引いてトレーディングレンジを示すことができます。

レジスタンスは、2つ以上の隣接する高値を結ぶ水平の線によって

示されます。たいていの場合、安値を通る平行線を下方に引いてトレーディングレンジを示すことができます。

高値と安値

　上昇時の高値はブルの力の最大域を示します。ブルは価格をもっとつり上げてもっと儲けたいところですが、そこでベアに圧倒されます。下落時の安値は、逆に、ベアの力の最大域です。ベアは価格をもっと押し下げ売り持ちにして儲けたいところですが、ブルに圧倒されます。

　コンピューターか定規を使って線を引き、直近の高値を結びます。それが上向きの傾斜になれば、ブルが強くなっていることを示し、買い持ちサイドからトレードを計画しているのであれば好都合なことです。それが下向きの傾斜になれば、ブルが弱くなっていることを示し、買いはあまりいいアイデアではありません。

　市場の安値に適用されるトレンドラインは、ベアの力の変化を視覚化するのに役立ちます。直近の安値を結ぶ線が下向きの傾斜になれば、ベアが強くなっていることを示し、空売りが好ましい選択になります。しかし、その線が上向きの傾斜になれば、ベアが弱くなっていることを示します。

　高値を結ぶ線と安値を結ぶ線が水平に近い場合は、その市場はトレーディングレンジで膠着状態になっています。ブレイクアウトを待ってもいいし、あるいは、そのレンジ内で短期のスイングをトレードしてもかまいません。

上げトレンドラインと下げトレンドライン

　価格はたいてい見えない道路を動いているように思えます。ピークが毎回の上昇で更新されると、価格は上げトレンドです。安値を切り下げると、価格は下げトレンドです。

　上げトレンドは、下落（押し）の底を結ぶトレンドラインを引くこ

とによって確認できます。底を使って上げトレンドを確認するのは、上昇期間中は上昇のピークは拡大してムラになりがちだからです。下落はもっと整然となる傾向があり、それをトレンドラインで結ぶと、上げトレンドのより正確な形が分かります。

　下げトレンドは、上昇（戻り）のピークを通るトレンドラインを引くことによって確認できます。下げトレンドの毎回更新される安値はその前の安値より安くなる傾向がありますが、弱気の保有者がうろたえて、底が変則的で急激になる可能性があります。上昇の高値を通る下げトレンドラインを引けば、下げトレンドのより正確な形が分かります。

　トレンドラインの最も重要な特徴は傾斜の方向です。上昇するときはブルが支配し、下落するときはベアが仕切ります。トレンドラインが長いほど、そして価格との接触点が多いほど、それはさらに有効になります。トレンドラインの角度が群衆の感情の強さを反映します。動きの少ない浅いトレンドは長く続く可能性があります。トレンドが加速すると、トレンドラインを引き直して急勾配にしなければなりません。60度以上の角度で上昇か、下落する場合、そのブレイクは大きな転換になる傾向があります。これは、上昇の動きの最後に発生することがあります。

　これらのラインを定規やコンピューターを使って記入します。トレンドラインは、サポートラインやレジスタンスラインとともに、極端な価格ではなく揉み合いの端を通して引くほうが適切です。揉み合いは群集行動を反映していますが、極点は最も弱い群衆の狼狽を示しているだけです。

テイル（尻尾）──カンガルーパターン

　トレンドは長時間かけて形成されますが、テイルはたったの数日で出現します。テイルは、市場に対する有益な洞察を提供し、転換域を

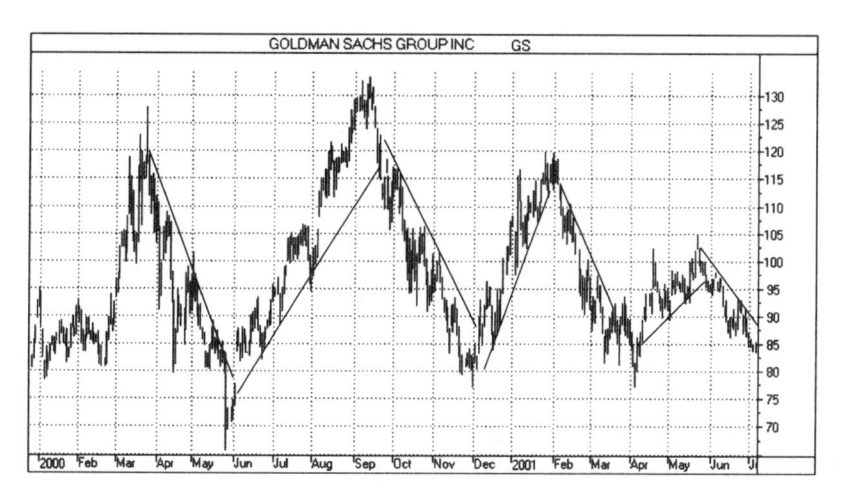

図5.1　トレンドライン——カンガルーテイル（ゴールドマン・サックス・グループ　GS）

安値を通る上げトレンドラインを引いて、上げトレンドを確認。高値を通る下げトレンドラインを引いて、下げトレンドを確認。価格は一時的にブレイクなしにトレンドラインを突き抜ける可能性があることに注目する。よく見ると、価格はどのトレンドでも限られた距離だけ伸びるゴムバンドに結びつけられているように見える。ポジションを建てる場合は、トレンドラインの傾斜の方向で、その近くで仕掛けるとよい。トレンドが新高値や新安値に達するころには、トレンドラインからの乖離は新鮮味を失い、あまりあとがなくなる。このチャートの右端でトレンドは下降し、そのスイングは5月以来のトレンドラインの下へ下落している。売りであれば、利食いを考え始める時期である。

　数本のバーが、5月、11月、4月の下の端、そして最近の5月の上の端で、小さなスイング域から突出していることに注目する。それがカンガルーテイルで、転換点を示す傾向がある。市場は新高値や新安値を試して前後のバーよりはるかに長いバーになり、そのあとで極端な価格から跳ね返る。そのあとに続くバーでテイルを見極めてそれとは逆のトレードをする。

示し、トレーディングチャンスを指摘してくれます。

　テイルはトレンド方向に１日だけのスパイク（突出高・突出安）のことで、そのあとで転換が起こります。最低３本のバーでテイルが形成されます――最初と最後は比較的短いバーで、中間が極端に長いバーになります。その中間のバーがまさにテイルですが、確実にそれと分かるのは、次の日のバーが前日を基準として見たときに急激に短くなり、テイルが突出する形になるときです。テイルは価格の揉み合いから突出しますから、すぐに分かります。

　カンガルーは、馬や犬と違って、尻尾（テイル）で体を押して進みます。カンガルーがどちらに跳ぼうとしているのか常に分かります――そのテイルと反対の方向です。テイルが北を向いているときは、カンガルーは南に跳び、テイルが南を向いているときは、カンガルーは北に跳びます。市場のテイルは市場の転換点で発生する傾向があり、カンガルーがテイルで跳ね返るように転換点で跳ね返ります。テイルは動きの程度を予測するものではありませんが、最初のジャンプはたいてい数日続いて、トレーディングチャンスを提供します。テイルを見極めてそれと逆のトレードをすればいいのです。

　どんなパターンでも、トレードする前にそのパターンが市場について何を示しているのか理解しなければなりません。市場はなぜテイルから飛び離れるのか？

　取引所は、トレンドよりも出来高で利益を得ようとする会員によって構成されています。市場は、最高の出来高をもたらす価格レベルを求めて変動します。会員にそんなレベルは分かりませんが、より高く、より低く探り続けます。テイルは、市場が一定の価格レベルを試して拒否したことを示します。

　市場が下に突き抜けて跳ね返る場合は、それより安い価格では出来高が集まらないことを示しています。市場が次にすることは、当然、上昇してもっと高いレベルを試し、高い価格が出来高の増大をもたら

すかどうか確認することです。市場が上に突き抜けて跳ね返り、上向きのテイルを残す場合は、それより高い価格では出来高が集まらないことを示しています。会員は、もっと安い価格が出来高の増大をもたらすかどうか確認して、市場が下げたところで売る可能性が高くなります。テイルが発生するのは、市場の構成者たちが収益の最大化を試しているからです。

現在のトレンド方向に突出する非常に長いバー（最近数カ月平均の数倍）を見たら、テイルの可能性を警戒します。次の日に市場がその長いバーをベースに見て非常に短いバーを引いたら、テイルの完成です。ポジションを建てる用意をして、引け前に、テイルとは逆のトレードをします。

市場がドカンと下げてテイルを引いたら、そのテイルの高値近辺で買います。買い持ちにしたら、そのテイルの半分ほど下のところに防御の逆指値を置きます。市場がテイルをかみ切り始めたらすぐに逃げます。このときの買い持ちの利食い目標は、移動平均とチャネルを利用して設定するのが最も適切です（「指標——弾倉に5発の弾丸」参照）。

市場がテイルを打ち上げたら、そのテイルの安値付近で売ります。売り持ちにしたら、そのテイルの半分ほど上のところに防御の逆指値を置きます。市場がそのテイルの上に向かって上昇し始めたら逃げるときです。市場がそのテイル全体をかみ砕くのを待たないことです。利食い目標は移動平均とチャネルを利用して設定します。

どのような時間枠であっても、テイルとは逆のトレードをすることができます。日足チャートが最も一般的ですが、日中チャートでも週足チャートでもトレードできます。動きの大きさは時間枠次第です。週足チャートのテイルは5分足チャートのテイルよりはるかに大きな動きを生みます。

サポート、レジスタンスとダマシのブレイクアウト

　トレーダーや投資家が売買するときは、たいてい、自分のトレードに対して経済的なかかわりに加え、さらに感情的なかかわりを持ちます。彼らの感情がトレンドを推進したり転換したりします。
　市場が一定レベルのトレードを長く続けるほど、売買する人の数が増えます。仮に、株が80ドルから下落して、数週間70ドル近くでトレードされ、多くの人がその株はサポートを確認して底に達したと考えるとします。もし大量の売りが出て、その株を押し下げて60ドルになったらどうなりますか？　賢明なブルはいち早く逃げて、69ドルか68ドルで売り払います。ほかの人たちはじっとしてつらい下落をやり過ごします。敗者が60ドル近くでもあきらめず、市場が70ドルに向けて戻るときにまだ生きていたら、つらかった彼らは「損得なしで撤退する」チャンスに飛びつきます。彼らの売りが上昇を、少なくとも一時的に、制限することになります。彼らのつらい記憶が理由になって、下落時のサポートになった領域が上昇時のレジスタンスになり、逆もまた同様です。
　後悔もまた、サポートやレジスタンスの心理的な力になります。株がしばらくの間80ドルでトレードされ、そのあと95ドルまで反騰する場合、80ドルで買わなかった人たちは列車に乗り遅れたような気がします。その株が下落して80ドル近くまで戻ると、チャンスを逃して後悔したトレーダーが大挙して買いに来ます。
　サポートとレジスタンスは、投資家は長い間記憶しているので、何カ月もさらには何年も生きています。価格が前のレベルまで戻ると、そのチャンスに飛びついてポジションを積み増す人もいる反面、撤退のチャンスと見る人もいるわけです。
　チャートを使うときは常に、最近の安値と高値を通るサポートラインとレジスタンスラインを引きます。その２つの領域でトレンドが鈍

化するのを予想して、ポジションを建てたり利食いをするのに利用します。そのとき、サポートやレジスタンスは、ガラス壁というより牧場のワイヤーフェンスのように、弾力的であることを心得ておくべきです。ガラス壁は硬くて割れると粉々になりますが、ワイヤーフェンスは、多数の雄牛が押したり鼻を突き出したりしても、曲がるだけで倒れません。市場はサポートの下方やレジスタンスの上方で何度もダマシのブレイクアウトを見せ、価格は、その一時的な突破のあと、元のレンジに戻ります。

　上向きのダマシのブレイクアウトが発生するのは、価格がサポートの下方まで下落して、さらに多くのベアを引きつけ、上昇の直前になるときです。ダマシのブレイクアウトはプロに絶好のトレーディングチャンスを数回提供します。テイルに似ていますが、テイルは１本の長いバーであるのに対し、ダマシのブレイクアウトは数本のバーになる可能性があり、どれも特に長くはありません。

　何がダマシのブレイクアウトを引き起こし、それをどのようにトレードしたらいいのでしょうか？　長い上昇の終わりに、市場はレジスタンスをヒットして、頭を打ち、激しく揺れ動くようになります。プロは、レジスタンスレベルの上方ではるかに多くの買い注文があることを知っています。そのなかには、新たなブレイクアウトを期待するトレーダーの注文も、上昇途上で売り持ちにしたトレーダーの防御的な逆指値注文もあります。プロは、注文を預かるほうなので、トレーダーの逆指値を置く価格が最初に分かります。

　ダマシのブレイクアウトが発生するのは、プロが探りを入れて逆指値を置くときです。例えば、株がそのレジスタンスである60ドルよりやや下方のときに、フロアは58.85ドル近くで買いを積み増しするようになるかもしれません。売り手が後退すると、市場は活況のうちに60ドルを超え、買いの逆指値が執行されます。フロアはその注文殺到のなかで売りに回り、価格が60.50ドルに達したら買いを解消します。

図5.2 サポート、レジスタンスとダマシしのブレイクアウト（シエナ CIEN）

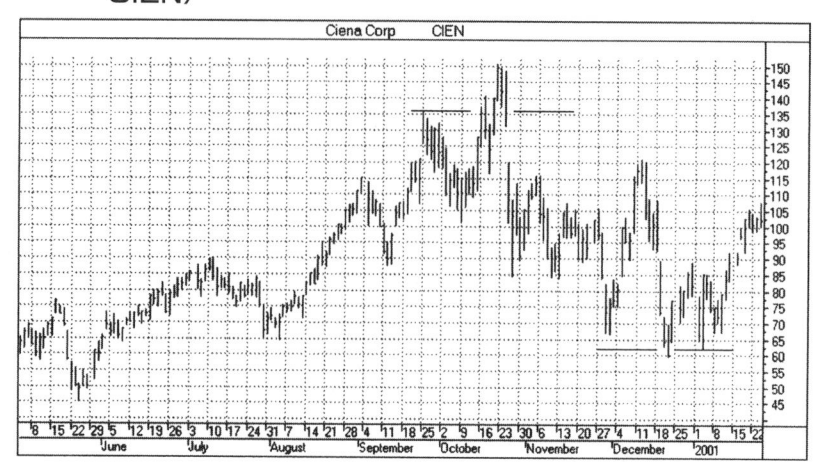

9月にCIENは140ドルより下でピークに達し、そのあと10月にそのレベルを試すように上昇して150ドルを超えたが、数日後には元のピークより下に下落してしまった。だれかかわいそうな人が実際に150ドルを超えて買った——彼はほんとうにその株が必要だったのだ！　ダマシの上へのブレイクアウトが強気市場の終焉を示すことになった。

　弱気の市場は12月に65ドル近くで底を確認したが、1月になると一部の必死の売り手が株を投げて、一時的にCIENを60ドル近くに押し下げた。チャートの右端で価格は急騰して直近の底を下回った。弱気の落とし穴がピシャリと閉まって、たった1カ月で50％の上昇になった。こんなシグナルは、あとで検討するテクニカル指標を利用するともっと確認しやすくなる。

彼らが大衆の買い注文が途絶えるのを見極めて空売りすると、価格は再び60ドルを割り込んで急降下します。そのときにチャートが60ドルの上方でダマシのブレイクアウトを示すわけです。

　　S&P500先物はダマシのブレイクアウトで有名です。毎日この市場は数呼値（呼値とは金融商品の取引所が認める最小限の価格変化のこ

と）だけ前日の高値を超えたり安値を下回ったりします。これがS&P500市場のトレードが困難になるひとつの理由ですが、そこに初心者がハエのように集まります。フロアトレーダーは大はしゃぎでそんな初心者をひっぱたくのです。

絶好のトレードチャンスがダマシのブレイクアウトのあとに発生します。 価格がダマシの上向きブレイクアウトのあとで下落して元のレンジに戻ると、空売りする確信がさらに強くなります。ダマシのブレイクアウトの高値を損切りのポイントとして使います。価格がダマシの下向きブレイクアウトのあとで上昇して元のレンジに戻ると、買い持ちする確信がさらに強くなります。ダマシのブレイクアウトの安値を損切りのポイントとして使います。

ポジションを持っている場合は、ダマシのブレイクアウトに対する防御として、トレーディングサイズを軽減しストップの幅を広くします。もしストップが執行されたらポジションを変える用意をしておきます。

どんなトレードでも口座のごく一部だけを賭けることには多くの利点があります。そうすれば弾力的にストップを置くことができます。ボラティリティが高いときは、プットを買って買いポジションを防御し、コールを買って売りポジションを防御することを考慮します。結局ダマシのブレイクアウトでストップが執行されても、市場に復帰することを避けないことです。初心者はたった1回ポジションを建てて損切りの逆指値が執行されるともう敬遠する傾向があります。プロは逆に、数回仕掛けを試みてから狙いのトレードを確定します。

ダブル天井とダブル底

ブルが儲けるのは、市場が上昇するときです。少数の人が必ず上昇途中で利食いしますが、新たなブルが参入して上昇が続きます。どんな上昇の場合でもあるポイントに達すると、十分な数のブルがそれを

見て——これは非常に良いし、もっと良くなるかもしれないが、私は現金に換えるよ——と言います。上昇は金持ちのブルが利食いしたあと頭を打ちますが、新たなブルからのお金は利食いされたお金に代わるほど十分ではありません。

　市場がピークから下向きになると、賢明な、いち早く現金に換えたブルが最もあくせくしないグループです。いまだに買い持ちしているブルは、特に遅れて参入した場合は罠にはまったと思います。彼らの利益は溶けて損失に変わりつつあります。彼らは持続するべきでしょうか、それとも売るべきでしょうか？

　十分お金のあるブルが下落は行き過ぎだと判断すれば、買いに入ります。上昇に回帰すると、さらに多くのブルが参入します。それで価格が元の天井のレベルに接近し、売り注文が市場に殺到するだろうと思えるようになります。多くのトレーダーは、前の下落に捕まっていて、今度また市場でチャンスがあったら必ず撤退しようと考えています。

　市場が前のピークに向かって上昇すると、主な問題は新たな高値に上昇するのかまたはダブル天井を形成して下落するのかです。テクニカル指標がこの問題に答えるのに非常に役立ちます。それらの指標は、新たな高値に上昇すると持続を指示し、弱気の乖離（「指標——弾倉に５発の弾丸」参照）を形成すると、２番天井で利食いを指示します。

　この状況のミラーイメージは市場の底で発生します。市場が新たな安値に下落し、そこで賢明なベアが空売りを買い戻し始めて市場が上昇します。その上昇が先細りになると価格が再度下落し始めてすべての目が前の安値に注がれます——持ちこたえられるのだろうか？　ベアが強くてブルがビクビクしている場合、価格は突き抜けて最初の安値を割り込み、下げトレンドが続きます。ベアが弱くてブルが強い場合、下落は前の安値近辺で止まって、ダブル底になります。テクニカル指標は、この２つのうちどちらの可能性が高いのかを読み取るのに

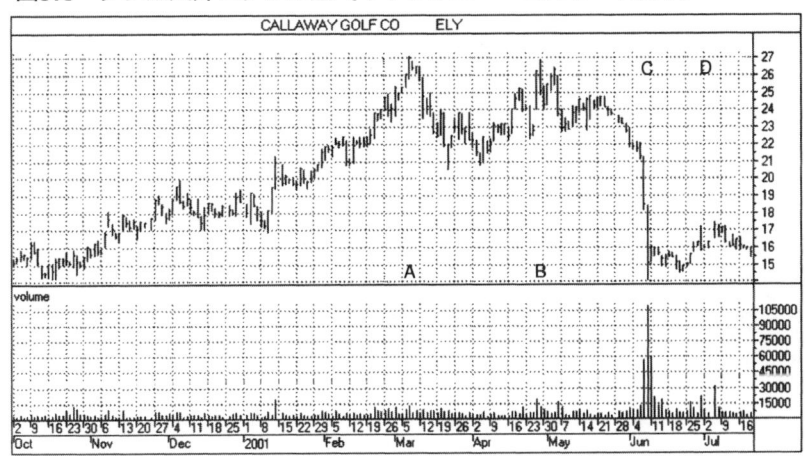

図5.3　ダブル天井とダブル底（キャラウエー・ゴルフ　ELY）

ELYは3月にポイントAで高値の27.18ドルに到達して、4月に奮闘してポイントBで前の高値レベル付近の26.95ドルに再度到達した。Bから跳ね返って数日後に、ダブル天井がはっきり見て分かるようになった。当時、多くの指標（あとで検討する）が弱気の乖離を確認していた。

　6月に、この会社の老創設者——有名なビッグ・バーサ・ゴルフ・クラブの発明者——が病気になって他界し、株が崩壊した。人々は、かなり典型的な感情的反応を示して株を投げ、一個人の死によって大きく安定した会社が台無しになるものかどうか、ゆっくり考えなかった。こんな場合は、価格の下落を恐れてさらに多くの人が売り込むために、下落が下落を呼ぶことになる。異様な出来高のスパイクが群衆の狼狽を映し出していることに注目。ポイントCの安値がカンガルーテイルのように見えるが、あまり典型的な形ではない。価格は上昇してポイントDで17ドルを超えたが、いわゆる「デッド・キャット・バウンス」で、本格的な強気でもなんでもなく、下落に対する単なる反動にすぎなかった。

　チャートの右端で、ELYは徐々に下落し少ない出来高で直近の底に向かっている。そのレベルから跳ね返るとダブル底を確認することになる。これはかなり典型的なパターンである——崩壊に続いてデッド・キャット・バウンスがあり、そのあとゆっくり下落して2番底になる。いったん価格が2番底から上昇すると、持続可能な上昇になる可能性が高い。

役立ちます。

トライアングル

　トライアングルは揉み合いで、小休止して勝者が利食いし新たなトレンドフォロアーが参入してくるときですが、他方で、それに対抗する人たちが直前のトレンドとは逆のトレードをします。それは列車の駅のようなところです。列車が止まって乗客を降ろし新たな乗客を乗せますが、これがその線の最後の駅で列車が引き返すことになる可能性は常にあります。

　トライアングルの上側の境界線が示すのは、売り手が買い手を圧倒して市場の上昇を防ぐ上限です。下側の境界線が示すのは、買い手が売り手を圧倒して市場の下落を防ぐ下限です。この２つが収束し始めると、ブレイクアウトが接近していることが分かります。原則として、トライアングルに先行したトレンドは疑わしきは罰せずに値します。トライアングルの壁の角度がブルとベアの力のバランスを反映し、ブレイクアウトの可能性の高い方向を示唆します。

　上昇トライアングルは、上側の境界線が平坦で下側の境界線が上昇しています。上側の平坦な境界線は、ベアが砂のなかに線を引いて市場がそこまで来たら必ず売ることを示しています。彼らはかなり強力なグループで、冷静に待って価格を引き寄せ、売ります。同時に買い手はさらに攻撃的になっています。われ先に商品を買って市場の下値を上げ続けるのです。

　どちらの政党に賭けるべきでしょうか？　だれにも選挙の結果は分かりませんが、賢明なトレーダーは、上昇トライアングルの上側境界線のやや上方に買い注文を入れる傾向があります。売り手は守勢に立っていますから、攻撃しているブルが成功すれば、ブレイクアウトが急激になる可能性が高くなります。これが、上昇トライアングルから上向きのブレイクアウトを買う論理です。

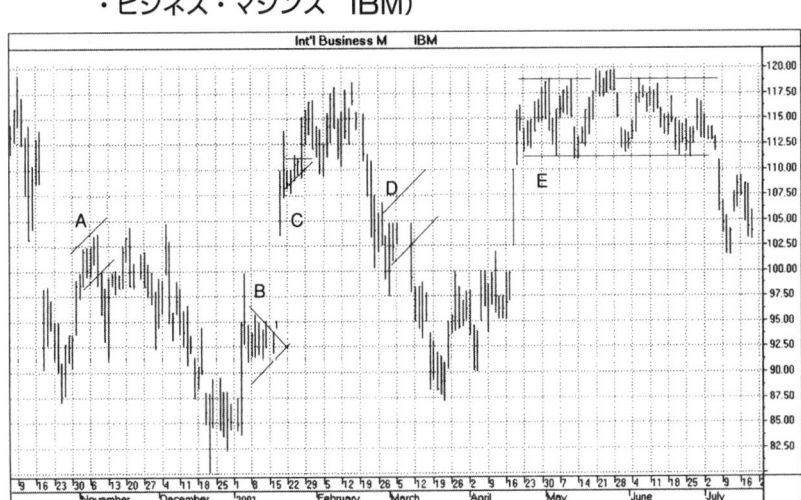

図5.4 トライアングル、ペナントとレクタングル(インターナショナル・ビジネス・マシンズ　IBM)

　チャートパターンはブルとベアの足跡である。パターンAとDはペナント――急激な上昇あるいは下落のフラッグポールに続く価格のスイング――と呼ばれる。ペナントがトレンド方向にはためくとき(A)、通常はそのあとに急激な転換がある。先行トレンドと逆方向にはためくとき(D)は強化パターンで、通常はそのトレンドが続く。新規注文を適宜にペナントの境界線の上か下に入れる。
　パターンBはシンメトリカルトライアングルでパターンCは上昇トライアングルである。トライアングルからのブレイクアウトは、特にトライアングルがコンパクトに2～3本のバーのみで形成される場合は、先行トレンドに従う傾向がある。パターンEはレクタングルで、ブルとベアがどのようにトライアングルの壁を押して一時的にダマシのブレイクアウトを形成しているかに注目する――急いで飛び込まないようにすること。価格が決定的にレクタングルを抜け出したら、転換が完成する。
　チャートの右端で、価格は前のレクタングルの下が厳しいレジスタンスになっている。この価格は、氷盤の下でおぼれている人のようなものである。トレンドは下げており、戻りは空売りのチャンスを提示している。

　下降トライアングルは下側の境界線が平坦で上側の境界線が下落しています。水平な下側の線は、ブルが非常に断固としていて冷静に待ちながら一定のレベルでは買うことを示しています。同時に売り手はさらに攻撃的になっています。どんどんレベルを切り下げて売り続け、

市場を押し下げて買い手が引いた線に接近させます。

　トレーダーとして、どちらに賭けますか——ブルですか、ベアですか？　ベテランのトレーダーは、下降トライアングルの下側境界線のやや下方に売り注文を入れる傾向があります。買い手にそのラインを防御させておいて、長い防衛の果てにブルが崩壊すれば、ブレイクが急激になる可能性が高くなります。これが、下降トライアングルから下向きのブレイクアウトを売る論理です。

　シンメトリカルトライアングルはブルもベアも等しく自信を持っていることを示しています。ブルは買い上がり、ベアは売り下がります。どちらのグループも屈服せず、その闘いの決着がついて初めて価格がトライアングルの頂点に達します。ブレイクアウトは、そのトライアングルに先行していたトレンドの方向で起こる可能性が高いです。

出来高

　それぞれの出来高は2人の人——買い手と売り手——の行動を示しています。出来高は数種の数字、つまりトレードされた株数、枚数、あるいは金額で測定されます。出来高は、通常はヒストグラムとして価格の下に表され、ブルとベアの行動について重要な手掛かりを提供します。出来高が増えるとトレンドの裏づけになり、出来高が減るとトレンドが怪しくなります。

　出来高は、市場参加者の苦痛のレベルを反映します。各トレードの各呼値で、ひとりの人が負け、別の人が勝っているのです。市場が動くのは、十分な数の新たな敗者がゲームに参入して、勝者に利益を供給するときだけです。市場が下落している場合は、非常に勇敢か、あるいは向こう見ずなブルでないと介入して買うことができないが、そんな人がいないと出来高はまったく増えません。トレンドが上昇している場合は、非常に勇敢か、あるいは向こう見ずなベアでないと介入して売ることができません。出来高の増加は、敗者が絶えず参入して

トレンドの続行を可能にしていることを示しています。敗者が市場を放棄するようになると、出来高が落ち、トレンドが失速します。

1日だけ突出して異常に出来高が高くなってトレーディングレンジからのブレイクアウトを伴う場合、通常はトレンド開始の印になります。同様な突出が安定した動きの最中に発生すると、トレンド終焉の印になる傾向があります。過度に多い出来高は、平均の3倍を超えて、市場ヒステリーの確認になります。それは、いらだつブルがついに上げトレンドは本物だと判断して買いに殺到するか、あるいはいらだつベアが下落は底なしだと確信して急いで売るときです。

価格と出来高の乖離は、転換点で発生する傾向があります。価格は新たな高値へと上昇するが、出来高が減少する場合は、上げトレンドに対する関心が薄いことを示しています。価格が新たな安値へと下落して出来高も減少する場合は、それ以上の安値に対する関心はほとんどなく、上向きに転換する可能性が高いことを示しています。価格は出来高より重要ですが、優れたトレーダーは常に出来高を分析して群衆が関与している程度を測定します。さらに客観的に出来高を評価するには、勢力指数と呼ばれる指標（6章参照）を利用します。勢力指数で検知される出来高の変化はトレーダーに重要なメッセージを届けます。

指標──弾倉に5発の弾丸

　私には、第2次世界大戦で戦車を操縦していた友人がいます。彼は、闘いながらスターリングラードからウィーンに進軍しました。彼はたった3つの道具でその戦車を整備しました──大きなハンマー、大きなネジ回し、そしてロシア語の「く〇食らえ」です。彼は少ない簡単な道具で戦争に勝ったわけですが、彼の教訓を危険な市場環境に適用することができます。

素人は、あちこちで少額のお金をつかみ取ろうとします。彼は、今日はあるテクニックを使い、明日は別のテクニックを使います。彼の頭はまとまりがなくて負け続け、トレーダーとフロアトレーダーを儲けさせるだけなのです。新米の猟師が素晴らしい道具一式を背負って森に入りますが、すぐに、そのほとんどが足手まといになるだけだと分かります。ベテランの猟師は軽装で移動します。

　初心者は動くものなら何でも、自分の影でも、撃ってしまいます。ベテランの猟師はどの獲物を追跡しているのかはっきり自覚していて数発の弾丸だけを持っていきます。シンプルと規律には密接な関係があります。成功するトレーダーになるためには、少ない市場を選ぶこと、少ないツールを選択すること、さらにそれらをうまく使えるようになることです。50の銘柄より5つの銘柄を追跡するほうが、調査は深くなり、結果も良くなります。25の指標を使うより5つの指標を使うほうが、利用度が高まります。着実に儲かるようになれば、あとでいつでも拡大できるのです。

　これから検討する指標は、ひとりのトレーダーの選択を示しています。私はこの手法を「5発の弾倉」と呼びます。昔の陸軍のライフルは銃弾が5発でした。私も5つの指標だけを使って市場を分析します。5つが役に立たないのであれば、トレードはたぶんできないので、10個の指標でも同じでしょう。このリストを提示するのは自分独自の弾丸を選択する出発点にしてほしいからです。いろいろなグループから指標を選択して群集行動の多様な側面に焦点を当てる一般的な原則に注目します。大事なことは、自分の分析とトレーディングのスタイルに合う少数のコアになるツールを選ぶことです。

　これから検討するツール——移動平均、エンベロープ、MACD（移動平均収斂乖離）、MACDヒストグラム、勢力指数——は次章で解説するトレーディングシステムの基本的要素です。魔法の指標などなくて、それぞれに長所もあり短所もあります。その両方を自覚する

ことが重要です。そうすれば、数個の指標を組み合わせてひとつのシステムにし、それぞれの長所を生かして短所は相殺することができるからです。

ツールの選択

　市場はトレーダーを混乱させることがあります。市場はたいてい同時に2つの方向——週足チャートでは上昇し、日足チャートでは下落——に動きます。市場は転換してもその計画変更についてEメールを送ってくるわけではありません。活気のない株が人気化し急騰して逆指値を突破するのに、今までの人気株が冷え切ってあなたの手とともに資金も凍えてしまうことがあるのです。

　トレーディングは複雑で重要なゲームです。市場は巨大な群衆で成り立っているので、テクニカル分析は応用社会心理学です。数個のツールを選択して市場行動の多様な側面を確認しなければなりません。どんな指標でも、それがどのように組み立てられていて何を測定するのかということを理解してから使わなければなりません。過去のデータでテストして、いろいろな状況下でそれがどのように機能するのか知らなければなりません。ある指標のテストを始めたら、その設定を調整し、個人的なツールに仕立てて、使い込んだレンチのように身近なものにするつもりになることです。

ツールボックスとブラックボックス

　私がトレーダーの雑誌で絶えず目にするのは、ディスクドライブから何枚もの100ドル札が出ているコンピューターの広告です。そんなコンピューターなら、ぜひひとつ欲しいと思います。私が見つけることのできるコンピューターはお金の方向が逆のものばかりです。コンピューターは金食い虫ですが、そこからお金を引き出そうとすると大

変な苦労が必要になります。そんな広告はブラックボックス——コンピューター・トレーディングシステム——を売っているのです。いいかげんな人間が一連のトレーディングルールをプログラムしてコピー防止のフロッピーディスクかCDに載せ、素晴らしい実績のあるツールとして売り出します。それに市場データを入力すると答え——売買の時期！——を吐き出します。こんなマジックを信じるなら、サンタクロースに出会うまで待てばいいのです。

　お決まりのシステムの素晴らしい実績は、ルールを古いデータに合わせた結果ですから、無意味なのです。どんなコンピューターでも、どのルールが過去に役立ったかを示すことはできます。ブラックボックスプログラムは、たとえ自己最適化機能を内蔵していても、市場が変化すると、たちまち自壊します。ブラックボックスは、そこから偽の安心感を引き出す初心者に人気があります。すぐれたソフトウエアはツールボックス——ツールを集めて市場を分析し独自の判断ができるようにしたもの——です。ツールボックスで、データをダウンロードし、チャートを描き、指標やプログラムしたいあらゆるトレーディングシグナルを記入することができます。それはチャートや分析のツールを提供しますが、トレーディングの判断はトレーダー自身にゆだねます。

　どんなツールボックスでも中心になるのは指標の集合——生のデータのノイズの背後にトレンドや転換を確認するツール——です。優れたツールボックスによって、指標の修正や、さらには独自の指標の考案さえ可能になります。指標は客観的です。したがって、トレンドについて議論はできても、指標が上昇であれば上昇であり、指標が下降であれば下降なのです。心得ておきたいのは、指標は価格に由来することです。それが複雑になるほど、ますます価格から遊離し、実態から離れてしまいます。価格が主体で、指標は副次的なものであり、簡素な指標が最もよく機能します。

トレンドフォロー型指標とオシレーター

　指標の利用を習得することは外国語の習得に似ています。外国語に没頭して、典型的な初心者の間違いをしながら練習を続け、やがて流暢で実用に堪えるレベルに達するのです。

　適切なテクニカル指標は簡素なツールで、市場が変化するときによく機能します。頑丈にできていて、パラメータの変化にあまり影響されません。ある指標が、17日間の時間枠を使っているときは素晴らしいシグナルを出すのに、15日間の時間枠を使うとまったく機能しなくなるとしたら、それはたぶん役に立ちません。適切な指標であれば、広範な設定で有益なシグナルを出します。

　すべての指標を３つの主なグループ——トレンドフォロー型、オシレーター、混合型——に分割できます。指標を利用するときは常に、それがどのグループに属するのか知らなければなりません。各グループには長所もあり短所もあります。

　トレンドフォロー型指標には、移動平均、MACD、ディレクショナル・システム、その他があります。大きなトレンドは大金を意味し、その指標は、上げトレンドでは買いに、下げトレンドでは売りに、役立ちます。トレンドを追跡してそれに乗ることができるようにする慣性が内蔵されています。その同じ慣性が転換点では立ち遅れる原因になります。その長所と短所は同じものの両面であり、ひとつだけ持つことは不可能です。

　オシレーターには、勢力指数、変化率、ストキャスティックスなどがあります。オシレーターは転換点をキャッチするのに役立ち、市場がいつ買われ過ぎ（高すぎて下落が近い）で、いつ売られ過ぎ（安すぎて上昇が近い）かを示します。オシレーターは、上昇転換と下降転換をキャッチするので、レンジをトレードするときに非常に有効です。価格が比較的平坦なときにシグナルに従うことは、現金自動預払機のところに行くようなもので、必ず多少は手に入りますが、たいした額

ではありません。その弱点は、上げトレンドの売りシグナルと下げトレンドの買いシグナルが早すぎることです。

混合型指標には、強気コンセンサス、コミットメント・オブ・トレーダーズ、新高安値指数、市場の最新ムード測定などがあります。それらは、全体的な強気あるいは弱気の盛衰を示します。

異なるグループの指標はたいてい互いに矛盾します。例えば、市場が上昇するとき、トレンドフォロー型指標は上向きになって、買いの指示を出します。同時に、オシレーターは買われ過ぎになって、売りシグナルを点滅させます。下げトレンドでは反対のことが起こり、トレンドフォロー型指標は下向きになって、売りの指示を出します。同時に、オシレーターは売られ過ぎになって、買いシグナルを点滅させます。どちらに従うべきでしょう？　その答えはチャートの中央では容易ですが、右端でははるかに難しくなり、トレーディングの判断をしなければなりません。

トレーダーのなかには、複雑さに目を閉じて単一の指標を選び、それに固執しているうちに市場が予想と逆に動いて殺されてしまう人がいます。ほかの人は手製の世論調査を作成します。つまり、一組の指標を使ってそのシグナルを平均するわけです。これは、結果が世論調査で使う指標に左右されるから、無意味な作業です。指標の選択を変えたら、結果が変わってしまいます。トリプルスクリーン・トレーディングシステムは、以下で解説しますが、矛盾する指標の問題を、異なった時間枠でそれらの指標を連結することによって克服します。

時間——5という係数

コンピュータースクリーンは、寄り付き－高値－安値－終値というフォーマットでだいたい120本のバーをきれいに表示します。各バーが1カ月を表す月足チャートを表示したらどうでしょう？　10年分の歴史——株の大きな流れ——がひと目で分かります。週足チャートを

表示したら、過去２年間の上昇と下落を見直すことができます。日足チャートでは過去数カ月の動きが分かります。各バーが１時間のトレードを表す時間足チャートはどうでしょう？　過去数日をクローズアップして、短期のトレンドを拾います。さらに期間を短くしたい場合は？　各バーが10分間の市場の動きを表す10分足チャートはどうですか？

こんなすべてのチャートを見ると、市場は同時にいろいろな方向に動くことがすぐに分かります。週足チャートでは上昇しているのに、日足チャートでは急激に下落しているかもしれません。時間足チャートでは下落しているのに、10分足チャートでは上昇しているかもしれません。どのトレンドに従うべきでしょう？

ほとんどの初心者はひとつの時間枠だけを、普通は日足だけを見ます。問題は、新たなトレンドが別の時間枠から発生して、目先だけしか見ないトレーダーを傷つける場合が多いことです。別の深刻な問題は、日足チャートを見ていると、同じチャートを見ているほかの数千人のトレーダーと同等の立場になってしまうことです。その場合の利点は何でしょう？　優位性は何でしょう？

市場は非常に複雑なので、分析するときはひとつの時間枠に限らないようにしなければなりません。５という係数は、『投資苑』で最初に解説したのですが、すべての時間枠にリンクしています。あらゆる時間枠は５という係数で次の上下の時間枠に関連しています。１カ月はほぼ５（正確には4.3）週間あり、１週間は５営業日あり、多くの場合１営業日はほぼ５時間あります。１時間は10分足区分に、10分足区分は２分足バーに分割できます。

トリプルスクリーンの主要な原則は、またあとで見直しますが、好みの時間枠を選択して、それから直ちに一段階上の時間枠に上ることです。そこで、買いや売りの戦略を判断をします。好みの時間枠に戻り、仕掛け、手仕舞い、利食い目標、そして損切りの逆指値について

作戦判断をします。時間の次元を分析に追加することで、競争優位を獲得することができます。

　少なくとも2つ、しかし3つを超えない時間枠を使います。それより多くすると、意思決定プロセスを乱すだけになるからです。30分足と5分足のチャートでデイトレーディングをしているなら、週足チャートは基本的に無関係です。週足と日足を使ってスイングトレードをしているなら、5分足チャートの小刻みな動きはノイズにすぎません。好みの時間枠を選択し、一段階上の時間枠を追加して、その時点で分析を開始します。

移動平均

　移動平均（MA）は最も古く、最も簡素で、最もトレーダーに有益なツールのひとつです。移動平均は、トレンドを確認し、トレードを仕掛ける領域を見つけるのに役立ちます。チャートに線で記入し、その各ポイントが最近の平均価格を反映します。

　移動平均の背後にある実態は何で、移動平均は何を測定するのでしょうか？

　各価格は、市場参加者の一時的な価値合意であり、トレードの瞬間の市場に参加している群衆のスナップショットです。だれかの写真を見せられて、その人が楽観主義者か悲観主義者か、ブルかベアかと聞かれるとしたらどうでしょう？　1枚の写真で判断するのは困難です。その人のスナップショットを同じ位置から10日間続けて撮り、それを鑑識に持ち込んだら合成写真ができます。10枚の写真を1枚1枚重ねると、典型的な特徴が際立ち、例外的なものはだんだん消えていきます。その合成を毎日更新するようになると、その人の気分の移動平均が手に入ります。一連の合成写真を横に並べたら、その人がより幸せになっているのか、より不幸せになっているのか明らかになるでしょ

う。

　移動平均は市場の合成写真です。新たな価格が発生すれば、それを追加し古い価格を落とします。上昇する移動平均は、群衆がさらに楽観的――強気――になってきていることを示します。下落する移動平均は、群衆がさらに悲観的――弱気――になってきていることを示します。

　移動平均は、データだけではなくその組み立てにも影響を受けます。いくつかの判断によって、移動平均のメッセージと組み立てノイズの区別を促進しなければなりません。まず、どんなデータを使うのか決める必要があります。次に、時間枠――より大きなトレンドをキャッチするためにはより長い、より小さなトレンドにはより短い――を選択しなければなりません。最後に、移動平均のタイプを選択する必要があります。

どんなデータを平均するか？

　トレーダーは、日足チャートと週足チャートに依存する場合、たいてい移動平均を算出するのに終値を適用します。これは理解できます。終値は、最終的な価値合意、つまりその日の最も重要な価格を反映するからです。

　5分足や時間足のバーの終値に、このような特別な意味はまったくありません。デイトレーダーは、終値を平均するよりも各バーの平均価格を平均するほうが賢明です。例えば、各バーの寄り付き＋高値＋安値＋終値を4で割り算したもの、あるいは高値＋安値＋終値を3で割り算したものを平均すればいいのです。

　移動平均を勢力指数（以下参照）のような指標に適用することができます。未処理の勢力指数は、その日の価格変化と出来高を反映します。平均すればなめらかな線になって勢力指数の長期のトレンドが明らかになります。

移動平均の期間はどうするか？

移動平均はトレンドの確認に役立ちます。上昇する移動平均は買いの持続を促し、下落する移動平均は売りの持続を指示します。時間枠が長いほど、移動平均はなめらかになります。しかし、そのメリットは代償を伴います。移動平均が長期になるほど、トレンドの変化に対する反応は緩慢になります。移動平均が短期になるほど価格の追跡に臨場感が出ますが、ちゃぶつき、つまり主要なトレンドからの一時的な脱線にも敏感になります。移動平均をあまり長期にすると、重要な転換を大きな代償を支払って見逃してしまいます。移動平均が短期になるほどトレンドに敏感になりますが、10バーより短期の移動平均はトレンドフォロー型ツールの目的に沿わなくなります。

私は、『投資苑』を書いていた当時、13バー移動平均を使っていましたが、最近の数年はもっと長期の移動平均を使ってさらに重要なトレンドをとらえて、ちゃぶつきを避けるようにしています。週足チャートを分析するために、まず26週移動平均を使って半年分のデータを表示します。その期間を短くして、移動平均のなめらかさを損なうことがないかどうか確認してみます。日足チャートの場合、まず22日移動平均で1カ月のだいたいの営業日数を反映させて、その期間を短くできるかどうか確認します。どの期間を使うにしても、必ず自分自身のデータでテストします。ごく少数の市場を追跡するだけなら、十分時間をかけていろいろな期間の移動平均を試し、なめらかに流れる線を選びます。

指標のどんな時間枠であっても、その長さを最も適切に表すのは日数ではなくてバーの数です。コンピューターは、日足、月足、あるいは時間足のチャートのどれを分析しているのか知るはずもありません。コンピューターが見ているのはバーだけです。日足移動平均について言えることはすべて週足移動平均にも月足移動平均にも適用されます。22日移動平均と呼ぶより22バー移動平均と呼ぶほうが適切なのです。

数学的素養のあるトレーダーは、期間が市場の状況に応じて変化する適応移動平均の利用を検討することができます。これは、ジョン・エーラース、トゥーシャ・シャンデ、そしてペリー・カウフマンによって提唱されました。エーラースの最近の著書『ロケット工学投資法』（パンローリング刊）は、全指標を現在の市場状況に適応させることについて詳述しています。

どのタイプの移動平均にするか？

　単純移動平均は、時間枠の価格を加算してその合計を時間枠の長さで割り算したものです。例えば、終値の10日単純移動平均は、過去10日間の終値を加算してその合計を10で割り算したものです。単純移動平均の難点は、各価格が二度——時間枠に入るときと落ちるとき——影響を与えることです。新高値は移動平均を押し上げて、買いシグナルを出します。これはいいことです。移動平均は新価格に反応してほしいからです。難点は、10日後にその高い数字が時間枠から落ちるとき、移動平均もまた落ちて、売りシグナルを出してしまうことです。これはおかしいことです。単純移動平均を１日短くすると１日早く売りシグナルが出て、１日長くすると１日遅れて売りシグナルが出るからです。単純移動平均の期間をいじくると独自のシグナルを作ることができるのです！

　指数移動平均（EMA）がこの問題を克服します。指数移動平均は、入ってくる価格だけに反応してそれをもっと重視します。時間枠から古い価格を落とすのではなく、時間をかけて徐々にしぼり出すのです。

　　EMA＝今日の価格×K＋昨日の指数移動平均値×（１－K）

　　ただし、K＝２÷（N＋１）
　　　　　N＝EMAを算出する期間（トレーダーが選択）

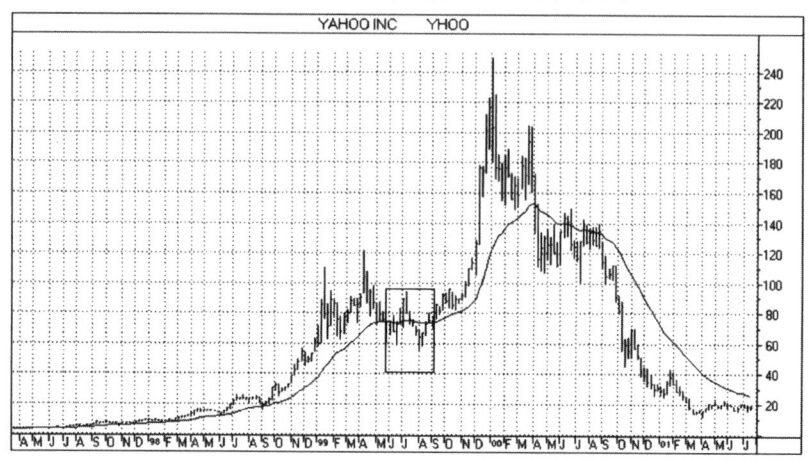

図5.5 移動平均――主要なトレンド（ヤフー　YHOO）

指数移動平均（EMA）は、ゆっくりではあるが着実で、蒸気ローラーの方向指示器のようである。EMAはあらゆる時間枠で機能するが、最も真価を発揮するのは週足のEMAで、トレーダーがどんなに振り落とされそうになっても、主要なトレンドから離れないようにするのに役立つ。週足移動平均の方向でトレードすれば、多くのトレーダーが優位に立ちやすくなるはずである。そのEMAの方向に自分を置いて、日足チャートを使いながら、持続してもいいし、トレードから出たり入ったりしてもかまわない。

　この26週移動平均は、無名であったYHOOの駆け出しのころから、息をのむような250ドルのピークを経て、また不人気に戻る、輝かしい強気相場全体を追跡している。朝起きて、週足EMAを見て、その方向にトレードすれば、そんなにひどいことにはならない！

　完全な指標はまったくないし、EMAにも市場が平坦になるときはそれなりの難点がある。EMAが、1999年のように、振動し始めるときは主要なトレンドを当てにせずに傍観するか、短期のトレードをする時期である。

　YHOOの3本のテイル（そして、最初の3本ほど純粋ではない4本目）に注目する。テイルが出るごとに、価格が数週間内に半分になっている。

　チャートの右端で価格は平坦になってEMAが下落している。価格は天井よりも底に近いが、急いで買うことはまったくない。EMAが平坦になりやがて上向いて、次の大きな強気相場の配置につくまで何もしないことにする。

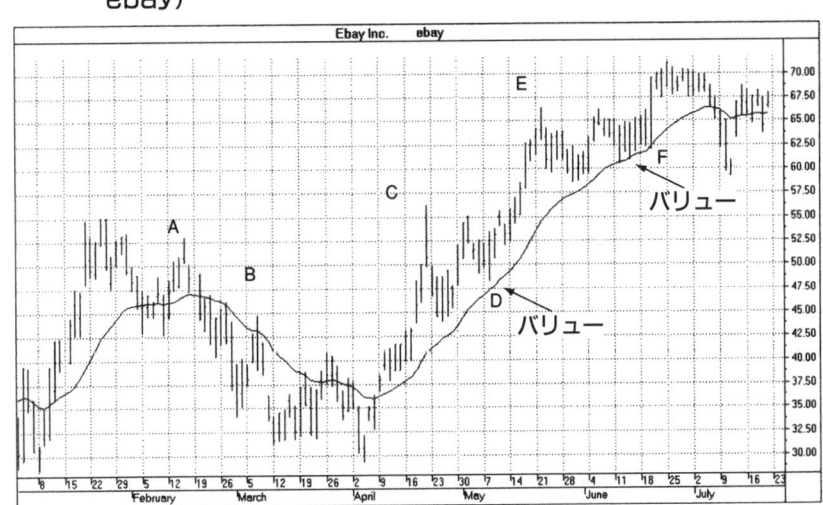

図5.6　バリュートレードとさらなるバカ理論トレード（イーベイ ebay）

上昇する移動平均付近で買うときは、バリュー（ポイントDとF）を買うことになる。こうしたチャンスを待つには忍耐が必要だが、上昇を追いかけるよりはるかに安全である。EMAより上の高値で買う人はバリューを超えて支払い、もっと高く支払ってくれるバカに出会うことを期待する。天井（ポイントCとE）付近で買う不安なトレーダーは、振り落とされるか、さもなければ緊張しながら、損益ゼロで撤退するのを待つ。

　多くの株と先物には典型的な行動パターンがあるので、それを確認して利用するようにすべきである。これを書いている時点で、EBAYはカンガルーテイル（A、B、C、そしてE）をよく出している。テイルCは最も古典的な形になっているが、ほかのテイルも機能している。予想されるパターンが分かっていたら、いち早くその出現を認識するのに役立つ。

　チャートの右端で、EMAは上昇をやめて揺れ始めている。強気の動きは終わっている。トレンドトレーダーなら、トレンドのあるほかの銘柄に移る時期である。EBAYを監視して新たなトレンドが現れるのを待つ。

　最近は手で指標を計算する人はほとんどいなくなりました。コンピューターのほうがもっと早いし正確だからです。終値の22バーEMAを見ることに決めると、$K = 2 \div (22+1) = 2 \div 23 = 0.087$になります。直近の終値にその数字を掛けて、昨日のEMAに0.913（つま

り、1－0.087)を掛け、その2つを加算すると、今日のEMAが算出されます。トレーダーに、EMAは最初どこで入手するのかと尋ねられることがあります。まず22バーの単純平均を計算して、それからEMAに切り替えるのです。ほとんどの指標は、1～2カ月のデータを入手してからでないと、意味のあるシグナルを出すようにはなりません。

トレーディングシグナル

　移動平均の最も重要なメッセージはその傾斜の方向です。EMAは、上昇する場合は、群衆がさらに楽観的で強気になってきていることを示し、買うのに適した時期です。下落する場合は、群衆がさらに悲観的で弱気になってきていることを示し、売るのに適した時期です。

　移動平均が上向くときは、買い持ちサイドからその市場をトレードします。移動平均が下向くときは、売り持ちサイドからその市場をトレードします。トレーダーとして、3つの選択肢——買い、売り、様子見——があります。移動平均はこのうちのひとつを取り除きます。それは、上向く場合は、売りをやめて買いにするか、あるいは様子見するように指示します。下向く場合は、買いをやめて売りだけを探るか、あるいは手を出さないように指示します。EMAは、細かく上下するようになると、グラグラしたトレンドのない市場であることを示します。トレンドフォロー型の方法の利用はやめるほうがいいでしょう。EMAの監視は続けますが、そのシグナルは割り引いて解釈し、新たなトレンドが現れるのを待ちます。

　移動平均のメッセージを無視してもかまわない唯一の時期は、MACDヒストグラム（以下で解説）と価格の間に強気の乖離があったあとで、底を拾おうとするときです。それをするときは、必ずきつめのストップを置きます。成功すれば、利益を銀行に預けますが、ゲームのルールが変わったとは思わないようにします。トレーダーは、

ルールを超えたと思うと、不注意になり、お金を失います。

　MAが上昇しているときには、そのMAの近辺で買いのポジションを建てます。MAが下落しているときには、そのMAの近辺で売りのポジションを建てます。MAを利用して「バリュートレード」と「さらなるバカ理論トレード」を区別します。ほとんどの上げトレンドはときどき中断して下落しますが、それは価格がEMAに向かって押すときです。移動平均の近くで買うときはバリューを買うわけで、EMAのやや下方にきつめのストップを置けばいいのです。再上昇すれば儲かるし、市場が不利に転じても小さな損失で済みます。EMAの近くで買うことは、利益を最大にし、リスクを最小にする効果があります。

　EMA上方の高値で買う場合、その行動は「私はバカだ。支払いすぎている。しかし、この先もっと高く支払ってくれるさらなるバカに出会うことを期待している」と言っていることになります。さらなるバカ理論に賭けることは、まずいアイデアです。市場にそんなバカはほとんどいません。金融市場は愚かな人々を引きつけませんし、そんな人を当てにするのは負けの発想です。

　高値株の急激な上昇が、さらなるバカ理論を証明するように思えるときがあります。資産や収益のない株が怪気炎で舞い上がる可能性はあります。バリュートレーダーは、そんな素晴らしい動きを見逃していると感じるなら、ひとつの選択肢があります。自分の方法に固執して、きまじめに言えばよいのです——「全部は捕まえられないよ」。または、「オオカミと一緒に暮らしているなら、オオカミのようにほえることだ」と決めて、上向きのブレイクアウトを買い始めてもかまいません。そうする場合には、自分は今やさらなるバカ理論トレードに参加していて、熱狂する群衆と自分を区別するただひとつの強みはリスク管理——逆指値と資金管理——であることを銘記することです。

　同じルールが下げトレンドのときの売りにも当てはまります。

EMAへの戻しで売る場合は、バリューを売り、市場が転換して再びバリューを破壊し始めるのを待つことになります。さらなるバカ理論家は、EMAのはるか下方で売ります。下方になればなるほど、ますますバカになります。

二重移動平均を使ってトレンドを確認し、ポジションを入れます。自分の市場をうまく追跡するEMAを選んでも、市場があまりに激しく動いて、価格はけっしてEMAに回帰せず、バリュートレードをするチャンスを与えてくれません。この問題を解決するためには、2番目の移動平均を追加すればいいのです。長期のほうのEMAを使ってトレンドを表示し、短期のほうのEMAを使って仕掛けのポイントを見つけるようにします。

仮に、22日EMAがよく機能して自分の市場のトレンドを確認するとします。それを記入しますが、今度はその長さを半分に分割して11日EMAを同じスクリーンに異なる色で表示させます。22日EMAを使い続けて強気と弱気の動きを確認しますが、短期のEMAに向かって押したり、戻したりするときに仕掛けのポイントを確認します。

移動平均は、トレンドを確認して買うか、売るかを判断するのに役立ちます。トレードを仕掛ける価値あるエリアを示すのにも役立ちます。手仕舞いポイントを探る場合は、次のツール、移動平均のチャネルを頼りにします。

チャネル

市場は躁鬱症の獣です。力強く上昇するかと思えば、息をのむような下落で崩壊します。株は、大衆の気まぐれな人気を博して、ある日には20ポイントも急騰し、次の日には24ポイントも下落します。こんな動きの原動力は何でしょうか？　ファンダメンタルな価値は緩やかに変化します。しかし、強欲、恐怖、楽観主義、そして絶望が価格を

押し上げたり、押し下げたりするのです。

　どのようにしたら、市場が割安か、割高のレベル、つまり買いか、売りの領域に達したと分かるのでしょうか？　市場のテクニカルアナリストは、チャネルを使ってそのレベルを見つけることができます。チャネル、またはエンベロープは、移動平均の上方と下方の2つのラインで構成されます。2つの主要なタイプのチャネルがあります。ストレートエンベロープと標準偏差チャネル——ボリンジャーバンドとも言われる——です。

　ボリンジャーバンドで、上下のラインの幅はボラティリティに対応して絶えず変化しています。ボラティリティが上昇するとボリンジャーバンドの幅は広がりますが、市場に活気がなくなると移動平均を圧迫し始めます。この特徴はオプショントレーダーに役立ちます。ボラティリティがオプション価格を動かすからです。手短に言うと、ボリンジャーバンドが狭くなるときは、ボラティリティが低く、オプションを買うべきです。ボリンジャーバンドが大きく拡張するときは、ボラティリティが高く、オプションは売るべきです。

　株と先物のトレーダーは、ストレートチャネルまたはストレートエンベロープを使うほうが賢明です。移動平均から安定した距離を保って、より安定した価格目標を提供してくれます。EMAの一定％上下に2本のラインを引きます。二重移動平均を使う場合は、長期のほうのEMAに平行してチャネルラインを引きます。

　移動平均は平均の価値合意を反映しますが、チャネルの意味は何でしょう。上側のチャネルラインは、ブルが平均価値合意を超えて価格を押し上げる力を反映します。市場の楽観主義の通常の限界を示しているわけです。下側のチャネルラインは、ベアが平均価値合意未満に価格を押し下げる力を反映します。市場の悲観主義の通常の限界を示しているわけです。適切に描かれたチャネルは躁病と鬱病の診断に役立ちます。ほとんどのソフトウエアプログラムは次の公式に沿ってチ

ャネルを引きます。

上側チャネルライン＝EMA＋EMA×チャネル係数
下側チャネルライン＝EMA－EMA×チャネル係数

　適切に描かれたチャネルは大部分の価格を含み、ごくわずかの極端な価格だけが突出します。係数を調節して、チャネルが過去数カ月のすべての価格のだいたい95％を含むようにします。数学者はこれを第2標準偏差チャネルと呼びます。ほとんどのソフトはこの調節をいとも簡単に行います。

　どんな市場の場合でも、試行錯誤しながら適切なチャネル係数を見つけます。チャネルは、絶えず調節して、すべてのデータのだいたい95％を含むようにして、最高値や最安値だけが突出するようにします。チャネルを描くことはシャツを試着するようなものです。体に気持ちよく合うサイズを選んで、手首と首だけが出るようにするわけです。

　多様なトレーディング銘柄や時間枠は、多様なチャネル幅を必要とします。不安定な市場は、より幅広のチャネルとより高い係数を必要とします。時間枠が長期になるほど、チャネルの幅は広くなり、週足チャネルは日足チャネルの2倍の幅になる傾向があります。株は先物より幅広のチャネルを必要とします。先物のチャネルを見直して調節するのにいい時期は、古い先物が納会に接近して新しい期近限月に切り替えるときです。

　上げトレンドに引いたチャネルはピークに合う傾向があります。強気市場の上昇は下落よりはるかに強く、底が下側チャネルラインに達することはまずありません。下げトレンドでは、チャネルは底を追跡する傾向があり、天井はあまりに軟弱で上側チャネルラインまで上昇することはありません。2つ――ひとつは天井用でもうひとつは底用――の離れたチャネルを引く必要はありません。ただ、支配的な群衆

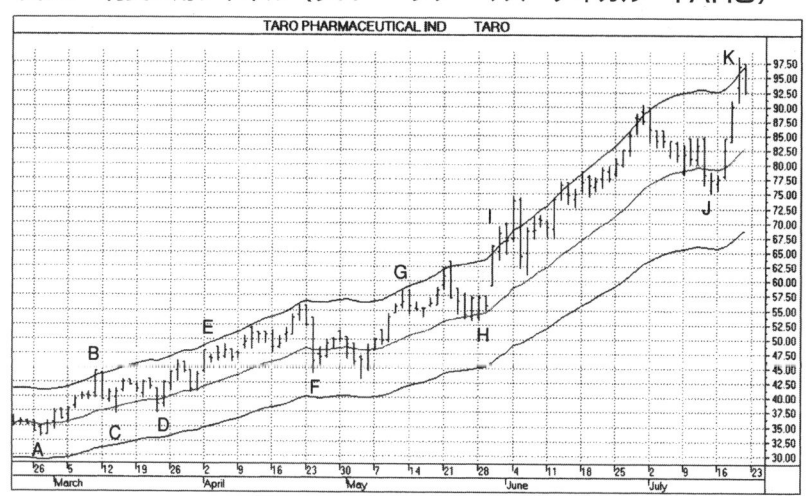

図5.7 利食い用チャネル（タロー・ファーマスーティカル　TARO）

EMAは、上昇するときに上げトレンドを確認する。EMAを、株の最近の行動に基づいて、EMAの付近やわずかに上や下で買うことはいいアイデアである。ポイントAでEMAは35ドルを示しているが、バーの下端は33ドルに達していて、2ポイントだけ下向きに突き抜けている。ポイントCで、安値がEMAを1ポイント、Dで2.25、Fで4、Hで0.75、Jで4だけ突き抜けている。これらの短期の安値は、絶えず浅く、そして深くを交互に繰り返しているが、これはどこで買い注文を入れるか判断するときの重要な情報になる。直近の突き抜けが浅ければ次は深いことが予想され、逆もまた同様で、買い注文はそれに沿って出すようにする。

EMA付近で買った株を売る領域は上側のチャネルラインである。振り返って見れば、TAROの場合、バイ・アンド・ホールドにしたほうがもっとよかったことが容易に分かる。しかし、未来はチャートの右端ではあまり明らかではない。EMA付近でバリューを買い、バリューを超えて、上側チャネルライン付近で利食いするほうが安全で信頼性が高くなる。Aで買った株はBで売り、CやDでまた買ってEで売るというふうにすればよい。

トレーダーは、どのトレードの場合でも、利食いをしたチャネルのパーセントに基づいて、自分の成績を採点することがでる。たとえば、チャートの右端で、上側のチャネルラインは97ドルで下側のチャネルラインは69ドルを示し、チャネルは28ポイントの高さになっている。次のトレードで、少なくとも、Aランクのトレーダーはその28ポイントの30％で8.4ポイント、Bランクのトレーダーは20％で5.6ポイント、Cランクのトレーダーは10％で2.8ポイントの利益を取れるはずである。

チャートの右端で、価格は上側のチャネルラインにヒットしている。EMA付近のJの領域で買った株は利食いして、下落を待つ時期である。

に従えばいいわけです。平坦な市場では、天井と底がチャネルライン に触れると予想します。

　強気の場合は、上昇EMAの近くでバリューを買って、市場が割高になるときに――上側チャネルライン以上で――利食いしたらいいでしょう。弱気の場合は、下落EMAの近くで売って、市場が割安になるとき――下側チャネルライン以下で――買い戻したらいいでしょう。

　上昇する移動平均近くで買う場合、上側チャネルライン近辺で利食いします。下落する移動平均近くで売る場合、下側チャネルライン近辺で買い戻します。 チャネルはバリューの上方と下方でスイングをとらえますが、主要なトレンドをキャッチするわけではありません。このようなスイングは非常に儲かることがあります。債券先物でEMAからチャネルラインまでの動きをキャッチすることができたら、2000ドルの証拠金でだいたい2000ドルの利益になります。年に数回これができれば、プロをはるかに凌駕する結果になります。

　初心者は自分のポジションを上側チャネルの近くで売って、数週間後に後悔することがあります。強気の市場では今日割高に思えても、来月にはお買い得になっているかもしれないからです。しかし、プロはそんなことで悩んだりしません。彼らは、トレードしているのであって投資しているのではありません。彼らは、古いチャートを見たらいくらでも賢明になれるが、チャートの右端で決断するのは難しいことを承知しています。彼らにはシステムがあり、それに従います。

　価格がチャネルラインから飛び出してそのあと移動平均に戻る場合、そのMAの傾斜の方向にトレードして、利食い目標はチャネルラインの近くに置きます。 価格がチャネルからブレイクアウトするのはトレンドが非常に強くなる期間だけです。後退してからも、しばしばそのブレイクアウトの極端な価格を再テストします。チャネルからのブレイクアウトは、その方向で再びトレードする確信を与えてくれます。

　価格は、ときどき跳び上がって激しく急騰することがあります。チ

ャネルをブレイクアウトして長い間そのままで、EMAまで後退しません。このような力強い動きがある場合、選択肢はひとつで、様子見するか、あるいは衝動的な動きをトレードするためのシステムに切り替えるかです。プロのトレーダーは、いったん自分に好都合のテクニックを見つけたら、それを使い続ける傾向があります。馴染みのないスタイルに変えるよりもトレードしないほうがましだと思うのです。

移動平均が基本的に平坦である場合、下側チャネルラインで買って、上側チャネルラインで売り、価格が移動平均に戻るときに利食いします。 上側チャネルラインは割高の領域を示します。市場が長期のチャートで相対的に平坦な場合、上側チャネルラインまで反騰すれば売りのチャンスになり、下側チャネルラインまで下落すれば買いのチャンスになります。プロは、標準偏差ラインに対して逆張りをし、平均回帰に賭けるトレードをします。素人は、どんなブレイクアウトでも大規模な急騰を伴うと考えます。非常にまれに素人が正しい場合もありますが、長期的にはプロのように賭けるほうが得策です。プロは、チャネルを使って、市場がいつ行きすぎて、どこで転換する可能性があるのか見極めるのです。

自分の成績をどのように採点するか

　仮に、2人の友人が大学のコースを取るとします。2人とも能力や経歴は同様ですが、ひとりは毎週テストを受けて、もうひとりは最終試験を待っています。ほかの要因がすべて同じ場合、この2人のうちどちらのほうがその最終試験でいい成績を取るでしょうか？　待っているほうでしょうか、毎週テストを受けているほうでしょうか？

　ほとんどの教育システムはある一定の間隔で学生をテストします。人々はテストに促されて知識の格差を埋めようとします。年中テストを受ける学生のほうが最終試験で良い成績を取る傾向があります。頻繁にテストをすると、成績向上に役立つのです。

市場は絶えずトレーダーをテストします。ただし、ほとんどのトレーダーは自分の成績をあえて調べようとはしません。彼らは儲かるとほくそえみますが、負けトレードの確認伝票は捨ててしまいます。自慢しても自分をごまかしても、トレーダーとして向上するわけではありません。
　市場はすべてのトレードを採点してその結果を壁に掲示します。ただし、ほとんどのトレーダーは、それをどこで見たらいいのかまったく手掛かりがありません。お金を計算する人もいますが、それは非常に未熟な手段で、多様な市場の多様な価格における成績の比較にはなりません。大相場でずさんなトレードをしても、困難な狭いレンジの相場をエレガントに切り抜けるより儲かるかもしれません。高いレベルのスキルを浮き彫りにするのはどちらでしょうか？　お金は重要ですが、常に最高の成功の尺度になるとは限りません。
　チャネルは、トレードの質を評価するのに役立ちます。
　トレードを仕掛けるときは、チャネルの上側のラインから下側のラインまでの高さを測定します。日足チャートを使ってトレードを見極めている場合は日足チャネルを測定し、10分足チャートの場合は10分足チャートのチャネルを測定する、というようにします。トレードを手仕舞いするときは、自分の得たポイントの数をチャネルの％で計算します。それが成績の採点になります。
　株が80ドルでトレードされていてチャネルがその10％の場合、上側チャネルラインは88ドルで下側は72ドルになります。仮に、株を80ドルで買って、84ドルで売るとします。16ポイントのチャネルから4ポイント儲ける場合、成績は16分の4、つまり25％です。この成績は評価曲線のどの辺になるのでしょう？
　チャネルの30％以上儲かるトレードの評価はすべてAです。20〜30％であれば成績は確実にB、10〜20％であればCです。10％未満か損失が出る場合はDになります。

優れたトレーダーは適切な記録をつけます。最初の不可欠な記録は、すべてのトレードのスプレッドシートです（これについては、第8章の「組織化されたトレーダー」で検討します）。スプレッドシートに2つのコラムを追加します。最初のコラムを使って、トレードを仕掛けるときのチャネルの高さを記録します。2番目のコラムを使って、そのトレードを手仕舞いするときにチャネルの何％を獲得したのか計算します。絶えず成績を監視して、実績の向上または悪化、安定または不安定を確認します。大学時代は、教授が採点していました。今度は、チャネルを使って自分で成績を確認しながら、トレーダーとして向上することができるのです。

どの市場をトレードするか？

チャネルは、どの株や先物をトレードして、どれを避けるのかを判断するのに役立ちます。株は、素晴らしいファンダメンタルズや見事なテクニカルシグナルを持っていても、そのチャネルを測定してからトレードすることです。そうすれば、スイングの幅がトレードに値するほど広いかどうか分かります。

チャネルの高さが30ポイントの不安定な株を見てみます。Aランクのトレーダーであれば、30％、つまり9ポイントの利益をトレードで得ることができるはずです。それは、売買手数料を支払い、スリッページを補っても余りがあり、手元に利益が残ります。他方で、チャネルの高さがわずか5ポイントの安い株を見てみると、Aランクのトレーダーは微々たる1.5ポイントの利益を目標にがんばることになります。その場合、売買手数料とスリッページを差し引いたら手元にはほとんど何も残りません。そんな株は、いかによく見えても避けることです。

実績が少し落ちたり市場が予期しない動きをしたらどうしますか？成績がただのCでチャネルの10％の利益しかなかったらどうでしょう

か？　最初の株は、30ポイントのチャネルで、3ポイントの利益が出ますから、費用を差し引いても多少の儲けは十分出ます。5ポイントのチャネルの株はわずか0.5ポイントの利益ですから、売買手数料やスリッページで負の領域に押し込まれてしまいます！　初心者はたいてい低価格で強いテクニカルパターンの株に誘惑されます。彼らは絶えずお金を失っている理由が分かりません。トレーダーは、株にスイングの余地がなかったら、勝てないのです。

　ある優れたテクニカルアナリストは、徐々にお金を失っていて、私に相談の電話をかけてきました。私が彼にチャートをファクスするように言うと、彼は、株価が10ドルと15ドルでチャネルの高さがわずか2ドルと4ドルの株を見せました。価格がスイングする余地はもうまったくなく、売買手数料、スリッページ、そして費用が彼の資金を絶えず少しずつ削り取っていました。釣りで生計を立てるつもりなら、魚が十分大きくなれるチャネルを見つけることです。

　新たな株に興味を持つようになったら、チャネルを引いて、トレードできる十分な広さがあるかどうか確認します。自分のことはAランクのトレーダーで多才な人間だと思いたいが、Cランクのトレードしかものにできなかったらどうしますか？　このチャネルから10％しか取れないとしたら、トレードする価値はありますか？　トレードの初心者は、チャネルが10ポイント未満、つまりCランクのトレーダーだったら、そこから1ポイントしか取れないような株はすべて避けるべきです。

　数人のトレーダーが私に、狭いチャネルの株をトレードしてもトレードのサイズを増やせばかまわないと言いました。彼らは、3ポイントのチャンネルで1万株トレードすることは30ポイントのチャネルで1000株トレードするのと同じだと考えますが、同じではありません。チャネルに対するスリッページのレシオが狭いチャネルでははるかに大きくなり、勝利の外的障害が高くなってしまうからです。

低価格で狭いチャネルの株は適切な投資になる可能性があります。めったにない10倍に上昇する株を探す、有名なマネーマネジャー、ピーター・リンチのことを思い出します。5ドルの株が50ドルになる可能性は、80ドルの株が800ドルになる可能性よりよりはるかに高くなります。しかし、これは投資であってトレードではありません。トレーダーとしては、短期のスイングを利用することに目を向けます。だから、チャネルの狭いどんな株にもエネルギーを浪費すべきではないのです。

デイトレーディングの報酬

デイトレーディングは一見容易に思えて、初心者が明かりに集まる蛾のようにデイトレーディングに群がります。素人は、日中チャートを見て強い上昇と急激な下落を目にします。まるでお金がそこに落ちていて、頭の切れる人ならだれでもコンピューターとモデムを使ってリアルタイムのデータを入力すれば、それを拾えるような感じがするのです。デイトレーディング会社は売買手数料で大儲けします。彼らは、燃え尽きる大多数の顧客を入れ替えるために、デイトレードを促進します。一般の人々には顧客の統計を見せませんが、2000年にマサチューセッツ州の規制当局が記録を提出させて、6カ月後に儲かっているデイトレーダーは16％にすぎないことを明らかにしました。

ロシアに「ひじは間近にあれど、かむに能わず」という古い諺があります。ちょっと試してください——首を伸ばして、腕を曲げて、ひじをかみに行きます。すぐそばなのに、届きそうにありません。デイトレーディングでも同じです——お金がそれこそ目の前にあるのに、あと数呼値のところでいつも逃してしまうのです。なぜこんなに多くの人たちがこんなに多額のお金をデイトレードで失うのでしょうか？日中チャネルには儲かるだけの高さがそもそもないのです。チャネルを使ってトレードを選択すると、デイトレーダーは強力な情報を得る

ことになります。

　活発にトレードされる人気株をいくつか取り上げてみます——ヤフー（YHOO）、アマゾン（AMZN）、アメリカオンライン（AOL）は私がこれを書いている時点で人気の最前線にある株です。読者がこの本を読むころには変わっているかもしれませんが、今のところ、日足チャートと5分足チャートのチャネルの高さは次のような数字になっています。

	日足チャネル	Aランクのトレーダー(30%)	Cランクのトレーダー(10%)	5分足チャネル	Aランクのトレーダー(30%)	Cランクのトレーダー(10%)
AOL	20	6	2	3	0.9	0.3
AMZN	21	6.3	2.1	3	0.9	0.3
YHOO	54	16.2	5.4	7	2.1	0.7

　スイングトレーダーは、日足チャートを利用して2～3日バイ・アンド・ホールドにしながら、これらの活発な株で非常にいい成果を上げることができます。彼は、もしAランクのトレーダーであれば、ほんとうにぼろ儲けできます。しかし、たとえCランクのトレーダーであっても、チャネルから10％取れば、借金なしでトレーディングの習得を続けることができます。同じ株をデイトレードする人なら、全トレードでAの成績を取らなければ生き残ることができません。少しでも劣れば、生きたままで、スリッページ、売買手数料、そして費用に食われてしまいます。

　群れを成すベンダー、つまり、デイトレードを扱って大儲けしているブローカーやソフト業者やシステム販売業者などから、抗議の叫びが聞こえてきます。彼らは、成功しているデイトレーダーの実例を、

すべての検証であるかのように、紹介すればいいわけです。優秀なデイトレーダーも確かに存在し、私の友人にもそんな人がほんの数人います。悲しいかな、極めて少数の人たちです。

成功するデイトレーダーになる可能性は、日中チャートのチャネルの高さが十分でないので、非常に低いです。デイトレーダーは、分単位のトレードですべてＡの成績を取らなければ、儲けることができません。少しでも注意が散漫になったり、軽微な市場ノイズがあったり、成績がちょっと落ちたりすると、またひとりデイトレーダーが倒されます。

デイトレーディングは素晴らしい娯楽価値を提供します。余暇にスポーツを楽しむ人は、お金を払ってスポーツをしようと思っていて、それで儲けるつもりはありません。余暇にデイトレードを楽しみながらお金を儲けようと思っている人は、自分のひじをかめると勘違いしているのです。たぶん明日こそは……。

MACDヒストグラム

MACDは移動平均収斂乖離（Moving Average Convergence-Divergence）の略語です。この指標を開発したのはジェラルド・アペルで、彼は、３つの移動平均を組み合わせて２つのMACDラインにしました。MACDは棒グラフで記入すると機能が高まり、この２つのラインの距離を反映するようになります。MACDは、トレンドを確認してブルとベアの力の割合を評価するのに役立ちます。テクニカル分析で転換をキャッチするためには最適のツールのひとつです。

どんな指標でも、その構成と測定対象を理解してから使わなければなりません。前に述べたように、各価格は市場参加者の一時的な価値合意を示します。移動平均は、選択した期間の平均の価値合意を示します。速い移動平均は短期間の平均合意を反映し、遅い移動平均は長

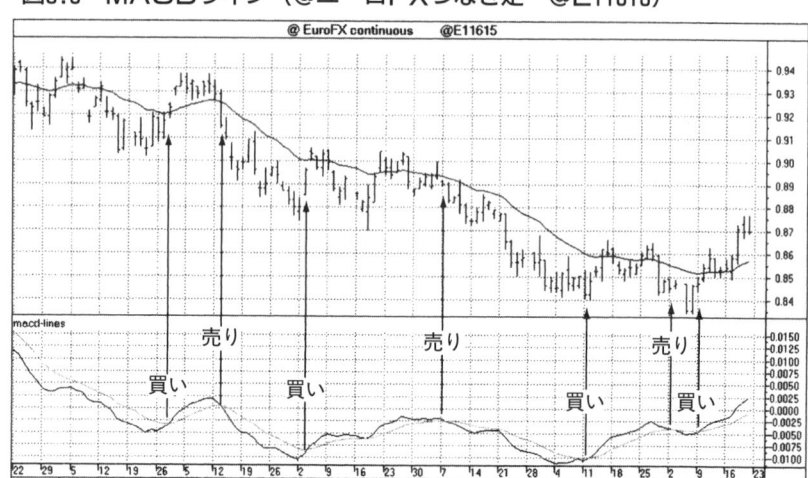

図5.8 MACDライン（@ユーロFXつなぎ足　@E11615）

仕掛けと手仕舞いのシグナルは、めったに対称的にならない。適切な仕掛けのシグナルを出す指標は通常は最適な手仕舞いの指標ではない。何かほかのツールのほうがもっと適切に機能する。MACDラインが仕掛けのシグナルを出すのは速いラインが遅いラインと交差するときである。速いラインが上に突き抜ければ、買いのシグナルになる。それが下に突き抜ければ、売りのシグナルになる。逆方向の交差を待ってポジションを手仕舞おうとするのはいいアイデアではない。そのころには儲けの大部分が失われているからである。

　このチャートでトレーディングシステムを見つけることができるだろうか？ MACDラインは交差で仕掛けの指示を出すが、手仕舞い時点の判断はどうすればいいのか？ どんなツールを使ったら、市場の急騰が次第に勢いをなくして、利益が消え去る時点を見極めることができるのか？

　チャートの右端で、MACDラインは買いモードになっていて、速いラインが遅いラインの上にあり、ともに上昇している。価格はEMAの上方をはっており、割高のレベルになっている。この右端で買えば「さらなるバカ理論」トレードをすることになる。上昇EMA付近で買いを入れたらバリューを買うことができる。

期間の平均合意を反映します。MACDヒストグラムは、速い移動平均と遅い移動平均の差を追跡することによって合意の変化を測定します。

アペルは３つの指数移動平均を使ってMACDを考案しました。

1．終値の12日EMAを計算する
2．終値の26日EMAを計算する
3．12日EMAから26日EMAを引き算する——これが速いラインまたはMACDラインである
4．速いラインの９日EMAを計算する——これが遅いラインまたはシグナルラインである

　12、26、そして９が標準の数字になり、ほとんどのソフトで初期値として使われます。私のテストによると、これらの数値を変えても、ひとつの数値だけを倍にしてほかはそのままにするような極端なことをして３つの関係に重大な歪みを与えないかぎり、MACDにはほとんど影響がないことが分かりました。いくつもの市場を追跡していて自分の指標をカスタマイズする暇がない場合は、MACDの標準の数値を受け入れてもかまいません。２～３の市場を追跡しているだけであれば、MACDの数値を高くしたり低くしたりして自分の株や先物の転換点をもっと厳密に追跡する数値を見極める実験をする意義はあります。自分のソフトにMACDが含まれていない場合は、速いMACDラインと遅いMACDの代わりに、２つのEMA（例えば、12日と26日）を使えばいいのです。それから、次のページのMACDヒストグラムの公式をその２つの平均の差に適用します。

　MACDの速いラインは短期の価値合意を反映しますが、遅いシグナルラインは長期の合意を反映します。速いラインが遅いラインの上方で上昇すると、市場参加者がさらに強気になっていることを示します。ブルがさらに強くなるときは、買う好機です。MACDの速いラインが遅いラインに下方で下落すると、市場参加者がさらに弱気になっていることを示します。ベアがさらに強くなるとき、売る好機です。

MACDラインはトレンドを追跡し、その交差点はトレンドの転換を示します。すべてのトレンドフォロー型の指標の例に漏れず、MACDラインが最も真価を発揮するのは、市場が動いているものの波の荒い期間で結局行きつ戻りつするときです。MACDはMACDヒストグラムにするとさらに有益になります。

MACDヒストグラム＝速いMACDライン－遅いシグナルライン

MACDヒストグラムは、短期と長期の移動平均の差を測定してそれを棒グラフにして表します。それは、短期と長期の価値合意の差を反映します。ソフトのなかには、MACDラインはあるがMACDヒストグラムはないものがあります。その場合はMACDラインを走らせて、メニューに戻りスプレッド（または同様なもの）と呼ばれる指標を走らせると、それが２つのラインの差を測定して棒グラフで記入します。

MACDラインを見ると、その２つのラインの差は極めて小さく見えますが、MACDヒストグラムはそれをスクリーンに合うように直します。MACDヒストグラムの傾斜は、ブルあるいはベアが強くなってきているかどうかを示します。その傾斜は直近の２つのバーの間の関係によって決まります。MACDヒストグラムのバーが上昇する（文字のパターンがｇ－Ｇになるように）場合、それは群衆が強気になっていることを示し、買う好機です。MACDヒストグラムの傾斜が下落する（文字のパターンがＱ－ｑになるように）場合、それは群衆が弱気になっていることを示し、売る好機です。

市場は二大政党制――ブルとベア――で動いています。MACDヒストグラムが上昇する場合、それはブルが勢力を増していることを示し、下落する場合は、ベアが勢力を増していることを示します。MACDヒストグラムは、与党に賭けて野党を売るのに役立ちます。

図5.9 MACDヒストグラム（＠ユーロFXつなぎ足　＠E11615)

MACDヒストグラムの非常に強力なシグナルは、日足チャートで年に1～2回出るだけで、指標のピークや底と極端な価格が乖離することである。ユーロがじりじりと下落して安値の84セントになり、MACDヒストグラムはAで底を記録してユーロの安値を確認する。価格は上昇してBの領域に入り、MACDヒストグラムの強力な上昇がその強さを確認している。MACDヒストグラムは数カ月来の高さに上昇して、ブルが弱気市場の表面下で勢力を増していることを示している。価格はBの領域でダブル天井を確認する。その領域におけるMACDヒストグラムの2番目の天井は最初の天井よりやや低くて、下げトレンドへの回帰が近いことを警告している。指標と価格は、ここまではかみ合っているが、以後は乖離する。

Cの領域で価格は急落して弱気市場の新安値をとるが、MACDヒストグラムはセンターラインの真下で止まり、前の下落期間よりも浅い底を形成している。MACDヒストグラムがその安値から上昇するとき、強気の乖離を確認し、ベアの勢力が尽きてブルが台頭する。

2～3種類のテクニカルツールが同じメッセージを点滅するとき、互いを確認することになる。価格はCの領域でダマシの下向きブレイクアウトを確認したことに注目する。このブレイクアウトはブルが入れた逆指値を一掃し、空売りした過激なベアのほとんどをだましてしまった。早まったブルが振り落とされ、遅きに失したベアが罠にはまって、上向きの転換が確認される。この罠にはまったベアは、もはや苦痛に耐えられなくなって空売りの買い戻しを余儀なくされ、上昇に油を注ぐ結果になる。

チャートの右側で、価格は強気の乖離で高値を切り上げている。この強力なパターンは通常は数カ月には及ばなくても数週間は価格を押し上げる。

最強のシグナル

　MACDヒストグラムは2つのタイプのシグナルを出します。ひとつは通常のシグナルで、どのバーでも目にします。それは、MACDヒストグラムの傾斜です。MACDヒストグラムの上昇は前のバーよりもブルが勢力を増していることを示し、下落はベアが勢力を増していることを示します。この上昇と下落は軽微な売買シグナルになりますが、あまり深読みすべきではありません。市場は直線的には動かず、MACDヒストグラムが上昇下落を繰り返すのは普通のことです。

　もうひとつのシグナルはめったに発生せず、ほとんどの市場の日足チャートで年に2〜3回だけです。しかし、テクニカル分析の最強のシグナルですから、待つ価値があります。そのシグナルは、価格とMACDヒストグラムのピークと底が乖離することです。乖離が発生するのは、価格の高値と安値のトレンドがひとつの方向に進行し、MACDヒストグラムの天井と底のトレンドがその逆の方向に進行するときです。このようなパターンは、数週間または1カ月以上もかかって日足チャート上で明らかになります。

　強気の乖離が発生するのは、価格が底に達して上昇し、そのあと新安値に下落するときです。そのとき、MACDヒストグラムは異なったパターンを描きます。MACDヒストグラムは、最初の底から上昇するときにゼロラインの上方につり上げられて、「ベアに負いきれない重荷を負わせる」ことになります。価格が下落して新安値になると、MACDヒストグラムも下落しますが前より浅い底になります。その時点で、価格はさらに安くなりますが、MACDヒストグラムの底は前よりも高くて、ベアの勢力が衰退して下げトレンドからの転換が近いことを示します。MACDヒストグラムは、その2番底から上昇するときに買いシグナルを出します。

　ときどき、2番底のあとに3番底が続く場合があります。だから、トレーダーはストップを利用して適切な資金管理をしなければならな

いのです。市場では確実なものは何もなく、あるのは可能性だけです。信頼できるMACDヒストグラムの乖離でさえ、ときどき機能しないことがあります。だから、価格が2番底を割り込んで下落したら損切りしなければならないのです。トレーディング資金を保存して、MACDヒストグラムが3番底から上昇するときに、その3番底が1番底より高い場合に限って、再度仕掛けをしなければなりません。

弱気の乖離が発生するのは、価格が新高値に達して下落し、そのあと前より高いピークに上昇するときです。MACDヒストグラムが問題の兆候を初めて示すのは、最初のピークから下落している間にブレイクしてゼロライン未満になるときです。価格が高値を切り上げても、MACDヒストグラムは前よりはるかに低い高さに達するだけです。これは、ブルの勢力が衰退して、価格の上昇が明らかに慣性を失って、上げトレンドからの転換が近いことを示します。

バスカビル家の犬

MACDヒストグラムは、医者が見るレントゲン写真のようなもので、皮膚の下にある骨の強さや弱さをトレーダーに示します。ブルやベアは、価格が新値に達すると強力に見えるかもしれませんが、MACDの乖離は、支配筋の勢力が衰退して価格の転換が近いことを示します。

MACDヒストグラムが強気の乖離を描くとき、つまり、価格は新安値へと下落するがMACDヒストグラムの指標が前より浅い底から上昇するときは、買います。MACDヒストグラムが2番底から上昇するときに買うのです。前よりも浅い底は、ベアの勢力が弱くなっていることを示し、その底からの上昇はブルが台頭していることを示します。直近の底の下方に防御的な逆指値を置きます。強気の乖離からの上昇は非常に強力になる傾向がありますが、シグナルが機能しない場合に備えて常に防御をしなければなりません。

攻撃的なトレーダーは、そのストップを「ストップ・アンド・リバース」とします、つまり買いポジションの損切りの逆指値注文が執行された場合はドテンして売るのです。超強力なシグナルが機能しない場合、それは、何かが市場で本質的に変化していることを示します。テクニカル分析における最強のシグナルで買って損切りの逆指値が執行された場合、それは、ベアが特に優勢で売る価値があることを意味しています。ポジションを買いから売りに転換することは通常は最適のアイデアではありませんが、MACDヒストグラムの乖離が機能しないときは例外です。

　私はこれを、アーサー・コナン・ドイル卿の推理小説にちなんで、バスカビル家の犬シグナルと呼びます。シャーロック・ホームズは呼び出されて田舎の屋敷の殺人事件を捜査しました。彼は、バスカビル家の犬が殺人が犯されている間、ほえなかったという事実から手掛かりを得ました。そのことで、犬が犯人を知っていて、殺人は内部の者の犯行であることが分かります。シャーロック・ホームズがシグナルを受けたのは、その殺人行為からではなく、予想される行為の欠如からでした。MACDヒストグラムの乖離が機能せずに転換が発生しない場合、それはバスカビル家の犬シグナルを出しているわけです。

　MACDヒストグラムが弱気の乖離を描くとき、つまり、価格は新高値に上昇するがMACDヒストグラムの指標が前より低いピークから下落するときは、売ります。群衆が後脚で立ち上がってほえているときには、警戒心をかなぐり捨て目を閉じて買いたい誘惑に駆られます。群衆が熱狂するときに冷静を保つのは難しいですが、知的なトレーダーはMACDヒストグラムの乖離を探るのです。価格が上昇して下落し、それから新高値に上昇しても、MACDヒストグラムが上昇し、それからゼロライン未満に下落して、ベアに負いきれない重荷を負わせて再び上昇するが、前よりも低いレベルまでである場合、それは弱気の乖離を形成します。それは、ブルの勢力が衰退して、株の上

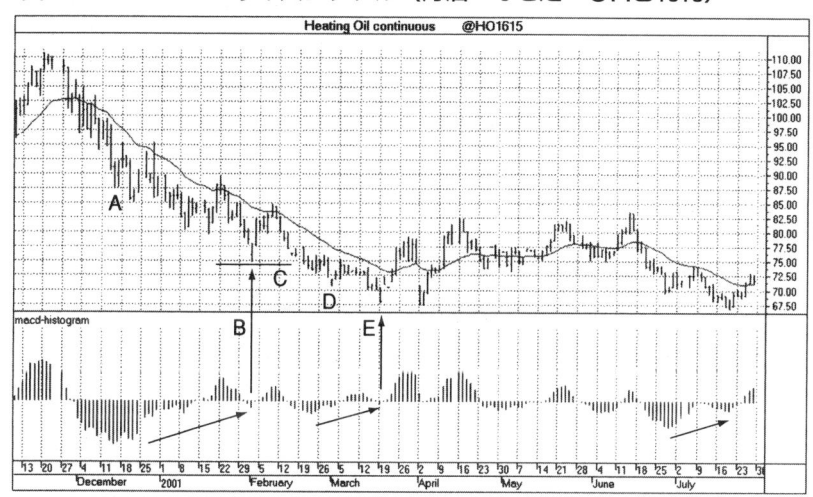

図5.10 バスカビル家の犬シグナル（灯油つなぎ足 @HO1615）

灯油はほかの石油企業複合体とともに、2000年11月に歴史的な高値に駆け上がった。それから需要が縮小し、新たな供給が市場に参入して、強気の熱狂が冷め、灯油は下落した。灯油は12月に85セントに下落し（ポイントA）、MACDヒストグラムは記録的な新安値に達し、弱気筋が極めて優勢であることを示した。EMAに短期間の反射的な戻りがあり、MACDヒストグラムは正に転じ（弱気筋に負いきれない重荷を負わせ）、それから前より浅い安値に下落した（ポイントB）。そのとき価格はカンガルーテイルをたどって下落し75セントに達し、それから上昇に転じた。その強気の乖離は、テイルと相まって、買いシグナルを出した。銘記すべきは、いかに強いシグナルであっても、真剣なトレーダーはストップを使う必要があることだ。

灯油は再び下落に転じ、Cの領域で価格がBの安値を突破したとき、バスカビル家の犬の売りシグナルを出した。そのときに売りサイドに切り換えたら得策であった。灯油は結局68セントより下に下落したからである。MACDヒストグラムの強気の乖離のダマシは、バスカビル家の犬シグナルの主な実例である。ファンダメンタルズが極めて強くなければ乖離のダマシはあり得ないから、ストップに達したあとはブレイクの方向にトレードするのが賢明である。

トレーダーがストップを使う原則を持っていて、乖離のダマシがある場合に転換するなら、次に乖離を確認しても恐れることはない。新たな強気の乖離をDからEの領域で確認してから、同じ原則とルールを使って、再びトレードすればよい。

チャートの右端で、軽い強気の乖離が形成されている。価格は短期的に3～4月の安値を突破して上昇し、下向きダマシのブレイクアウトを確認して強気のシグナルを出している。EMAは下落が止まって平坦になった。ここから、灯油は買いサイドから、直近の安値の下にストップを置いて、トレードされるべきである。

昇が慣性を弱め、その慣性が尽きるとすぐに、株が崩壊する可能性が高いことを示します。

　MACDヒストグラムが売りのシグナルを点滅させるのは、それが2番ピークから下落するときです。いったん売ったら、直近のピークの上に損切りの逆指値を置きます。天井近くで売るときにストップを置くことは、ボラティリティが高いので、非常に困難です。あまり大きくないポジションをトレードすれば余裕を持たせたストップを置くことができます。

　MACDヒストグラムと価格の日足チャート上の乖離はほとんど常にトレーディングをする価値があります。週足チャート上の乖離は、通常は強気市場と弱気市場の間の移行期間を示します。

　MACDヒストグラムが数カ月来の新ピークに達するとき、それはブルが極めて優勢で、対応する価格のピークが再度試されるか、更新される可能性が高いことを示します。MACDヒストグラムが数カ月来の安値に下落するとき、それはベアが極めて優勢で、対応する価格の安値が再度試されるか、更新される可能性が高いことを示します。

　MACDヒストグラムが上昇して最高のピークを更新するとき、それは猛烈に噴出するブルの熱狂を示します。たとえブルがひと休みしても、上向きの慣性はあまりにも強くひと呼吸おいて上昇に回帰する可能性が高いのです。MACDヒストグラムが新安値に下落するとき、それは、ベアが極めて優勢であることを示します。たとえブルが何とか上昇を演出しても、あからさまな下向きの慣性が市場を駆り立ててその安値を再度試すか、更新する可能性が高いです。

　MACDヒストグラムは車のヘッドライトのような役目をします——道路の先を照らし出すのです。帰路が全部分かるわけではありませんが、見通しは十分きいて、普通のスピードで運転しながらどんなカーブにも対処することができます。

勢力指数

　勢力指数は著者の私が開発したオシレーターで『投資苑』で最初に解説しました。あの本の執筆で、勢力指数を明らかにすることは最も難しい判断のひとつでした。私は自分の個人的な武器を公開することにためらいを感じましたが、ほかの本を読んでいるときにその著者が「それで、もちろん、みなさんは私が何もかも書くとは思わないでしょう」などともったいぶっているのに憤慨したことを思い出して、書くのであれば全部書こうと決めて、勢力指数を解説しました。

　それを公開しても私に都合の悪いことは何も起こりませんでした。勢力指数は相変わらず私の役に立ちました。勢力指数をシステムに組み入れるソフト会社はほとんどなくて、私のチャート上でもその機能は変わりませんでした。このことは、ある船上で私が相談に応じた友人を思い起こさせます。彼は私の知る最大級の密輸業者でしたが、まったく隠し立てしなかったのです。彼はときどき密輸品を堂々と、税関職員の目の前で、自分の机に置いていました。秘密を隠すには、それをおおっぴらにするのが一番かもしれません。

　勢力指数は、3つの不可欠の情報——価格変動の方向、その程度、出来高——を結合させることによって、どんな市場でも転換点を確認するのに役立ちます。価格は市場参加者間の価値の合意を示します。出来高は彼らの経済的・感情的な意欲の程度を反映します。価格は人々が考えていること、出来高は人々が感じていることを反映します。勢力指数は3つの質問——価格は上昇しているのか、下落していのるか？　その変化はどの程度か？　どれだけの出来高で価格は動いているのか？——をすることによって大衆の思惑と感情を結合させます。

　変動の勢力を測定することは、強い動きは弱い動きより持続する可能性が高いので、非常に有益です。価格と勢力指数のピークと底の乖離は重要な転換点を確認するのに役立ちます。勢力指数のスパイク

（突出高・突出安）は、群衆ヒステリーの領域——ここでトレンドが尽きる——を確認します。勢力指数の公式は次のようになります。

勢力指数＝（今日の終値－昨日の終値）×今日の出来高

　市場が昨日よりも今日のほうが高く引ける場合、勢力指数は正になり、安く引ける場合、勢力指数は負になります。昨日と今日の引けの差が大きいほど、勢力は大きくなります。出来高が高いほど、変動の勢力は大きくなります。
　勢力指数は、市場が大きく変動して出来高が多い場合に大きくなり、あまり変動せずに出来高が少ない場合は小さくなります。市場が変わらずで引けるとき、勢力指数はゼロです。

なめらかなほうがよい

　勢力指数はヒストグラムで表すことができ、ゼロを超えた場合は正の数値に、ゼロ未満の場合は負の数値になります。未処理の勢力指数は非常にギザギザに見えて、日々上下します。指数移動平均を使ってなめらかにし、ラインで表すと機能が向上します。
　13日以上の長期のEMAを使って勢力指数をなめらかにすると、ブルとベアの勢力バランスの長期的な転換を測定します。正確な仕掛けと手仕舞いを容易にするためには、非常に短期の、例えば2日EMAのような移動平均を使って勢力指数をなめらかにすべきです。
　株や先物のトレンドが上向きで勢力指数の2日EMAがゼロ未満に下落する場合、それは買いシグナルになります。トレンドが下向きで勢力指数の2日EMAがゼロを超えて上昇する場合、それは売りシグナルになります。
　短期の勢力指数を使う秘訣は、それをトレンドフォロー型の指標と組み合わせることです。例えば、価格の22日EMAが上向きで勢力指

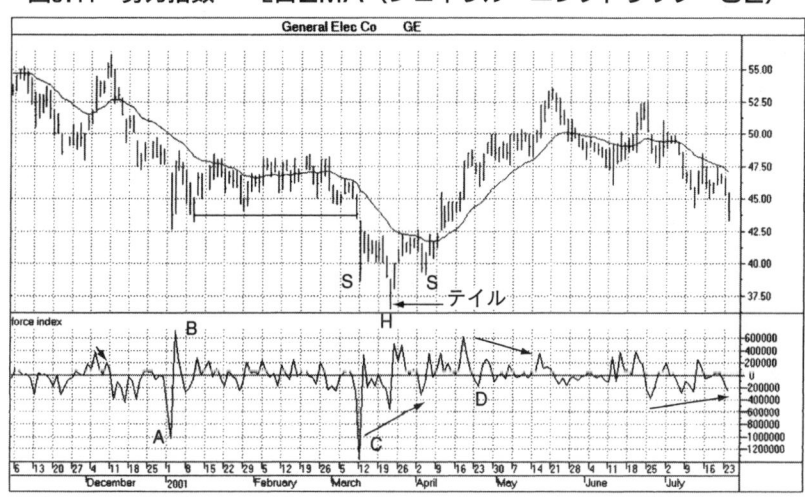

図5.11　勢力指数――2日EMA（ジェネラル・エレクトリック　GE）

　短期の2日勢力指数のスパイクは、トレンド自体が尽きる領域を示す。領域Aの下向きスパイクは、56ドルから43ドルまでの変動が終わっていることを示した。面白いことに、そのあと直ちに領域Bで上向きスパイクになった。2つのスパイクが隣接するこのパターンは、互いに方向が逆で、市場が非常に混乱していることを示し、通常そのあとは価格が平坦な期間に入る。GEはこの2つの逆のスパイクのあと、ほぼ2カ月間平坦なままであった。
　テクニカルパターンが同様のメッセージを発するとき、互いに確認することになる。領域Cの下向きスパイクは、下げトレンドが尽きてきていることを示した。その強気のシグナルのあとには価格と勢力指数の強気の乖離が発生し、一連の安値切り上げがあったが、価格はじり安状況であった。古典チャートの愛好者にとっては、「逆三尊」があったことになる。ついに、カンガルーテイルがあって最安値になった。まるでGEが鐘を鳴らして告げているようである――下落は終わった、もう上昇するぞ！　Dの領域、つまり、37～53ドルに上昇する半ばで、勢力指数は弱気に乖離をたどり始め、強気筋が勢力を失いつつあることを警告している。EMAがこれに従って上昇して5月に下向きに変わるとき、強気のゲームが終わる。利食いして売りポジションにする最後の好機である。
　チャートの右端で、EMAは下向きで価格はちょうど安値を更新したところであるが、勢力指数は強気の乖離をたどり始めている。売りポジションのストップをきつくする指示である。

数の2日EMAが負になるとき、それは、上向きトレンド内における短期的な弱気の噴出であり、買いのチャンスであることを明らかにしています。いったん買ったら、いくつもの手仕舞い戦略があります。非常に短期指向であれば、勢力指数が正に転じた翌日に売り、もっと期間に幅があれば、価格がチャネルラインをヒットするか、EMAが平坦になるまで保持します。

価格の22日EMAが下向きで勢力指数の2日EMAがゼロを超えて上昇するとき、それは下向きトレンド内における短期的な強気の噴出であり、売りのチャンスであることを明らかにしています。非常に短期指向であれば、勢力指数が負に転じた翌日に素早く利益をつかんで買い戻します。もっと期間に幅があれば、下側チャネルの壁を利食い目標に使います。

勢力指数の2日EMAが突出高や突出安を形成し、その通常の高値や安値を何倍も超えるようなとき、それは疲弊した動きの確認であり、保有ポジションの利食いシグナルになります。

トレンドが上向きで、勢力指数の2日EMAが急激な上向きのスパイク（突出高）を記録して、過去2カ月間の通常の高値を8倍以上超えるとき、それは、狼狽買いであることを示します。ブルは列車に乗り遅れることを恐れ、ベアは罠にはまったと感じて何が何でも売りを買い戻します。このようなスパイクは強気の動きの最終段階で発生する傾向があります。これは、買いポジションを利食いする好機であることを示しています。価格は多くの場合、急騰してスパイクの日の高値を再度試します。しかし、そのころには上昇の精気は失せて、ほかの指標で弱気の乖離が明らかになり、トレンドが転換する警告になります。

勢力指数の2日EMAが下げトレンドの期間に急激な下向きのスパイク（突出安）を記録して、過去2カ月間の通常の深さの4倍以上になるとき、それは下向きの動きのヒステリー段階であることを示しま

第5章●方法──テクニカル分析

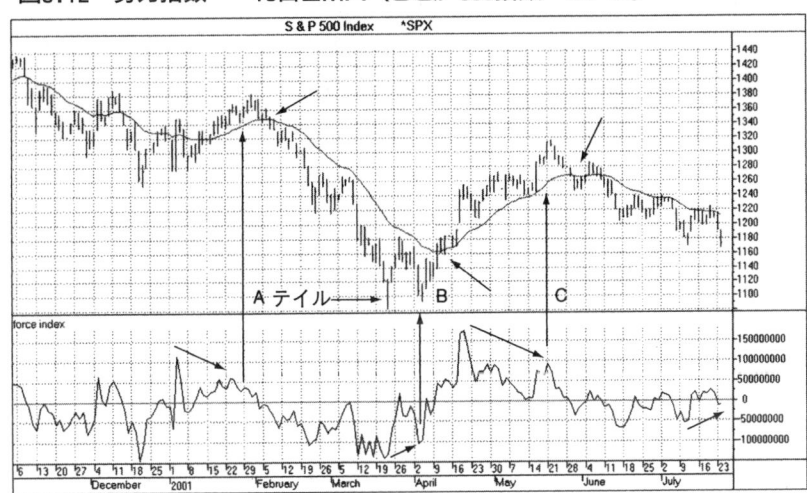

図5.12 勢力指数──13日EMA（S&P500指数　SPX）

　長期の勢力指数は、13日EMAを使うとなめらかになり、ブルとベアの間の力の長期的な転換を確認する。それがゼロ未満のときベアが支配し、ゼロラインを超えるとブルが仕切る。この指標のピークと価格のピークの乖離が市場の天井に先行し、2つの底の乖離が重要な底に先行する。
　Aの領域では、勢力指数が価格の最後のピーク期間に、前より低いピークを記録する。それは、ブルが劣勢で天井の可能性が高いことを明らかにしている。数日後に、EMAが下落して、新たな下げトレンドが始まったことを確認する。このパターンのミラーイメージBの領域で発生し、前より安い終値、前より高い勢力指数の底、そして数日後にはEMAの上昇を見て、重要な上昇の前兆になる。また、その領域のダブル底──カンガルーテイルとそれに続く複数の安値の再度の試し──にも注目する。これが、互いに補強しあうパターンと指標の多くの実例のひとつである。Cの領域で、勢力指数が弱気の乖離をたどり、強気の動きが終わったことを警告する。数日後にEMAが下落し、そこからは一貫した下げ基調になる。市場は常にメッセージを送っている──ただ、聞けばよい。
　チャートの右端で、市場は下落し、EMAの下落によって確認されている。勢力指数は強気の乖離をたどり始めて、売りポジションのストップをきつく時期である。

す。それは、保有ポジションを何が何でも投げ売りして脱出するブルの狼狽売りの確認になります。このようなスパイクは弱気の動きの最終段階で発生する傾向があります。これは、売りポジションを利食いする好機であることを示しています。価格はときどきスパイクの日の安値を再度試しますが、そのころには、ほとんどの指標が強気の乖離が明らかになり、上向きへトレンドが転換する日が近くなります。

　スパイクは前に検討したカンガルーテイルに多少似ています（「チャートの現実」の項参照）。その２つの違いは、テイルは純粋に価格に基づいているのに対して、勢力指数は出来高と価格を反映していることです。テイルもスパイクも最も弱いプレーヤーの狼狽を確認します。いったん彼らが洗い流されると、トレンドの転換が近くなります。

転換が近い

　トレンドの転換は予期できないものではありません。勢力指数と価格の間の乖離が通常は転換に先行します。市場は上昇しようとしているが、勢力指数のピークが低下している場合、それは、ブルの弱さの兆候です。株や先物が下落しようとしているが、勢力指数の底がさらに浅くなっている場合、それはベアの弱さの兆候です。

　勢力指数と価格の乖離は、トレンドの転換が近いことを示します。勢力指数と価格のピークや底のパターンの乖離は、トレンドが弱くなってきていることを示します。このメッセージの力は勢力指数をなめらかにするEMAの長さに左右されます。非常に短期の、例えば２日のような勢力指数EMAを使うと、その乖離は、１週間程度続く短期のトレンドの終了を正確に示すのに役立ちます。13日以上の勢力指数EMAを使うと数カ月続く長期の動きの終了を確認することができます。

　トレンドが上向きで買っている場合、勢力指数の２日EMAが弱気の乖離――市場で価格が前より高くなる期間に指標のピークが前より

低くなる——を記録するときに、利食います。売っている場合は、勢力指数の２日EMAが強気の乖離——市場で価格が前より低くなる期間に指標の底が前より高くなる——を記録するときに、利食います。利食いをして、傍観者の立場で市場を監視します。手仕舞いして再度仕掛けるほうが、逆トレンドを何もせずに見届けるより安くつきます。

　勢力指数とトレンドフォロー型の指標を組み合わせることが肝要です。このオシレーターだけを使うと、非常に敏感なため、無理なトレードをすることになります。その場合、儲かるのはブローカーだけになります。短期オシレーターのシグナルは、長期のトレンドフォロー型指標を使ってフィルターにかける必要があります。これがトリプルスクリーン・トレーディングシステムの基本原則です。

5発目の弾丸

　旧陸軍のライフルの弾倉は、5発の弾丸しか収納できませんでした。こんな武器で交戦するためには、でたらめに撃つのではなく、よく狙いをつけるしかなかったのです。これは、市場をトレードするのに適した態度です。

　これまでに、4発の弾丸——指数移動平均、チャネル、MACDヒストグラム、そして勢力指数——を選択してきました。移動平均とMACDはトレンドフォロー型指標です。チャネル、勢力指数、そしてMACDヒストグラムはオシレーターです。5番目の弾丸は何を選択しましょう？

　5番目の弾丸の選択を容易にするために、さらにいくつかのツールを検討します。これ以上のものを自由に探ってもかまいませんが、各指標の組み立てと測定対象は必ず理解しなければなりません。自分の指標は、信頼性を明らかにするために、テストします。

　私は前著『投資苑』で、12個以上のテクニカル指標を解説しました。

理解の質と深さは量よりも重要です。おぼれる素人はワラまでつかんで、指標を追加し続けます。熟練トレーダーは少数の効果的なツールを選択し、その使用法をよく習得して、システム開発と資金管理に専念します。

市場に魔法の弾丸はまったくありません。完全なあるいは究極の指標は何もないのです。トレーダーは、指標の虜になってしまうと、資産を減らし続けることになります。分析ツールの選択はトレーディングのスタイルに左右されます。その狙いは、ツールを選択してほんとうのお金があるところ——システム開発とリスク管理——へ直行することです。

エルダー線

エルダー線は、著者の私が開発した指標で、命名はエックス線に似ているためです。エルダー線は、市場の表面下のブルとベアの勢力構造を示します。トレンドフォロー型移動平均と2つのオシレーターを組み合わせたもので、買いか、売りのポジションを仕掛けて手仕舞いする時期を示します。ソフト開発業者はたいていエルダー線をパッケージに組み込まないのですが、最小限のプログラミングをすれば自分で組み込むことが可能です。

エルダー線を表すために、コンピュータースクリーンを3つの水平ウインドウに分割します。分析するつもりの株のチャートを一番上のウインドウに表して指数移動平均を追加します。2番目と3番目のウインドウには、ブルパワーとベアパワーをヒストグラムで表します。エルダー線の公式は次のようになります。

ブルパワー＝高値－EMA
ベアパワー＝安値－EMA

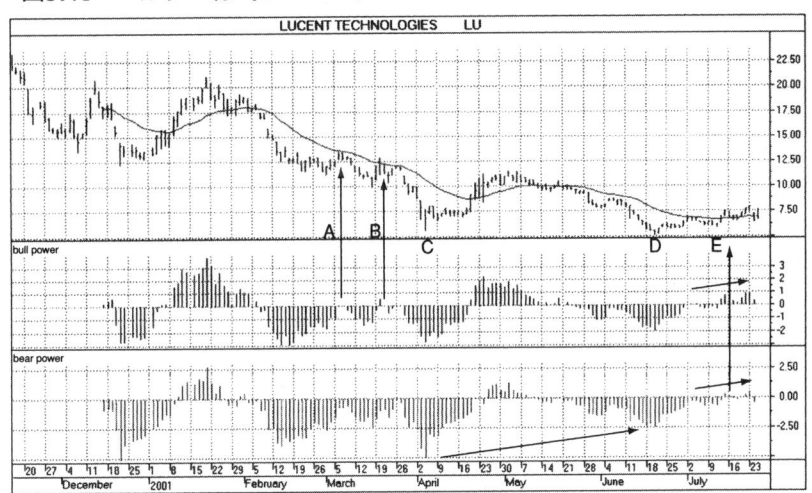

図5.13　エルダー線（ルーセント・テクノロジーズ　LU）

「安く買って、高く売る」とは聞こえはいいが、トレーダーや投資家はLUを70ドルを超えて買ったほうが7ドル未満で買うより快適だったように思える。たぶん彼らは、効率的市場理論家が人に納得させたいほどには、合理的ではないのだろうか？　合理的なトレーダーは、エルダー線によって、市場の表面下で起きていることを垣間見ることができる。

22日EMAによって確認されるトレンドが下向きで、ブルが水面下のとき、水面に戻る上昇があれば空売りのチャンスになる（矢印AとB）。価格がCの領域でカンガルーテイルを描き、そのあと急激に上昇する。5.50〜11.50ドルの上昇はけっして軽視すべきものではなく、安値株のほうが利益率は大きくなる傾向がある。Dの領域で、LUは新安値に下落するが、ベアパワーは前より安い安値を記録して、強気の乖離を確認する。その下向きダマシのブレイクアウトはベアを罠にかける。上昇が加速すると、ベアパワーは正になり、ベアパワーがそのゼロラインに下落するたびに買いチャンスになる（Eの領域）。

　移動平均は、平均の価値合意を反映します。各バーの高値は、そのバーの期間のブルの最大勢力を反映します。各バーの安値は、そのバーの期間のベアの最大勢力を示します。

　エルダー線は、各バーのブルとベアの勢力を平均の価値合意と比較

することによって機能します。ブルパワーは平均合意に対するブルの最大勢力を反映し、ベアパワーは平均合意に対するベアの最大勢力を反映します。

　ブルパワーは２番目のウインドウにヒストグラムで表します。その高さは価格バーの天井とEMAの距離――ブルの最大勢力――を反映します。ベアパワーは３番目のウインドウに表します。その深さは価格バーの安値とEMAの距離――ベアの最大勢力――を反映します。

　バーの高値がEMAを超えているとき、ブルパワーは正になります。バー全体が深刻な下落途中で、EMA未満に沈むとき、ブルパワーは負になります。バーの安値がEMA未満のとき、ベアパワーは負になります。バー全体が急激な上昇途中で、EMAを超えて上昇するとき、ベアパワーは正になります。

　移動平均の傾斜は市場の現在のトレンドを確認します。それは、上昇するときは、群衆がさらに強気になってきていることを示し、買う好機です。下落するときは、群衆がさらに弱気になってきていることを示し、売る好機です。価格は移動平均から離れ続けますが、ゴムバンドに引っ張られるように、急にそこに戻ります。ブルパワーとベアパワーはそのゴムバンドの長さを示します。通常のブルパワーとベアパワーの高さが分かっていれば、価格はどれくらい移動平均から離れたら、元に戻るのか明らかになります。エルダー線は、利食いするべきところ――移動平均からの距離が平均のブルパワーか、ベアパワーに等しくなるところ――について最も適切な洞察のひとつを与えてくれます。

　エルダー線が上げトレンドで買いシグナルを出すのは、ベアパワーが負に転じて、そのあと上向くときです。負のベアパワーは、バーがEMAをまたいでその安値が平均の価値合意未満になることを意味します。ベアパワーが負に転じるのを待てば、上昇を追うのではなくバリューを買わざるを得なくなります。実際の買いシグナルが出るのは

ベアパワーが上向くときで、それは、ベアが支配力を失い始めて上げトレンドが近いことを示します。利食いは、上側チャネルラインでするか、あるいはトレンドフォロー型指標が上昇を止めるときにします。利益は上げトレンドに最後まで乗るほうが大きいかもしれませんが、上側チャネルラインで利食いするほうが信頼性は高くなります。

　エルダー線が下げトレンドで売りシグナルを出すのは、ブルパワーが正に転じて、そのあと下向くときです。下げトレンドは、下落する日足や週足のEMAによって確認できます。正のブルパワーは、バーがEMAをまたいでその高値が平均の価値合意を超えることを意味します。ブルパワーが正に転じるのを待って売れば、滝のような下落を追うのではなくバリュー以上で売ることになります。実際の売りシグナルが出るのはブルパワーが下向くときで、それは、ブルが弱くなり始めて下げトレンドへの回帰が近いことを示します。いったん売ったら、利食いは自分のスタイルに沿って、下側チャネルラインでするか、あるいはトレンドフォロー型指標が下落を止めるときにします。利益は、下げトレンドが持続する間中持ちこたえるほうが大きいかもしれませんが、下側チャネルラインで利食いして着実な結果を達成するほうが容易です。初心者のトレーダーは、短期のスイングをキャッチすることを習得し、長期トレンドのトレーディングはあとの段階で磨くほうが賢明です。

ストキャスティックス

　このオシレーターは買われ過ぎと売られ過ぎの状態を確認し、安く買って高く売るのに役立ちます。また、高値で買って安値で売ることを避けるのに役に立つので重要です。この指標は数十年前にジョージ・レインによって広められ、今ではほとんどのソフトに組み込まれています。

　ストキャスティックスは、最近のトレーディングレンジの高値近く

で引けさせるブルの力量と、底近くで引けさせるベアの力量を測定します。それは、ブルの最大勢力を示すレンジの高値と、ベアの最大勢力を示すレンジの安値とを、市場の最後でバランスさせたものであり、スマートマネーの行動を数値で表したものです。

ブルが日中に価格を押し上げても、ベアが押し下げるかもしれませんが、ストキャスティックスは彼らの行動を大引け──市場でお金を計算する決定的な時間──で測定します。ブルが日中に価格をつり上げても最近のレンジの高値近くで引けない場合、ストキャスティックスは下向きに転じ、弱気を確認して売りシグナルを出します。ベアが日中に価格を押し下げても安値近くで引けない場合、ストキャスティックスは上向きに転じ、強気を確認して買いシグナルを出します。

2つのタイプの──速いと遅い──ストキャスティックスがあります。両方とも2つのラインで構成されています。％Kと呼ばれる速いラインと、％Dと呼ばれる遅いラインです。速いストキャスティックスは2つのステップで、遅いストキャスティックスは3つのステップで組み立てます。

1．％K、つまり速いラインを求めます。

％K＝｛(今日の終値－選択した期間の最安値) ÷ (選択した期間の最高値－選択した期間の最安値)｝×100

ただし、選択した期間はトレーダーが任意に選択

日数、あるいはバーの数、つまりn（選択した期間）を選択し、その期間にわたってストキャスティックスを計算します。10以下の低い数を使う場合、ストキャスティックスは最近のバーに焦点を当てて軽微な転換点のシグナルを出します。もっと長い期間を採用する場合、

ストキャスティクスはさらに多くのデータに当たって、大きな転換のシグナルを出し、軽微なものは見逃します。

ストキャスティクスの期間はどの程度にすべきでしょうか？　オシレーターを使って転換をキャッチするので、短期の期間のほうが好都合です。長い期間の時間枠はトレンドフォロー型の指標のために取っておきます。5～7日が適切な出発点になりますが、もっと長いパラメータのテストをして自分の市場で最適に機能する期間を見つける努力をします。

2．％D、つまり遅いラインを求めます。

％Dは、速いラインの％Kを％Kよりも少ない数のバーの期間でなめらかにすることによって求めます。例えば、5日ストキャスティクスを表すことに決め、上記の％Kの公式の5の数値と、下記の％Dの公式の3つのバーを使います。

％D＝｛（今日の終値－選択した期間の最安値）の3日間の合計÷（選択した期間の最高値－選択した期間の最安値）の3日間の合計｝×100

速いストキャスティクスは価格の変化に非常に敏感なので、そのラインがギザギザに見えます。もう1ステップ追加してもっとなめらかな遅いストキャスティクスにすると有益です。もちろん、これはコンピューターが自動的にすべて行います。

3．速いストキャスティクスを遅いストキャスティクスに置き換えます。

速いストキャスティクスの遅いラインが遅いストキャスティクスの速いラインになります。上記のステップの2を繰り返して、遅い

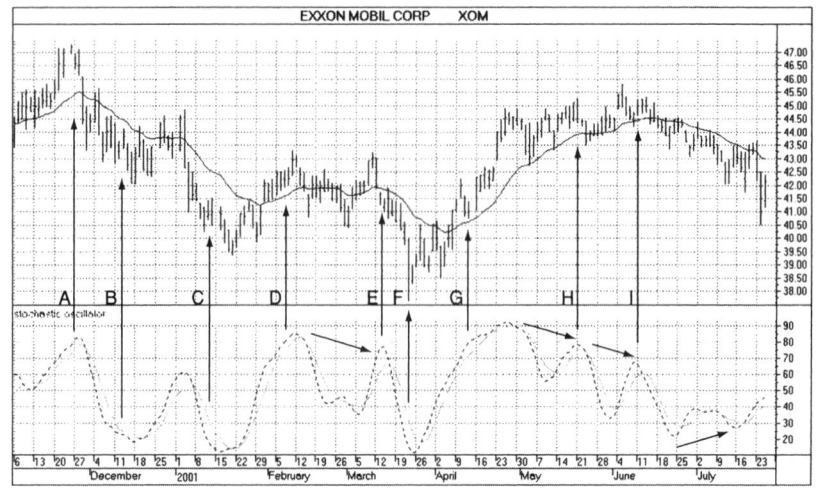

図5.14 ストキャスティックス（エクソン・モービル　XOM）

　価格が高いときに買えばいい気分になるし、価格が下落するときに売ればホッとするかもしれないが、ストキャスティックスは正しいこと——安く買って高く売る——をするのに役立つ。ストキャスティックスが下側参考ラインまで下落するとき、それは市場が売られすぎであることを示し、買いシグナルを出す（ポイントB、C、F）。買っても買わなくても、低いストキャスティックスは低いレベルまで下落するときは空売りを制御する。

　ストキャスティックスが上側参考ラインまで上昇するとき、それは売りシグナルを出す（ポイントA、D、G、H）。売りシグナルは強力な上げトレンドの場合早すぎるかもしれないが、その売りシグナルに応じても応じなくても、ひとつのこと——買うには遅すぎる——は明らかである。ストキャスティックスはトレンドを追い回すことを避けるのに役立つ。

　乖離は最強のシグナルになる。ポイントEで、XOMはダブル天井を付けるが、ストキャスティックスは前よりも低い天井を記録して、弱気の乖離、つまり、強力な売りシグナルになる。強力な上昇が3月に始まるが、5月には弱気の乖離が現れて、パーティーが終わりつつある兆候を示している。もうひとつの売るチャンスは、ポイントIで三重の弱気の乖離が現れるときに空売りし、ここからは一貫して下り坂になる。

　チャートの右端で、XOMは下落しEMAによって確認されている。ストキャスティックスは強気の乖離を記録しようとしているが、2番目の底は最初の底とほぼ同じ安さである。つまり、ベアは非常に優勢で、下落が続く可能性が高い。

ストキャスティックスの遅いライン％Dを求めます。

　ストキャスティックスは0と100の間を動くように考案されています。低いレベルは売られ過ぎの市場を示し、高いレベルは買われ過ぎの市場を示します。買われ過ぎは高すぎることを意味し、下向きに転じる状態です。売られ過ぎは低すぎることを意味し、上向きに転じる状態です。水平の参考ラインを、以前の天井や底値を記録したレベルに、まず安値の近くの15と高値の近くの85から引きます。

**　ストキャスティックスが下側参考ラインに近づくとき、買いのチャンスを探ります。ストキャスティックスが上側参考ラインに近づくとき、売りのチャンスを探ります。**ストキャスティックスが低いときに買うことは、市場が底近くのとき通常は悲惨に見えるので、感情的に難しいですが、そのときがまさに買うべき時期なのです。ストキャスティックスが上側参考ラインまで上昇するとき、それは売りチャンスを探り始める時期です。これもまた、感情的に気乗りのしないことです。ストキャスティックスが天井まで上昇するとき、市場はたいてい素晴らしく見えますが、それは売る好機なのです。

　ストキャスティックスだけを機械的に使わないほうがいいです。強力な上げトレンドに乗ると、ストキャスティックスはすぐに買われ過ぎのレベルになり、売りシグナルを点滅し始めます。強力な弱気市場では、ストキャスティックスは売られ過ぎのレベルになり、早すぎる買いシグナルを点滅します。この指標がうまく機能するのは、ほかのトレンドフォロー型の指標とともに使って、主要なトレンドの方向を指すストキャスティックスのシグナルのみを利用する場合だけです。

　トレーダーは、ストキャスティックスが上向きに転じるのを待って、買いシグナルを確認すべきでしょうか？　それが下向きに転じるのを待って、売りシグナルを確認すべきでしょうか？　そうでもありません。ストキャスティックスが向きを変えるころには、新たな動きが通

常は進行中です。仕掛けるチャンスを探している場合は、ストキャスティックスが極限に達する事実だけで売りシグナルになります。

買うのは、ストキャスティックスが強気の乖離を記録するとき、つまり価格は新安値に下落するが、指標は前よりも浅い底を形成するときです。売るのは、ストキャスティックスが弱気の乖離を記録するとき、つまり価格は新高値に上昇するが、指標は前の上昇期間中よりも低いピークをつけて下向きになるときです。理想的な買いの状況においては、最初のストキャスティックスの安値が下側参考ラインの下方で、2番目の安値が下側参考ラインの上方になります。最適の売りシグナルが発生するのは、ストキャスティックスの最初の天井が上側参考ライン上方で、2番目の天井が上側参考ラインの下方になるときです。

ストキャスティックスが上側参考ラインの上方にあるときは、買いません。ストキャスティックスが下側参考ラインの下方にあるときは、売りません。これらの「制止ルール」は、たぶんストキャスティックスの最も役に立つメッセージです。移動平均のほうがトレンドの確認に適し、MACDヒストグラムのほうが転換の確認に適し、チャネルのほうが利食い目標の確認に適し、勢力指数のほうが明確に仕掛けや手仕舞いのポイントをとらえます。それらの難点はほとんど常に行動シグナルを出すことです。ストキャスティックスは危険領域を確認します。それは、ちょうどスキー場の一連の赤い旗がスキーヤーに危険地域を示しているようなものです。トレンドを追う誘惑を感じるちょうどそのときに、「制止」を指示します。

ハントの準備ができましたか?

指標の選択は、ちょうど車の選択のように、個人の好みに左右されます。必ずトレンドを確認するトレンドフォロー型指標と、転換を確認するオシレーターを組み合わせるようにします。

今まで解説した指標のほかに、ディレクショナル指標を調べてもいいでしょう。それはトレンドのシグナルを出すのに適しています。ADX（平均ディレクショナル指数）などの要素で構成され、新たな強気市場を確認するのに役立ちます。ウィリアムズの％Rはストキャスティクに似たオシレーターで、特に、勝ちポジションを買い乗せする時期を示すのに有益です。RSI（相対力指数）は、もっぱら終値に基づいたオシレーターです。それは、大引けの市場を支配する傾向がある市場のプロの手口を追跡するのに役立ちます。以上のすべてのことは『投資苑』で解説してあります。

　銘記すべきは、どんな指標であっても、それひとつだけでは、トレーディングゲームの勝利を保証できないということです。トレンドフォロー型指標は、例えば移動平均はトレンドはとらえますが、トレーディングレンジ内でちゃぶつきを発生させます。オシレーターはトレーディングレンジ内で天井と底を確認しますが、市場が速く動き出すと、早すぎる逆張りシグナルを点滅させます。トレーディングシグナルはチャートの中央では容易に認識できますが、右端では見分けにくくなります。

　魔法の指標はまったくありません。すべての指標はトレーディングシステムの基本的な要素です。適切なシステムはいくつかのツールを使い、それらを組み合わせることによって短所は互いにフィルターにかけて取り除き、長所は影響を受けないようにします。

第6章
トレーディング
TRADING

　初心者は感情的になってトレードしますが、生き残って成功したいと思うなら、規律を養わなければなりません。恐怖や歓喜の感情に気づいた瞬間に、それを合図にして規律を引き締め、自分のシステムに従うことです。市場が閉まっている間にシステムを開発し、気持ちは冷静でいること。今度は、そのシステムが市場で生き残り、成功する唯一のチャンスを与えてくれるのです。

　自動トレーディングシステムの考え方には、基本的な欠陥があります。そんなシステムが機能するなら、最大級のコンピューターを備えた最も頭の切れる人がとっくの昔に市場を独占していたことでしょう。自動システムが機能しないのは、市場は物理的な法則に従う機械的な、あるいは電子的な存在ではないからです。それは、巨大な群衆であり、群集心理の不完全な法則に従って行動します。物理学と数学は役立ちますが、トレーディングの判断には、心理学も考慮に入れなければなりません。

　プロと話すときに、まず質問される——または、少し話を聞くと分かってしまうので質問さえされない——ことのひとつは、あなたが自由裁量トレーダーか、システムトレーダーかということです。

　自由裁量トレーダーは、市場の情報を取り入れ、それをいくつかのテクニカルツールを使って分析します。彼は、臨機応変に、異なる時

期に異なる市場に、多少異なるツールを適用します。彼の意思決定木には多くの枝があり、時期にかなう枝に従いながら、市場状況の変化に対応します。すべての枝は、彼の意思決定木の太い幹――リスク管理の一連の神聖なルール――につながっています。

システムトレーダーは、一連の機械的なルールを開発してトレードに出入りします。彼はそのルールを検証して自動操縦装置に搭載します。その時点で、素人とプロは逆の方向に進みます。素人は、市場を恐れているので、独自の、あるいは市販のシステムのおかげで不安から開放され、ホッとします。市場の状況は常に変化し、すべてのシステムは自壊します。だから、素人が機械的なシステムを使うと、必ずお金を失うはめになるのです。プロは、自分のシステムを自動操縦装置に乗せて、絶えずタカのように監視しています。プロは、通常の消耗期間がたつと、システムが劣化するので棚上げにして取り換えなければならないのを心得ています。プロのシステムトレーダーは、自由裁量トレーディングをする能力があるから、機械的なシステムを正確に使うことができるのです！

私の経験では、システムトレーダーのほうが着実な結果を達成する傾向がありますが、最も優秀で成功するトレーダーは自由裁量の手法を使っています。その選択に影響を与えるのは、冷静なビジネス上の判断というよりもトレーダーの気質です。システムトレーディングに引きつけられる人もいるし、自由裁量トレーディングに引きつけられる人もいます。本書はおおむね自由裁量トレーディングを扱っていますが、解説する諸要素はそのままシステムトレーディングで使うことができます。本書は、2つのタイプのいずれのトレーダーにも役立つように書いてあります。

トレーディングシステムは市場に対する行動計画ですが、どんな計画であってもすべてを予想することはできません。ある程度の判断は、最適で最も信頼できる計画の場合でさえ、常に要求されます。

どんなものでもかまいませんが、生活のなかのほかの計画やシステムのことを考えてみます。例えば、たぶん、車をガレージから出すシステムがあります。ガレージのドアを開け、車を始動し、エンジンを温めて、車を通りに出し、そのとき、壁にぶつかったり、三輪車をひいたり、通行するトラックにぶつけられないようにします。
　システムがあるというのは、同じ行動を毎回同じ手順で行いながら、その所定の動作のことを考えるのではなく、重要なことに気を配る——要注意なもの、例えば、自転車の子供、降ったばかりの雪、歩道を横切る近所の人などに注意する——という意味です。障害物を見つけたら、システムから離れ、状況が通常に戻ったら、そのシステムに復帰します。雪や自転車の人や近所の人などを取り込む、完全なシステムを設計しようとしないことです。そんなシステムはあまりにも複雑で、しかも完全にはけっしてならない——近所の人が別の角度から車の進路に入ってくることも考えられる——からです。システムは、所定の行動は自動化して、必要な場合は自由裁量を行使できるようにします。
　そして、それこそが市場で必要なもの——トレードの機会をとらえ、損切りの逆指値を設定し、利食い目標を決めるためのシステム——であり、終始気を配るのは、自分に向かってくるFRB（連邦準備制度理事会）の発表という型式の大型トラック、あるいはがっかりするような収益報告という形の三輪車の子供です。多くの初心者は、完全なトレーディングシステムの設計・購入という不可能な課題を自分自身に設定しますが、それは、車をガレージから出すための完全なシステムが不可能であるのとまったく同じです。
　私の2人の友人は、トレーダーのシステムのテストをして贅沢な暮らしをしています。2人ともに熟練プログラマーです。彼らのひとりが笑いながら私にした話によると、少なくとも週に1回は、聖杯を発見したと思っているまた別の素人から電話がかかってくるそうです。

そんな人は、自分の自動ルール一式を検証して最適のパラメータを見つけてほしいと依頼するわけですが、その唯一の心配は、依頼したプログラマーに秘密を盗まれることらしいです！　私は友人に、数年間検証している間に、いくつ儲けられる自動システムを見つけたか、聞いてみました。ひとつもないという答えでした。ひとつもない？　友人は、そんな仕事をして、がっかりしないのでしょうか？　そうですね、彼が仕事を続けているのは、少数の安定した顧客がいるからだそうです。彼らは、成功しているプロトレーダーで、断片的なトレーディング方式をプログラマーのところに持ち込んで検証します。損切りの逆指値注文やMACDの期間などのパラメータをテストするわけです。それから、彼ら独自の判断をして、その断片を束ねて意思決定木にします。

　知的なトレーディングシステムは検証された要素を含みますが、トレーダーは自分の行動に対する自由裁量を保持します。彼は、神聖な、主としてリスク管理や資金管理に関するルールをいくつか持っています。しかし、トレーディングシステムの要素を組み合わせて自分の判断でトレーディングする余地を残しています。

　知的なトレーディングシステムは、市場に出入りするための行動計画で、具体的な、例えばトレードの機会をとらえたり、資金を保護したりする機能を細かく規定してあります。ほとんどの、例えば仕掛け、手仕舞い、逆指値の調整のような行動は、全部ではありませんが、部分的に自動化することができます。考えるのは難しい作業ですから、機械的なトレーディングシステムはトレーダーを誘惑して、もう考える必要はないと約束しますが、それは見せかけの約束です。成功するトレーダーになるためには、自分で判断する必要があります。トレーディングシステムはトレーディングのひとつのスタイルですが、自動的なターン・キー・オペレーションではありません。

システムテスト

　トレーダーは、指標、ルール、方法をすべてをテストしてから自分のトレーディングシステムに組み込まなければなりません。多くのトレーダーは、テスト用ソフトに過去のデータを放り込んで自分のシステムのパラメータをプリントアウトします。損益率、最大損益、最小損益、平均損益、最大連続勝ちトレード、最大連続負けトレード、平均利益、平均ドローダウン、最大ドローダウンを一覧すれば、客観性と信頼性があるように見えます。
　そのプリントアウトは見せかけの安心感を与えます。
　素晴らしいプリントアウトかもしれませんが、もしそのシステムが実際にほんとうのお金をトレードしていて、立て続けに5回損失を出したらどうしますか？　そんなことは、テストのなかではまったく想定されていませんが、常に発生します。トレーダーは歯を食いしばって別のトレードをします。また損失が出ます。ドローダウンはさらに深刻になります。それでも、次のトレードをしますか？　突然、素晴らしいプリントアウトが自分の未来を賭けるにしては極めて頼りなく見えてきて、資金も徐々に削り取られています。
　コンピューターによる検証の魅力はこの程度のものなので、今ではプログラマーの小規模の家内企業が手数料を取ってシステムを検証しています。一部のトレーダーは、何年とは言わないまでも何カ月もかけて、テスト用ソフトの使い方を習います。敗者は、自分がトレードを恐れていることを認めることができない場合、新たなソフトを習得していると言えば、素晴らしい言い訳になります。彼は、水が怖いためにもっぱら水着のアイロンかけに精を出しているスイマーのようなものです。
　ひとつだけ有効なシステムテストがあります。遅々として時間がかかり、一度に100の市場をテストするには不適当ですが、ただひとつ

の、トレードの準備になる方法です。それは、1回に1日分だけ過去のデータを検討して、綿密にその翌日用のトレーディングシグナルを書き留め、それからクリックしてチャートを進め、その翌翌日用のトレードとシグナルを記録することです。

まず、最低2年分の自分の株や先物のデータをダウンロードします。ファイルの左側に寄って、次に発生したことを見ないようにします。テクニカル分析プログラムとスプレッドシートを開きます。コンピューターの最も重要なキーは、トレーダーの場合は、AltとTabです。2つのプログラムを転換できるからです。分析プログラムで2つのウインドウを開きます——ひとつは指標付き長期チャート用で、もうひとつは短期チャート用です。スプレッドシートを開いて、ページの上に自分のシステムのルールを書き留め、日付、仕掛けと価格、手仕舞いと価格の各コラムを作成します。

週足チャートに戻ってそのシグナルに、もしあれば、注目します。買いや売りのシグナルが出ていたら、同じ日の日足チャートを出して、そこでも買いや売りのシグナルが出ているか確認します。もし出ていれば、しなければならない注文をスプレッドシートに記録します。それで、日足チャートに戻って1日分先に進みます。自分の買いや売りの注文が執行されているか確認します。もし執行されていたら、スプレッドシートに戻ってその結果を記録します。自分のトレードを日々追跡して、ストップを計算し、利食いどころを判断します。

このプロセスを自分の全データファイルで実行し、週足チャートは1回に1週間、日足チャートは1回に1日進みます。クリックするごとに、自分のシステムのシグナルと自分の行動を書き留めます。

クリックして、1回に1日前進すると、市場の歴史がゆっくりと展開して検証をしている人に挑戦してきます。クリックすると買いシグナルが現れます。そのシグナルに応じますか？　自分の判断をスプレッドシートに記録します。利食いは、設定目標でしますか、売りシグ

ナルに従いますか、あるいは価格の動きを基準にしますか？　こんな判断は、単なる厳格なルール一式の検証をはるかに超えることです。日々前進しながら、自分の意思決定のスキルを磨きます。この1回1バーの前進テストは、バックテスト用ソフトで習得するものよりはるかに優れています。

　ギャップオープニングがある場合、寄り付きが自分の買いレベルを超えたり、あるいは自分の逆指値より下になったら、どのように対処しますか？　先物で値幅制限に達したらどうしますか？　システムを調節すべきですか、変えるべきですか、それとも廃棄すべきですか？　クリックして1回1日進むと、トレードしない場合としては、最大限、実際のトレーディング経験に肉薄することになります。そうすることで、市場のむき出しの厳しさに触れるわけですが、それは、プロのシステム検証者による整然としたプリントアウトではけっして経験できないことです。

　自分で検証することによって、思考能力、出来事の認識能力、市場の霧深い環境下における行動能力が向上します。トレーディング計画は、確認の絶対的な、主として資金管理に関するルールを備えていなければなりません。そのルールを逸脱しないかぎり、かなり自由に市場をトレードすることができます。知識、熟練、判断、スキルのレベルの向上は、いかなるコンピューターによる検証よりもはるかに重要な資産になります。

つもり売買

　つもり売買とは、自分のトレード判断を記録して、あたかも──お金を使わないこと以外は──実際のトレードのように、それを追跡することです。つもり売買をする人は、たいてい、市場にめった打ちされておじけ気づいてしまいます。一部の人は、実際のトレードとつも

り売買の間を行き来して、なぜつもり売買では儲かるように思えるのに、実際にトレードすると必ず損をするのか理解できません。

　それには２つの理由があります。まず、つもり売買ではあまり感情的にならないからです。お金を賭けていない場合、適切な判断が容易になります。次に、良いトレードは仕掛け時はたいてい分かりにくいからです。分かりやすく見えるトレードのほうが問題になりやすいのです。不安な初心者は分かりやすそうなトレードに飛び込みますが、つもり売買はもっと有望なトレードをします。言うまでもなく、実際のトレードとつもり売買の間を行き来しても、まったく意味がありません。どちらかひとつにします。

　つもり売買をするもっともな理由がひとつだけあります。それは、自分の規律をテストすることです。毎日の終わりに自分のデータをダウンロードできる場合は、下調べをして、翌日の注文を書き留め、寄り付きに注意して仕掛けを記録し、毎日自分の市場を追跡し、利食い目標と手仕舞いの逆指値を調節します。これを全部、数カ月間１日も欠かさずに続けることができるなら、たぶん、その市場をトレードする規律が身についています。娯楽で市場に参加している人は、このようなつもり売買はできないでしょう。努力が要求されるからです。

　自分のシステムをつもり売買するためには、毎日の終わりに自分のデータをダウンロードします。自分のツールとテクニックを適用して、トレーディングの判断をし、手仕舞いの逆指値と利食い目標を計算し、それらを翌日用に書き留めます。注文をブローカーに出すのではなく、もし出していたら執行されていたかどうかチェックして書き留めます。つもり売買をスプレッドシートとトレード日誌（第８章の「組織化されたトレーダー」参照）に記入します。このプロセスを毎日数カ月やり通す意志力があれば、実際のお金を使ったトレードで成功するための規律が身についています。

　それでもなお、ほんとうのお金でトレードすることの代わりになる

ものは、まったくありません。どんなつもり売買よりも、感情の関与する度合いが高くなるからです。つもり売買よりも、ごく少額でも実際のトレードをして習得するほうがよいのです。

トリプルスクリーンの更新

　毎年数回楽しい出会いがあるのですが、そのひとつは、トレーダーが、何かの講演会で私のところにやってきて、私の本で学んだり、キャンプに参加したりしたあと、トレードで生計を立てられるようになったという話をしてくれるときです。その時点で、彼は山頂で暮らしながらトレードしていたり、多くの場合、その山を所有していたりします。私がかなり前に気づいたことですが、そんな人たちは話の半ばでちょっと弁解気味になるのです。彼らは、トリプルスクリーンを利用しているけれども、教えられたとおりに使っているわけではないようです。指標を修正したり、別のスクリーンを追加したり、ツールを取り換えたりしているかもしれません。私は、そんな話を聞くたびに、勝者と話しているのだと分かります。

　まず、私は、彼らはそもそも自分で成功したのだという話をします。私は、同じクラスのほかの数十人の人たちに、別の教え方をしたのではありません。勝者は、規律を持って示されたものを受け入れ、利用して成功したのです。次に、私のシステムのいくつかの側面を変更してしまったという彼らの弁解を勝利の態度だとみなします。システムの恩恵を受けるためには、元来はほかの人が開発したシステムであっても、そのパラメータをテストして微調整を加え、自分のものにしなければなりません。勝利のためには規律が必要であり、規律は確信に由来するものであり、確信を持つことができるただひとつのシステムとは、自分のデータで検証して自分のスタイルに合わせたものです。

　私は、トリプルスクリーンシステムを1980年代半ばに開発して、

1986年にフューチャーズ誌の記事で公開しました。それを、『投資苑』やいくつかのビデオで更新しました。ここでそれを見直して、最近強化された部分に焦点を当てます。

トレーディングシステムとは何でしょう？　方法と、システムと、テクニックの違いは何でしょう？

　方法とは、トレーディングの一般的な哲学です。例えば、トレンドに沿ってトレードし、トレンドが上向けば買い、天井を付けたら売ることです。あるいは、割安市場を買って、過去のサポートレベル近くで買い、レジスタンス域に達したら売ることです。

　システムとは、方法を実行するための一連のルールです。例えば、方法がトレンドに従うことであれば、そのシステムは、複数週足移動平均が上向くときに買い、日足移動平均が下向くときに売ることです（遅く入って、早く出る）。あるいは、週足MACDヒストグラムが上向くときに買い、下向きになってから売ることです。

　テクニックとは、トレードに出入りするための具体的なルールです。例えば、システムが買いシグナルを出すとき、そのテクニックは、価格が前日の高値を超えるときに買うか、あるいは価格が日中に新安値を付けても高値近くで引ける場合に買うことです。

　トリプルスクリーンの方法は、数個の時間枠で市場を分析して、トレンドフォロー型指標とオシレーターの両方を使うことです。戦略上は、トレンドフォロー型の指標を長期チャートで使って、買いあるいは売りの判断をします。作戦上は、オシレーターを短期のチャートで使って、仕掛けや手仕舞いの判断をします。元来の方法は変わっていませんが、システム——指標の正確な選択——が、テクニックと同様に、長年の間に進化しました。

　トリプルスクリーンは、それぞれ可能なトレードを３つのスクリー

ンを使って吟味したり、テストしたりします。各スクリーンは異なる時間枠と指標を使います。これらのスクリーンは、当初は魅力的に見えた多くのトレードをフィルターにかけて取り除きます。トリプルスクリーンは注意深く慎重な手法を起用してトレードします。

相反する指標

　テクニカル指標は、トレンドや方向転換をチャートパターンよりも客観的に確認するのに役立ちます。忘れないようにしたいのは、指標のパラメータを変えたら、シグナルに影響が出ることです。指標は、知りたいことを読み取るまでは、いじらないように注意します。

　すべての指標は主な3つのグループに分類することができます。

　トレンドフォロー型指標は、トレンドの確認に役立ちます。移動平均、MACDライン、ディレクショナルシステムなどは、市場が上昇しているときは上昇し、市場が下落するときは下降し、市場がトレーディングレンジに入ると平坦になります。

　オシレーターは、買われ過ぎや売られ過ぎの状況を確認することによって、転換点をキャッチするのに役立ちます。エンベロープ、つまりチャネル、勢力指数、ストキャスティックス、エルダー線などは、上昇や下落が限度を超えて、転換が近いことを示します。

　混合型指標は、市場群衆のムードを計測します。強気のコンセンサス、トレーダーの意欲、新高安値指数などは、市場の強気と弱気の一般的なレベルを反映します。

　異なるグループの指標は、通常は、相反する指標を出します。トレンドフォロー型指標は上向きに転じて買いを指示しても、オシレーターが買われ過ぎになって売りを指示します。トレンドフォロー型指標は下向きに転じて売りシグナルを出しても、オシレーターが売られ過ぎになって買いシグナルを出します。希望的観測の罠にはまって、自

分好みのメッセージを出す指標に従うようになるのは、訳ないことです。トレーダーは、すべてのグループの指標を考慮に入れるシステムを設定して、そんな矛盾に対処しなければなりません。

相反する時間枠

　ある指標が、同じ日に同じ株について、上げトレンドと下げトレンドを示す可能性があります。どうしてこんなことになるのでしょう？ 移動平均は週足チャートで上昇して買いシグナルを出しても、日足チャートでは下落して売りシグナルを出すかもしれません。時間足チャートで上昇して買いを指示しても、10分足チャートでは下落して売りを指示するかもしれません。こんなシグナルでは、どれに従うべきでしょうか？

　素人は分かりきったほうに手を伸ばします。彼らは、単一の、たいていは日足の、時間枠を取り込んで、その指標を適用してほかの時間枠は無視します。これは、週足チャートで大きな動きが膨れ上がったり、時間足チャートで急激なスパイクが噴出してトレードを急にひっくり返したりすると、機能しなくなります。知らぬが仏と言ったのはだれであれ、トレーダーではなかったのです。

　日足チャートでお金を失った人は、たいてい、スピードアップしてリアルタイムのデータを使ったらうまくやれるだろうと思います。日足チャートで儲けられない場合、リアルタイムのスクリーンを使ったらもっと速く負けるようになるだけです。スクリーンは敗者に催眠術をかけますが、意志の強い人はさらに市場に肉薄して、会員権を賃借してフロアでトレードするようになります。まもなく、クリアリングハウスの証拠金係が、新たなトレーダーの資金が下限を下回っていることに気づきます。彼は使いの者をピットに走らせて、その人の肩をたたきます。その敗者は立ち退き、二度と見かけることはありません。

彼は、「一文無しになった」のです。

　敗者の問題は、彼らのデータが遅すぎることではなく、意思決定のプロセスが混乱していることなのです。相反する時間枠の問題を解決するためには、自分の顔を市場に近づけるのではなく、自分をもっと離して、広い視野で起こっていることを眺め、戦略的にブルなのか、ベアになのかを判断をし、そこで初めて市場に近づき、仕掛けと手仕舞いのポイントを探るのです。それが、トリプルスクリーンのすべてです。

　長期とは何で、短期とは何でしょう？　トリプルスクリーンは厳格な定義は避けて、その代わりに、時間枠の関係に焦点を当てます。トリプルスクリーンの場合、まず中期と称される好みの時間枠を選択しなければなりません。日足チャートで作業したい場合、その中期時間枠は日足になり、デイトレーダーで5分足チャートが好みの場合、その中期時間枠は5分足チャートになり、というふうになります。

　トリプルスクリーンの定義による長期とは、中期時間枠に5を掛けたものです（134ページの「時間――5という係数」参照）。中期時間枠が日足の場合、長期の時間枠は週足になり、中期時間枠が5分の場合、その長期は30分足になり、というふうになります。好みの時間枠を選択し、それを中期と称し、直ちに一段階高くなって長期チャートになるわけです。そこで戦略的な判断をし、中期チャートに戻って仕掛けと手仕舞いを探ります。

　トリプルスクリーンの基本原則は、まず初めに、市場から距離を取って全体像を見ながら、戦略的な判断をするための分析をすることです。長期チャートを使ってブルになるのかベアになるのか判断し、それから市場にもっと近く戻って、仕掛けと手仕舞いの作戦的な判断をします。

トリプルスクリーンの原則

　トリプルスクリーンは指標や時間枠の間の矛盾を解決します。長期チャートでトレンドフォロー型指標を使って、戦略的判断をします——これが第1スクリーンです。続いて、中期チャートでオシレーターを使って、仕掛けと手仕舞いについての作戦的判断をします——これが第2スクリーンです。買い注文と売り注文を出すいくつかの方法を提示します——これが第3スクリーンで、中期か短期のチャートを使って実行します。

　まず、好みの時間枠を選択し、その時間枠のチャートを使って作業し、その時間枠を中期と称します。その時間の長さに5を掛けて長期の時間枠を求めます。トレンドフォロー型指標を長期チャートに適用して、買い、売り、あるいは様子見の戦略的判断をします。様子見は正当なポジションです。長期チャートが強気か弱気であれば、中期チャートに戻り、オシレーターを使って仕掛けと手仕舞いのポイントを長期トレンドの方向に沿って探ります。損切りの逆指値と利食い目標を設定してから、もし利用できる場合は短期チャートに移って、仕掛けと手仕舞いの微調整をします。

第1スクリーン

　好みの時間枠を選択しそれを中期と称します。それに5を掛けて長期の時間枠を求めます。日足チャートで作業したいとしましょう。その場合は、直ちに一段階高い週足チャートに移ります。日足チャートは、週足チャートの分析に影響するかもしれないので、のぞき見しないようにします。デイトレーダーの場合は、10分足チャートを自分の好みにして、それを中期と称し、それから直ちに一段階高い、だいたい5倍の長さの、時間足チャートに移ればいいでしょう。四捨五入は

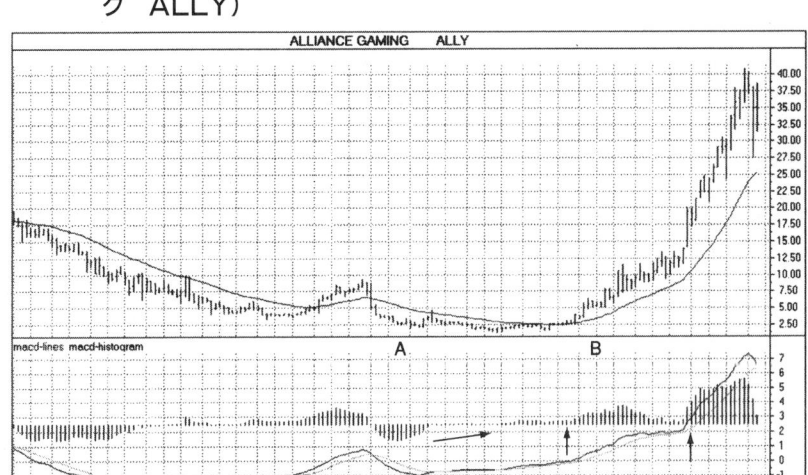

図6.1 トリプルスクリーン——週足チャート（アライアンス・ゲイミング ALLY）

ゲーム株は経済が弱くなると活躍する傾向がある——ギャンブルは運が尽きた人を魅了する。2000年と2001年に、株式市場が広範に下落していたとき、ゲーム株は優れた実績を果たした。例えば、ALLYは2ドル未満から40ドルを超えるまで上昇し、ほとんど後退はなかった。トリプルスクリーンは、この株の実績で儲けるために、どのように役立ったのか？

ポイントAとBの間のパターンは鍋底と言われ、ゆっくりした長期にわたる最小限の下落と、同様に最小限の上昇で、出来高はほとんどない。しかし、その間にALLYは、MACDヒストグラムの強気の乖離をどうにか記録している。これは、週足チャートではめったに見られない極めて強力なシグナルである。MACDヒストグラムはAの領域で安値を記録するが、鍋の底でさえゼロ未満にまで押せなかった。最初の垂直の矢印は、MACDヒストグラムの傾斜がさらに高くなり始めた時点を示している。数週間後には週足EMAも上向きに転じ、その時点で両方の週足指標が上向きに転じて、ALLYは強烈な買いになった。これは、日足チャートに転換して買いのチャンスを探る時期である。2番目の垂直の矢印は、再度EMAとMACDヒストグラムの両方がかみ合って上向きになる時期で、株は数週間で倍になる。すっきりと着実な週足EMAの上げトレンドは、ALLYをもっぱら買いサイドからトレードすることを一貫して指示している。

チャートの右端で、週足EMAは上向きの傾斜を保持しているが、非常に不安定な価格の動きが、楽な上げトレンドが終わったことを示している。MACDヒストグラムがEMAと逆の方向に動いていて、これからボラティリティが高くなることを警告している。ぼろ儲けできた時期は終わった。

問題ではありません。テクニカル分析は技巧であって、精密科学ではないからです。長期の投資家の場合は、週足チャートを自分の好みにして、それから月足チャートに移ればいいでしょう。

トレンドフォロー型指標を長期のチャートに適用して、買い、売り、あるいは様子見の戦略的判断をします。当初のトリプルスクリーンは、週足のMACDヒストグラムの傾斜を使って、週足のトレンドフォロー型指標にしていました。それは非常に敏感で、頻繁に買いと売りのシグナルを出しました。私は今では、週足指数移動平均の傾斜のほうを好んで使い、長期チャートの主要なトレンドフォロー型指標にしています。週足EMAが上昇するとき、それは強気の動きを確認して、買いか、様子見の指示を出します。それが下落するとき、弱気の動きを確認して、売りか、様子見の指示を出します。私は、半年のトレーディングが分かる26週EMAを使います。いくつかの異なる長さを検証して、どれが自分の市場を最適に追跡するのか確認すればいいのです。これは、どの指標についても同じです。

私は常に週足MACDヒストグラムを記入します。EMAとMACDヒストグラムの両方がかみ合うと、ダイナミックなトレンドを確認して、より大きなポジションのトレードを勧めることになります。週足MACDヒストグラムと価格の乖離はテクニカル分析の最強のシグナルであり、EMAのメッセージに優先します。

第2スクリーン

中期チャートに戻り、オシレーターを使って長期トレンドの方向に沿ってトレーディングチャンスを探ります。週足トレンドが上向きのとき、日足オシレーターが下落して買いシグナルを出すのを待ちます。押し目を買うほうが波の上を買うより安全です。オシレーターが売りシグナルを出しても週足トレンドが上向きの場合、買いポジションを

利食って、売りはしないようにしたらいいでしょう。

　週足トレンドが下向きになるときは、日足オシレーターが上昇して売りシグナルを出すのを探ります。上昇波の期間に売るほうが、新安値を売るより安全です。日足オシレーターが買いシグナルを出すとき、売りを利食って買わないようにしたらいいでしょう。オシレーターの選択は自分のトレーディングスタイル次第です。

　保守的なトレーダーの場合は、相対的に遅いオシレーター、例えば日足のMACDヒストグラムやストキャスティックスを第2スクリーンで選択します。週足トレンドが上向きのとき、日足MACDヒストグラムがゼロ未満に下落してから上向きに転じ、あるいはストキャスティックスが下側参考ラインまで下落して、買いシグナルを出すのを探ります。

　弱気市場で売るときには、これらの逆のルールになります。トレンドフォロー型指標は週足チャートで下向きになるが、日足MACDヒストグラムがゼロラインの上方で下向きになるか、あるいはストキャスティックスが上側参考ラインまで上昇するとき、それは売りシグナルになります。

　保守的な手法が最適に機能するのは、主要な動きの初期段階で市場がゆっくりと加速するときです。トレンドが加速するにつれて、後退はさらに浅くなります。速く動くトレンドに飛び乗るためには、さらに速いオシレーターが必要です。

　活発なトレーダーの場合は、勢力指数の2日EMA（あるいは、自分の市場を研究した結果好ましい場合は、それより長いEMA）を使います。週足トレンドが上向きで日足勢力指数が下落してゼロ未満の場合、それは買いチャンスの合図になります。

　弱気市場で売るときには、これらの逆のルールになります。週足トレンドが下向きで、勢力指数の2日EMAが上昇してゼロを超えるとき、それは売りチャンスの合図になります。

ほかの多くの指標をトリプルスクリーンで機能させることができます。第1スクリーンでは、ディレクショナル・システムやトレンドラインも使うことができます。第2スクリーンでは、モメンタム、RSI（相対力指数）、エルダー線などを使うことができます。

　第2スクリーンは、利食い目標と損切りの逆指値を設定し、潜在的利益に対するリスクのレベルを評価して、各トレードの実行や中止を判断する段階です。

　損切りの逆指値を設定します。この逆指値は、いかなる不利なトレードでも損害を限定してくれるセーフティーネットです。トレーディングは、単一のひどい損失や一連の嫌な損失が自分の口座を損なうことがないような構造にしなければなりません。しかし、多くのトレーダーがそれを回避します。初心者は、二重に損失を出して不平を言い、結局は儲かったであろうトレードを中止してしまうのです。一部の人は、逆指値を置くことは、どこで入れても狙われるのだから、墓穴を掘ることだと言います。

　まず、狙われそうにないところに、市場ノイズの外側に逆指値を置く必要があります（254ページの「セーフゾーンストップ」参照）。第二に、ときどき二重に損失を出すのは長期の安全性の代償です。分析能力がいかに優れていても、ストップは常に必要です。

　手仕舞いの逆指値は一方向にのみ、つまり、有利な方向に移動させるべきです。トレードが有利に動き出すときは、逆指値を損益分岐点まで移動させます。その動きが持続するとき、引き続き逆指値を移動させて含み益の一部を保護します。プロのトレーダーはけっして利益が損失になるのを見逃しません。

　逆指値による損失のリスクが、資金の2％をけっして超えないようにします（第7章「資金管理の公式」参照）。トリプルスクリーンがトレードの合図を出していても、その論理的な逆指値のリスクが資金の2％を超える場合、そのトレードは省きます。

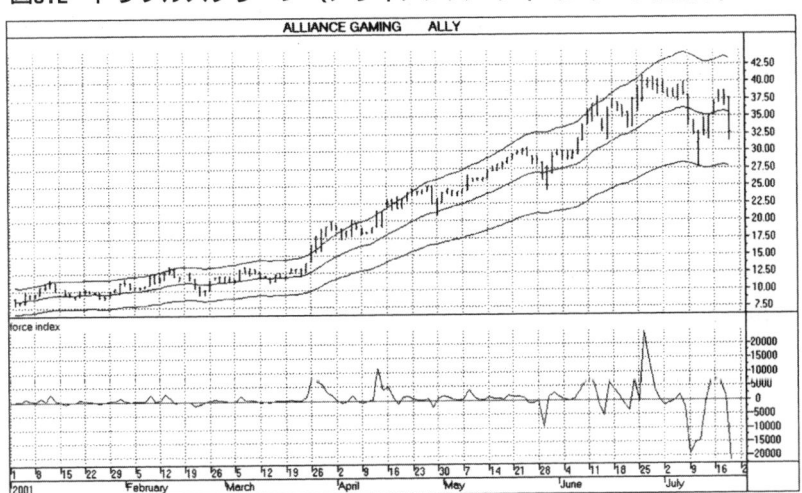

図6.2 トリプルスクリーン（アライアンス・ゲイミング ALLY）

週足チャートの上げトレンドは、買いあるいは傍観のサイドからALLYをトレードすることを一貫して指示している。日足EMAも上昇しているので、いくつかの選択肢がある。上昇している日足EMAまで価格が後退するときに、あるいは短期勢力指数が押し目をつけてゼロ未満になるときに、買っても良い。上側チャネルラインは論理的な利食い目標を提供する。ベテランのトレーダーは自分のポジションを買い乗せし、新たな買いシグナルが出るときは必ず増し玉し、ただし上側チャネルで手仕舞いはしないが、ストップはきつめにする。チャネルは価格の上昇につれて拡大し、4月の10ポイントから7月の16ポイントになる。

チャートの右端で、勢力指数の交互のスパイクがぼろ儲けできた時期は終わったことを警告している。市場はヒステリックになっていて、トレンドが継続する可能性は低い。儲けを銀行に預け、別のグループの市場の群衆にまだ発見されていない、上昇中か静かに下落中の株を探すほうが賢明である。

利食い目標を設定します。利食い目標は適応性があり、トレーダーの目的と資金次第です。資金の豊かな長期指向のトレーダーであれば、週足トレンドが上向いているかぎり、日足チャートからの買いシグナルに繰り返し応じて、強気市場の初期段階で大きなポジションを積み

上げます。週足EMAが平坦になってから利食いします。その逆が下げトレンドに当てはまります。

　別の選択は、日足チャートの価格がチャネルラインをヒットすれば必ず利食いすることです。買いの場合は、価格が上側チャネルラインをヒットするときに売り、次に日足移動平均まで後退するときに再度仕掛けを期待します。売りの場合は、価格が下側チャネルラインまで下落するときに買い戻し、次にEMAまで上昇するときに再度売りの仕掛けを期待します。

　短期指向のトレーダーは、勢力指数の2日EMAのシグナルを使ってトレードを手仕舞いできます。上げトレンドで勢力指数の2日EMAが負に転じるときに買う場合、それが正に転じるときに売ります。下げトレンドで勢力指数の2日EMAが正に転じるときに売る場合、それが負に転じるときに買い戻します。

　初心者はたいてい市場を宝くじのように扱い――チケットを買ってテレビの前に座り、当たりかどうか調べます。自分がプロらしくなってきているのが分かるのは、仕掛けを探るのとほとんど同じ時間をかけて手仕舞いのことを考えるようになるときです。

第3スクリーン

　第3スクリーンは、正確に仕掛けポイントを探るのに役立ちます。リアルタイムのデータは、経験豊富なトレーダーには有利ですが、うっかりデイトレードを始める初心者には不利です。

　日中のブレイクアウトや下落を使って、リアルタイムのデータなしに、トレードを仕掛けます。最初の2つのスクリーンが買いシグナルを出すとき（週足が上向きだが、日足は下向き）、前日の高値か1呼値上で買い注文を入れます。呼値はどの市場でも認められている最小の価格変動です。主要な上げトレンドが再開して、その方向のブレイ

クアウトをとらえることを期待します。1日だけ有効な買い注文を入れます。価格がブレイクアウトして前日の高値を超える場合、自動的に買いになります。日中の価格を注視する必要はありません。注文をブローカーに出すだけです。

　最初の2つのスクリーンが売りシグナルを出すとき（週足が下向きだが、日足は上向き）、前日の安値か1呼値下で売り注文を入れます。下げトレンドが再開して、下向きのブレイクアウトをとらえることを期待します。価格がブレイクして前日の安値を下回る場合、仕掛けが有効になります。

　日足レンジは非常に広くなる可能性があり、天井で買い注文を入れると高価になるかもしれません。別の選択肢はマーケットの下のほうで買うことです。EMAまでの後退で買おうとしている場合、EMAが明日いくらになるか計算して、そのレベルに注文を入れます。または、セーフゾーンストップ（245ページ参照）を使い、市場がどれだけ前日の安値を下回る可能性があるかを見極めて、そのレベルに注文を入れます。これらの手法の反対で、下げトレンドで売ります。

　上向きブレイクアウトを買う利点は、衝動的な動きに従うことです。その欠点は、高値で買っており、損切りの逆指値を非常に離して置かなければならないことです。底での買いの利点は、物を特価で買っており、ストップの位置を近くできることです。その欠点は、下向きの転換に巻き込まれるリスクです。「ブレイクアウトでの仕掛け」のほうが信頼性はありますが、利益は小さくなります。「底での買い」のほうがリスクは高いですが、利益は大きくなります。必ず、両方の方法を自分の市場で検証してください。

　リアルタイムのデータを、もし利用できるなら、それを使ってトレードを仕掛けます。最初の2つのスクリーンが買いシグナルを出すとき（週足が上向きだが、日足は下向き）、リアルタイムのデータを使って買います。寄り付きレンジからのブレイクアウト——価格が寄り

付きの15〜30分のレンジの高値を超えて上昇するとき——に従うか、あるいは、テクニカル分析を日中チャートに適用して巧みに仕掛けたらいいでしょう。売ろうとするときは、寄り付きレンジからの下へのブレイクアウトで仕掛けます。また、市場を日中に監視し、テクニカル分析を使ってリアルタイムのチャートで売りトレードを仕掛けてもいいでしょう。

　買いと売りのシグナルをリアルタイムのチャートで見極めるテクニックは日中チャートの場合と同じですが、そのスピードははるかに速くなります。週足や日足を使って仕掛ける場合は、手仕舞いするときもそれを使います。いったんリアルタイムのチャートが仕掛けのシグナルを出したら、日中データを使って手仕舞いする誘惑を避けます。週足と日足のチャートに基づいてトレードを仕掛け、数日間は持続するつもりであることを忘れてはいけません。数日間続くスイングをトレードしている場合は、日中の急変に狼狽してはいけません。

デイトレーディング

　デイトレーディングとは、トレードを仕掛けたその日に手仕舞いすることです。お金がスクリーンから自分の口座に流れるのを見つめることは極めて魅力的です。確かに、現代の技術をうまく駆使することによって、新聞を読んで株を追跡する動きの遅い人たちの優位に立つことができます。

　あらゆる部分的な真理は危険なうそを含んでいます。デイトレーディングはプロには利益をもたらしますが、敗者にとっては口座に残っているなけなしのお金を全部使ってしまう、よくある終着点でもあります。デイトレーディングは利点も欠点もあって、それを実行する人に極度の負担を課します。

　デイトレーディングは市場最大の難問のひとつを提示ていしますが、

あきれたことにデイトレーディングの文献はほとんどありません。「だれでも分かるデイトレーディング」タイプの本は数冊、つまり手軽な金儲け話は少しありますが、デイトレーディングに関する決定的な本は１冊もありません。ひどいデイトレーダーはひどい本を書き、優れたデイトレーダーは非常に行動指向で、じっと座って本など書こうとしません。

　優れたデイトレーダーは、抜け目のない素早い反射能力を備えた人です。俊敏で、自信があり、柔軟です。成功するデイトレーダーは、瞬時の結果に集中するあまり、物を書くのに向いていません。だれか優れたデイトレーダーが本を書く難題に挑戦してほしいと思いますが、とりあえず、２～３のことだけ述べておきます——それぞれがデイトレードに関する厚い本の各章に値します。

　デイトレーディングに対する興味が1990年代後半に、爆発的に大きくなりました。主婦や学生でさえ、強気市場とインターネットの手軽な利用に引きつけられました。ブローカーは広告によってさらに多くの人々を、ほとんどが破滅することを百も承知で、デイトレードに引き込みました。

　デイトレーディングには次のような利点があります。
- トレードのチャンスがさらに多くなります。日足チャートでトレードできるなら、日中チャートでは同様なトレードをさらに頻繁に目にします。
- 損切りを非常に素早くすることができます。
- 大引け後に大きなニュースが市場を襲っても、リスクをひと晩持ち越すことはありません。

デイトレーディングには次のような欠点があります。
- 長期の周期的変動とトレンドを見逃します。
- 利益は、日中の変動は短いので、小さくなります。

- 費用は、頻繁になる売買手数料とスリッページのために、高くなります。デイトレーディングは非常に高価なゲームであり、だからベンダーが大事にするわけです。

デイトレーディングは、それを実行する人にいくつかの厳しい負担を課します。
- 瞬時に行動しなければなりません——立ち止まって考えたら、終わりです。日足チャートなら時間は贅沢にありますが、日中チャートは即時の行動を要求します。
- デイトレーディングは多くの時間を食います。時間給が長期のトレーディングよりいいのかどうか自問しなければなりません。
- デイトレーディングは人のギャンブル指向につけ入ります。規律に小さなすきでもあれば、デイトレーディングはそれをいち早く見つけだします。

主に3つのグループのデイトレーダーがいます。それは、フロアトレーダー、機関トレーダー、個人トレーダーです。それぞれに異なる計画を持ち、異なるツールを使います。海岸に3人の人が——ひとりは泳ぐために、もうひとりは日光浴に、3人目は1本の木に向かって走ってジョギングに——来ると想定して見ましょう。フロアトレーダーと機関投資家のトレーダーは個人トレーダーをしのぐ傾向があります。彼らから何が学べるか見てみましょう。

フロアトレーダーからの教訓

フロアトレーダーはピットに立って、互いに、しかしもっと頻繁に大衆を相手に、トレードします。彼らは、スキャルピング、スプレッドトレード、ディレクショナルトレードをします。

スキャルピングは、どんな株や先物にも2つの価格があるという事実に基づいています。ひとつは買い呼値――プロの買値――です。もうひとつは売り呼値――プロの売値――です。マーケットより下に買値を付けてもかまいませんが、友人が言ったように、「軟弱な買い呼値では市場を刺激することはできません」。急いでいるときは、売り呼値で買って、売り手の要求額を支払います。売りたい場合は、マーケットより上に指値注文を入れるか、または「買値をヒット」して、買い手が支払うつもりの額を受け入れます。

　例えば、金の直近のトレードは308.30ドルでしたが、今の表示は買い呼値は308.20ドルで、売り呼値は308.40ドルになっています。買いの成り行き注文がピットに届くと、フロアトレーダーは308.40ドルで売って売り持ちにします。アウトサイダーは売り呼値を支払い、一方のフロアトレーダーは今は売り持ちで、買い戻す必要があります。そこへ売りの成り行き注文がフロアに来ると、そのフロアトレーダーは308.20ドルで買い戻して、20セントの利益を手にします。フロアトレーダーは売買手数料をまったく支払わず、決済コストを支払うだけですから、差益が1呼値だけでもトレードする余裕があります。彼らは1日中立ちっぱなしで、通る人すべてに声を張り上げて相場の1呼値下で買って、1呼値上で売りたいと呼びかけます。それは最高給の肉体労働です。

　これは実例を単純化したものです。実際はそんなに整然としたものではなく、フロアトレーダーは買い呼値と売り呼値の差を広くして1呼値か、2呼値以上儲けようとします。彼らは互いに競争して、叫び、飛び上がり、お互いの顔を付き合わせます。背が高くて筋骨たくましく、声が大きいと助かります。鉛筆で刺されたり、つばを飛ばされたりします。あるトレーダーは、フロアで心臓発作で死んだけれども、大勢のトレーダーに押しつけられて直立したままだったという話があります。

フロアトレーダーは、マーケットの１呼値下で買うけれども、相場が２呼値下落して損失状態になれば、動けなくなります。全フロアトレーダーの半数が最初の１年間で消えてしまいます。シカゴの取引所のひとつが新入トレーダーの胸に赤い丸いバッジをつけて、射撃の的のように見えるようにしました。フロアトレーダーのことを気の毒に思うようになるといけないので、念頭に置いてほしいのですが、彼らの多くは非常にいい暮らしをしていて、なかにはどのトレードからも１呼値以上奪い取って、大金を儲けている人もいます。電子トレーディングが深刻な脅威になる前は、一部の取引所の会員権は100万ドルで売れました。

　フロアトレーダーはまたスプレッディングにもかかわり、関係に乱れが生じた関連市場を売買します。スプレッドトレーダーはスキャルパーよりも用心深くて資金が豊かです。最終的には、最も資金の豊かなフロアトレーダーの一部がディレクショナルトレーディングにかかわります。彼らは数日から数週間続く、一般のトレーダーにもっとも近い時間枠でトレードを仕掛けます。

　フロアから、どんな教訓を学ぶことができますか？　ポジショントレーダーの場合は、可能なときは常に指値注文を使うべきです。決まった価格で売買して、フロアにスキャルプさせないようにします。そんな人たちに食事制限をさせるのです。ほかの教訓は、スキャルピングに近づかないことです。筋骨型の若いトレーダーたちが呼値を争って、跳んだり、つばを飛ばしたり、叫んだりしだしたら、そんな群衆のなかに入っていって自分で２～３呼値をつかみ取ることなどできるわけがありません、その前にあなたの指をつかみ取られますから。フロアから離れてデイトレードする場合は、スキャルピングは忘れることです。もっと長期の、競争がやや弱まるデイトレードを探ります。呼値を追いかけるスキャルパーと終値チャートを使うポジショントレーダーの中間を狙います。１日に１～２回の、スキャルピングより長

くてポジショントレードより短いトレードを見つけることです。

機関投資家のデイトレーダーからの教訓

　機関投資家のトレーダーは銀行や証券会社のようなところに勤めています。ひとつの会社には100人以上のトレーダーがいて、何列にも並ぶ高価な設備の前に座っています。各席の維持費は、給料やボーナスを含まずに、月数千ドルになります。各トレーダーは、狭く限定された単一市場に焦点を当てています。ひとりは2年物Tノートだけをトレードし、ほかの人は5年物Tノートだけというふうになります。

　機関投資家のトレーダーは巨大な資金で極めて薄い収益を上げます。私のある友人は、ニューヨークの大手投資銀行で債券をトレードして日中は基本的に無限の資金を利用しますが、オーバーナイトのポジションには2億5000万ドルの上限があります。彼の標準偏差、つまり、1営業日の通常の利益や損失は18万ドルです。これは、オーバーナイトの上限の0.072％で、日中サイズのだいたい0.010％にすぎません。

　彼の利益は、彼の口座に対する％で表示しないかぎり、大きく見えます。それで、もし彼と同様なトレードをすると、自分はどれだけ稼ぐことになるのか自問してみます。仮に、自分の口座が25万ドル、つまり、2億5000万ドルの1000分の1だとします。私の友人の利益率に匹敵するとすれば、オーバーナイトのトレードで180ドル、多忙なデイトレードの1日の立会時間の終わりに25ドル稼ぐことになります。それでは費用も賄えません！　機関投資家はなぜそんなことをするのでしょう？

　大規模なトレーダーはスケールメリットの恩恵を受けますが、ゲームにとどまる主な理由は、潜在的な顧客の目に触れるようにしておくことです。彼らの主な収入は売買手数料と顧客の注文のスプレッドです。機関トレーダーが極めて薄い利益を受け入れるのは、市場で存在

を維持して、金になる顧客ビジネスの権利を得るためです。注目度を維持するために仕事をしているので、損失を出さなければ満足なわけです。

機関投資家のトレーダーから学ぶことができる主な教訓は、マネジャーが損切りを強いる、厳格な規律システムです。個人トレーダーにはマネジャーはいません。だから、厳格な資金運用ルールを考案して実行しなければならないのです。機関投資家のトレーダーは、今日はコカ・コーラで明日はIBMと飛び回る個人トレーダーと違って、単一の市場に焦点を当てることで恩恵を受けます。2～3の銘柄だけをトレードして、それらをよく知るほうが得策なのです。

機関投資家はスキャルピングに余念がありませんから、個人トレーダーはこの領域から離れて罠にはまらないようにするのが賢明です。2～3の呼値しか表示しないトレードを目にしたら、見送るほうが安全です。機関投資家はいつ何時でも割り込むことができるからです。時間枠が長いほど、機関トレーダーとの競争は少なくなります。

個人トレーダーは機関投資家に対してひとつの極めて大きな利点を持っていますが、ほとんどの人はそれをポイと捨ててしまいます。企業トレーダーはその買い呼値と売り呼値を、市場での存在を維持するために、公表しなければなりません。「ドル―円、5本のレートを下さい」と、500万ドル分の対円の売り、または買いのレートを、顧客が聞いてきます。銀行のトレーダーは自分の買い呼値と売り呼値を表示して、そのいずれかのトレードをする用意をしなければなりません。彼は常にトレードしなければなりませんが、個人トレーダーは最適の瞬間を待つ贅沢ができます。

個人トレーダーは売買する義務はまったくありません。様子見を決め込む自由があるのに、ほとんどの個人トレーダーはこの素晴らしい利点を投げ捨ててしまいます。人々はゲームの面白さにはまってしまうのです。彼らは最適のトレードを待たずに飛び込みます。目的は、

うまくトレードすることであって、頻繁にトレードすることではないことを忘れてはいけません。

データの入手

　リアルタイムのデータは高価になりがちで、そのコストを埋め合わせないかぎり一銭も獲得できません。多くの取引所は、ベンダーに一般向けの無料の価格表示を遅れて供給させるように強制し、リアルタイムのデータを販売して大儲けしています。20分の遅れがあっても娯楽価値は保存されますが、そのデータをデイトレーディングに使うことは、車のフロントガラスに段ボールを張って横窓から外を見ながらドライブしているようなものです。デイトレーディングは非常に高速のゲームで、一部の極めて利口な人たちがプレーしています。遅れたデータで彼らと競争しようとするのはお笑い草です。

　デイトレーダーはたいていソフトを使って表示し、チャートを描き、データを分析します。リアルタイムの分析ソフトは数年来出回っていますが、ナスダックの素晴らしい強気市場の結果、レベル2表示が急激に普及して、だれがどの株に買い呼値と売り呼値を付けているのか分かるようになりました。これが金持ちへの新たな道として鳴り物入りで宣伝されました。そうした金のほとんどは、超活発なトレーディングの恩恵を受けるベンダーや証券会社のところへ行きます。私は、個人トレーダーがレベル2表示を使って全体の実績が向上した例をまったく知りません。初期の利用者は、数年前はその考え方が新鮮で有利だったかもしれませんが、いったん普及してしまうと、その優位性は消えてしまいました。これは新しいテクノロジーにはよくある話で、初期の利用者は優位に立ちますが、そのツールが流行すると、優位性は消え去ります。

　デイトレーダーには、専用のコンピューター、適切な分析ソフト、

そして高速のインターネット接続が必要です。この設備に数千ドルと、さらにリアルタイムの月額料金が200〜300ドルと取引所の手数料が必要です。コストは、ひとつの市場だけを追跡することによって削減できます。それは、焦点が定まるので、なかなか良いアイデアです。

先物トレーダーのなかにはコンピューターをすっかり省く人もいます。彼らは、本業をやめてフロアでトレードします。取引所のある都市へ行って会員権を買ったり、借りたりする人もいます。コストは、人気市場で出来高の多い大きな取引所ほど高く、市場が限定される小さな取引所ほど安くなります。最善の修業はフロアの職員として就職して人の下で働くことですが、これは若い人だけの選択肢で、フロアは通常は25歳を超えた人は雇いません。彼らが欲しいのは、若くて、柔軟な、先入観のない人たちです。

心理

デイトレーディングの大きな矛盾は、最高レベルの規律を要するにもかかわらず、最も衝動的で、依存症になりやすい、ギャンブル好きな人を引きつけることです。トレーディングがスリルであるなら、デイトレーディングは最高の興奮を提供します。スクリーンでパターンを認識し、注文を出し、市場が爆発して急激に上昇するのを見つめて、何千ドルも獲得するのです。軍のパイロットをしていた人の話によると、デイトレーディングはセックスやジェット機を飛ばすより刺激的だそうです。

企業トレーダーが市場にいるのは会社から仕事を与えられるからです。個人トレーダーが参入する理由には、合理的な部分もあり不合理な部分もあります。ただひとつの合理的な理由は儲けることですが、有利なデイトレードの儲けは非常に大きいので、ほとんどの人は浮き足立ってしまいます。歓喜に圧倒されて、次の興奮を求めてお金を失

うのです。

　あらゆるビジネスの目的は、儲けることです。経営状態の良いビジネスはその所有者と従業員の心理的な要求も満たしますが、お金が事業の中核です。スリルの虜になるトレーダーは、お金から目をそらせて衝動的なトレードに飛び込みます。ベンダーはデイトレーダーを激励します。敗者は、酔っ払った船員のように、ソフト、データ、さらにはトレードも、破産もまったく経験のないコーチにまでお金を使うからです。どこの港へ行っても、多くのバーや売春宿や入れ墨屋があります。デイトレードをしたら、見切れないほどのベンダーがあります。カモ——市場における寿命が月単位または週単位——から巻き上げるお金があるのです。

　成功するデイトレーダーはパターンとシステムを検証し、リスクと報酬を測定し、資金を積み増すことに重点を置きます。勝者は、感情面が冷静な傾向にあります。デイトレードに魅力を感じる場合、いくつかの質問に答えなければなりません。

　日足チャートを使うトレーディングで成功していますか？　答えが「いいえ」であれば、デイトレーディングは避けます。日足のトレーディングで少なくとも１年間の成功経験を積んでからデイトレーディングを試します。

　依存症になる性格ですか？　飲酒、薬物、あるいはギャンブルの前歴がある場合、デイトレードはできるだけ避けます。デイトレードが、依存症癖を誘引して、口座を破壊してしまうことになるからです。

　書面のビジネス計画を持っていますか？　いくらのお金をトレードに回しますか？　どの市場ですか？　仕掛けと手仕舞いはどのように選びますか？　どのようにリスクを管理し、ストップを使い、資金を配分しますか？　書面の計画なしにデイトレーディングに近づいてはいけません。必ず、デイトレーディングとポジショントレーディングの記録は別々に取るようにします。どちらのほうがあなたに有利か見

極めましょう。

市場の選択

デイトレーディングとポジショントレーディングを比較するのは、ジェット機の操縦と車の運転を比較するようなものです。車の運転席にゆったりともたれて、音楽を聴いたり、携帯電話を使ったり、赤信号で止まっている間に、雑誌に目を通すことさえできます。ジェット機でそんなことをしてはいけません。

デイトレーディングでは、全面的にひとつの市場に集中する必要があります。それは結婚生活のようなもので、いくつかの市場のトレードを経験するかもしれませんが、どの時期を取ってみてもトレードしている市場はひとつだけです。どの市場を選びますか？

適切なデイトレーディング市場には２つの基本的な特徴があります。それは、高い流動性とボラティリティです。

流動性とは、トレードしている銘柄の１日の平均出来高のことで、多ければ多いほど良くなります。多くの群衆に合流するのはたやすいことですし、自分に注意を引きつけることなく、市場をゆがめない注文を出して手仕舞いすることも同様にたやすいことです。出来高の少ない株や先物の売買注文を入れると、プロにスリッページで思い切りお金を巻き上げられます。指値注文を使ったら、けっして執行されないでしょう。流動性の高い市場、例えば、IBMや大豆であれば、もっと容易にスリッページもあまり食らうことなく出入りできます。

ボラティリティとは、トレードしている銘柄の１日の平均レンジのことです。その日の高値と安値の差が大きければ大きいほど、標的は大きくなります。大きな標的を撃つほうが小さな標的を撃つより容易です。チャネルの解説を覚えていますか？ トレードの仕方を心得ていれば、どんなレベルのスキルであっても、広いチャネルからのほう

が儲けは大きくなります。Cレベルでトレードしてチャネルから10%を取る人は、10ポイントのチャネルから取るのは1ポイントですが、20ポイントのチャネルからは2ポイント取ります。Cレベルのトレーダーはデイトレーディングに用はありませんが、Aレベルのトレーダーでもできるだけ大きな標的を狙います。

　主要な株式、先物、通貨の場合は、高い流動性とボラティリティを期待できます。デイトレーディング市場のもうひとつの重要な特徴は、その個性です。なめらかに動く市場もあれば、急転を好む市場もあります。例えば、債券の場合、1～2日は非常に狭いレンジで取引されますが、それから爆発して、半時間でそれまでの数日分以上変動し、その後再び沈静化します。債券をトレードすることは、歩兵戦のようなもので、90％はまったく退屈で10％はまさに恐怖です。

　どの市場をデイトレードすべきでしょう？　株の場合は、その日の出来高ランキング上位の銘柄を見ます。それが活況な銘柄です。これらの株の流動性は非常に高く、ボラティリティも高くなる傾向があります。その日の値上がり・値下がりランキングを調べます。同じ銘柄が毎日のように顔を出したら、明らかにボラティリティ上位の銘柄であり、非常にデイトレーディングに向いています。

　先物の場合、まず相対的に穏やかな、トウモロコシ、砂糖、あるいは銅のような市場から始めます。いったんコツが分かったら、株価指数先物やドイツ国債先物——プロのデイトレーダーの人気銘柄——に移行します。

分析と意思決定

　チャートから価格と時間の表示をはずしたら、週足、日足、日中の区別が分からなくなります。市場は、カオス理論風に表現すると、フラクタルです。前の解説を思い出してほしいのですが、海岸線はどの

高度から見ても同じようにギザギザに見えますから、フラクタルです。いろいろな時間枠のチャートでも非常によく似ていますから、同様な方法を使って分析できます。

　１年以上ポジショントレーディングで成功してからデイトレーディングに取りかかると非常に有利です。同じ方法が使えて、スピードアップするだけでいいのです。トリプルスクリーンの原則を利用して、長期チャートで戦略的判断をし短期チャートで作戦上の選択をします。

第１スクリーン

　自分の市場を長期チャートで、トレンドフォロー型指標を使って分析し、買いトレード、売りトレード、あるいは様子見の戦略的判断をします。
　好みの時間枠を選択して、それを中期と称します。中期の時間枠に５分チャートを選んでみましょう。各バーが５分間のトレードを表します。自分の好みに応じてもっと時間枠の長いチャートを選んでもかまいませんが、あまり短いものはやめます。機関投資家のスキャルパーと競合するかもしれないからです。群衆と完全に離れるためには、変則的な長さ、例えば、７分とか、９分を選んでもかまいません。
　デイトレーダーのなかには、テクノロジーにはまってしまって、１分足チャートやティックチャートさえ使う人があります。こんなチャートはフロアにいるような錯覚を与えますが、実は、データが入力されて衛星にアップロードされ、手元のスクリーンに配信されるまで30秒以上はかかります。フロアにいるのではなく、遅れているのです。市場の動きが速くなれば、遅延はもっとひどくなります。
　自分の好みの時間枠に５を掛けて長期の時間枠を求めます。中期の時間枠が５分であれば、25分足チャートを使います。ソフトで25分チャートを記入できないなら、四捨五入して30分にします。成功するト

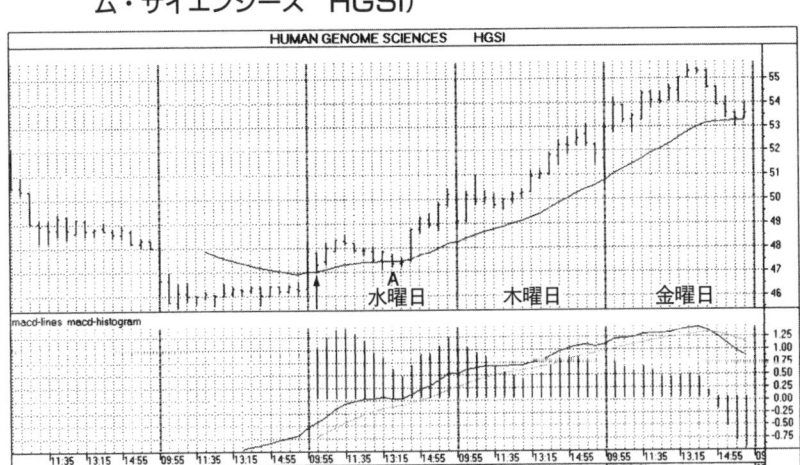

図6.3　デイトレーディング――25分足チャート（ヒューマン・ジェノーム・サイエンシーズ　HGSI）

デイトレードで5分足チャートを好む場合、分析はその5倍の時間枠の25分足チャートで始めるべきである。いろいろな株がデイトレーダーの間で人気になりまた不人気になる。今日は、HGSIに人気があり、強くて堅調なトレンドで、ギャップはまったくない。月曜日に下げトレンドがあり、火曜日に底入れして、水曜日に上向きに転じ、金曜日にかけて上昇するが、その日の終わりに週末を控えた買い方が利食って下落する。水曜日の寄り付きでEMAが上向きに転じて強力な買いシグナルがあり、MACDヒストグラムの上昇が確認される。EMAが継続して上昇するとき、それはHGSIを買いサイドからトレードする指示になり、トリプルスクリーンの第1スクリーンは強気である。このシグナルはMACDヒストグラムのどんな上昇や下落よりもはるかに重要である。MACDがEMAとかみ合って上昇するとき、それはより大きなサイズでトレードすることを示唆するが、下落するときは弱気の乖離がないかぎり、まったく普通の「息抜き」の行動である。

　チャートの右端で、市場は週末の引けを迎えている。EMAはやや上昇し、ブルの証拠は不十分である。また、MACDヒストグラムは通常の底を思わせるレベルまで下落していて、天井よりも底に近い。月曜日の寄り付きを待ち、買いシグナルを期待する一方でEMAが下落すれば売りサイドからトレードする用意もしておく。

レーダーは群衆から離れる必要があります。だから、チャートや指標に変則的なパラメータを使うのが得策なのです。たぶん数千人の人が30分足チャートを使っていますが、ごく少数の人たちだけが25分チャートを使ってわずかに速くシグナルを得ています。

トレンドフォロー型指標を長期のチャートに適用し、その方向を使って買い、または売り、あるいは様子見の戦略的判断をします。まず20バーまたは30バーのEMAを使い、その長さを調節して、自分の市場のちゃぶつきを最小限にして追跡するようにします。25分EMAが上昇するとき、それは上げトレンドを確認し、買いサイドからトレードするか、あるいは様子見する指示になります。長期チャートで戦略的判断をしてから中期チャートに戻ります。

成功するデイトレーダーは、指標にあまり頼らずチャートパターンにもっと頼る傾向があります。営業日間のギャップは日中の指標をゆがめる可能性があります。それでも、一部の、例えば移動平均やエンベロープ、つまりチャネルのような指標は日中チャートでも役立ちます。

第2スクリーン

中期（5分足）チャートに戻ってトレンドの方向に沿って仕掛け時を探ります。

5分足チャートに22バーEMAを記入して、だいたい95％の価格行動を含むチャネルを引きます。移動平均は平均の価値合意を反映し、チャネルは強気と弱気の通常の限界を示します。上げトレンド中は買いを狙い、5分足チャートのEMAの下方で買い、下げトレンドのときはEMAの上方で売りましょう。割高の上側チャネルラインの上方で買ってはいけないし、割安の下側チャネルラインの下方で売ってもいけません。

オシレーター、例えば、MACDヒストグラムや勢力指数を使って買われ過ぎと売られ過ぎの領域を確認します。潮流の方向にトレードして、波が潮流に逆行するときに仕掛けます。25分足のトレンドが上向きで、価格が下落し、5分足チャートのオシレーターが一時的な弱気のインバランスを反映するときは買いのチャンスです。25分足のトレンドが下向きで、価格が上昇し、5分足チャートのオシレーターが一時的な強気のインバランスを反映するときは、売りのチャンスです。

デイトレーダーは、ときどき週足や日足チャートを分析すべきかどうか尋ねてきます。週足のトレンドは彼らには無意味ですし、日足チャートでさえ限られた価値しかありません。あまり多くの時間枠を見ると、「分析麻痺」になる恐れがあります。

セーフゾーンストップを置きます。トレードを仕掛けたあとで、セーフゾーンの方法を使って防御的ストップを置きます。「大引け限定」注文——スクリーンを注視して、5分足バーがストップレベルを超えて引けるときに限って手仕舞い注文を出すこと——を考慮します。このようにすれば、市場のノイズに起因する短期的な突出のためにストップが執行されることがなくなります。当然、注文で出した価格以外を期待したり、待ったりすることはできません。デイトレーダーになるためには、鉄の意志が必要なのです！

第3スクリーン

このスクリーンは仕掛けと手仕舞いについて扱います。

5分足チャートの移動平均付近で仕掛けます。25分足トレンドが上向きの場合は、EMAの5分足チャートまでの後退を、特にオシレーターが売られ過ぎのときに、買います。下げトレンドではこれらの手続きの反対をします。これは、ブレイクアウトを追いかけて、高値で買って安値で売るよりも、良いでしょう。

図6.4 デイトレーディング——5分足チャート（ヒューマン・ジェノーム・サイエンシーズ　HGSI）

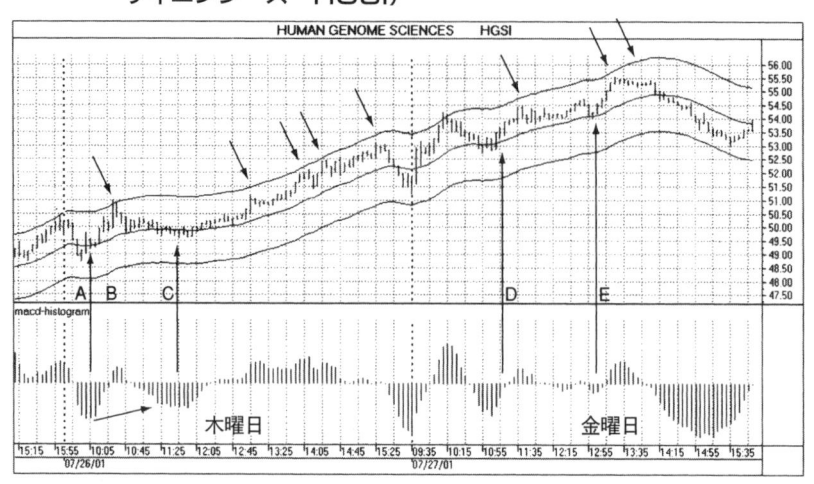

　長期の25分足チャートは、HGSIを買いサイドからトレードするように指示している。中期トレンドの下落は買いチャンスを提供する。木曜日に、5分足チャートが寄り付きから下向きになり、EMAの下方まで打ち抜く。MACDヒストグラムが上向きになるのを待って、買いシグナルを確認する（ポイントA）。それは、下落が終わりつつあることを示し、30分以内にHGSIは、利食いの領域である上側チャネルラインまで上昇する（ポイントB）。それから、下落してEMAラインまで戻り、最初のシグナルを見逃していても、十分に買いポジションのチャンスを与える。MACDの底はCの領域で前より浅く、ベアは弱まっていて、買いシグナルを強化している。価格はさらに4回上側チャネルラインに到達しようとする。その4回のどのときに売ってもかまわないが、最初の3回に売っていない場合は、4回目は必ず売らなければならない。この1日も終盤に入り、今日の価格が上側チャネルに到達できるようには思えないことは分かっているし、デイトレーダーとして、保持したままオーバーナイトはしたくない。案の定、最後の30分間に、上げトレンドで売り時を失したデイトレーダーがドアを押し開けて撤退しようとして、下落する。

　金曜日は、寄り付きと同時に買いシグナルが出て、そのあと急激に上側チャネルラインまで上昇して利食い向きになり、それからEMAまで下落する（ポイントD）。そのあとの上昇ではけっして上側チャネルラインに到達しないが、EMAまで後退中のポイントEでもう1回買いチャンスがある。午後に2回弱い上昇があり、それを利食いに使わない場合、EMAが下向きになるときが最後の警鐘になる。日中チャートは通常、その日遅くなって、含み益のあるトレーダーがポジションを手仕舞い始めると、トレンドと逆に動く。

　チャートの右端で、営業日と営業週が終わる。オーバーナイトのリスクはまったくないのでゆっくりして月曜日の寄り付きを迎え、25分足MACDヒストグラムが、この株のトレードを買いサイドからすべきか、あるいは売りサイドからすべきなのかを指示する。

チャネルライン付近で利食いします。 移動平均の近くで買う場合、上側チャネルラインの近くで売ることを狙います。5分足オシレーターが、例えばMACDヒストグラムが新高値を付けて関連市場が上昇している場合は、チャネルをヒットするか、あるいは突き抜けるまで待ってもかまいません。指標が弱い場合は、価格がチャネルに触れるのを待たずに利益をしっかりとつかみ取ります。

チャネル幅の％で実績を測定します。 Aランクのトレーダーでなければ、デイトレードをする価値がありません。さらに、ポジショントレーディングよりもデイトレーディングのほうが儲かることを自分自身に証明しなければなりません。日に2～3回だけトレードして、少なくともその日のレンジの3分の1を取ることを狙ってみます。用心深く仕掛けますが、速くトレードします。市場の出来高が非常に薄くなる傾向があるときは、立ち会い外取引をしてはいけません。

オーバーナイト・デイトレード

その日の早くに仕掛けて市場が有利な方向に動き続ける場合、そのトレードをオーバーナイトして保持すべきでしょうか？　週末にかけて保持するのはどうでしょうか？　もちろん、こんな疑問が当てはまるのは有利なトレードです。損になったポジションをオーバーナイトするのは、まさに敗者のすることです。

初心者は、デイトレードをその日の終わりまでに手仕舞うべきですが、ベテランのプロはオーバーナイトして保持する選択肢があります。市場が高値の2～3呼値内で引ける場合、翌朝は通常それを超えます。安値で引ける市場は、翌日通常はちゃぶつきながら安値を切り下げます。このような延長は保証のかぎりではありません。市場が高値で引けても、夜のうちに悪いニュースに襲われ、急激に下げて寄り付くかもしれないからです。だから、ベテランのトレーダーだけがオーバー

ナイトのトレードをする選択肢を持つわけです。

　調査、知識、そして規律がトレードをさらに冷静で合理的な基盤に据えるのです。過去を調査し、勝算を計算し、これからのために事情通の判断をしなければなりません。デイトレードをすると、市場がもたついて、自由に計算できる時間がたっぷりとれることもあります。コンピューターはひとつでもいいですし、2つあればひとつはトレーディング用に、もうひとつは調査専用にすればいいでしょう。

　デイトレードしている市場の1年間のデータを手に入れます。それをスプレッドシートに落として、いろいろな検証をしてみます。市場が高値の5呼値以内で引けて、次の日に新高値に到達した例は何回あるか？　次の日にどの程度上昇したのか？　市場が安値の5呼値以内で引けた日はどうか？　次の日にどの程度下落したのか？　その答えが分かったら、市場が高値の10呼値以内で引けた場合はどうかというふうに確認していきます。

　プロは何カ月もしつこく同じ市場をトレードしますが、素人は極めて頻繁に出入りします。プロは一定の方式でトレードすることに慣れています。プロのようにトレードするためには、そんな方式を見つけて、繰り返し実行しなければなりません。直観や願望ではなく、事実と確率に基づいてトレードしなければならないのです。自分自身で調査をする必要があります。答えを買ってはいけません。自分自身で答えを見つけて初めてトレードする自信ができるからです。

寄り付きレンジのブレイクアウト

　人はパーティーや新聞やテレビなど、大衆文化を凝集したものから情報を得ます。動きの遅い機関投資家の財務担当者は終日会議に出席して売買の許可を得ます。彼らは寄り付き前に注文を入れる傾向があります。ほとんどのオーバーナイトの注文は、気軽な投資家、最新情

報を追いかけるギャンブラー、早めに仕事を切り上げてゴルフをしたり、あるいは営業の電話をかけたりしたいと思っているブローカーからのものです。

　プロのトレーダーが最も多忙になるのは各立ち会いの最初と最後の２回で、特に寄り付きと大引けの30分間です。オーバーナイトの注文が殺到すると、寄り付きで仕掛けようと必死になっている人たちをプロが広く受け入れるチャンスになります。プロは、敗者が次々とあきらめて降参する大引け近くに、そんなポジションを手仕舞います。プロはたいてい昼ごろに昼食に出かけます。だから、多くの市場は、12時から１時30分まで方向感の乏しい不規則な動きになりがちです。日中の出来高曲線はＵ字型になる傾向があり、寄り付きと大引けにピークがあって中央は低くなります。

　真剣なトレーダーは寄り付きを注視します。寄り付きでその日の帳尻の基調が決まるからです。買い注文全体のサイズが売り注文全体のサイズを上回る場合、フロアは寄り付きを高めにして、群衆が買い上がざるを得ないようにします。プロはこのような高いレベルで売ってポジションを設定するので、まさに最初の下落で儲かるのです。売り注文のほうが多い場合、プロは寄り付きを安めにして、安値で積み上げ、最初の反発で売って儲けます。

　寄り付いたあと最初の15分から30分は、多くの株や先物が高い出来高で上下にスイングします。大半のオーバーナイトの注文が執行されると、出来高が減少して、スイングも鈍化し、寄り付きレンジの高値と安値を繰り返すようになります。次に起こることは、主として寄り付きのレンジの幅次第です。

　寄り付きのレンジの幅が非常に広くて、前月の平均日足レンジのだいたい80％であれば、その日の高値と安値をともに確定した可能性が高くなります。フロアは広い寄り付きレンジを非常に好みます。その最高値と最安値が、サポートとレジスタンスの格好のレベルになるか

らです。プロは安値近くで買い続け、高値近くで売り、あとは利益を上げてポジションを手仕舞いながら、その日を過ごします。狭い寄り付きレンジのほうが、市場がそこからブレイクアウトしてその日の新たなトレンドが始まる可能性が高くなります。

　寄り付きレンジの高値と安値はボクサーの両足のようなものです。足が開いていると、そのボクサーは安定して抑制が効いていますが、足がそろうと、彼を殴ってその態勢を崩し、動かすようにするのは容易なことです。

　アウトサイダー（一般トレーダー）はトレンドを非常に好んでブレイクアウトを追いかけますが、フロアトレーダーは逆バリモードでトレードをして、高値を売り安値を買います。フロアは急激なトレンドよりも平坦なトレーディングレンジを好みます。通常はフロアが勝ちますが、ときどきアウトサイダーがプロを圧倒して市場を押し切り、トレンドを形成することがあります。そうなると、頭の切れるフロアトレーダーは損切りして逃げますが、愚かな頑固者は死亡率を高めることになります。

　寄り付きレンジはデイトレーダーにとっていくつかの意味があります。

- ●寄り付きと大引け値は、磁石の両極のように１日のバーの両極になる傾向があります。市場が広い寄り付きレンジの安値近くで寄り付く場合は、上端の近くで引けることを予想して買いチャンスを探ります。広い寄り付きレンジの高値近くで寄り付く場合は、より安くなって引けることを予想して空売りチャンスを探ります。
- ●広い寄り付きレンジからのブレイクアウトはダマシになる傾向があります。価格が広い寄り付きレンジの高値や安値を更新する場合、そのブレイクアウトが先細りになって消滅する可能性を警戒し、元のレンジへの回帰を狙ってトレードする準備をします。
- ●寄り付きレンジが狭い場合、ブレイクアウトを期待して、その方

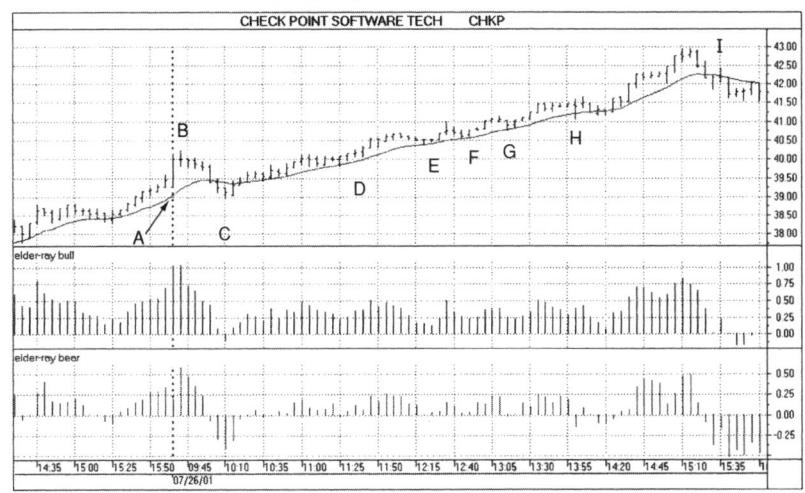

図6.5 デイトレーディング――寄り付きレンジのブレイクアウト（エルダー線　5分足チャート、チェック・ポイント・ソフトウエア・テクノロジーズ　CHKP）

　デイトレードの株は、出来高が大きくて、ボラティリティが高く、低位株より値がさ株で、日中のレンジがかなり広くなる必要がある。これを書いている時点でCHKPはまさにそんな株であり、NVDA（ヌビディア）、TARO（ターロー）などほかの数銘柄も同様な変動株である。読者がこれを読むころには、ほかの株がデイトレーダーの人気の筆頭になっているだろう。

　CHKPはこのところ上昇し、市場の最近の安値を抜けて39.44ドルで引けていた。今日は9時30分に39.26ドルで寄り付いて（ポイントA）10分以内に40.25ドルまで急騰し（ポイントB）、寄り付きレンジの高値を達成した。それから次第に安くなり、午前10時10分に38.93ドルの安値をヒットして、寄り付きレンジの安値になる（ポイントC）。次の1時間30分の間、CHKPはかなり狭い1.32ドルにすぎない寄り付きレンジ内で蛇行するが、11時35分にそのレンジの上端まで急騰して3呼値だけ突き抜ける（ポイントD）。次のバーは7呼値さらに高くなる――これはダマシのブレイクアウトではなくて、寄り付きレンジのほんとうのブレイクアウトであり、トレンドは上向きで、買わなければならない。13バーEMAは着実に上昇している。ベアパワーがゼロラインに戻って負に転じるとき、それは、ベアが足場を奪還したことを示し、上げトレンドのうちに買いを追加する好機である（ポイントE、F、G、H）。15時25分に（ポイントI）EMAは下向きに転じて、売りシグナルを出し、買いポジションを利食いする好機である。

　チャートの右端で、この日は終わり、利益を計算して帰宅する。寄り付きレンジのブレイクアウトに続く最初の買いシグナルで買って、EMAが下向きに転じたときに売れば、利益は42.15ドル－40.40ドル＝1.75ドルになる。これにトレードした株数を掛けて、買い乗せしたほかのポジションがもしあれば加算する。

向に沿ってトレードする準備をします。

　成功するトレーダーはすべてをテストします。ほとんどの日に、買いでもなく売りでもなく、市場がもたつく時間があります。そんな時間を利用して寄り付きレンジを調べます——自分の株や先物では寄り付きレンジを形成するのに何分かかるのか、どれくらいの広さになる傾向があるのか、などです。グラフを作成して寄り付きレンジの高さとブレイクアウトの可能性を結ぶと、個人的なツール、つまり、市場における優位性を手にすることになります。

通貨——24時間市場をトレードする

　アメリカは世界中でただひとつほとんどの人が通貨について考えない国です。アメリカ人はドルの世界に暮らしているからです。しかし、アメリカ人は、外国に足を踏み入れるとすぐに、経営者からタクシーの運転手に至るまでだれもが為替レートに注意を払うことに気づきます。アメリカ以外の地域の人々は、さらにアメリカへ最近移住した人々でさえ、わずかのトレーディング資金があると、まず考えるのは通貨をトレードすることです。通貨トレーディングの大半は、インターバンク市場で直接にディーラー間で発生します。初心者は、あくどい為替ディーラーによって、注文をごまかされ（お金を渡したまま両替されず）、手数料やスプレッドや金利を請求されて台無しにされます。生き残った人は通貨先物——スプレッドはもっと狭く、売買手数料はもっと妥当で、ポジションを保有する権利に対して金利はまったくかからない——を発見します。

　為替ディーラーの恐ろしさはさておき、通貨の最大の難点は、24時間トレードされていることです。トレードを仕掛けて、それを夜に分析し、翌日に利食いすることに決めるとします。それで、目が覚めると、利食いする利益がなくなっています。自分が予想した転換点を、アメリカではなくアジアかヨーロッパで、すでに通過してしまったわ

けです。眠っている間にだれかがお金を奪ったのです！　市場はそもそも物騒なところなのに、24時間リスクにさらされてはなおさらです。

　大きな金融機関はこの問題に対処するために「ブック回し」のシステムを確立しています。例えば、銀行は東京でポジションを開いて日中管理し、ロンドン支店へ移管してからその夜を閉めます。ロンドンはそのポジションを引き続きトレードして、夜にトレーディングブックをニューヨークへ回し、そこでトレードしたあと東京へ返します。通貨は太陽に従いますから、小規模なトレーダーはついていけません。私は富裕なタイの紳士を訪ねたことがあります。彼は、自分と2人の息子を世界の3つの異なった場所に配置して通貨のトレードをする計画でしたが、息子たちは尻込みしました。

　通貨をトレードする場合は、非常に長期の展望を持って日々の変動は無視するか、そうでなければ、デイトレードしてオーバーナイトのポジションは避けるようにすべきです。通貨先物をトレードする場合は、2組のデータを使います。現物か、インターバンクのデータを週足チャートに使って、先物データを日足チャートに使って仕掛けと手仕舞いを正確に見極めます。通貨先物の日足チャートは、市場が開いているのは日に2〜3時間にすぎないので、オーバーナイトのギャップだらけですが、現物のチャートはなめらかです。

S&P500指数――ダマシのブレイクアウト

　S&P先物はトレードが難しいことで有名ですが、新米トレーダーは明かりに集まる蛾のようにデイトレーディングに群がります。「お前ほんとうにS&Pをトレードできるのか？！」というのがそんな分不相応な男たちのスローガンです。ほとんどのトレーダーは、この高価なトレーディングにしては痛ましいほどに資金不足です。口座に25万ドルもないのに、この不安定な、各ポイントが250ドルで数分以内に数ポイントも急転するのが普通の市場で、1枚でもトレードできる

人がいるなんて理解しがたいことです。

　フロアは、ほとんどのギャンブラーが資金不足のためにポジションをオーバーナイトできなかったり、賢明なストップを置けなかったり、一時的な逆行に耐えられなかったりするという現実を逆に利用します。フロアは未熟なデイトレーダーを振るい落とす完璧な術を心得ています。彼らはダマシのブレイクアウトを使って、敗者がパブロフの犬のように飛びついて、高値を買い安値を売るようにさせるのです。

　フロアトレーダーたちは、ほとんどの日に、いくつかの周知の価格レベルを押し切って弱いトレーダーを洗い流そうとします。寄り付きレンジの安値とその日の安値の下には常に大量の逆指値の売り注文があります。そんな安値を押し切れば弱い保有者の売りを引き起こし、そのときプロはお買い得価格で彼らの注文を買うわけです。寄り付きレンジの高値、その日の高値、そして前日の高値には、常に弱い売り持ち筋が入れた大量の損切りの逆指値注文があります。そんなS&Pのレベルを押し切れば、狼狽買いを引き起こします。そのときに、フロアトレーダーたちは売って、次の下降に備えたポジションを取るわけです。こんなゲームに特別巧妙なところはまったくないのですが、S&Pにおいてこれらが特にうまく機能するのは、この市場があまりに高価なために、多くの素人トレーダーにとって持続力をまったく発揮できないからです。

　デイトレーダーは、S&Pの特別難しい点を認識して、次のようないくつかの結論に達します。

- ●これは、初心者に適した市場ではないこと。あまりに高価であまりに動きが速い。ターボチャージャー付きのフェラーリは旧式のシボレーの運転を習得してからにする。
- ●この市場をトレードしたいのであれば大きなサイズの口座を持つこと。1枚で25万ドルあれば持続力がついて賢明な逆指値を置くことができる。

●S&Pのダマシのブレイクアウトとは反対にトレードする——つまり、逆張りでトレードすること。オシレーターを使ってダマシのブレイクアウトが勢いを失い始めるときを確認し、その日のレンジの半ばまで戻るのを取るようなトレードをする。

日々の計画

　リアルタイムのスクリーンの前で１日を過ごすと、何事も起こりそうにない活気のない時間が何時間もあります。人々は退屈になってきて落ち着きがなくなり、気がついてみると、デイトレーダーは自分のスクリーンを娯楽センターにしているのです。プロは自分の規律を強めるように、前もって立てた計画どおりに従う傾向があります。
　トレーディングの１日は寄り付き前に始めなければなりません。少なくとも30分間はオーバーナイトのデータを集めて分析します。それから、ひたすら電話も控えて、最初の30分間の市場を注視します。もしトレードを仕掛けた場合は、そのトレードを管理します。そうでない場合は、２時間割いて、調査し、データベースを整備し、トレーディングの雑誌や本を読み、あるいはインターネットで新たなアイデアを物色しますが、すべてスクリーンの前で行います。マーケットが買いか、売りのシグナルを出しそうになったら、すべてを中断します。トレードを管理している場合は机で昼食を食べます。インターネットでトレード関係の情報を見直し、調査にもっと時間をかけます。トレーディングルームにエアロバイクやローイングマシンのような運動器具の設置を考慮します。健全な体に健全な精神を持つためです。大引けが近づいたら、特にトレードを手仕舞う場合は、再び集中して市場を注視する必要があります。
　２つの理由があって日々の計画を立てます。まず、確実に、必要な作業はすべて行い、トレードを検出し、注文を入れ、手仕舞いし、記

録して、調査を行うようにするためです。次に、娯楽ではなくビジネスとしてデイトレードをし、成功するために真剣に取り組んでいることを自覚するためです。

　忘れないようにしたいのは、自分の感情、希望、不安はゲームの不可欠な部分であるということです。感情が不安定なときのトレーディングは問題です。私のある顧客は、1990年代後半にアメリカオンライン（AOL）の株だけをデイトレードして驚異的な成功を達成しました。彼は、前日の終値を調べ、ヨーロッパでトレードされるAOLのレベルをチェックし、オーバーナイトのニュースをすべて見直していました。彼は、AOLが寄り付きでゲートを飛び出すと最初のスイングをトレードし、寄り付き後の30分～1時間の間にさらに2～3回トレードすることもときどきありました。彼は、総計5000ドルでほとんど毎日最初の1時間トレードし、一度に1000株の売買をしていました。それから1日の残りの時間を使ってそのお金を垂れ流しにして負けていたのです！

　彼が私のところへ相談しに来たとき、彼のシステムは最初の1時間だけうまく機能していることが明らかでした。彼のシステムは、オーバーナイトの圧力の蓄積を追跡し、いったんその圧力が均一になると彼の優位性はなくなっていました。彼のシステムは、寄り付き後1時間でトレードをやめるかぎり、素晴らしく効果的でした。しかし、彼はやめることができなかったのです！

　彼の自尊心は、主として、年老いた父親の尊敬を得ようとする試みだったことが明らかになりました。彼の父親は移民で懸命に仕事をしてビジネスを成功させ、熱心に長時間仕事をする人たちだけを尊敬していました。私の顧客は、市場で1日中「仕事」を続けなければならず、コンピューターのスイッチを切ってゴルフに出かけたり、ヨットに乗ったり、庭いじりをしたりしてはいけないと思っていたのです。彼は心理療法を受けたがりませんでした。私は10時半に彼に電話して

トレーディングをやめるように指摘しようとしたのですが、彼は発信者番号通知サービスを使って私の電話を避けました。素晴らしいシステムはゲームの半分にすぎず、残りはトレーディングにおける心理の問題なのです。成功するトレーダーの唯一の目的は資金を増やすことです。ほかのことはすべて、愛や尊敬なども含めて、市場の外で獲得しなければなりません。

力積システム

　1990年代の強気市場の高いボラティリティはモメンタムトレーディングの隆盛をもたらしました。その目的は、動きの速い株が走り始めるときに飛び乗って、鈍化したら飛び降りることです。モメンタムトレーダーは会社のファンダメンタルズは気にしません。何の会社かさえ知らないかもしれません。気にするのは方向とスピードだけです。株が上昇するときに買い（売りはめったにしない）、動きが尽きる前に換金したいと思っています。

　モメンタムトレーディングのゲームは一見すると容易に見えます。トレーディングルームの所有者は手数料で大金を稼ぎますが、大勢のトレーダーは、動きの速い株からお金をつかみ取ろうとして、もっと大金を失います。力積トレーディングは衝動的トレーディングに変質する傾向があり、そうなるとゲームは終わりです。

　モメンタムトレーディングはほとんどの人にとっては致命的な心理的矛盾を内蔵しています。まず、この速いゲームは、白兵戦やビデオゲームのように、強力なハンティングの直観を備え、ゲームに没頭できる若者に最適です。しかし、モメンタムトレーディングは、プロのカードカウンターが持つような超然とした規律を必要とします。成功するモメンタムトレーディングは、プロのギャンブルのように、退屈な仕事です。小さくて着実な儲けを受け入れる能力は——モメンタム

トレーディングには不可欠ですが——極めてまれなものです。パーティーが盛り上がっているときにテーブルを離れることができる人はほとんどいません。

私の好みの顧客のひとりは、ロンドンのプロのトレーダーで、ときどき夜にカジノへ行って楽しみます。彼は最小限の賭け金の5ポンドでブラックジャックをプレーして200ポンド勝つか、あるいは400ポンド負けるとやめます。彼は、カードカウンティングの方法と資金管理システムを考案して、14回に13回は200ドルを持ち帰ることができるようにしたのです。彼は、カジノで着実に勝てることを自ら証明したのですが、今ではカウンティングと賭けに6～7時間費やさないと勝ち負けの限界金額に達しないので、めったにカジノへ行かなくなりました。それは、収支計算が必要なきつい仕事です。大勢の素人は、彼の周りで、非常に楽しみながら負けています。私の顧客の場合、はるかに勝率の高い株を家からトレードするほうがいいのです。

成功するモメンタムトレーディングには、厳しい規律が必要です。価格の動きを確認すると、さらに裏づけを取ったりせずに飛び込み、動きが鈍化したらすぐに飛び降ります。モメンタムを確認しようとして待てば待つほど、儲けは少なくなります。利食いは精神的に疲れます。なぜなら、少しだけ持ちこたえていればとか、速く手仕舞いしすぎたなど、あとで自分を責めるのが人間の普通の性癖だからです。モメンタムトレーダーは、一連のテクニカルルール、資金管理システム、そして、好機に仕掛けて、自分の利食い目標や損失の限界に来たときは手仕舞いして後悔しないという鉄の意志が必要です。

仕掛け

私は、トレンドが加速して減速する転換点を確認するシステムを考案しました。力積システムは、日中を含むどんな時間枠でも機能しま

す。それは買いと売りのシグナルを出しますが、適切な市場を選び、パラメータを微調整し、規律を提供するのはトレーダー次第です。

　活発で、広いチャネルで価格がスイングする市場を選択します。Cランクのトレードをして、チャネルの幅の10％しかつかみ取ることができなかったらどうなるでしょう？　この結果は、チャネルの幅が20ポイントであればまあまあですが、チャネルの幅が5ポイントにすぎなかったら、Cランクのトレードは無益なものになります。よく太ったウサギを追いかけるべきで、やせたウサギに時間を浪費してはいけません。

　力積システムは、簡単ですが強力な2つの指数を組み合わせます。ひとつは市場の慣性を測定し、もうひとつは市場のモメンタムを測定します。この両方ともが同じ方向を指すとき、それは従うに値する力積の確認になります。両方のシグナルがかみ合うときに仕掛けのシグナルになりますが、互いに確認し合わなくなればすぐに、それを手仕舞いのシグナルとみなします。

　力積システムは、指数移動平均を使って上げトレンドと下げトレンドを見極めます。EMAが上昇するときは、慣性がブルを好んでいることを示します。EMAが下落するとき、慣性はベアに好都合であることを示します。2番目の要素はMACDヒストグラムで、その傾斜がブルとベアの勢力の変化を反映します。MACDヒストグラムが上昇するとき、ブルのほうが優勢になっていることを示します。下落するときは、ベアのほうが優勢になっていることを示します。

　力積システムは、慣性とモメンタムが同じ方向を指すとき、それらのバーに信号を出します。EMAとMACDヒストグラムが上昇するとき、ブルがほえて上げトレンドが加速していることを示します。両方の指標がともに下落するとき、ベアが市場を圧倒していることを示します。これらの指標がかみ合っているのは2〜3のバーの間だけですが、そのときこそ市場が急速に動く——力積が発生する！——ときで

す。

　力積システムを自分の市場に急いで適用する前に、トリプルスクリーンがひとつ以上の時間枠で市場をどのように分析するのか思い出しましょう。自分の好みの時間枠を選び、それを中期と称します。それに5を掛けて長期の時間枠を決めます。好みのチャートが日足であれば、週足チャートを分析してブルになるか、ベアになるかの戦略的判断をします。週足チャートには26週EMA、週足MACDヒストグラムの傾斜、あるいはその両方を使います。

　いったん長期のトレンドを決めたら、日足チャートに戻って週足の方向に沿ったトレードだけを探ります。力積システムは13日EMAと12日と26日と9日のMACDヒストグラムを使います。このEMAは、市場の慣性を追跡しますが、通常の22日バーよりやや短いのでシステムがもっと敏感になります。

　週足のトレンドが上向きのときは、日足チャートを見て13日EMAとMACDヒストグラムが上向きに転じるのを待ちます。慣性もモメンタムもともに上昇するとき、強力な買いシグナルになり、その買いシグナルが消えるまでは買い持ちをそのままにします。

　週足のトレンドが下向きのときは、日足チャートを見て13日EMAとMACDヒストグラムが下向きに転じるのを待ちます。その2つが売りのシグナルを出しますが、そのシグナルが消えるときは買い戻す用意をしておきます。

　価格バーを異なった色で示すことができるテクニカルプログラムもあります。EMAとMACDヒストグラムの両方が上昇するときは価格バーを緑にして、両指標が下落するときは赤にします。両指標がそれぞれ逆の方向を指すときはバーを色で示さないようにします。こうすれば、シグナルが一目ですぐに分かります。

　ソフトが異なるとプログラミングも異なりますが、私は次のようにインターネットトレーダープロに買いシグナルをプログラムしました。

AlertMarker（mov（c,13,e）＞ ref（mov（c,13,e）,-1） and fml
（"MACD‐Histogram"）＞ ref（fml（"MACD‐Histogram"）,-1）,Below）

次は売りシグナルのコードです。

AlertMarker（mov（c,13,e）＜ ref（mov（c,13,e）,-1） and fml
（"MACD‐Histogram"）＜ ref（fml（"MACD‐Histogram"）,-1）,Above）

プログラムの仕方を知っていたら、システムにさらに特徴を追加することができます。EMAの長さを変えていろいろな長さをテストし、自分の市場に最適の長さを探ることができます。買いと売りのシグナル用の警告音をプログラムして、スクリーンにかじりつかなくても多くの市場を監視することができます。私の近所に岸辺の散歩道があって、そこで釣りをしている人を見かけます。彼は数本の釣りざおを持っていて、それぞれに小さなベルがついています。魚が食いつくと、ベルが鳴り、その人は読んでいる新聞を下に置いてリールを巻き始めます。

手仕舞い

ロデオのカウボーイは、飛び跳ねるブロンコに飛び乗って、どれくらい長く落とされないでいるでしょう？　20秒、たぶん35秒、うまい人で幸運であれば50秒は持つでしょう。飛び跳ねるモメンタムトレー

図6.6 力積システム（S&P500指数 SPX）

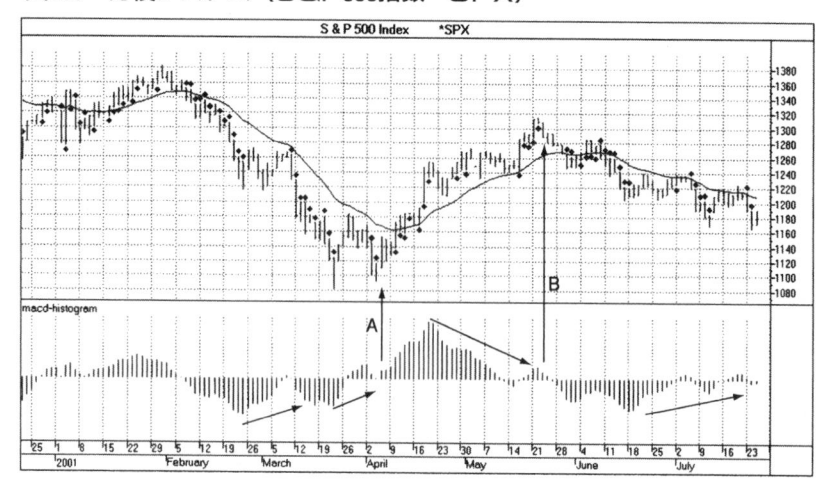

EMAとMACDヒストグラムがともに同じ方向を指すとき、加速する市場の動きを確認できる。力積シグナルを見る最適の方法は、買いと売りを異なる色でプログラムすることである。力積の方向に沿ってトレードし、最も急激でダイナミックな動きをキャッチする。また、絶対に、力積とは逆方向のトレードはしないこと。たとえば、強気の乖離、ダブル底、そして3月と4月のカンガルーテイルはすべて重要な底を指摘しているが、力積指数が下向きであるかぎり買わないようにする。売りシグナルがポイントAで消え、買いの好機になる。力積システムは1月から3月のベアの動きと4月から5月のブルの動きを見事に追跡している。5月に、弱気の乖離に続いて力積の買いシグナルが消えて、空売り解禁になる。その結果としての下げトレンドは、力積の買いと売りのシグナルが交互に現れて、先行した2つの動きほどダイナミックではない。これは、気迷い相場の兆候であり、トレードするのが難しい。疑わしい場合は、仕掛けしないことだ。

　チャートの右端で、MACDヒストグラムの三重の強気の乖離が買いシグナルを出している。力積システムがちょうど売りシグナルを停止したところである。株式市場は上昇の態勢であるように見える。今、逆指値注文を直近の安値の下に置いて買う場合、その注文は必ずストップ・アンド・リバース（ドテン）にする。この強気の乖離が機能しない場合、市場はバスカビル家の犬シグナルを出してベッドから落ちる。

ども長くは続きません。お金のあるうちに飛び降りるようにします。

　モメンタムトレードで買いに入るのは、すべてのカモが一列に並んでいるとき、つまり、週足のトレンドが上向きで日足のEMAとMACDヒストグラムが上昇しているときです。ひとつの指標が下向きに転じたら飛び降ります。通常は、上向きモメンタムが弱まり始めると、日足MACDヒストグラムが最初に下向きに転じます。買いシグナルが消えると、売りシグナルを待たずに売ります。

　下げトレンドのときはその手続きの反対をします。売りサイドのモメンタムトレードを開始するのは、週足のトレンドが下向きに転じ、日足のEMAとMACDヒストグラムも下落して、下降モメンタムが加速していることを示すときです。それらの指標のひとつが売りシグナルを停止したら、すぐに売りを買い戻します。最もダイナミックな下落局面が終わって、モメンタムトレードはその目標を達成したわけです。

　力積システムは、慎重に仕掛けて素早く手仕舞うように仕向けます。これがトレーディングに対するプロの手法であり、素人のスタイルとは正反対です。初心者はあまりよく考えないで飛び込み、市場が自分の有利に転じるのを待ち望んで、大変な時間をかけて手仕舞います。

　力積システムは、トリプルシステムのように、機械的なシステムではなく、トレーディングの方法です。それは、通常は極めて無目的で組織化されていない群衆が感情的になって走り始めるときを示すことによって、市場のカオスの大海に秩序の島々を確認します。そのパターンが出現するときに仕掛け、再びカオスに回帰し始めたら飛び降ります。

　力積システムを自分自身の市場データで検証して、いくつかの重要な疑問に答えます。夜にシグナルを見たあとは、寄り付きで仕掛けや手仕舞いをすべきでしょうか、あるいはそれらのシグナルを予想しようとすべきでしょうか？　大引け前の15分間に自分で調べて明日まで

待たずに売買すべきでしょうか？　EMAとMACDヒストグラムのいくつか異なるパラメータを実験します。

　このシステムは、厳格な規律で、トレードしなくてはいけません。市場がすでに舞い上がっているときに注文を入れるのは難しいし、勝ち越しているのに反転を待たずにやめることはさらに難しいからです。手仕舞ったあとでそのトレンドが続行しても自分を責めてはいけないのです。規律に少しでも問題がある場合はこのシステムに触れないことです。

　力積システムは、ほかのシステムでトレードするのに役立ちます。トリプルスクリーンが買いシグナルを出すときにそのメッセージをチェックします。力積システムが売りシグナルを点滅させるときは、買いを留保します――それに逆らってトレードしてはいけません。押し目を買えばいいので、急激な落下を買ってはいけません。下げトレンドのときはその手続きを反転します。力積システムが買いシグナルを点滅させるときは、売りを留保します。このような「否定ルール」は、問題を避けるために考案されたもので、真剣なトレーダーには極めて有益です。

市場温度計

　初心者は一組の標準的なテクニカル指標を習得して、そのパラメータの微調整を始めなければなりません。一部のトレーダーは、独自の指標を作成して群集行動の多様な側面を計測し、市場の動きを確認します。新たな指標を作成するプロセスをリハーサルして、どのようにして自分専用の指標を組み立てたらよいのか見てみましょう。

　すべての適切な指標は市場実態の一面を反映します。温度計は、活気がなくて静かな期間と市場の群衆が興奮する過熱症状を区別するのに役立ちます。自分のトレーディングを現在の状況に合わせやすくな

るのです。

　静かな市場は、典型的には互いに重複しがちな狭いバーを持ちます。過熱して沸騰する市場は、高値と安値が前日のレンジをはるかに超えて拡大する長いバーを持つ傾向があります。初心者は、こんな長いバーの期間に、急騰を見逃すことを恐れてトレードに飛び込みます。市場が静かなときに仕掛けるほうがスリッページは低くなる可能性が高いです。過熱市場は、スリッページが自分の有利に作用するかもしれないので、利食いに適しています。

　最近、金が１週間で40ドルに急騰したとき、ジャーナリストが有名な投資家に買い得かどうか尋ねました。彼は、金はいいけれども、金のバスに乗るのは駅の前に止まっているときであって、時速40マイルでハイウエーを走っているときではない、と答えました。市場温度計は、バスが駅の前で減速し、速度を上げ、ハイウエーをうなりを上げて進むなど、それぞれのときを認識するのに役立ちます。

　市場温度計は、今日の高値か今日の安値の極点が、昨日のレンジをどの程度超えて突き出しているのかを測定します。今日のバーが昨日のバーよりも大きく拡大すればするほど、市場温度は高くなります。市場温度の公式は次のようになります。

　温度＝（今日の高値－昨日の高値）か、
　　　　（昨日の安値－今日の安値）のいずれか大きなほう

　次は、市場温度計をウインドウズ・オン・ウォール・ストリートのソフトにプログラムするコードです。

```
 if (hi 〈ref (hi,-1) and lo〉ref (lo,-1) ,0,if ((hi-ref (hi,-1) ))〉
   (ref (lo,-1) -lo) ,hi-ref (hi,-1) ,ref (lo,-1) -lo) ) .
```

図6.7 市場温度計（ヌビディア　NVDA）

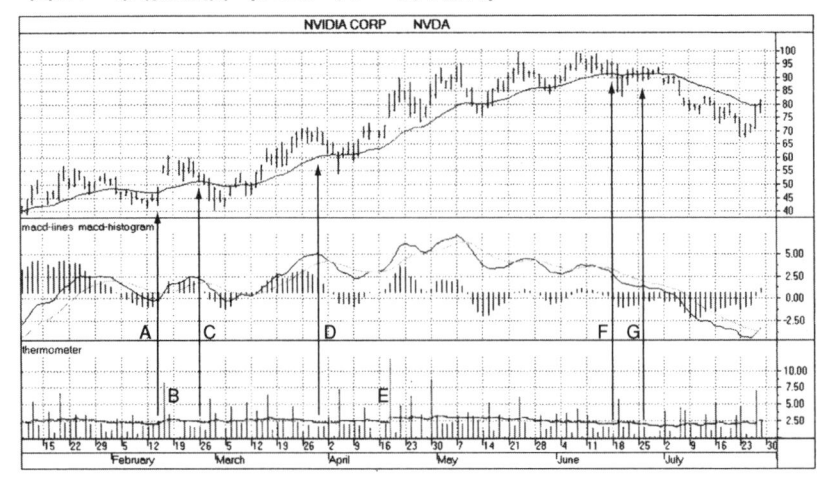

NVDAは、活発なトレーダーの今の人気株のひとつである。NVDAのトレード向きの多くの特徴――強力な100ドルまでの急騰、トリプル天井、MACDの弱気の乖離、その結果生じた下げトレンド――を見てみよう。市場は静かな期間と活発な期間の間で振動し、温度計はそれらを確認するのに役立つ。

ポイントAで、この株は上げトレンドだが、温度計は5日間22日EMAより下である。これは嵐の前の静けさである。トレンドの方向に沿う爆発的な動き（ポイントB）は買い手の報酬になる。同時に非常に高い温度計の表示度数は、平均の3倍で、お祭り騒ぎが終わったことを警告している。つまり、この動きは疲弊し、利食いの時期である。ポイントCで、温度計は再度縮小して5日間EMAの下のままであり、急激な動きが接近していることを警告している。価格はそのEMAを超えていて、下落が予想される。同様なメッセージがポイントDで出現する。次の上昇のあと（ポイントE）、極端に高い温度計の表示度数は平均の4倍以上になって、短期の利食いの好機であることを警告する。価格は100ドル近くでトリプル天井を形成し、MACDヒストグラムは急激な弱気の乖離を記録して、ポイントFとGで価格は平坦になる。これが再度の嵐の前の静けさであり、やがてベアがこの株を下に行かせることになる。

温度計のEMAは、今日の高値や安値が、昨日の高値や安値をどの程度上回るか、下回る可能性があるのかを示す。これは、安値で買って高値で売りたい人にとっては有益な情報である。その日の注文は突出した高値か安値の近くに入れたらよい。

チャートの右端で、価格がその下落しているEMAまで急騰した。これは、100ドルから70ドルに下落したあとの上昇になるべきだが、非常に高い温度計の表示度数は平均の3倍を超えていて、興奮が行きすぎであり、このあと小休止を経て下げトレンドへの回帰が迫っていることを示している。

このコードをほかのソフトに合わせるのは容易です。
　市場温度は常に正の数字で、昨日のレンジを超える上向きか、下向きの拡大のうち、いずれか大きいほうの絶対値です。温度はゼロを超えるヒストグラムとして表します。市場温度の移動平均を計算し、それを同じチャートに線として表します。私の場合は、1カ月の営業日が22日あるので22日EMAを使いますが、この指標を短期のスイングに対してさらに敏感にしたい場合は、もっと短いEMAの値で自由に実験すればいいのです。
　市場が静かなとき、隣接するバーは重なる傾向があります。価値合意は安定して、群衆はほとんど昨日のレンジ内で売買します。高値や安値が前日の値を超えるときでも、その差はほんのわずかなものにすぎません。市場温度計が下落するときは、EMAが下向きに傾斜して活気のない市場を示します。
　市場が上向きか下向きに走り始めると、その日足バーが前日のレンジを押し切るようになります。市場温度計のヒストグラムが高くなってそのEMAと交差して突き抜け、EMAはまもなく上向きに転じて新たなトレンドを確認します。
　市場温度計は、そのヒストグラムと移動平均の関係に基づいて、4つのトレーディングシグナルを出します。
　新たなポジションを入れる絶好の機会は市場温度計がそのEMAより下に下落するときです。市場温度計がそのEMAより下に下落するときは、市場が静かであることを示します。自分のシステムが仕掛けのシグナルを点滅する場合は、市場が通常よりも冷静になってから仕掛けるようにします。市場温度計がその移動平均を超えて上昇するときは、市場が過熱してスリッページの可能性が高いことの警告になります。
　ポジションを手仕舞うときは、市場温度計が上昇してその移動平均

の3倍になるときです。市場温度計のスパイクは急騰を示します。群衆が突然のニュースに酔って殺到するときは、利食いの好機です。狼狽は短命になりがちで、換金する短期的なチャンスになります。市場温度計のEMAが5セントを示しているが、温度計自体は15セントまで急騰している場合は、利食いします。自分がトレードしている市場のこれらの値をテストします。

温度計が5～7営業日の間、その移動平均より下にとどまっている場合は爆発的な動きに備えて準備します。静かな市場は素人を眠らせます。彼らは不注意になり、価格を注視しなくなります。ボラティリティと出来高が低下して、プロは市場で圧勝するチャンスを得ます。爆発的な動きは、多くの場合、活気のない期間に噴出します。

市場温度計は翌営業日の利食い目標を設定するのに役立ちます。短期のトレーダーで買い持ちにしている場合は、今日の温度計EMAの値を昨日の高値に加算して、そこに売り注文を入れます。売り持ちにしている場合は、昨日の安値から温度計EMAの値を差し引き、そのレベルに注文を入れて買い戻します。

私は2つの目的があって市場温度計を公開しました。私は新たな指標を提供したかったのですが、それ以上に、市場に対する理解を使ってどのように自分専用の分析ツールを考案できるか示したかったのです。いったん市場分析の原則を理解すれば、自分専用の指標を作成できます。自分の知識と理解と規律を生かして、正しい側に身を置くことです。

刺激的なトレード

トレードに入るときは常に、3つの要因——仕掛けのポイント、利食いポイント、緊急時の脱出ポイント——が非常に明白でなければなりません。利益を夢想してもお金持ちにはなれないのです。あらかじ

め、どこで勝ちを回収し、市場が不利に転じた場合はどこで損切りするのかを決めなければなりません。

　初心者は、有望なトレードを探り続け、それを見つけたら儲かると思い込んでいます。彼らは仕掛けのポイントを探し求めますが、プロは長い時間とエネルギーをかけて手仕舞いの計画を練ります。彼らは常にどこで利食いし、あるいはどこで損切りするのかを自問します。生き残る人たちは明白な事実――トレードで支払いを受けるのは、仕掛けのときではなく手仕舞いのときであること――を知っています。

　なぜ、トレードを仕掛ける前に手仕舞いのことを考えるのでしょう？　まず仕掛けて、トレードを監視して、価格の動きに応じて手仕舞うほうがいいのではないでしょうか？　トレードを仕掛ける前に手仕舞いを判断することについて、２つの重要な賛成意見があります。

　まず、自分の利食い目標と損切りの逆指値が分かっていると、報酬とリスクを比較して評価することができます。明白な買いシグナルを得て、価格目標が２ドルを超え損切りの逆指値が４ドル未満の場合、それはトレーディングをする価値がありますか？　２ドルを得るために４ドルをリスクにさらしたいと思いますか？　価格目標と損切りの逆指値は、潜在的な報酬がリスクをはるかに上回るトレードだけに集中することを促します。実行するトレードを選ぶ能力は、飲みたいときに酒を断る能力と同じように重要です。

　次に、トレードを仕掛ける前に利食い目標と損切りの逆指値を設定することは、致命的な「所有効果」を回避する役に立ちます。人は、自分の所有するものに愛着を感じて客観性を失ってしまいます。押入れにつるしてあるボロボロのジャケットは、何年も前に救世軍の古着店に譲っておくべきだったのです。先週仕掛けたトレードは縫い目がほころび始めています。なぜまだ持っているのですか？　人は、ジャケットでもトレードでも一度所有すると、快適になり馴染んでくるのです。だから、仕掛ける前に手仕舞いを考えることで、トレードを自

分のものにする必要があるのです。

　一流のテクニカルアナリストの友人は、彼のヘッジファンドが閉鎖になって辛酸をなめたあと、臨時にブローカーの仕事に就きました。当然、私は自分の口座の一部を彼のところに移しました。私が注文の電話を入れるたびに、彼は、私が損切りの逆指値を指示しないかぎり、電話を切らせてくれませんでした。ときどき、私がもう少し時間をくれるように熱心に頼むと注文を受けてくれましたが、私が５分以内にまた電話してその逆指値を指示するという条件つきでしたし、そうでない場合は彼から電話してきました。半年後に彼はテクニカルアナリストの仕事を見つけましたが、私はそれ以来彼のようなブローカーに会ったことがありません。彼は、安全パラメータが分かってから、市場リスクを引き受ける必要性を本気で強調していたのです。

　トレードを仕掛ける前に、２つの特定の価格レベルを設定しなければなりません。それは利食い目標と損切りの逆指値で、それぞれ現在価格の上方と下方に設定します。短期のトレードに必要なものはこれだけで、明確に確認できる目標を狙います。OCO（ワン・キャンセル・オーダー＝一方の注文が執行されたら、もう一方の注文がキャンセルされる注文）を受け入れるブローカーがあるかもしれません。その場合、利食い目標に達すると、逆指値が自動的にキャンセルになり、その逆もまた同様です。ブローカーがOCOを受け入れない場合は、逆指値を指示して利食い目標を監視します。

　かなり長期の、数日から数週間にさえ及ぶことがあるトレードを計画している場合はどうでしょう？　利食い目標は時間の経過につれて移行し、防御的逆指値はトレードが有利に進行すれば引き締める必要があります。トレードの手仕舞いルールを書き留め、口論、押し問答、高値望みはやめて、その１枚の紙に書いたルールに従わなければなりません。例えば、上側チャネルラインにヒットしたら、あるいは市場が２日続きで下値を切り下げる場合は手仕舞うことに決めます。使う

ルールが何であれ、それを書き留めて、市場が利食い目標や損切りのレベルにヒットしたら、すぐに自分のルールに従って、計画を実行します。

　非常にベテランのトレーダーは、異常に強いトレンドの認識方法を知っているので、そのトレンドの間に戦略を転換して部分的に利食い、ポジションの残額は持ち越して、手仕舞い戦略を急激なトレンド用に修正します。経験を積むと自分のプランにもう少し余裕を持てるようになりますが、初級か、中級のトレーダーは非常に厳しくしなければなりません。どんな愚か者でも宝くじを買えるように、仕掛けは容易ですが、手仕舞いで勝者と敗者が分かれます。

チャネル目標

　世界中のトレーダーたちは、チャートをじっと見てパターンを認識しようとし、想像をたくましくします。しかし、統計的研究は、一貫してひとつのパターン——バリューの上下に変動する価格の傾向——だけを確認します。市場はたいていの場合混乱してはいても、その買われ過ぎか、売られ過ぎの状況が秩序の島々を形成して絶好のトレーディングチャンスを提供します。市場は有頂天と絶望の間をスイングし、そんな雰囲気を利用して儲けることができるのです。

　チャネルはテクニカルツールで、市場のスイングを巧みに利用するのに役立ちます。チャネルは、中期の時間枠で、通常は日足で、移動平均に平行して引きます。適切に引いたチャネルは最近の価格のだいたい95％をカバーします。その上側ラインと下側ラインはそれぞれ躁と鬱の市場の雰囲気を示します。

　上昇する移動平均近くでバリューを買う場合は、上側チャネルライン付近の躁のレベルを売ればいいのです。下落する移動平均近くで売る場合は、下側チャネルライン付近の鬱のレベルで買い戻せばいいわ

けです。チャネルは利食いの魅力的な目標を提供します。

　神経症患者は雲のなかに城を築き（ボーッとして空想にふけり）、精神病患者はその城のなかに住んでいて、精神科医はその城の家賃を集める人だそうです。チャネルは、ほとんどの投資家を狂気に駆り立てるもの——市場の苛烈なスイング——から家賃を集めるのに役立ちます。大事なことは、正常を買って躁を売ること、あるいは、正常を売って鬱を買い戻すことです。

　ストレートチャネル、つまりストレートエンベロープのほうが、標準偏差チャネル、つまりボリンジャーバンドよりも、利食いには適しています。ボリンジャーバンドは、ボラティリティが高くなると広くなり、低くなると縮小します。だから、ボラティリティに大きく依存するオプショントレーダーには有益ですが、株や先物をトレードする場合はストレートチャネルを使うほうが賢明です。

　チャネルはトレーダー用で、投資家用ではありません。10ドルの株に投資して50ドルになるまで手放さないつもりなら、チャネルは適していません。投資あるいは非常に長期のトレンドからの手仕舞いは、ファンダメンタルズや26週移動平均の転換のような長期のテクニカルシグナルに基づきます。エンベロープ、つまりチャネルが最もよく機能するのは、割安と割高のレベルの間の比較的短期間のスイングをトレードするときです。

　上昇するEMAの近くで買う場合、売り注文は翌日に予想される上側チャネルライン付近に入れます。上側チャネルラインが過去数日間は１日に半ポイント上昇していて、今日88ドルで引ける場合、翌日の売り注文は88.50ドルに入れたらよいでしょう。この数字は、チャネルが上下に動くのに応じて、毎日調整します。

　私がクラスでチャネルを使っての利食い法を教えるときはいつも、だれかが手を挙げて価格がチャネルを突き抜けた領域を指します。そのチャネルラインで利食いしたら、上昇の大部分を見逃すことになっ

たでしょうというわけです。私は、どう言えばいいのでしょう？　このシステムは適切ですが完璧ではありません。すべての天井と底を見極める方法は、後知恵を別にすればありません。かつて有名な市場アナリストだったロバート・プレクターはこのことをうまく表現しています。「トレーダーは、適切なシステムを取り入れるが、それを完璧なシステムにしようとして破壊する」と。

　トレンドが非常に強い場合、スイングにもう少し先まで乗ってもいいでしょう。価格が上側チャネルラインをヒットするときにポジションの半分は売りますが、残り半分は自分の判断で手仕舞います。日中の価格を監視して新高値を取らないときは最初の日に売ってもかまいません。自分の判断とスキルを使って、しかし、自分の損になることはしないこと——天井を見極めるアイデアはあきらめることです。貪欲とは、極めて高価につく感情です。

　上昇が弱い場合、価格は上側チャネルラインに達しないで沈下し始めるかもしれません。市場は躁状態になってからバリューに回帰しなければならないと規定する法律はどこにもありません。勢力指数は急騰の強度を測定するのに役立ちます。２日勢力指数が新高値に上昇するとき、それはブルのパワーを確認し、価格が上側チャネルラインをヒットするまで持ちこたえるようトレーダーに促します。２日勢力指数が弱気の乖離を記録するとき、それは上昇が弱くて利益を早急につかみ取るほうが賢明であることを示します。Aランクのトレーダーはチャネルの30％以上を取る人です。それは、移動平均からチャネルラインまでの距離の半分を少し超えた程度です。たとえ移動平均のやや上方で買って上側チャネルラインの下方で売っても、Aランクのトレーダーとしてかなりの利益を上げることができます。チャネルは通常の天井と底をキャッチするのに役立ち、着実に通常の利益をかき集めることで非常なお金持ちになれます。チャネルは現実的な利食い目標を設定する役に立つのです。

防御的ストップ

　素人は空想と現実の間をスイングし、ほとんどの判断を空想の領域で行います。彼らは利益を夢見て、予想される損失のことは面白くないので考えようとしません。ストップは損失に焦点を当てることを強いるので、ほとんどのトレーダーは使いません。
　私の友人である女性は、自分は投資家だからストップはまったく必要ではない、と言いました。私は、「その株をいくらで買ったの？」と彼女に尋ねました。彼女は80ドルで買って、そのときは85ドルになっていました。「また80ドルに下がっても保有するの？」という問いに対して、彼女はそうしますと言いました。「75ドルになったらどうするの？」と尋ねると、彼女は、たぶんもっと買いますと答えました。「70ドルだったら？」と聞くと、彼女は嫌な顔をしました。「55ドルだったら？　君はそれでも保有したいの？」。いいえ、いいえ、と彼女は頭を強く振って答えました。「そうですね、55ドルの上辺りに逆指値が必要ですね！」
　私は最近ある弁護士とディナーをともにしたのですが、彼は特定の低位株の会社が大手通信企業との戦略提携を発表しようとしているというインサイダー情報を持っていました。法的・道徳的問題はさておき、彼は自分のお金のほとんどをその株に1株当たり平均16.5セントで注ぎ込んでいました。それが発表されるとすぐに彼の株は8ドルまで急騰しましたが、スシを食べながらその秘話を聞いたころには1.5ドルに下がっていました。彼はまったくストップを置いていませんでした。私は彼にその株が8セント、つまり彼の買値の半分にまで下落しても保有し続けるのかどうか尋ねました。彼はショックを受けて、1ドルにストップを置くと約束しました。はたして、そうしたでしょうか？　たぶん、しなかったでしょう。夢を見て現実から目をそらすほうが容易だからです。

トレードを仕掛ければすぐにストップを置き、トレードが自分の有利に動き始めたら直ちにその方向に沿ってストップの移動を開始します。ストップの移動は一方通行です。買いの場合はストップを上げてもかまいませんが、絶対に下げてはいけません。売りの場合は、下げてもかまいませんが、絶対に上げてはいけません。敗者に限って、「このトレードにもう少し余裕を持たせようと思う」などと言います。ストップを置いたときに、すでに必要なだけの余裕は十分に持たせてあるのですよ！　株が不利に動き始めたら、ストップはそのままにしておくこと！　トレーダーは、ストップを置いたときのほうが、価格がその逆指値に引っかかりそうな水準で推移している今よりもずっと理性的だったのです。

　投資家は数週間に１回ストップを再評価しなければなりませんが、トレーダーの仕事はもっと厳しくなります。トレーダーはストップを毎日計算し直して、頻繁に動かさなければなりません。

致命的な妄想

　多くのトレーダーは、自分の優れた市場分析のおかげで、ストップを使わなくても面倒に巻き込まれることはないと思っています。トレーディングは危ない綱渡りのような行動です。セーフティーネットがなくても100回綱渡りができるかもしれませんが、まさに初めての落下で取り返しのつかない体になってしまう可能性があるのです。そんな冒険をする余裕はありません。ストップを放棄したら、どれほど頭が良くても役には立ちません。

　数年前に、世界的に有名なトレード用ソフトの開発業者から私に電話がありました。彼は私をキャンピング旅行に誘って、ついでに先物トレーディング用の素晴らしいシステムを開発したと言いました。それはコンピューターによるパターン認識に基づいていて、20年分のデータを検証して驚くほど素晴らしい結果を出していました。彼は、以

前のベンチャー事業で資金をなくしてしまい、そのシステムでトレードするお金をまったく持っていなかったのですが、あるマネーマネジャーのグループに彼の発見を披露しました。そのマネーマネジャーたちは非常に感心して、彼用のヘッジファンドを設定し始め、やがて彼らが言う少額口座——10万ドル——を彼に与えました。

　私は空路で国を横断し、最初の夜は友人のシステムを称賛して過ごしました。「今、何かトレードしてますか？」。そのシステムは彼に6つのシグナルを与えていました。大豆、スイス・フラン、ポークベリー、そしてほかの3市場です。彼はその6つの市場すべてでトレードを仕掛けていました。「それぞれにいくら資金を配分したんですか？」。彼は自分の口座を6つに分割して各市場にひとつずつ配分していました。準備金はまったくなしでした。満額を証拠金に充てたのです。「どこにストップを置いたんですか？」。彼はきっぱりと、本物の男ならストップなど使わないと私に言いました。

　彼は、ストップは採算性を低下させることを数学的に証明していました。安全性は互いに無関係の市場をトレードすることにあり、ひとつか2つ不利になってもほかが有利に動く、というわけです。「大惨事ですべての市場が不利に動く場合はどうなんですか？」。彼は、そんなことは互いに関連のない市場をトレードしているから、あり得ないし、実際スイス・フランとポークベリーには何の関係もない、と断言しました。さらに、彼のシステムは20年分の検証でただの一度も破産したことはなかったのです。

　私は、キャンピングはやめて、そのシステムから離れないようにしようと提案しました。彼の全資金が賭けられていたからです。私の友人はそのシステムに全幅の信頼を置いていると言い張るので、全米屈指の景勝地、シエラネバダ山脈までドライブしました。素晴らしい時間を過ごして、その最終日にその当時8歳くらいだった私の息子がプラスティックのバケツ一杯の金塊を持ってきました。もちろん偽の金

でしたが、私はそのひとつを今でも文鎮代わりに机の上に置いてあり、「輝くものはすべて金なり」という彫り込みがあります。

　私たちが文明社会に帰ってきたころに、とんでもないことが起こっていました。6つの市場がすべて友人の不利に動いて、彼の資金をほとんど全滅させてしまったのです。その翌朝、私たちはゾッとしながら、市場が次々に開いて莫大な額で彼の不利に動き続けるのを見つめていました。私は6つのポジションのうちの2つを手仕舞うように彼を説得しましたが、もう車で空港へ向かう時間になっていました。

　2～3日後に私はその友人に電話して旅行のお礼を言いました。彼の口座は破産して、彼は、金融業者は紳士的ではないと不平たらたらでした。彼らは電話を返してこないというのです。私は、彼が私のために10万ドル失ったと言ったら私だって電話を返さないよ、と言いたいのを我慢しました。

　ストップを使わないトレーダーは、結局、あらゆる損失の母になります。何に関しても鋭敏な能力と素晴らしいシステムがあるから、ストップは不必要だと信じている輝かしい人々を、大惨事が襲うのです。不注意なトレーダーは、しばらくはストップをまったく使わずにうまく成功することも可能ですが、長くトレードしていると、いずれは市場に殺されます。

　どれほど頭が良くても、ストップを使わないトレーダーの救いにはなりません。金融市場の研究でノーベル賞をもらっても役に立たないのです。ロングターム・キャピタル・マネジメントの例を見てみましょう。このヘッジファンドの所有と運営を手中にしていたのは、ソロモンの元役員、連邦準備銀行の元理事、2人のノーベル賞受賞者など、公認の天才たちでした。このような人たちはあまりに頭が切れてストップを使うことができなかったのです。彼らは1998年に破綻の瀬戸際まで行ったのですが、破産しませんでした。FRB（連邦準備制度理事会）が世界市場の混乱を避けるために介入して、救済の手を差し伸

べたからにほかなりません。

どれほど、情報、知識、コンピューターのパワーがあっても、ストップなしにトレードすれば、災害から免れることはありません。ストップは、生き残りと成功のためには不可欠です。

頭のなかの――手仕舞いポイントを判断してから市場を監視する――ストップはどうでしょう？　その頭のなかのレベルを突破したら、最善の価格を狙ってポジションを手仕舞う。これは、豊かな経験と鉄の意志を備えたプロの間では一般的な戦略です。しかし、初心者は、ウサギが蛇を凝視するように――恐怖に凍りつき身を硬くして――市場を見つめるだけです。こんな人は、実際にストップを置かなければなりません。

ストップは全面的な防御にはなりません。価格は連続的ではなく、ストップレベルを超えてギャップを生じる可能性があるからです。株を40ドルで買って37ドルで防御的ストップを置くことができますが、悪い収益報告や発表があれば、明日は34ドルで寄り付き、予想よりはるかに不利なレベルで執行されざるを得なくなる可能性があります。これは、ストップに対する反論ではありません。穴の開いた傘でもまったく傘がないよりましです。さらに、資金管理ルールが付加的な防御レベルを提供します。

二元的ストップ

ストップを置くことはトレーディングの最難関のひとつで、適切なトレードを見つけることより難しいことです。ストップは、できるだけ資金を保護できて、しかも無意味なノイズによる執行をできるだけ避けることができるレベルに入れたいわけです。それは非常に微妙な均衡策です。

ほとんどのトレードの本は同じアドバイス――ストップは、買いのときは直近の安値の下に、売りのときは直近の高値の上に入れる――

を繰り返しています。この方法は非常に簡単で一般的であるため、大量のストップが同じ分かりきったレベルで固まりになって置かれています。プロは、バカではありませんから、チャートを見ればそんなストップがどこにあるのか分かります。彼らはそこを狙って、ダマシのブレイクアウトでストップが執行されるようにするのです。

　株がサポートラインの真上でうろついているときは、新たな買い注文の流入が途絶え、サポートラインの下方の逆指値注文がドキドキしながら待ち構えています。プロが売って少し押し下げると、その株はつまずいてサポートラインを割り込み、逆指値の売り注文が立て続けに執行されます。より高いレベルで売ったプロは、その逆指値をヒットさせて素人から安く買い戻し始めます。下落が減速するとすぐにプロは買いを倍加して、買い持ちにします。市場は上昇して、サポートライン以下で買ったプロは、今度はその上昇で売ります。トレーディングレンジからのブレイクアウトはほとんどダマシのブレイクアウト、つまり、一般的なストップレベルを狙ったプロの探り行為です。そんなストップが一掃されると、市場の転換が近くなります。ほとんどのトレーダーが、数回のダマシのブレイクアウトでうんざりしていて、ストップを使うことをやめてしまいます。そのとき、ほんとうの転換が彼らを捕らえるのです。彼らは、ストップを使っても使わなくても、結局お金を失い、市場から押し流されるのです。

　分かりきったレベルにストップを置くことは感心しません。ストップは、自分の資金をもう少し保護できるように、あるいはもう少し執行されにくい位置に入れるほうが賢明です。ほかのだれもがすることは避けることです。必ず、ストップは市場が到達するとは予想できないところに入れます。価格が一定のレベルまで下落することが予想される場合、なぜそこにストップを置くのですか？　待たずに手仕舞うほうが賢明です。

　２つのデータ——テクニカル分析と資金管理——を使ってストップ

を置きます。2つを組み合わせて、トレードの適正なサイズやストップの適切なレベルを見極めることができます。まず、今仕掛けようとしているトレードに何ドルのリスクを賭けるのか判断しなければなりません。あとの資金管理の章で、いかなるトレードでもリスクは自分の口座の非常に小さな割合に限定することを学びます。十分な自信がない場合、リスクに賭ける割合をさらに小さくします。リスクに賭ける金額の上限が分かったら、テクニカル分析に戻ってストップを置くレベルを見極めます。テクニカル分析に基づくストップは、ほとんど常に資金管理に基づくストップよりもきつめで、市場に近いレベルになります。自分の口座は今や二重底の――外側のほうが柔らかくて内側のほうが硬い――潜水艦の様相を呈してきます。

　資金管理に基づくストップは必ず置くこと。それは許容できるリスクレベルの上限を示し、いかなる状況においても突破してはならないレベルです。テクニカル分析による逆指値のほうが市場に近い場合は、そのレベルを頭に置いて価格を監視し、それがヒットしたら手仕舞う準備をしておきます。

　ここで、私は、ストップを置く2つの先進的な方法を紹介したいと思います。それを自分のプログラムに入れて自分の市場データで検証してみてください。私は、今まで、セーフゾーンのことをトレーダーに公表したことはありません。ただし、私の最新の研究を共有したいと思っているトレーダーズキャンプの少数のグループには公開しています。私は、自分の本で情報の開示を抑制しないことを原則にしています。私は自分のトレード法を書き、優位性は秘密ではなく、新たな方法を開発することによって維持します。

セーフゾーンストップ

　いったんトレードに入ったら、どこにストップを置くべきでしょ

う？　これはテクニカル分析の最も難しい問題のひとつです。それに答えたあとも、トレーダーはさらに難しい——時間の経過に沿ってそのストップをいつどのレベルに移動するかという——問題に直面します。ストップをあまり近いレベルに入れると無意味な日中のスイングではじき出されます。あまり離れたレベルに入れると非常に心もとない防御になってしまいます。

　『投資苑』で解説したパラボリックシステムは、毎日ストップを移動させ、株や先物が新たな極値に達するときは常にその移動を加速させて、市場に近づけることによって、この問題に取り組もうとしました。パラボリックの難点は、市場が平坦な場合でも動き続けて無意味なノイズにヒットされることでした。

　シグナルとノイズの概念によると、トレンドはシグナルであり、トレンドではない動きがノイズです。株や先物は、上げトレンドや下げトレンドになっていても、でたらめな反転でシグナルが分かりにくくなる可能性があります。チャート右端でのトレーディングは、ノイズのレベルが高くなるので難しくなります。私はセーフゾーン方式を開発して価格を追跡し、ストップを十分にきつめにして資金を保護し、しかし十分に引き離して不規則な変動のほとんどを避けるようにしました。

　エンジニアは、フィルターを考案してノイズを抑制しシグナルが届くようにします。トレンドがシグナルだとすれば、反トレンドの動きはノイズです。トレンドが上向きのとき、ノイズは毎日のレンジの前日の高値を超えて突き抜けた部分であると定義することができます。セーフゾーンは、市場のノイズを測定し、市場からノイズレベルの数倍離れたところにストップを置きます。

　22日EMAを使ってトレンドを定義しましょう。振り返り期間を選択してノイズレベルを測定する必要があります。それは、最近の行動を追跡できる程度に十分長く、現在のトレンドと関連する程度に十分

短くする必要があります。10〜20日の期間がうまく機能します。また、長期の市場行動を平均化したい場合は、振り返り期間を100日程度にしたらいいでしょう。

　トレンドが上向きの場合、振り返り期間中のすべての下向きの突き抜けたところに印をつけ、それらの深さを加算し、その合計を突き抜けた回数で割り算します。これが、選択した振り返り期間の下向き突き抜けの平均になります。それは、現在の上げトレンドにおける平均レベルのノイズを反映します。ストップをそれより少しでも近づけると自滅します。ストップは、市場から平均レベルのノイズ以上に離れたレベルに入れます。その下向き突き抜けの平均に係数である2をまず掛けますが、もっと大きな数字でも実験します。その結果を昨日の安値から差し引いて、そのレベルにストップを置きます。今日の安値が昨日の安値より安い場合、ストップをさらに低くしてはいけません。買いポジションの場合、ストップを上げることができるだけで下げることはできないからです。

　下げトレンドではこれらのルールの反対をします。22日EMAが下げトレンドを確認するとき、振り返り期間のすべての上向き突き抜けを計算して上向き突き抜けの平均を求めます。それに係数の2をまず掛けます。売りの場合、前日の高値より上向き突き抜けの平均の2倍だけ高いレベルにストップを置きます。市場が高値を切り下げたら常にストップを低くしますが、けっして高くしてはいけません。

　私は、セーフゾーンが多くのソフトにプログラムされて、トレーダーが振り返り期間と掛け算の係数を操作できるようになると思います。それまでは、自分でプログラムするか、そうでなければセーフゾーンを自分で記録しなければなりません（表6.1参照）。必ず、上げトレンドと下げトレンドは別々に計算します。

　ここに、エクセルのスプレッドシートを使ってセーフゾーンを計算するルールを挙げておきます。使い方が分かったら、セーフゾーンを

表6.1 セーフジーンストッフースプレッドシート

	A	B	C	D	E	F	G	H	I	J	K	L	M	N	O	P	Q	R
1	IBM																	
2		日付	高値	安値	終値	上げトレンド 下への突き抜け	合計	回数	平均	ストップ	防御的ストップ	下げトレンド 上への突き抜け	合計	回数	平均		ストップ	防御的ストップ
3		04/19	115.90	110.30	114.47													
4		04/20	116.40	113.75	114.83													
5		04/23	114.05	111.68	112.00													
6		04/24	114.75	112.28	112.67	2.07												
7		04/25	114.85	111.99	114.85	0.29												
8		04/26	116.70	113.68	113.74	0												
9		04/27	116.90	114.55	116.20	0						1.15						
10		04/30	118.05	114.72	115.14	0						0.2						
11		05/01	118.65	114.90	118.51	1.16						0.1						
12		05/02	118.95	113.74	115.40	1.39						1.85						
13		05/03	115.10	112.35	113.70		4.91	4	1.23			0.7	5.4	0	0.68			
14		05/04	115.86	111.20	115.86	1.15	6.06	5	1.21	109.90	109.90	0	5.66	8	0.71	116.45		
15		05/07	117.25	115.00	115.90		3.99	4	1.00	108.78	108.78	0.3	7.05	9	0.78	117.28		
16		05/08	117.75	115.50	117.70		3.99	4	1.00	113.01	113.01	1.39	6.85	9	0.76	118.82	116.45	
17		05/09	118.18	115.30	116.98	0.2	3.9	4	0.98	113.51	113.51	0.5	7.18	9	0.80	119.27	117.28	
18		05/10	118.90	115.20	115.20	0.1	4	5	0.80	113.35	113.35	0.43	6.05	9	0.67	119.78	118.82	
19		05/11	114.15	110.96	111.81	4.24						0.72	5.85	0	0.73	120.24	119.27	119.27
20		05/14	113.18	111.00	112.56		8.24	6	1.37	108.21	108.21	0	4.7	7	0.67	115.61		120.24
21		05/15	114.15	112.50	113.58		8.24	6	1.37	108.25	108.25	0	5.07	7	0.72	114.52	115.61	115.61
22		05/16	115.80	112.20	115.80		7.38	6	1.23	109.75	109.75	0.97	6.42	7	0.92	115.60	114.52	114.52
23		05/17	117.09	113.36	115.07		5.99	5	1.20	109.74	109.75	1.65	7.71	8	0.96	117.63	115.60	114.52
24		05/18	117.68	114.90	117.44		4.84	4	1.21	110.96	110.96	1.29	7.54	8	0.94	119.02	117.63	115.60
25		05/21	119.90	117.55	119.04		4.84	4	1.21	112.48	112.48	2.22	8.37	8	1.05	119.57	119.02	117.63
26		05/22	119.70	117.05	118.01	0.5	5.34	5	1.07	115.13	115.13	0	7.87	7	1.12	121.99	119.57	119.02
27		05/23	118.95	117.10	117.40	0	5.14	4	1.29	114.91	115.13	0	7.44	6	1.24	121.95	119.57	119.57

自分のテクニカル分析ソフトにプログラムして、チャートにそのシグナルを重ね合わせます。スプレッドシートとトレーディングソフトの数字を比較します。同一になるはずですが、ならなければ、プログラムのエラーです。2つのソフトの結果を比較すれば、しつこいプログラミングの問題を克服するのに役立ちます。

上げトレンドにおける買いルール

　トレンドが上向きのときは、安値のパターンがストップのレベルを決めるので、安値に基づいてセーフゾーンを計算します。

　1．株や先物の、表6.1のような高値－安値－終値の形の（安値はC列で最初の記録は3行目）少なくとも1カ月分のデータを手に入れる。

　2．今日の安値が昨日の安値より安いかどうか検証する。E4のセルへ移動して、公式　＝IF（C3〉C4,C3-C4,0）　を入力し、それをC列全体にコピーする。それは、前日のレンジの下向き突き抜けの深さを測定し、まったく突き抜けがなければ0を示す。

　3．振り返り期間を選択して、その期間中のすべての下向き突き抜けを合計する。まず10日で始め、あとでほかの数値で実験する。F13のセルに移動して、公式　＝SUM（E4:E13）　を入力し、それをF列全体にコピーする。それは、過去10日間のすべての下向き突き抜けの程度を合計する。

　4．前のバーを下方に突き抜けた各バーをマークする。G4のセルに移動して、公式　＝IF（C4〈C3,1,0）　を入力し、それをG列全体にコピーする。それは、それぞれの下向き突き抜けを1で、まったく突き抜けがなければ0でマークする。

　5．振り返り期間中の、この場合は10日間の下向き突き抜けの回数を計算する。H13のセルに移動して、公式　＝SUM（G4:G13）　を入力し、それをH列全体にコピーする。それは、過去10日間に何回安

値が突破されたかどうかを示す。

　６．振り返り期間中のすべての下向き突き抜けの合計をその回数で割り、平均下向き突き抜けを求める。I13のセルに移動して、公式　＝F13/H13　を入力し、それをⅠ列全体にコピーする。それは、各日の平均下向き突き抜け、つまりその市場の下向きノイズの通常レベルを示す。

　７．今日のストップは、昨日の下向き突き抜けの平均の数倍だけ昨日の安値より下に入れる。昨日の下向き突き抜けの平均に選択した係数──まず２、しかし検証では３──を掛け、その結果を昨日の安値から差し引いて今日のストップを得る。J14のセルに移動して、公式　＝C13-2＊I13　を入力し、それをＪ列全体にコピーする。それは、下向き突き抜けの平均の２倍だけ直近の安値より下にストップの位置があることをを示す。今日の安値が昨日の安値を平均レンジのノイズの２倍だけ突き抜ければ、手仕舞う。

　８．公式を精緻化して上げトレンドでストップを下げることを防ぐ。上記の公式がストップを下げることを指示する場合は、前日のレベルのままにしておくだけである。K16のセルに移動して、公式　＝MAX（J14:J16）　を入力し、それをⅠ列全体にコピーする。それは、ストップが３日間下落することを防ぎ、そのころには上げトレンドに回帰するか、あるいはストップが執行される。

下げトレンドにおける売りルール

　トレンドが下向きのときは、高値のパターンがストップのレベルを決めるので、高値に基づいてセーフゾーンを計算します。

　１．株や先物の、表6.1のような高値－安値－終値の形の（高値はＢ列で最初の記録は３行目）少なくとも１カ月分のデータを手に入れる。

2．今日の高値が昨日の高値より高いかどうか検証する。L4のセルへ移動して、公式　=IF（B4〉B3,B4-B3,0）　を入力し、それをL列全体にコピーする。それは、前日のレンジの上向き突き抜けの高さを測定し、まったく突き抜けがなければ0を示す。

3．振り返り期間を選択して、その期間中のすべての上向き突き抜けを合計する。まず10日で始め、あとでほかの数値で実験する。M13のセルに移動して、公式　=SUM（L4:L13）　を入力し、それをM列全体にコピーする。それは、過去10日間のすべての上向き突き抜けの程度を合計する。

4．前のバーを上方に突き抜けた各バーをマークする。N4のセルに移動して、公式　=IF（B4〉B3,1,0）　を入力し、それをN列全体にコピーする。それは、それぞれの上向き突き抜けを1で、まったく突き抜けがなければ0でマークする。

5．振り返り期間中の、この場合は10日間の上向き突き抜けの回数を計算する。O13のセルに移動して、公式　=SUM（N4:M13）　を入力し、それをO列全体にコピーする。それは、過去10日間に何回高値が突破されたかを示す。

6．振り返り期間中のすべての上向き突き抜けの合計をその回数で割り算して、上向き突き抜けの平均を求める。P13のセルに移動して、公式　=M13/O13　を入力し、それをP列全体にコピーする。それは、各日の上向き突き抜けの平均、つまり、その市場の上向きノイズの通常レベルを示す。

7．今日のストップは、昨日の上向き突き抜けの平均の数倍だけ昨日の高値より上に入れる。昨日の上向き突き抜けの平均に選択した係数——まず2、しかし検証では3——を掛け、その結果を昨日の高値に加算して今日のストップを得る。Q14のセルに移動して、公式　=B13+2*P13　を入力し、それをQ列全体にコピーする。それは、上向き突き抜けの平均の2倍だけ昨日の高値より上にストップの位置が

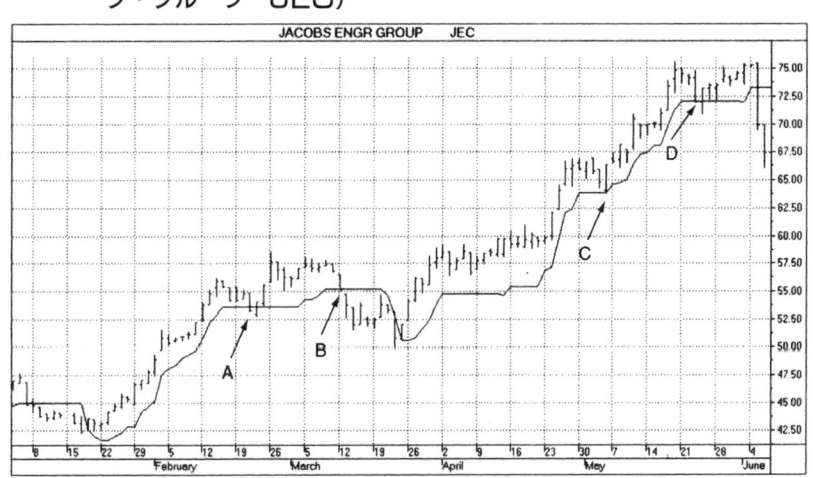

図6.8 セーフゾーン——上げトレンド（ジェイコブズ・エンジニアリング・グループ　JEC）

セーフゾーンを自分好みの株や先物で上げトレンドの期間に使うためには、まず下向き突き抜けの平均に係数3を掛け、それを直近バーの安値から差し引く。ストップをノイズの平均レベルより近くに入れることは墓穴を掘ることであり、平均レベルの2倍であっても通常は近すぎる。いったんトレーダーのシステムが上げトレンドを確認したら、セーフゾーンは価格を追跡し始め、トレーダーを降ろしてからトレンドが転換する。セーフゾーンストップがポイントA、B、C、Dでヒットされ、上げトレンドの大半を捕らえ、下落は回避しているのが分かる。
チャートの右端を見ると、株をセーフゾーンレベルより下ではけっして保有しないことが適切なアイデアであることがよく分かる。JECは暴落し、たった2日で1カ月の利益を帳消しにするが、セーフゾーンを使っているトレーダーは下落の初期に換金している。

あることを示す。今日の高値が昨日の高値を通常額の2倍だけ撃ち抜けば、手仕舞いする。

　8．公式を精緻化して下げトレンドでストップを上げることを防ぐ。上記の公式がストップを上げることを指示する場合は、前日のレベルのままにしておくだけである。R16のセルに移動して、公式　＝MIN（Q14:Q16）　を入力し、それをR列全体にコピーする。それは、ストップが3日間下落することを防ぎ、そのころには、下げトレンドに回帰するか、ストップが執行される。

図6.9 セーフゾーン——下げトレンド（フューエル・セル・エンジニアリング・グループ　FCEL）

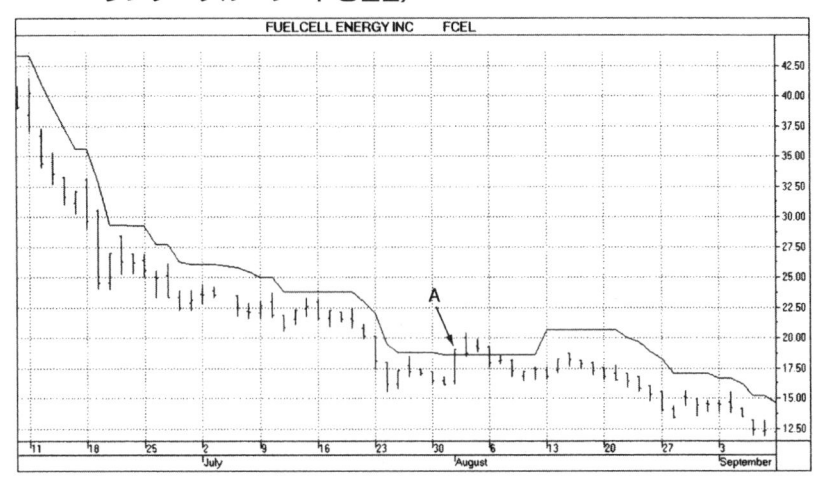

いったんシステムが下げトレンドを確認したら、セーフゾーンは、売りポジションで下落を乗り切り、利益を食ってしまう上昇の前に買い戻すのに役立つ。セーフゾーンがFCELの下落に乗って一貫してそのストップを下げ、ポイントAの急騰でヒットされるまでの経過に注目する。

　チャートの右端で下げトレンドが続き、セーフゾーンが売りポジションを保護している。周到なストップで売りポジションを保有すれば安全である。

　セイフティーゾーンは、ストップを置くための独創的な手法です。それは価格の変化を監視して、ストップを現在の活動レベルに合わせます。ストップを分かりきったサポートレベルやレジスタンスレベルに入れるのではなく、個々に調整された距離に入れるわけです。

　セイフティーゾーンは、下向にも上向きにも機能します。選択した時間枠の期間中における前日レンジの上向き突き抜けをそれぞれ計算し、そのデータを平均化して、上向き突き抜けの平均を求めます。それに係数の3をまず掛けて、その結果を各バーの高値に加算します。

　本書のあらゆるシステムや指標の例に漏れず、セイフティーゾーンは自由な思考に代わる機械装置ではありません。振り返り期間、つまり、セイフティーゾーンを計算する時間枠を設定しなければなりませ

ん。最近の重要な転換点を超えてさかのぼらないことです。市場が2週間前に下向から上向きに転換していれば、現在の買いトレード用セイフティーゾーンは、10営業日を超えて振り返らないことです。

　もうひとつの重要な判断は、セイフティーゾーンストップの係数を選択することです。通常、2と3の間の係数が安全な幅を提供しますが、自分自身の市場データで研究しなければなりません。いったん自分で研究してこの指標を微調整すれば、市場で生き残って成功するための自分専用のツールになります。それを、トリプルスクリーンなど、ほとんどどんなトレーディングシステムにも加えることができます。

シャンデリア手仕舞い

　トレンドが加速するときは、スイングをトレードするのではなく、ギアを転換してそのトレンドに乗ればいいでしょう。スイングをキャッチするにはきつめのストップを置く必要がありますが、より長期のポジションの場合はもっと動き回る余裕が必要になります。シャンデリア手仕舞いはこんなポジションを保護するために考案されています。

　買い手がストップを置くとき、通常は安値から逆算して最近の重要な安値の下にストップを置きます。トレーダーが売るとき、通常は高値から逆算して最近のピークの上にストップを置きます。シャンデリア手仕舞いは異なる手法を取ります。トレーダーが買いの場合は、屋根の最高点からシャンデリアをつるすように、ストップをそのトレンドが到達した最高のピークからつるします。価格が上昇すると、そのトレンドの最高点からつるされたシャンデリア手仕舞いもまた上昇します。シャンデリア手仕舞いとは、ピークからの距離がボラティリティの上昇で大きくなるにつれて、価格だけでなくボラティリティも追跡します。上げトレンドのシャンデリア手仕舞いを検討しますが、そのルールを反対にしたら下げトレンドにも適用できます。

トレンドはどの高さまで上がるのか分からず、シャンデリアは、価格が天井から離れてそのストップに引っかかるまで上昇します。この方法は、ほかのいくつかの方法とともに、チャック・ルボーが、2000年1月にカリブ海や2001年3月に太平洋で行われた私たちのトレーダーズキャンプで発表しました。

シャンデリア手仕舞いは、1966年にウエルズ・ワイルダーによって発表された平均トゥルーレンジ（真の値幅）の概念を利用します。トゥルーレンジは3つの数字——今日の高値と安値の距離、あるいは今日の高値と昨日の終値の距離、あるいは今日の安値と昨日の終値の距離——のうちの最大の数字です。トゥルーレンジは、今日と昨日の価格を比較することによってオーバーナイトのボラティリティを反映します。

トゥルーレンジは多くのソフトに含まれています。平均トゥルーレンジ（ATR）は、トゥルーレンジをある期間にわたって平均することによって得ることができます。どれだけの期間でしょうか？　まず1カ月を振り返ることから始めたらいいですが、コンピューターを使う今のトレーダーなら、平均トゥルーレンジ用の多様な振り返り期間を容易に検証することができます。

シャンデリア手仕舞いは、トレンドが到達した最高点から平均トゥルーレンジに係数を掛けた値を差し引いたものです。その公式は、次のようになります。

シャンデリア＝HP－係数×ATR
ただし、
シャンデリア＝シャンデリア手仕舞い
HP＝選択した期間の最高値
ATR＝選択した期間のトゥルーレンジの平均

上げトレンドが沸騰して日足のレンジが長い場合、ストップはやや低めになります。上げトレンドが冷静でレンジが狭い場合、ストップはやや近めになります。ウインドウズ・オン・ウォール・ストリートのソフトでは、シャンデリアの公式は次のようになります。

Hhv（hi,22）-3×ATR（22）

Hhv（hi,22）は過去22日間の最高値で、ATR（22）は過去22日間のトゥルーレンジの平均です。自分がトレードしたいマーケットのほかのパラメータも検証してみましょう。

この公式は、トゥルーレンジの平均に3を掛けてから過去22日の最高値から差し引いています。真剣なトレーダーは自分で非常に熱心に研究します。そんな人ならすぐにこの公式は3つの変数——最高値用の期間の長さ、トゥルーレンジ用の期間の長さ、平均トゥルーレンジに掛ける係数——を含むことに気づきます。最初の変数をいじくってもたぶん役に立ちません。急激な上げトレンドの最高値はチャートの右端近くで発生する可能性が高く、ほとんどの期間がそれをキャッチするからです。平均トゥルーレンジは、期間の長さに対しほんの少しだけ敏感度が高まります。実験がもっと有益になるのはATR係数です。だれもがピークから平均トゥルーレンジの3倍だけ下にストップを置く場合、ストップを3.5か、2.5の係数で設定したらどうなるか見てみたいと思いませんか？

シャンデリア手仕舞いを使って、急激な下げトレンドにおける売りポジションの利益を追跡することができます。その公式は次のようになります。

ILv（Lo，22）+3×ART（22）

図6.10 シャンデリア手仕舞い（ウイミン・ファースト・ヘルスケア WFHC）

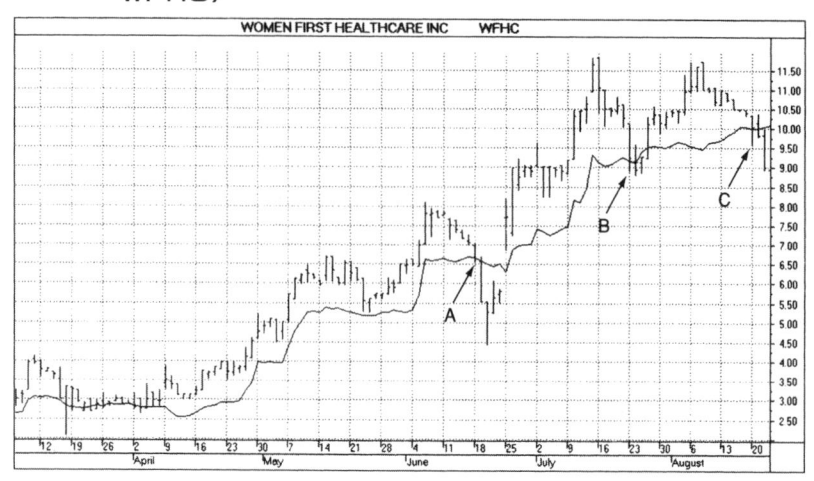

上げトレンドにおいて、シャンデリア手仕舞いは、最高点から平均トゥルーレンジの3つ分だけ下につり下がっている。上げトレンドの大部分をつかむために有効に作用し、ポイントA、B、Cでトレーダーを手仕舞いさせ、利益を保護する。ボラティリティが増大すると、シャンデリアが、株に幅をやや広くして価格から遠ざけたストップを与えていることに注目する。チャートの右端で、シャンデリア手仕舞いは、ちょうど下落が始まったときに利食いしている。システムが新たな買いシグナルを出すまで待ち、そのシグナルが出たら、新たなシャンデリアをそのトレンドにつるす。

ILv（Lo，22）は過去22日間の最安値で、ATR（22）は過去22日間のトゥルーレンジです。

ベテランのトレーダーはときどき冗談で、弱気市場にはサポートラインがないし、強気市場にはレジスタンスラインがない、と言います。急激なトレンドはすべての合理的な予想を撃ち砕いてしまいます。シャンデリアは、それに対処するために、ストップを価格の極値とボラティリティに結びつけました。

シャンデリアの負の側面は、かなりの利益を放棄してしまうことで

す。3つの平均トゥルーレンジは不安定な市場では大金になる可能性があります。初心者はチャネルの壁で利食いをするほうが賢明です。もっと上級のトレーダーなら、市場がチャネルの壁をヒットしながらも非常な強さを見せている場合は、シャンデリア手仕舞いに転換する可能性がもっと高くなります。彼が大きなポジションを保有している場合、チャネルの壁で部分的に利食いをして、残りはシャンデリアを使って持ち越せばいいでしょう。シャンデリア手仕舞いは、ベテランのトレーダーの手仕舞い戦略を補強する働きをします。

ギャンブラーが大金を失うのは天井と底を捕らえようとするからです。優れたトレーダーは現実主義者で、トレンドの大部分はつかみ取っても、独善的な人々に魚の頭と尻尾はくれてやろうと思っています。シャンデリア手仕舞いはその大部分を扱うのに役立ちます。

トレード対象の選択

新聞を開くと数千の銘柄——株、ミューチュアルファンド、先物、オプション、債券、通貨——が目に飛び込んできます。データプロバイダーは2万項目以上のメニューを提示するかもしれません。それらをすべてダウンロードして、それぞれを2秒で検討するとしたら、11時間かかります。

初心者は、チャンスを見逃すことを恐れて、できるだけ多くの市場を見ようとします。彼らは多くの場合、スキャニングソフトについてのアドバイスを求めます。彼らは、MACDヒストグラムの強気の乖離のようなものを数千の株のなかから精選したいと思うのです。まず、乖離は、肉眼では極めて明らかですが、プログラムでは難しいのは周知の事実です。私の知る最高のプログラマーの話によると、彼は最も高価なソフトを使ってそれを達成し、最高の出来だとのことです。しかし、たとえ初心者が彼のプログラムを手に入れることができても、

費用が無駄になるでしょう。初心者は検索した株をどうしたらよいか分からないからです。初心者は、そんな株の正しいトレードの仕方を知ろうとしないのです。初心者は、少数の市場に焦点を当ててすべてを習得し、慎重にトレードするほうが賢明です。

毎日、地道に追跡できる数の市場に絞るほうが賢明です。プロは、毎日自分の市場を研究して、活気のないトレーディングレンジから新たなレンジへの移行を探知します。トレンドから利益を上げる絶好機は、価格が割高や変動的になる前です。

世間の注目を浴びるマーケットは割高で変動的になる傾向があります。経済新聞の第一面でバイオテクノロジー株の強気についての記事を読んだり、夜のニュースでコーヒーの高価格についてのレポートを見たら、そんなトレンドはたぶん序盤というよりも終盤に近くなっていて、バイオテクノロジーの株やコーヒーの先物を買うことはおそらく非常に危険でしょう。

人やグループを理解するためには、彼らが何を望み、何を恐れているのかが分かれば役に立ちます。ジャーナリストや編集者が最も恐れるのは、間違いをして愚かに見えてしまうことです。彼らがレポートするのは、間違うはずのない、だれの目にも明らかなトレンドだけです。たとえ彼らがトレンドを早期にキャッチする方法を知っていても、実は知らないのですが、あえてその知見を記事にすることはないでしょう。間違ってしまい、無知に見えることを恐れるからです。トレーダーは、資金管理を活用するかぎり、間違いを恐れませんが、ジャーナリストはそんなリスクを冒す余裕はないのです。彼らがトレンドを書きたてるころには、そのトレンドはすでに多少の期間継続していて、ボラティリティが高くなり、リスク管理が困難で、おそらく大きな転換が発生してもおかしくない状況になっています。

何をトレードすべきでしょうか？　株、先物、通貨、あるいはオプション？　初心者は、いきなりオプションは過酷ですから、まず、株

なり、先物なり、オプションの原資産証券のトレードを習得すべきです。アメリカ以外の人々は多くの場合、通貨に引きつけられ、通貨が真に世界市場であることを忘れてしまい、アメリカ人が通貨をトレードするときは、あらゆる時間帯にトレーダーを配する銀行に逆らうことになります。株にするか先物にするかの選択が合理的な根拠に基づいてなされることはめったにありません。株をトレードするほうが上品に思えるのに対して、先物はもっとスリルがあるという評判です。先物に対する荒っぽいイメージはその巨大なレバレッジのためです。資金管理のルールを綿密に守れば、先物ははるかに安全になり、いら立つことも少なくなります。

株式

　株は先物よりもゆっくりと動く傾向があり、だから初心者の、特に信用取引を避ける人たちのリスクが軽減されます。市場のミステリーのひとつは、現物トレーダーが勝って信用取引トレーダーが負ける可能性が高いことです。なぜでしょうか？　信用取引の貸株の金利は大きな費用で、勝利の障害になりますが、それだけではありません。現金で株を買う人たちのほうがリラックスしていて、買う額を好きなように加減します。信用取引トレーダーのほうがもっとストレスを感じる可能性が高くなります。不安なトレーダーは問題の多いトレーダーです。買う余裕のあるものだけを買って自分のスキルを磨くほうが賢明だし、お金はあとからついてきます。

　銘柄数そのものが人々の注意を散漫にします。初心者は腕を大きく広げて追跡すべき銘柄のリストを求めます。規律あるトレーダーなら数銘柄を選択して集中しやすいようにします。彼はまず業界グループをひとつか、複数選択してから、個々の銘柄に焦点を絞っていきます。

　初心者はひとつか２つのグループから始めて、中級トレーダーなら

4つか5つに増やしてもかまわないし、プロなら自分で扱える数が分かっています。たぶん、プロは自分が精通している数グループに専念するでしょう。まず、非常に将来性があると思うグループをひとつ、あるいは個人的に興味があるグループをひとつ選択します。例えば、有望だからバイオテクノロジーに、あるいは自分が仕事をしている業界だから接客業に、全力を注ぐことに決めたらいいでしょう。

　狭いグループよりも広いグループを選びます。例えば、自動車産業を追跡することに決めたら、ただ車の製造業だけを見るのではなく、車の部品、タイヤなどを作る会社も見ます。単一のグループに焦点を当てることの難点は、ほかのグループの素晴らしい動きを見逃すことです。しかし、利点もあります。どの株がリードし、あるいは後追いするのか分かるようになるのです。リーダー株が動き出すと、出遅れ株をトレードする事前のシグナルになります。相対的な強さを利用するわけです。つまり、グループが上昇するときは最強の銘柄を買って、下落するときは最も弱い銘柄を空売りします。選択したグループのなかの自分が追跡するすべての銘柄を含む指数を作成し、その指数を分析します。この分析ツールは自分以外のトレーダーはだれも利用できません。ファンダメンタル分析を使う場合、単一の業界の、例えばソフトウエア業界の実情を正確に把握すれば、今日マイクロソフトを買って、明日はマクドナルドを買うような競争相手を大きく引き離すことになります。

　広義に定義された業界グループには100を超す数の銘柄が含まれるでしょうが、知的な初心者は12以上の銘柄を追跡すべきではありません。すべての銘柄は優良株と投機的な「ボロ株」に分けることができます。優良株は、安定した大企業の株で、多くの機関投資家が保有し、多くの調査員が追跡しています。かなり安定した価値の合意があって、株価はその辺りをある程度穏やかに上下します。そんなスイングを年に数回キャッチするシステムを考案すれば、潜在的な利益は非常に魅

力的になる可能性があります。大型のダウ銘柄を無視しないことです。移動平均とチャネルの壁の間を整然と動くダウ銘柄のスイングは、適切なトレーディングチャンスになります。

いわゆるボロ株は、何年間もとは言わないまでも何カ月間も底値で平坦に推移して投機的な人気から見放され、やがて何かファンダメンタルな変化があれば、あるいは単なる変化のうわさだけでもいいのですが、それに駆り立てられてブレイクアウトが発生し、新たな上げトレンドを形成することもあります。

ほかのボロ株は、鳴かず飛ばずになるか、消滅するかもしれません。ボロ株のほうが優良株よりはるかに高い利益率を得ることができますが、リスクもさらに大きくなり、かなりの時間を費やして待たないと動きません。口座の大部分で優良株をトレードし、小さな部分をもっと長期の投機的なポジションに充てておくのが妥当です。

見習いのトレードを経験し、少数のグループの少数の銘柄のトレードを習得して、今度はもっと広い牧草地で飼料をあさりたいと思う場合はどうでしょうか？　結局のところ、テクニカルパターンやシグナルは多様な市場でもさほど異なるわけではありません。多数の銘柄をスキャンして、自分が理解して信頼しトレードするようになったMACDの乖離、衝動のブレイクアウトなどのパターンを探りたい場合はどうでしょうか？

インターネットでナスダックの出来高ランキング100銘柄が分かるウエブサイトを見つけます（そんなウエブサイトの見つけ方を知らないなら、それらの銘柄をトレードする能力はありません）。目につく銘柄すべてに注意します。新聞で数社が記事になったら、その株を調べます。人々がパーティーで銘柄の話をしていたら、それをちょっと書き留め、自分のシステムに入れて、スクリーンで検討してみます。多くの銘柄情報は、逆に考えてみる必要があります。2001年の夏、ルーセント（LU）は、期待外れの収益がまたニュースになって、80ド

ルから6ドルに下落しました。ジャーナリストは愕然としましたが、ルーセントは弱気相場を終えて魅力的な強気の乖離を記録し、上昇が近い状態になっていたのです。6ドルから9ドルへの上昇は50％の上昇です。人々がパーティーでしつこく勧める銘柄は、多くの場合、空売りの有力候補です。アウトサイダーが興味を持つころには、上昇が終わっている傾向があります。大事なことは、好奇心を持ち続けて、銘柄情報は額面どおりに受け取るのではなく、あれこれの銘柄を検討するきっかけだけにすることです。私の場合、歩留まり、つまり私が最終的にいずれかの方向にトレードすることになる銘柄情報の割合はだいたい5％――20にひとつ――です。私のある友人は、素晴らしいトレーダーですが、よく電話してきてあれこれの銘柄を見てほしいと言います。彼女の銘柄情報に対する私の歩留まりは10％です――彼女が最高です。

出来高レシオ

TRO（出来高レシオ、Turnover Ratio）は、1日の平均出来高を流通浮動株数と比較することによってあらゆる株の期待ボラティリティを予測します。この公式は、ライトラインレポート（http://www.rightline.net/）のロジャー・ペリーを介して私の注意を引くようになりました。

TRO＝月次出来高÷流通浮動株数

前月の出来高の計算は容易です。流通浮動株数とは、総浮動株数、あるいは発行済み株数から機関投資家やインサイダーの保有株数を差し引いた株数です。そんなグループは、個人トレーダーより堅実にポジションを保有する傾向があります。売る可能性は、価格が適切であれば、個人トレーダーのほうが高くなります。上記の数字はすべて財

務データベースで広範に入手可能です。

　平均月次出来高は、1日の出来高に、1カ月の営業日数の22を掛けることによって計算できます。1日の出来高を使うと、TROは、株がトレーダーの人気を得たり失ったりするのに応じて、もっと敏感に出来高の変化に反応するようになります。

　TROは、浮動株が1カ月に何回トレードされるかを示します。例えば、ある株の月次出来高が2億株で流通浮動株数が1億株だとしたら、そのTROは2.0です。別の株の月次出来高も2億株で、しかしその流通浮動株が5000万株だとしたら、そのTROは4.0です。

　平均出来高が浮動株よりはるかに低い場合、その株の出来高レシオは低く、買い手が殺到して価格が大きく動く可能性は低いです。しかし、出来高が浮動株に比較して高い場合、多くの人が少数の流通株を入手するために競争し、突然買い手が殺到して価格を劇的に上げる可能性があります。

　高TRO株のほうが不安定になる傾向があります。そんな株を買いたい人はだれでも、プレミアムを支払って、相対的に少数の保有者の手から強引に入手しなければなりません。売りの波がマーケットを襲うと、高TRO株のほうが割安で余分の株を買う機関保有者が少ないので、激しく下落します。ほかのすべての要因が同じであれば、TROの高い株のほうが変動率が大きくなります。

　例えば、これを書いている時点で、ジェネラル・エレクトリック（GE）の月次出来高は3億5590万株で、流通浮動株数は98億0900万株だから、出来高レシオは4％です。ジュニパー・ネットワークス（JNPR）の数字は、3億8720万と1億5560万だから、249％です。当然、GEは動きの鈍い優良株であるのに対し、JNPRは高値投機株です。このような数字を月に1回チェックして、その変化を追跡し続けます。株式分割があれば浮動株が増えてTROが低下します。デルコンピュータ（DELL）は、分割が1回多すぎたために市場で株数が過

剰になって、デイトレーダーには魅力のない株になりました。

　GEやIBMのような優良株は、機関投資家や個人によって広範に保有されています。その１日の出来高は、いかに高くても、浮動株の極めて小さな割合にすぎません。発行されて間もない新たな株は、たいてい浮動株が非常に少ないですが、一般の人たちの目を引くと、その１日の出来高がとてつもなく高くなり、TROを押し上げます。

　自分が追跡している株のTROを綿密に記録します。マーケットが活況で動きが急であるときは常に、高TRO銘柄に切り替えます。マーケットが値動きを欠いてトレンドのない局面のときは常に、低TRO株に切り替えて、そのスイングをトレードします。TROは攻撃的なポジションと防御的なポジションを相互に切り替えるのに役立ちます。

スイングトレードか、トレンドトレードか

　チャートを一瞥するときは常に、トレーダーの目は直ちに大きな上昇や下落に引きつけられます。大きな動きがトレーダーを引きつけるのは、大儲けの見込みがあるからです。ずばりだれが大損させられるのかという疑問が初心者の頭をよぎることはめったにありません。大きな上昇や下落は、チャートの中央では明確に確認できるのに右端に近づくにつれてあいまいになるので、問題です。

　大きな上げトレンドが下落で中断するのに対し、下げトレンドは上昇で中断します。反トレンドの動きがあるときにポジションを保持するのは、感情的に至難の業です。利益がなくなってくると、一時的な中断なのか、あるいは本格的な転換なのか不安になるのです。少しでも残っているお金をつかんで逃げ出したい誘惑に駆られるわけです。短めのスイングは、価格目標が近くなってストップもきつくなるので、キャッチしやすくなります。

　トレードすべきなのは、長期のトレンドでしょうか、それとも短期

のスイングでしょうか？　必ずその判断をしてからトレードを仕掛けます。まったくお金を賭けていないときのほうが客観的になりやすいのです。株もそれぞれに性格があり、だから、トレンドトレーダーとスイングトレーダーは、異なる株に興味を示す傾向があるのです。

　トレーダーには３つの選択肢があります。トレンドトレーダーは数カ月続く大きなトレンドを特定します。スイングトレーダーは、数日から数週間続く楽観と悲観の短期のスイングをキャッチします。デイトレーダーは同じ立ち会いの間に出入りして、トレードは分単位あるいは時間単位でしか続きません。

　成功するトレンドトレードは大きな動きをキャッチして、１トレード当たりの儲けが大きくなります。ほかの利点は、時間をかけて出入りの時期を判断できること、スクリーンに縛りつけにならないこと、大きな動きを判定する満足感があることなどです。しかし、トレンドトレーディングには確かに欠点もあります。ストップが相場と離れてしまい、ヒットすると損失が大きくなります。また、動きのない長い期間じっとしていなければならず、それは多数の人たちにとって耐え難いことであり、多くの短期的なトレーディングチャンスも見逃してしまいます。

　スイングトレーダーはトレンドトレーダーよりチャンスが多く、頻繁なトレードで経験も豊かになります。金額的なリスクはきつめのストップのおかげで低下し、素早い報酬は満足感をもたらします。スイングトレードにもまた欠点があります。売買手数料やスリッページの経費が、頻繁なトレーディングのために高くなります。毎日仕事をして、活発にトレードを運用しなくてはなりません。また、大きな動きを見逃す可能性があります——小さな釣り針で大きな魚は釣れません。

　トレンドトレーディング——大きな強気マーケットで買うこと——が最高に機能するのは、ピーター・リンチが10バッカーと呼ぶ10倍にも上昇するようなタイプの株です。そんな株は通常は新しく、安く、

あまり確実ではありません。インターネットやバイオテクノロジーの企業で、注目を浴びる先端的な発明、新たな特許、あるいは新たなアイデアを持つ会社は従来の確立された会社よりも高率で上昇する可能性が高くなります。小さな会社はその将来を単一のアイデアや商品に賭けているかもしれないし、その株は、一般の人たちがその賭けを買えば急騰するし、買わなければ株価は落ち込んだままになります。大きな多国籍企業が同じ発明をしていたとしても、もうひとつ商品が増えても巨大な会社にとってはほとんど違いは生じないので、その株はほとんど動かなかったでしょう。大きなトレンドの魅力があるために、有望な新しい業界の小さな会社の株はトレンドトレーダーを引きつけます。スイングトレーダーは、主要な取引所で最も活発に取引される銘柄のなかから候補を選ぶべきです。広くて明確なチャネル内でスイングする大型株を探すことです。

　いったん株を選択したら、いつまでも同じように動き続けると考えてはいけません。会社は変化しますから、自分が選択した株のことは熟知していなければなりません。例えば、DELLは、マイケル・デルが大学の学生寮で立ち上げた非常に小さな会社でしたが、世界でも屈指のコンピューター会社に成長しました。私のある友人が、1990年代初期に5万ドル相当のDELLの株を買って3年後に230万ドルで換金しましたが、株価が天井を突き抜けて1年に2倍になるDELLの時代は終わりました。その代わり、この広範に保有されている株はスイングトレーダー向きの銘柄になり、しかも、さほどの人気株ではなくなりました。

　初心者のトレーダーは、スイングをキャッチすることを習得したほうが賢明です。利食い目標とストップが明確で、反応が速く、資金管理が容易になるからです。トレンドトレードとスイングトレードの選択は、客観的な面もあるし主観的な面もあります。トレンドか、スイングのどちらをトレードしたらいいのでしょう？　私が数千人のトレ

ーダーや投資家に会ったあとの印象は、エリートは大きな動きをトレードして大きなトレンドに乗るけれども、それができる人は極めて少数だということです。はるかに多くのトレーダーは、スイングをトレードして──ときには非常に大金を──儲けています。トリプルスクリーンはいずれのトレードでも機能しますが、仕掛け、特に手仕舞いが異なります。

トレンドトレーディング

　トレンドトレーディングは、自分のポジションを非常に長い間、ときには数カ月間、保有することを意味します。自分の株が大きなトレンドと逆に反応する場合でも保有する必要があります。強気と弱気の市場は、ファンダメンタルズの変化──株の場合は新しい技術や発見、農産物市場では天気のパターン、通貨の場合は政治的変化など──によって促進されます。ファンダメンタルな要因が強気や弱気市場の背後にありますが、価格はトレーダーや投資家の行動にだけ反応して変動します。ファンダメンタルな情報で大きな動きが予想されるときは、チャートを分析して、テクニカルズがファンダメンタルズを確認するかどうか見極める必要があります。

　市場は、離陸したあとでトレーダーに招待状を発送します。トレンドが最初に地下室から出てくるときに注目する人は、ほとんどいません。素人はぐっすり寝ていますが、プロは自分の市場を監視してブレイクアウトや乖離をスキャンします。活況市場がニュースになるのは安値や特に高値がジャーナリストを引きつけるからです。プロとアウトサイダー（一般トレーダー）の主要な相違点のひとつは、プロは常に自分の市場を追跡しているのに対し、素人は市場がニュースになってから目覚めてチャートを見ることです。そのころには列車はすでに駅を出ています。ABCレーティングシステムは、9章で説明しますが、動きの鈍い期間を通じて株を追跡する難題に対処するのに役立ち

ます。

　新たなブレイクアウトを認識するのは容易ですが、トレードするのは難しく、保持するのはさらに難しいことです。トレンドが加速すると、ますます多くの人が後退を祈るようになります。トレンドが強いほど、バーゲンハンターを受け入れる可能性が小さくなります。大変な忍耐と確信がないと、トレンドのなかでポジションを保有できません。トレーダーは、「じっと座っていないで、何かしなさい」という態度で、とかく活発になりがちです。じっとしていることを習得するのは、彼らにとっては難しいのです。どちらかというと女性のほうがトレードに優れている理由のひとつは、男性より忍耐力がある可能性が高いためです。

　トレンドのトレードを自分で習得するにはどうしたらいいでしょうか？　まず過去のチャートを研究したらいいのですが、経験に代わるものはないことを忘れてはいけません。要は、実地に習得することです。まずごく小さいポジションを仕掛けることで、リラックスできて、締めつけられるような気持ちにならなくてもいいようにします。習得中は、数百株だけ、あるいは先物1枚だけをトレードします。

　トリプルスクリーンをトレンドトレードに応用するためには、長期チャートでブレイクアウトを監視するか、あるいは、週足EMAによって特定される明確な動きを探るようにします。週足によって強気か、弱気が分かれば、日足に戻ってオシレーターを使い仕掛けのポイントを見つけます。買いポジションは、上げトレンドで価格が上昇する日足EMAに触れるときに仕掛け、押しがあれば買い増しを続けます。日足オシレーター、例えばMACDヒストグラムや勢力指数などが、買いシグナルを出すとき、特にそのシグナルが下落と重なるときも買い増すことができます。下げトレンドのときはこの手続きの反対をします。週足トレンドが下向きで日足オシレーターが上昇して買われ過ぎレベルに到達するとき、特に、それがEMAまでの上昇と重なると

きは、空売りのシグナルになります。

　要は、市場の潮流の方向に自分を置き、その潮流に反する波を利用して当初のポジションに増し玉することです。初心者としては、ひとつの小さなポジションのトレードを習得しますが、いったん儲かり始めたら、ポジションのサイズと増し玉の数は資金管理の役割になります。

　新たなトレンドを認識したら、仕掛けます！　新たなトレンドはトレーディングレンジから飛び出し、その速さは周知のとおりで、押しか戻りがあるかないかの程度です。新たなトレンドを確認したと思ったら、飛び乗ることです。小さめのサイズをトレードすることによってリスクを軽減することができますが、深い押しや戻りを待ってはいけません。そんな押しや戻りがあとで発生すれば、ポジションを積み増すことができます。新たなトレンドに飛び乗ることは直観で判断できないように思えますが、マーケットにいたら、マーケットの動きにもっと注意を払うようになります。あの偉大なジョージ・ソロスは冗談半分に、「まず買いなさい、それから調べなさい」と言いました。

　最初の損切りの逆指値は、新たなトレンドがレンジから飛び出したブレイクアウトレベルに置きます。発射台から離陸したロケットが地面に落下することはありません。あわててストップを移動させてはいけません。押しや戻りとそのあとの新たな動きを待ってからストップをその押しや戻りの位置まで移動します。セーフゾーンストップは、スイングでは非常にうまく機能しますが、大きなトレンドではあまりにもきつすぎです。潮流に乗っている間は、不利にスイングする波は承知のうえで保有しなければなりません。

　トレンドトレーディングは、自分の当初のポジションを終始一貫して保持することを意味します。非常に大きな魚を釣るつもりであれば、十分な余裕が必要です。大きなトレンドで大儲けする人がほとんどいない理由のひとつは、彼らが不安になって異常に活発になり、踏みと

どまることを忘れてしまうことです。トレンドは、スイングと違って、利食いして素早く逃げるものではないのです。週足のトレンドフォロー型指標が平坦になるか反転するまでは、トレンドにとどまります。

　素人は、たいてい策におぼれてトレンドの終わりを拾おうとしますが、それは至難の業です。ピーター・リンチがいみじくも述べているように、底をキャッチしようとすることは、落ちてくるナイフをキャッチしようとするようなもので、必ず間違ったところをつかんでしまうのです。トレンドは、合理的な予想を撃ち砕く傾向があります。ニュースや日足チャートのパターンなど、いろいろ気を散らすことが発生して、トレーダーをサドルから振り落とそうとします。だから、しっかりつかまることです！　中核ポジションと補助的なポジションのトレードを考慮します。中核ポジションは、余裕を持ったストップを置いて最終的な利食い目標なしに仕掛けますが、追加のポジションはスイングで出入りして、EMAが下落すれば買って上側チャネルラインまで上昇すれば売ります。2つの異なる口座を使って記録を取りやすくすることを考えます。

スイングトレーディング

　市場はほとんど期間、その方向が定まりません。数日上昇して中断し、数日下落してまた上昇します。小さなスイング——週足、日足、時間足——のほうが大きなトレンドよりも一般的です。月末に市場は高いか、あるいは安くなっているかもしれませんが、数回上昇したり下落したりしています。新入りは振り落とされ、プロは短期のトレードを楽しみます。

　市場が本来の価値の上下にスイングする傾向は数人の研究者によって統計的に確認されています。スイングトレードは、正常な状態を買って躁状態を売ること（上昇する移動平均の近くで買って、上側チャネルラインの近くで売ること）、あるいは、正常な状態を空売りして

鬱状態を買い戻すこと（下落する移動平均の近くで空売りして、下側チャネルラインで買い戻すこと）です。スイングトレードの最適候補は、出来高ランキング上位の株と、チャネルの範囲内で多少とも規則的に揺れる優良株です。ボロ株はトレンドトレードの最適株として残ります。候補リストを作成するために、まず出来高ランキング20の銘柄と有名な優良株の数銘柄から始めて、最も幅が広いチャネルと最も規則的なスイングを持つ銘柄を選択します。

　必ず日足チャネルが十分幅が広く、Cランクのトレーダーでも1トレードで少なくとも1ポイントは取れる候補だけを選びます。Cランクのトレーダーとは、通常チャネルの10％以上を取る人のことです。Bランクの場合、あるいはたとえAランクの場合であっても、それを証明する唯一の方法は、そのレベルで少なくとも6カ月間トレードすることです。Aランクのトレーダーでも利益が増えるので、広いチャネルにしたほうが賢明です。初心者の選択肢は、「Cランクのトレーダーは1ポイント」のルールを使うこと以外ありません。これはつまり10ポイントのチャネルになります。テクニカルシグナルはおいしく見えるかもしれませんが、チャネルが10ポイントより狭ければ、クリックして次の株に進みます。

　ほかより適切なシグナルを出す銘柄があります。少数の安定した実績のある銘柄を探ります。6～7銘柄は必要で10は超えないようにします。少数の銘柄だけを追跡することで、疲れ果てたり落後したりしないで日々の下調べを続けることができるようになります。自分の株の性格を知り、各トレードで自分を評価し、ひとたび安定したBランクのトレーダーになったら、トレーディングサイズを大きくします。

　週足トレンドが上向きのときは、価格がEMAに向けて下落する間に、日足オシレーターが売られ過ぎになるのを待ちます。週足トレンドが下向きのときは、価格がEMAに向かって上昇する間に、日足オシレーターからの売りシグナルを探します。オシレーターが数カ月来

の新安値まで下落して、価格がEMAに向けて動いている場合、それはベアが格別に強いことを示し、買いは次の底まで延期するほうが賢明です。逆のことが空売りに当てはまります。

週足の上げトレンドにおいて、日足チャートの底は非常に急激なものになる傾向があります。買いの絶好機は、マーケットが日足EMAの下まで突き抜けるときです。空売りの絶好機は、マーケットが日足EMAの上まで突き抜けるときです。EMAの近くに注文を入れるためには、その翌日のレベルを推定します。計算は簡単です。昨日のEMAと今日の終値のEMAのレベルは分かります。例えば、半ポイント上昇していれば、明日の上昇も半ポイントだと予想して、それを今日のEMAに加算します。

自分の株が、最近のトレンドの開始からどのように動いたのか見てみます。トレンドが上向きの場合は、前の下落を調べます。その株がEMAまで3回押して、平均で1ポイント半だけ突き抜けていたら、買い注文は、前の下落よりやや浅めの、移動平均のだいたい1ポイント下に入れます。明日のEMAを推定して買い注文を毎日調節します。電子ブローカーは毎日注文を変更してもイライラしません！

スイングトレードは、魚釣りのように、大変な注意と忍耐を要求します。下調べを毎日行い、明日の推定EMAを計算し、注文を入れる必要があります。また、利食い目標とストップも計算しなければなりません。

スイングトレードを仕掛けたあと、セーフゾーン方式を使って防御的なストップを置きます。スイングトレードは綱渡り的な行動ですから、セーフティーネットが必要です。ストップと資金管理は、生き残りと成功のためには不可欠です。

チャネルラインの近くで利食いをします。正確なレベルはスイングの強さ次第です。MACDヒストグラムと勢力指数が新高値を付けていたら、市場は強く、チャネルラインがヒットされるのを待つことが

できます。MACDヒストグラムと勢力指数の動きが弱い場合、最初の利益がまだあるうちにつかみ取ります。もし強いスイングがチャネルラインを撃ち抜いたらどうでしょう？　ベテラントレーダーは、作戦を切り替えて、たぶん相場が新たな極値に到達できなくなるまで、やや長めに保有するかもしれません。初心者は、進行中に切り替えるスキルがないので、自分の腕を磨いてチャネルの近くで利食いしなければなりません。動きの大部分を見逃しても自責の念に駆られることなく、限定された利益を取れるようになることは感情的に成熟した印です。自分が求めていたものを受け入れて残りのものは気にかけなかったら、気持ちが開放されます。利食い目標は、不統一な環境のなかに統一を作り出すのに役立ちます。チャネル幅の割合で自分の成績を評価します。自分のレベルを採点する必要があります。

オプション

　いかなる会社の株数も固定されたものですが、オプションは買い手の要求に応じる売り手によって、何もないところから創造されるものです。オプションの買い手が望むのは、価格が十分に速く目標に達することであり、売り手がその望みを彼に売ってくれることです。ほとんどの望みはかなえられませんが、人は望みを捨てずにオプションを買い続けます。ファンドマネジャー、フロアトレーダー、そして取引所会員は、強気市場でコールを買って弱気市場でプットを買う素人にドサッとその望みを売りつけるのです。
　コールは、その保有者に一定の証券を一定の価格で一定の時期に買う義務ではなく、権利を与えます。それは、価格の上昇に賭けることです。プットは、一定量の証券を一定の価格で一定の時期に売る義務ではなく、権利です。それは、価格の下落に賭けることです。
　各オプションには権利行使価格（ストライクプライスとも言われ

る）があります。株が満期前にその価格に達しない場合、そのオプションは失効して無価値になり、買い手は支払った額を失います。逆に、売り手は、戦利品、つまりていねいな表現を使うとオプション価格を確保します。株を買ったり空売りしたりすることで利益を得るためには、正しい株を正しい方向で選択しなければなりません。オプションの買い手の仕事は、その株が自分のレベルに達する速さにも賭けなければならないので、はるかに難しくなります。

- オプションは、原資産証券の現在価格がその権利行使価格と等しいとき、アット・ザ・マネーになります。
- コールは、原資産証券の現在価格がその行使価格未満であるとき、アウト・オブ・ザ・マネーになります。プットは、原資産の現在価格が権利行使価格を超えるとき、アウト・オブ・ザ・マネーになります。アウト・オブ・ザ・マネーになればなるほど、オプションは安くなります。
- コールは、原資産証券の現在価格が権利行使価格を超えるとき、イン・ザ・マネーになります。プットは、原資産の現在価格が権利行使価格未満であるとき、イン・ザ・マネーになります。

オプションは、原資産証券の価格変化に応じて、その期間中の異なる時期に、アット・ザ・マネー、アウト・オブ・ザ・マネー、あるいはイン・ザ・マネーになります。各オプションの価格は2つの要素——本質的価値と時間価値——を持っています。

オプションの本質的価値がゼロを超えるのはイン・ザ・マネーのときだけです。コールの権利行使価格が80ドルの場合に原資産証券が83ドルまで上昇すれば、本質的価値は3ドルです。証券が80ドル以下であればコールの本質的価値はゼロです。

各オプション価格のもうひとつの要素は時間価値です。株が74ドルでトレードされていて人々が行使価格80ドルのコールに2ドル支払う

場合、2ドル全部が時間価値を示します。株が83ドルに上昇して、コールの価格が4ドルに跳ね上がると、そのうち3ドル（83ドル－80ドル）が本質的価値で、1ドルが時間的価値です（この株がオプション期間中にさらに上昇するだろうという希望）。

オプション価格はいくつかの要因によって決まります。

- アウト・オブ・ザ・マネーになればなるほど、オプションは安くなります——原資産証券は、失効する前にそのオプションが少しでも価値を持つためには、さらに大きな価格差を埋めなければなりません。
- 満期日が近づけば近づくほど、オプションは安くなります——望みをかなえるための時間が少なくなります。オプションが価値を失うスピードは、タイムディケイと言われ、満期日が接近するとさらに急激になります。
- 原資産証券が安定すればするほど、オプションは安くなります。その証券の大きく動く可能性が低くなるからです。
- オプションの価格に影響を与えるほかの要因は、金利の現在のレベルや原資産株の配当レートなどです。

株が100ドルでトレードされているとき、行使価格110ドルのコールのほうが、行使価格120ドルのコールより価値があります——その株は120ドルよりも110ドルになる可能性のほうが高いからです。次に、長期のコールのほうが短期のコールより価値があります——株が5カ月後に110ドルに上昇する可能性のほうが2カ月後より高いからです。最後に、2つの株が100ドルで売られているとして、今までにひとつの株は50ドル動いていて、もうひとつの株は30ドルしか動いていない場合、不安定な株の行使価格110ドルのコールのほうが、価格は高くなる可能性があります。

オプションの価値を決定するいろいろな要因が衝突して、部分的に

相殺し合うことがあります。例えば、マーケットが急激に下落してコールの価値が減少しても、ボラティリティの増大がオプションの価値をつり上げて、コールは予想されるほど価値を失わないかもしれません。いくつかのブラック・ショールズ式モデルのような数学的モデルがあり、それを使って、オプションのいわゆる評価価値を決定します。

最も単純なオプション戦略は、オプションを買うことです。それは、初心者のすることで、特に株を買う余裕がないときにコールを買うことです。初心者が見落としている事実は、オプションは株よりもっと複雑で、株で儲けられない人はオプションでは絶望的だということです。さらに洗練された戦略はオプションの売りを伴います。売り手は、カバードか、ネイキッドのいずれかです。

カバードライターは原資産証券を所有しています。例えば、あるファンドは、IBMの株を所有していてその株に対してコールを売り、株価がコールの行使価格に到達せずにオプションが失効して無価値になれば、余分な収入が手に入ると考えるわけです。もしIBMが行使価格まで上昇してそのオプションが権利行使されたら、彼らはその株を売って利益を上げ、別の株を買って、そのコールを売ります。カバードライティングは、取引所でオプションがトレードされるようになってから数年は非常に有利でした。今では、この分野は非常に乱戦状態で利益は縮小しています。ネイキッドライティングは、あとで検討しますが、原資産証券を所有せずにオプションを売ることで、売りの裏づけは売り手の口座の現金だけです。

上記はオプション用語の簡単な要約です。詳細は、この章の最後に列挙されたオプションの文献を参照してください。ただ、「資金を1年で3倍にする簡単な戦略——1日15分作業するだけで、まったく数学無用」と約束している本には注意しましょう。オプションで儲ける人は、だいたい数学の心得があって資金が潤沢にある人たちで、5000ドル賭けてあぶく銭を稼ごうと狙う平均的な負けギャンブラーとは正

反対です。それでは、オプション売買の戦略を検討しましょう。

オプションの買い——大きな転換の作戦

　オプションを買って儲けるのは株を買って儲けるより困難です。通常、例えば正しい株を選択すること、そのトレンドを確認すること、そして仕掛けと手仕舞いのポイントを選ぶことなどはすべて対処しなければなりません。そのうえ、どれくらい速く自分の株が予想レベルまで到達するのか懸念しなければなりません。上昇している株を買って目標に到達するまで3カ月ではなくて5カ月かかっても、それはまだ勝ちトレードです。同じことをオプションですると、失効して無価値になってしまいます。もっと長期のオプションを手に入れて、もっと長い時間を買い入れても、そんなオプションは価格が高く動きも鈍くなるので、事情が変わってもお金を失うことは同じです。すべてのオプションは時間価値を失い続けます。株の代わりにオプションを買う哀れな初心者は、プロが足を踏み入れるのを恐れるところに駆け込むのです！

　プロは特別な場合にだけオプションを買う傾向があります。それは、大きな、特に下向きの転換が予想されるときです。株の小さな下げトレンドではなく大規模な暴落が予想されるとき、プットの買いは適切なアイデアです。長期のトレンドが、特に天井近くで、転換し始めるとき、外国航路の船がコースを転換するときのように大規模な乱流が発生します。株は、今日崩落して明日急騰し、そのあとまた崩落するかもしれません。ボラティリティが天井を抜けると、裕福なトレーダーでもストップを置くのに苦労します。逆指値は市場のノイズ域の外側にありますが、ノイズレベルが猛烈に上昇したらそれをどこに置いたらいいでしょう？　オプションならこの問題を、大きな動きがあるときだけカバーできる価格で、回避することができます。

　価格は上昇するときの2倍の速さで下落する傾向があります。貪欲

は、上げトレンドにおいて支配的な感情で、愉快で長く続く気持ちです。恐怖は、下げトレンドにおいて支配的な、もっと激しく強烈な感情です。プロは、タイムディケイの脅威が短縮されるので、プットを買う可能性が高くなります。大きな下向きの転換が予想されるときは、プットを買うのは有効なトレードです。同じ原則はコールにも当てはまりますが、上げトレンドは株でトレードするほうが適切です。

　下落を予想するトレーダーは、どのプットを買うのか判断しなければなりません。最適の選択は直観的で、ほとんどの人の選択とは異なります。

　株価がどのレベルまで崩落すると予想されるのか推定します。プットを買う価値があるのは、激烈な下落が予想される場合だけです。

　期間が2カ月を超えるプットは避ける。プットを買う価値があるのは、急激な下落が予想されるときだけです。長期にわたる下げトレンドが予想されるときは、原資産証券を空売りするほうが適切です。

　価格がまったく希望を反映していないプットを探します。プットの行使価格欄を上から指でたどります。下へ行くほどプットは安くなります。最初は、次の行使価格に下がるたびに、25%か、35%も前のレベルより安くなります。結局、極めて安い価格しかついていない行使価格のレベルに行きつきます。これは、そのプットから希望がすべて絞り出されて、安い宝くじのような価格がつけられている。それこそ、欲しいプットなのです！

　極めて安い、ファー・アウト・オブ・ザ・マネーのプットを買うことは直観的な判断です。あまりにもファー・アウト・オブ・ザ・マネーであり、あまりにも短い残存期間しかないために、失効して無価値になるように思えます。それにストップを置くことはできませんから、間違っている場合は、その全プレミアムが無に帰してしまいます。なぜもっと行使価格に近いプットを買わないのでしょう？

　プットを買う唯一の機会は、大きな転換から例外的な利益を狙うと

きです。通常の下げトレンドにおいては、株を空売りするほうが適切です。安くてファー・アウト・オブ・ザ・マネーのプットは、出費の価値を最大にしてくれます。狙いは、通常の２対１か、３対１のレシオではなく10倍以上の利益です。このような利益は、一連のトレードで外れても最後に抜きん出ることを可能にします。ひとつの大きな転換をキャッチすれば、一連の損失を補ってなお非常に儲かるのです。

　私が今までに最高のオプションをトレードしたのは、1989年に発生した株式市場のミニ恐慌の期間でした。木曜日に市場が弱く引けて、それまでの１年間で初めて新安値が新高値を上回り、私が待ちに待った売りシグナルを出してくれたのです。金曜日の朝、シカゴのトレードショーの間に、私はOEX（スタンダード・アンド・プアーズ100種株価指数）のプットを８分の３ドルで買いました。金曜日の午後に市場の底が抜けました。月曜日に市場は急激に下落して寄り付いて私のプットは、つい数営業時間前に半ポイント未満で買ったばかりなのに、17ドルの買い気配になっていました。

　なぜもっと多くの人がこの作戦を使わないのでしょうか？　まず、そんな機会が非常に少ないために、大変な忍耐が必要です。だから、娯楽的価値はほとんどありません。ほとんどの人は、最後に儲かる可能性があっても、三度、四度、五度と立て続けに外れるという発想に耐えられないのです。だから、オプション史上最大のゲームのひとつをプレーする人がほとんどいないのです。

オプションのライティング（売り）

　初心者、ギャンブラー、そして資金の乏しいトレーダーがオプションの買い手の大半を占めます。そんな哀れな人たちが、手早く儲けようとする熱意に燃えながら、心ならずも失ってしまう大金のことを考えてもみてください。あなたはオプションの穴に数ドル落としたことがありますか？　だれがそのお金をそっくり手にするのでしょうか？

もちろん、ブローカーですが、ほとんどがオプションの売り手です。資金の豊富なプロは、オプションを買うより売る傾向があります。カバードライターは自分が所有する証券に対してオプションを売ります。ネイキッドライターは原資産証券を所有しないでオプションを売ります。

株や先物の動きは、3つ——上昇、下落、横ばい——のうちのひとつです。コールを買うとき、利益を上げることができるのは市場が上昇する場合だけで、下落や横ばいの場合、さらにはたとえ上昇しても十分速くない場合には、損になります。プットを買うとき、勝つことができるのは、市場が十分速く下落する場合だけです。オプションの買い手が儲かるのは市場が自分の方向に動くときだけで、市場が不利に動いたり横ばいになったりすると損をします。買い手が勝つチャンスは3つにひとつですが、オプションライターの勝率は3つに2つです。当然、プロはオプションのライティングを好みます。

大きなファンドは、コンピューターモデルを使って株を買い、その株に対してカバードコールを売る傾向があります。株が行使価格未満のままであれば、彼らはそのプレミアムを手に入れ、新たな期日の新たなコールを売ります。株が十分に高く上昇して、コールの権利が行使されると、彼らはその株を引き渡してお金を回収し、別の株に投資して、その株に対してコールを売ります。カバードライティングは、数学が要求される資本集約的なビジネスです。ほとんどの真剣なプレーヤーは、職員や設備などのコストを大きな資金ベース全体に分散します。小口のトレーダーはこの大きな資金が必要な事業ではあまり優位性がありません。

ネイキッドライターは原資産証券を所有しないでオプションを売りますから、空売りに似ています。ネイキッドライターはトレードの初めにプレミアムを収集しますが、そのポジションが不利になって撤退できない場合、リスクは無限になります。株を所有していてコールを

売って権利が行使される場合は、引き渡す株があります。ネイキッドコールを売って株が行使価格まで上昇すると、オプションの買い手は、売り手がその株を所有していてもいなくても、引き渡しを要求します。仮に、自分が売ったコールの株が買収の対象になって翌朝50ドル高で寄り付くとします――その場合でも引き渡しはしなければなりません。これは苦痛でしょう。

　利益が限定されてリスクは無限になるため、ほとんどのトレーダーはネイキッドライティングを恐れて避けますが、現実と自分の認識は、通常、市場においては非常に異なります。ネイキッドオプションを売ることは非常に危険に思えますが、残存期間の短いファー・アウト・オブ・ザ・マネーのプットは、ほとんどの場合、失効して無価値になる可能性が非常に高く、売り手に有利です。それが行使価格に達して売り手の損失を引き起こす可能性は非常に低いのです。ネイキッドライティングのリスクリワード・レシオは見た目よりずっと良好で、まれに発生する不利な動きの衝撃を軽減するテクニックもあります。抜け目のないネイキッドライターは、アウト・オブ・ザ・マネーのコールとプットを、株や商品がオプション期間中には到達しそうにはないレベルで、売る傾向があります。彼らは遠い希望を売るのです。優れた売り手は市場のボラティリティを追跡して、株がどのレベルまで動く可能性があるのか、最近の動向に基づいて見極め、そのレンジの外でオプションを売ります。ある株が１年かかって60ドルから130ドルまで上昇した場合、プロはあらゆる努力をして、数週間で期日が到来する行使価格170ドルのコールを買いたがっている初心者の役に立とうとします。その株がオプション期日の前に40ポイント上昇する可能性は非常に低いのです。だまされやすい素人は希望を買いたいと思い、プロは喜んで彼にそれを売ります。このゲームが最高潮に達するのは、オプション満期前の１～２週間の間で、フロアは、行使価格に達する可能性がほとんどないネイキッドのプットやコールを売ることによっ

て、何もないところから巨額のお金を稼ぎ出します。

　用心深い売り手は満期日を待たずにポジションを手仕舞うかもしれません。コールを90セントで売って10セントまで下落したら、それを買い戻してポジションを手仕舞うのが妥当でしょう。すでに多額の利益が出ているのに、なぜリスクにさらされ続けるのですか？　もういちど手数料を払って、利益を計上し、別のライティングチャンスを探るほうが安くつきます。

　ネイキッドライターになるためには、絶対的な鉄の規律が必要です。売りのサイズとポジションの数は、資金管理ルールに従って厳格に判断しなければなりません。ネイキッドコールを売ったあとで株が急騰して行使価格を超えたら、それは破滅の脅威になります。損切りをして速やかに撤退し、損失を相対的に小さく抑えるレベルを、事前に決めなければなりません。ネイキッドライターは、株が不利に動くときに何もせずにじっとしている余裕はないのです。素人は、しがみついて原資産証券が反転するのを待ちます。消耗する時間価値が、彼らを釣り針から開放してくれるのを待つわけです。奇跡を待てば待つほど、その鉄の釣り針が彼らの腸に深く突き刺さります。少しでも自分の規律に乱れがあれば、ネイキッドライティングには近づかないことです！

売り手の選択

　オプションの買い手はだれでもこの悲しい事情を知っています。マーケットの方向判断も株の選択も正しいのに、それでもオプションでお金を失ってしまうのです。時間は、オプションの買い手の敵です。買い手が負けるのは、その賭け金を回収できるレベルに原資産証券が到達するのに予想以上の時間がかかる場合です。満期日が接近すると、オプションの価値はどんどん減少します。

　この手続きの反対をしてオプションを買わずに売ったらどうでしょ

う？　そうすれば、時間は味方になります——１日経過するごとに、そのオプションが満期前にいくらかでも価値を持つ可能性が低下するからです。

　初めてオプションを、それも正しい判断で売るとき、時間が自分に有利に作用する愉快な興奮を覚えます。オプションは毎日その時間価値の一部を失うので、自分が収集したプレミアムがますます安全になります。市場に方向感がなくなっても、１日経過するごとに時間価値が消えていくので、儲かります。上手に生きることが最高の仕返しになるとしたら、ほとんどのオプションの買い手を殺す要因——時間——を取り上げて自分のために働かせることは、愉快な経験です。忘れてはいけないことは、オプションは希望であり、満たされる可能性の低い空虚な希望を売るほうが良策だということです。３段階を踏んでからコールあるいはプットを売ります。まず、原資産証券を分析し、どちらの方向に動いているのか判断し、価格目標を推定します。次に、コールあるいはプットのどちらを売るのか決めます。３番目に、売るオプションの行使価格と期日を選択します。これらの段階のどれかひとつでも不確かであれば、傍観し、無理に決めたりせず、別の機会を探ります。オプション価値決定の重要な要素のひとつは原資産証券のボラティリティです。ボリンジャーバンドと呼ばれる、ほとんどのトレーディングソフトに含まれるツールは、ボラティリティを評価するのに役立てることができます。その標準偏差バンドは移動平均の周辺に集中していますが、エンベロープと異なり、ボリンジャーバンドは、マーケットの動きが鈍いときは狭くなり、激しくなるときは広くなります。平坦で狭いバンドは動きの鈍いマーケットを示し、オプションは安くなって、売るより買うほうが適切です。ボリンジャーバンドの幅が広くなるとき、それはマーケットが過熱していることを示し、オプションは割高になる傾向があり、売り手のチャンスが作り出されます。踏むべき段階は次のようになります。

売るオプションの原資産証券を分析してみましょう。トリプルスクリーンを使って、株、先物、指数がトレンドを形成しているのか否かを判断します。週足や日足のチャート、トレンドフォロー型指標、そしてオシレーターを使ってトレンドを確認し、転換を見極め、価格目標を設定します。

　売るオプションのタイプを選びましょう。分析結果が弱気であれば、コールの売りを考慮します。強気であれば、プットの売りを考慮します。トレンドが上向きであれば下向きに転じるだろうという希望を売り、下向きであれば上向きに転じるだろうという希望を売るわけです。マーケットが横ばいでボリンジャーバンドが締まっているときは、プレミアムが低くてトレーディングレンジからのブレイクアウトが不利になるので、オプションを売ってはいけません。

　トレンドが変わるためには、市場がどのレベルまで、十分なセーフゾーンも含めて、動かなければならないかを推定して、その領域を超えるオプションを売りましょう。マーケットが満期前に到達しそうにない行使価格のオプションを売るわけです。仮に、ある株が過去1年間に50ドルから80ドルになり、今、週に半ポイントの上昇を続けていて、オプションの残存期間が8週間だとします。トレンドは上向きで、行使価格70ドルのプットをそんな状況下で売ることは、失効して無価値になる可能性の高いオプションを売ることです。

　行使価格に近いネイキッドオプションを売って多額のプレミアムを得る誘惑は危険です。わずかにトレンドに反する動きがあるだけで、ポジションが損失になる可能性があるからです。残存週数を調べ、最近の動きに基づいてマーケットが動きそうなレベルを計算し、そのレンジの外でオプションを売ることです。

　残存期間が2カ月以下のオプションを選びます。期間が短ければ短いほど、意外な動きは少なくなります。時間価値の目減りはオプション期間の最後の数週間で加速します。満期日近くでオプションを売る

と、加速されたタイムディケイの恩恵を受けます。もっと期間の長いオプションであれば、さらに儲かる可能性はありますが、貪欲になってはいけません。売り手の目標は、何が何でも１回のトレードで大儲けすることではなく、着実な収益を出し続けることです。

リスクを限定する

トレーダーはネイキッドのコールやプットを売り続けることができますが、そのうちに、強力な逆の動きに捕まるときが来ます。数年の利益がたったの１日で帳消しになるのです。

例えば、非常に強気の市場の場合は、常にプロはプットを売ることをお金を増刷するライセンスのように考えています。逆張り投資家、警鐘を打ち鳴らす人たち、そして「終末は近い」と唱える群衆が何年間もプットを買ってお金を失い続けますが、突然暴落が発生して買い手が日の目を見ます。何年間も彼らを食い物にしてきたプロが報いの日を迎えます——素早い人は生き残りますが、鈍い人は真っ先に足をすくわれます。

トレーダーは、何もないところから作り出された無益なネイキッドオプションを売り、利益を手にして太り、貪欲になります。独善的な自己満足のために、現実を見る目が曇ってしまいます。だから、オプションのネイキッドポジションは、ストップと資金管理で保護される必要があります。

原資産証券の損切りを頭のなかで考えましょう。オプション価格にではなく、原資産株、先物、あるいは指数にストップを設定します。原資産証券がストップレベルに到達したらオプションを買い戻します。例えば、70ドルでトレードされている株の行使価格80ドルのネイキッドコールを売る場合、77ドルにストップを置きます。オプションが行使価格と交差してイン・ザ・マネーになる前に、ネイキッドオプションのポジションから撤退するわけです。

ストップは航空機の射出座席のようなものです。アウト・オブ・ザ・マネーのオプションを売って市場がイン・ザ・マネーになる場合、待機して次に何が起こるか見ようとしても意味がありません。判断を間違ってお金を失っているのですから、損失が致命的にならないうちに射出ボタンを押すことです。オプションを1.5ドルで売った場合、アット・ザ・マネーのストップをヒットするころにはオプション価格は倍の3ドルになるかもしれません。ストップを使えば、オプションを売ることを恐れさせる「無限の損失」からは程遠い状態になります。

　利食いゾーンを設定しよう──ネイキッド・オプションの買い戻しを考慮する。コールかプットを売るときは、消耗資産を売るわけです。原資産証券が行使価格よりはるかに離れたレベルに動いてもまだ残存期間が残っている場合、オプションの価格はどん底に達します。失う価値は、もう微々たる額にすぎません。そのオプションを買った敗者は、マーケットが自分に有利に転換するチャンスがまだ少しあります。彼はそのコールかプットを宝くじのように保持し、ごくまれにその宝くじが当たります。

　なぜ、すでに価値のほとんどを手に入れた未決済ポジションを保持するのでしょう？　市場が不利に動くリスクにそれ以上耐えても、もう獲得するものはほとんどありません。オプションを買い戻して儲かっているトレードを手仕舞えばいいのです。

　保険口座を開こう。ネイキッドセラーは、破滅的な転換に対する保険を必要とします。プットを売って翌日に市場が暴落したり、コールを売ったあとで突然買収があったりするかもしれません。こんなことはけっしてあってほしくないとは思いますが、トレードを続けているとそのうちに何が起こるか分からないのです！　だから保険が必要です。だれもその保険を売ってくれませんから、自分で保険をかけなければなりません。

　金融市場口座を開いて、ネイキッドライティングのポジションを手

仕舞うたびに、利益の10%以上をその口座に入れます。それをトレードに使ってはいけません。その資金は、オプションを売るかぎり、そこに、つまり金融市場ファンドにじっと寝かせておきます。その保険口座は新たな利益があるたびに成長して、破滅的な損失の補償になりますし、オプションの売りを止めるときに現金で取り出すこともできます。

オプションの売り手が損をする場合は3つあります。ひとつは、初心者が自分の支払い能力を超えるトレードをしてあまりに多量のオプションを売り、資金管理ルールに違反する場合です。次は、中級レベルのトレーダーが、オプションが不利に動いたときに逃げ遅れて損をする場合です。もうひとつは、ベテランのトレーダーが大きな不利な動きに対する準備金を欠いて吹き飛ばされる場合です。トレードを長く続けるほど、破滅的なできごとのリスクは大きくなります。保険口座を持っていたら、オプションのプロの売り手としての立場が堅固になります。

この先どうすればよいのか？

どのオプショントレーダーでも、ローレンス・マクミラン著『オプションズ・アズ・ア・ストラテジック・インベストメント(Options as a Strategic Investment)』を手引書として持つべきです。また、ほとんどのプロのトレーダーが必ず読んでいる本は、シェルドン・ナーテンバーグ著『オプション・ボラティリティ・アンド・プライシング・ストラテジーズ(Option Volatility and Pricing Strategies)』です。ハーベー・フリーデンターグ著『オプションズ——インベスティング・ウィズアウト・フィアー(Options:Investing without Fear)』（パンローリングより近刊予定）は、カバードライティングについて優れた観点を持っています。

先物

　先物はかつて非常に評判が悪く、いくつかの州では1世紀前に非合法化しようとしたぐらいでした。穀物地帯の一部では、先物に反対する日曜礼拝が行われていました。それでも、先物は進化して強力な経済的勢力になったのです。

　先物市場は、大金を持つ2つのグループに貢献して、繁栄してきました。先物は、主要な商品生産者と消費者が価格のリスクをヘッジできるようにして、彼らに素晴らしい競争優位を与えています。他方で先物は、ネバダの全カジノに勝る選択肢を持つギャンブルの宮殿を投機家に提供しています。このヘッジャーと投機家の間は、血とお金をたっぷり吸い込むところで、プロの先物トレーダーの領域です。彼らは当業者たちの役に立ち、手数料を取ってサービスを提供します。彼らが儲かっている証拠に、このような公益事業者の多くが先物の仕事を息子や今ではときどき娘にさえ伝えています。

　ヘッジとは、現物商品のポジションとは逆の先物ポジションを持つことです。それは、現物商品を保有することや将来に現物商品を買う計画を立てることに起因する価格リスクを取り除きます。ヘッジャーは、価格リスクを商品の投機家に移転します。そうすることによって、ヘッジャーは、本業に集中し、より適切な消費者価格を提示し、ヘッジをしない競争相手に対して長期の競争優位を獲得することが可能になります。

　例えば、私の2人の友人は、モスクワでブローカーをしていて、砂糖の輸入業者にヘッジの仕方を教えています（ロシアはソ連の解体以来、世界最大の砂糖輸入国になりました）。友人たちの顧客は食品業界の主要企業であり、1年先までの砂糖の必要量を把握しています。だから、彼らは、砂糖先物を価格が十分安いときにロンドンやニューヨークで買えばいいわけです。貨物列車の砂糖が必要になるのは何カ

月も先ですから、当分は砂糖先物を保有して、現物ポジションを買うときにそれを売るつもりです。彼らは、事実上、現物を空売りし、先物を買い建てることになります。砂糖価格が上昇して予想以上に支払わなければならない場合は、その損失をだいたい同額の先物の利益で相殺します。ヘッジしていない彼らの競争相手は、事実上、コインの裏表に賭けているわけです。砂糖価格が下落すれば思いがけない利益になりますし、上昇すれば、干されてしまいます。ヘッジをしている輸入業者は、本業の経営に専念することができ、価格表示を注視する必要はありません。

　商品の生産者もまたヘッジの恩恵を受けます。農業関連産業は価格が十分に高くて利益が保証されるときに、小麦、コーヒーや綿花を前売りすることができます。収穫見込みをカバーする数量の先物を空売りします。その時点から、価格リスクはまったくなくなります。価格が下がれば、現物商品の損失を先物の利益で補うことができます。価格が上がれば、先物の売りポジションで損になりますが、現物商品を売ってそれを取り返せばいいのです。生産者は、思いがけない利益のチャンスを放棄しますが、価格低下のリスクとは無縁になります。生き残る人は安定を糧にして成功するのです。だから、エクソンやコカ・コーラやナビスコが商品市場の主要企業なのです。ヘッジャーは究極のインサイダーであり、優れたヘッジ部門は、価格保険を買うだけではなく、プロフィットセンターの機能も果たします。

　投機家は、華麗な儲けに誘惑されてリスクを引き受け、参加します。ヘッジャーは、インサイド情報を持っていて将来価格について十分に確信がないのに対し、陽気なアウトサイダー（一般トレーダー）の群衆はお金をポンと出して価格の方向に賭けます。それで私が思い出すのは、何年も前に科学者の友人とディナー用のワインを買いに酒屋に立ち寄ったときのことです。それは、ニュージャージー州が教育費を捻出するために宝くじを導入した直後でした。当時宝くじが売られて

いたのは酒屋だけでしたから、カウンターの前には大変な行列ができていました。私の友人は、ニュージャージー州に家を持っていて、その行列を見て体を折り曲げて笑いこけ、「この人たちはみんな私の税金を低く抑えるために並んでるわけ？！」と言いました。それは、ほとんどそっくり先物で投機家がすることと同じです。

投機家の2つの大きなグループは農家とエンジニアです。農家は商品を生産し、エンジニアは喜んで市場ゲームに科学的方法を応用します。多くの小農家は、ヘッジャーとして先物市場に参加するうちに取りつかれて投機を始めます。それは、本人が自覚して行っているかぎり、まったく問題はありません。私は常に、最終的に株価指数先物をトレードすることになる農家の多いことに驚いています。彼らは、トウモロコシや牛や大豆をトレードするかぎり、そのファンダメンタルズ感覚のおかげで、都会ずれした人たちに対して優位に立ちます。しかし、S&P500指数ではどうでしょう？　反射神経がほかの人たちよりも鋭いでしょうか？　いい加減にしてくださいよ！

先物と株にはひとつの大きな違いがあって、それが先物のゲームを極めて速く、激しく、刺激的で、致命的なものにしています。先物市場は、低率の委託証拠金という単純だが強力な工夫によって、ターボチャージャー付きなのです。

米国証券法は、株式の場合ポジションの金銭的価値の少なくとも半分は支払うことを求めています。ブローカーはほかの半分を証拠金貸付にすることができます。口座に30万ドルある場合、60万ドル相当の株は買えますが、それを超えることはできません。この法律は1929年の暴落後に可決されました。低率の証拠金が過度の投機を引き起こし、激しい下落を助長したと考えられたのです。1929年以前は、投機家は10％の証拠金で株を買うことができ、それは強気市場では見事に機能しましたが、弱気市場では彼らを全滅させました。

たった3〜5％の証拠金が先物市場では一般的です。わずかのお金

で大きく賭けることができます。口座に3万ドルあれば、100万ドル相当の商品を、ポークベリーであれ金であれ、押さえることができます。市場で1％の動きをキャッチすれば、1万ドルの儲け、つまり口座の30％もの利益になります。2～3回そんなトレードをすれば成功です。小口のトレーダーはこの数字を見て、手っ取り早く金持ちになる秘訣を見つけたように思います。ひとつだけ問題があります。市場が1％上昇する前に2％下落するかもしれません。それが一時的で無意味なことであっても、その底で素人の資金はほぼ壊滅し、ブローカーは彼の建玉を処分して、追証に充当します。彼は、たとえ価格を正しく予想していても、破産するわけです。

　先物トレーダーの破産率は、証券会社は統計を隠そうとしますが、90％を超えます。手軽な証拠金がギャンブラーやアドレナリン依存症の人を引きつけますが、彼らはすぐに消えてしまいます。資金管理を無視する先物トレーディングですから当然です。先物は、資金管理ルールを守って手軽な証拠金に夢中にならないかぎり、非常にトレーディングに適しています。単なる規律以上のものが要求されます——先物をトレードするためには、極めて冷徹でなければなりません。資金管理ルールに従えない場合は、ラスベガスへ行ったほうがましです。娯楽価値が同様に高く結果も同じですが、飲み物が無料でフロアショーはもっと華麗です。

　高度の規律と卓越した資金管理のスキルが必要になるからこそ、先物市場は初心者にとって難しいのです。新入りのトレーダーはゆっくり動く株のトレードを習得するほうが賢明ですが、やがて先物も必ず検討に値するようになります。

　トレードの仕方を知っていて素早く金儲けをしたい場合、先物が適しています。当初は小口のポジションを仕掛け、厳格な資金運用ルールで固めて、トレードが有利な方向に動けば徹底的に積み増して常に損益分岐点を超えたところにストップを移動し、さらに枚数を追加し

ます。

　先物は数十銘柄しかありませんから、何千銘柄もある株より選択ははるかに容易です。必ず自分自身の時間域のマーケットに焦点を当てます。ひどいと思うのは、あまりにも多くの初心者が、特にアメリカ以外の地域では、通貨をトレードしたがることです。彼らのほとんどは、通貨は24時間市場で昼も夜も開いていて個人トレーダーには不利な点が多いことをじっくり考えません。通貨を見事に分析して動きを予想しても、その動きはまさに自分が眠っている別の時間帯に発生する可能性が高いのです。自分の目覚めているときに開き、眠っているときに閉まる時間帯でトレードされるマーケットを選ぶようにします。まずファンダメンタルズの事情が分かるマーケットでトレードすることは、いいアイデアです。牛の牧場経営者、建築業者、あるいは融資担当者であれば、牛、材木、あるいは金利の先物を手始めにするのが、トレードする余裕がある場合は妥当です。特に関心がなければ、選択はまったく口座のサイズ次第です。最初は相対的に安価な市場でトレードすることが重要です。どの市場でも、一定量のでたらめなノイズやトレンドに反する素早い動きがあります。高価な市場において高い金額に相当するでたらめな動きがあれば、致命的になる可能性があります。

　簡単な練習問題をしてみましょう。コンピューターでスプレッドシートを作成して関心のある先物市場のいくつかをA列に記入します。それらの価格単位の値をB列に記入します。トウモロコシはセントで取引され、セント当たり50ドルで、S&P500指数はポイントで取引され、ポイント当たり250ドルですから、これらの値をB列に記入します。直近の終値はC列に記入します。最後に、D列を作成し、BにCを掛けると各銘柄の価値が表示されます。最も高価な銘柄は最も安価な銘柄よりいくら高いですか？　5倍ですか？　10倍ですか？　20倍ですか？　30倍ですか？　練習問題をして確認します。

初心者はS&P500指数先物に引きつけられますが、この高価な市場で適切な資金管理をするにふさわしいサイズの口座を持っている人はほとんどいません。北アメリカでは、トウモロコシ、砂糖、そして、動きが鈍い年には、銅が初心者には適した市場で、自分の時間帯で習得することができます。流動性があって適度に不安定で、あまり高価ではありません。

非常に優れた先物の本が数冊あり、この章の最後に列挙しておきました。ほとんどのテクニカル分析ツールは元来は先物用に開発され、あとになって株式市場に普及したにすぎません。先物が株と異なる側面をいくつか検討してみましょう。

順ザヤと逆ザヤ

すべての先物市場は各銘柄の価格をいくつかの限月で同時に提供します。例えば、小麦は、今年の9月と12月、来年の3月というふうな限月で売買できます。通常は、期近の限月のほうが期先の限月より安く、その関係は順ザヤ市場と言われます。

長期の銘柄ほど高くなる価格はいわゆる持ち越し費用、つまり、商品の資金調達と保管や保険のコストを反映しています。先物の買い手は3％の証拠金をポンと出して銘柄を押さえ、決済日まで残金を持ってくる必要はありません。売り手は、その間、商品の保管、融資、保険を行う必要があります。

限月間の差はプレミアム（サヤ）と言われます。ヘッジャーとフロアトレーダーは、市場の需給の程度を反映するプレミアムを念入りに注視します。供給が縮小するか需要が上昇すると、人は期近限月を買い進み始めます。期先限月のプレミアムが縮小し始めます。需要が大きくなると期近限月が期先限月より高くなります――市場が反転するのです！　これが強気市場最強のファンダメンタルな兆候のひとつです。実際に玉不足で、あとでよりもすぐに手に入れるために余分に支

払われるわけです。

　経済新聞の商品面を見るときは常に、終値欄を指でたどって逆ザヤを探ります。それは強気市場のシグナルであり、テクニカル分析を使って、買いチャンスを探る時期です。

　真剣なヘッジャーは逆ザヤを待ちません。プレミアムを監視して、その縮小や拡大からシグナルを得ます。優れた投機家は、直近の価格をすぐに言い当てることができますが、優れたヘッジャーは期近限月と期先限月の直近のプレミアムを言うことができます。

　先物市場をスキャンして逆ザヤを探る場合、逆ザヤが当然であるひとつの分野があることを忘れないようにします。金利先物は、常に反転しています。現物ポジションを保有する人は、資金調達や保管のコストを支払うのではなく、継続して金利を受け取るからです。

スプレッド（サヤ取り）

　ヘッジャーはマーケットの売り建てサイドを支配し、ほとんどの投機家は一貫してブルになる傾向がありますが、フロアトレーダーは好んでスプレッドをトレードします。スプレッドとは、同じマーケットでひとつの限月を買って別の限月を売ること、あるいは、ひとつのマーケットを買い建てにして関連市場で売り建てにすることです。

　先物は経済の基本的要素であり、社会の日常的機能にとっては欠くことのできないものです。経済的必要性が先物市場と限月を緊密に結びつけています。主要な家畜飼料であるトウモロコシの価格が小麦の価格より速く上昇すると、ある時点で、牧場経営者がトウモロコシではなく、小麦を使い始めます。トウモロコシの購入を減らして小麦の購入を増やし、そのスプレッドを標準に押し戻します。抜け目のない先物トレーダーは自分の標準スプレッドを暗記しています。スプレッドトレーダーは偏向の正常回帰に賭けます。このような状況では、スプレッダーは、いずれの方向にもディレクショナルトレードはせず、

トウモロコシを売って小麦を買います。

　スプレッドトレードは、ディレクショナルトレードよりはるかに安全であり、委託保証金はさらに低率です。素人はスプレッドを理解せず、信頼性はあるが動きの鈍いこのトレードにほとんど関心を持ちません。スプレッドについて数冊の本はありますが、優れた本はこれを書いている時点では1冊もなく、プロがいかにうまくこの分野の知識を確保して素人を締め出しているかが分かります。市場には、プロが1冊の案内書の恩恵も受けずに大金を儲けている少数の特定分野があります。インサイダーがアウトサイダーを締め出すための標識を掲げているように見える分野です。

コミットメンツ・オブ・トレーダーズ・レポート

　商品先物取引委員会は、ブローカーからトレードのポジションに関するレポートを集めてその要約を一般に公開しています。このCOT（コミットメンツ・オブ・トレーダーズ）レポートは、先物市場におけるスマートマネーの動向に関する最高の情報源のひとつです。COTレポートは、3つのグループ、つまり、ヘッジャー、大口トレーダー、小口トレーダーのポジションを明らかにします。どのようにしてだれがどれだと分かるのでしょうか？　ヘッジャーは、ブローカーに身分を明かします。証拠金レートが低くなるなどいくつかの利点を付与されるからです。大口のトレーダーは、政府によって設定された「報告要件」を超える枚数を保有していることで特定されます。ヘッジャーでもない大口トレーダーでもない人はすべて小口トレーダーです。

　昔は大口トレーダーがスマートマネーでした。今では、市場がさらに大きくなり、報告要件がはるかに高くなり、大口トレーダーが商品ファンドである可能性が高くて、たいていの場合、平凡なトレーダーより賢明だとはあまり言えなくなりました。ヘッジャーが今のスマー

トマネーですが、彼らのポジションを理解することは見かけほど容易ではありません。

例えば、COTレポートは特定の市場でヘッジャーが売り建てポジションの70%を保有していることを示すかもしれません。それを弱気だと思う初心者は、その市場ではヘッジャーは通常90%の売り建てポジションを保有し、70%の姿勢はひどく強気であることに無知で、まったくの的外れになることもあります。抜け目のないCOTアナリストは現在のポジションを過去の基準と比較して、ヘッジャー、つまりスマートマネーと、多くがギャンブラーと敗者である小口トレーダーが互いにまったく反対のポジションになる状況を探ります。ひとつのグループが大量に売り建て、もうひとつのグループは大量に買い建てる場合、どちらに加わりたいと思いますか？　ある特定の市場においてスマートマネーが圧倒的にひとつのサイドにいて、小口の投機家がもうひとつのサイドに群がっている場合は、テクニカル分析を使ってヘッジャーのサイドに仕掛ける機会を探る時期です。

需要と供給

先物には、2つのタイプの強気と弱気の市場があります——供給側の要因による市場と需要側の要因による市場です。供給側の要因による市場は速くて激しい傾向があるのに対し、需要側の要因による市場は静かで鈍くなる傾向があります。なぜでしょう？　何でもいいですがひとつの商品、例えば、アフリカや南アメリカで栽培されるコーヒーのことを考えてみましょう。

需要は、人間は保守的なのでゆっくり変化します。コーヒーの需要が伸びるのは、飲む人が増えてどんな小さなコーヒー店にも2台目のエスプレッソマシーンが置かれるときだけです。需要が落ちるのは、経済が悪化したり健康ブームのために、飲む人が減るときだけです。需要側の要因による市場はゆっくりと動きます。

今度は主要なコーヒー栽培地域がハリケーンや霜害に襲われる場合を考えます。突然、世界のコーヒーの供給が10%減少すると噂されて、価格が天井を突き抜けて限界消費者は締め出され、供給と需要が均衡するレベルまで上昇します。供給側の要因による市場は非常に不安定です。アフリカのココア生産地域の集中豪雨、急激に石油供給を削減するOPEC（石油輸出機構）の新たな政策、あるいは主要な銅産出国のゼネストなどを想定したらいいでしょう。商品の供給が削減され、さらなる被害の噂が飛び交うとき、トレンドは急騰して、買う余裕が最も大きいところに不足する供給が再配分されます。

どんな先物トレーダーでも、自分の市場の主要な供給要因、例えば農業産品の栽培や収穫を左右する数カ月間の天候を自覚して監視しなければなりません。先物市場のトレンドトレーダーは供給側の要因による市場を求める傾向があるのに対し、スイングトレーダーは需要側の要因による市場のほうが得意です。

アメリカの穀物市場の場合、たいてい春と夏の種まきと栽培のシーズン期間に、干ばつや洪水や害虫が供給に脅威を与えて、価格スパイク（突出高）が発生します。トレーダーによると、農家は収穫する前に3回作物に被害を受けるそうです。いったん収穫があって供給が判明すると、需要が市場を推進します。需要側の要因による市場は、チャネルが狭まり利食い目標が小さくなります。シーズンが変われば、チャネルを引き直してトレーディング作戦を調整しなければなりません。怠惰なトレーダーはなぜ自分のツールが機能しなくなったのか不思議に思います。もっと賢明なトレーダーはそのシーズン用の別のツールセットを取り出して前のツールセットは翌年までしまっておきます。

底と天井

先物のファンダメンタル分析は株の場合より直接的です。ほとんど

のアナリストは、需要の変化は非常に鈍いので、供給を監視します。植え付け面積はいくらか？　生産品在庫はどれだけか？　栽培地域の天気予報はどうか？　ファンダメンタルズは、すべてではないにしてもほとんどの商品の底面に底を形成します。商品には、また自然の天井もあり、それを超えて上昇することはほとんどありません。

　底は生産コストによって決まります。商品の市場価格が、金であれ銀であれ、そのレベルを割り込んで下落すると鉱夫は採掘をやめ、農家は種まきをやめます。一部の開発途上国の政府は、必死でドルを求め、また社会不安を避けようとして、生産助成金を支給し、地元労働者には価値のない通貨で支払い、世界市場で生産品をダンピングします。それでも、生産者の破産と廃業が続くと、やがて供給が縮小して価格が上昇し、新たな供給者を誘引するようになります。商品の20年チャートを見ると、ほとんどの場合、毎年のように同じ価格域が底の役目を果たしていることが分かります。不思議なことに、そのレベルはインフレ調整をしなくても保持されています。

　天井は代替品のコストによって決まります。商品の価格が上昇すると、主要な産業消費者はその商品の取り換えを開始します。主要な家畜飼料の大豆粉があまり高価になると、需要は魚粉に切り替わり、砂糖があまり高くなると、需要はほかの甘味料に切り替わります。

　このレベルで逆張りトレードをする人が増えないのはなぜでしょうか？　なぜ、底近くで買って天井近くで売り、いとも簡単に儲けようとしないのでしょうか？　まず、底も天井も絶対的なものではなく、市場は短期的にそれを突破するかもしれません。さらに重要なことは、人の心理はそんなトレードとは逆に作用するのです。ほとんどの投機家は、高値近くで沸騰している市場を売ったり、暴落後の市場を買うことは不可能だと思うのです。

季節性

 ほとんどの商品は季節を通じて変動します。例えば、穀物は、収穫直後で供給がたっぷりあり、需要がほとんど判明している時期が最も安くなる傾向があります。春の種まきシーズンは、先の天候も不確かで、価格スパイク（突出高）が最も発生しやすい時期です。アメリカ北部の酷寒期は灯油先物にとって強気材料です。オレンジジュース先物はフロリダの厳寒期に急激に上昇しますが、南半球のブラジルでオレンジの生産が伸びると、沈静化します。

 人によって、季節性によるトレーディングはカレンダートレーディングに退化してしまいます。過去のデータを順に引き出して、あるマーケットは3月の第1週に買って8月の最後の週に売ればよいことを見つけるのはテクノロジーの悪用です。過去に何が機能したのか見つけるのは容易ですが、ファンダメンタルズや群集心理の裏づけのないどんなパターンもおそらくはマーケットのノイズが原因です。季節性トレーディングは年間のスイングを利用しますが、注意深くしなければいけません。スイングは年によってズレますから、季節性トレーディングはテクニカル分析のフィルターにかけなければなりません。

取組高

 すべての取引所は出来高を報告しますが、先物取引所は、取組高、つまり、任意のすべての営業日における未決済の玉も、1営業日あとに報告します。株式市場では、発行済み株式数は、会社がさらに発行するか、あるいは既発株式を買い戻さないかぎり、変化しません。先物市場では、新たな買い手と新たな売り手が出合うたびに新たな契約が作成されます。買い手と売り手の双方がポジションを離脱すると、契約は消滅します。取組高は毎日上下し、その変化はブルとベアのコミットメントの重要な手掛かりを提供します。

 すべての先物契約には買い手と売り手、勝者と敗者がいます。増え

る取組高はマーケットで勝者が増えていることを示します。同様に重要なことは、敗者も増えていることです。なぜなら、敗者のお金がなかったら勝者が勝ち取るものは何もないからです。取組高の上げトレンドはあらゆるサイドのコミットメントのレベルが上昇していることを反映し、トレンドの続く可能性が高いことを示しています。取組高の下げトレンドは、勝者が利益を確定し、敗者が損失を受け入れてゲームを降りていることを示します。減少する取組高はトレンドが弱くなっていることを示し、それはとどまるのか、あるいは利食いするのかを判断する必要があるときの貴重な情報になります。

空売り

今現役のトレーダーで1929年に株をしていた人はほとんどいませんが、あの年の暴落の後遺症がいまだに尾を引いています。政府は、傷ついて怒る群衆の激しい非難に対応しました。その対策のひとつが、株を下落に駆り立てたかどで非難された空売り筋を根絶することでした。それでアップティックルールが公布され、株の空売りはアップティックのときにのみ許されるようになりました。邪悪なベアはもはや売り注文で無実の株をたたきのめすことはできないのです。上昇している株しか空売りできません。それに匹敵する法律で、上向いた株の買いを非合法化し、ダウンティックのあとだけ買うことを認めて過度の強気を防いだらどうでしょう？

アップティックルールは、群衆ヒステリーに対応して可決された悪法の一例です。下落期間に利食いして下落を遮断するのは空売り筋ですから、このルールは近視眼的です。先物市場にはアップティックルールはまったくありません。先物トレーダーが快適に売っている可能性は株式トレーダーよりはるかに高いでしょう。

株の場合、たいていの人が買いで売る人はほとんどいません。取引所は、毎月、空売り比率を報告しますが、上昇して2桁になることは

まったくないと言ってもいいくらいです。先物では、空売り比率は常に100％です——すべての買いに対して売りがあります。なぜなら、だれかが将来の受渡契約を買っている場合は、ほかのだれかが将来の受渡契約を売らなければならない、つまり空売りしなければならないからです。先物をトレードしたいなら、空売りは快適でなければならないのです。

値幅制限

　株式市場は独自の「株価暴落防止策」を持っているわけですから、先物の新入りトレーダーのなかで、ほとんどの場合１日の値幅に制限があることに驚く人はなおさら少数です。制限は、ヒステリックな動きを防止してトレーダーに自分のポジションを再考する時間を与えるために考案されていますが、それには弱点もあります。歩行者の防護柵で歩行者が押しつぶされるのとちょうど同じように、トレーダーが値幅制限に押しつぶされることがあります。制限日が続くと、特に悲惨で、敗者は進退窮まって撤退もままならず、やがてその人の口座が破壊されていきます。

　値幅制限に対する不安はあまりにも度が過ぎています。その全盛期はインフレの1970年代で、マーケットはそれ以来はるかに穏やかになっています。トレンドに沿ってトレードする場合、値幅制限は不利ではなく、有利になる可能性のほうが高いです。先物市場がグローバル化するにつれて、さらに多くの非常口が登場して、ほかのどこかでトレードを手仕舞うことが可能になっています。優れたトレーダーは事前に非常口を見つけるようになります。最後に重要なことですが、先物トレーダーは、上記のネイキッドオプションのところで勧めたような「保険口座」を、たとえはるかに小口の場合でも、開設することを考えましょう。

ミニトレード

極めて小さい口座を持つ先物トレーダーが、レギュラートレードをすべきか、あるいはミニトレードをすべきか尋ねることがあります。例えば、S&P500の場合、レギュラートレードの単位は指数の250倍ドルですが、ミニトレードであればわずか5分の1のサイズで、指数の50倍ドルです。英ポンドの場合、レギュラートレードの単位は6万2500ポンドですが、ミニトレードであればわずか5分の1のサイズで、1万2500ポンドにすぎません。ミニトレードは、時間帯はレギュラートレードと同じで、値動きもレギュラートレードに近くなります。

ミニトレードの唯一の利点はリスクの軽減ですが、各トレードに占める手数料の割合が大きくなります。初心者は練習のためにミニトレードを使ってもかまいませんが、レギュラートレードのほうがはるかに適切です。

この先どうすればよいのか？

チューアリーズとジョーンズ著『ザ・フューチャーズ・ゲーム(The Futures Game)』は数世代にわたる先物トレーダーを教育してきました。12年に1回ほど改訂されていますから、必ず最新版を入手してください。トマス・A・ヒロニムス著の『エコノミクス・オブ・フューチャーズ・トレーディング(Economics of Futures Trading)』は、先物についてのおそらく最も博識な本でしょう。この本は長い間絶版になっていますので、図書館で見つけてください。L・D・ベルビール著の『チャーティング・コモディティ・マーケット・プライス・ビヘイビアー(Charting Commodity Market Price Behavior)』は、出来高と取組高の最も鋭い分析を含んでいます。スティーブ・ブリース著の『ジ・インサイド・トラック・トゥ・ウイニング(The Inside Track to Winning)』は、私の会社で製作されたトレーダーのコミットメントについてのビデオです。

第7章
資金管理の公式
MONEY MANAGEMENT FORMULAS

　トレードするのは、お金のためですか、それとも、スリルのためですか？　答えてくれなくてもかまいませんから、トレーディング記録だけを見せてください。ちゃんと記録をつけていないのですか？　それじゃ、つまりそれが答えですよ！　記録をつけている場合は、資金曲線の傾斜を見れば、どれほど真剣にトレードをしているのか分かります。

　ほとんどの人はお金のためにマーケットに参入するのですが、すぐにその目的を忘れて、自己流の楽しみを追いかけるようになります。トレーディングゲームのほうがソリティアよりはるかに面白いし、富と力への夢がふくらみます。人は、退屈さから逃れたり頭の良さを見せつけたりするためにトレードするのです。各トレーダーは、それぞれ独自の神経症的理由があってトレードをするわけですが、ひとつだけ現実的な理由があります。それは、リスクのない例えばＴビルのような投資以上に儲けることです。

　成功するトレードは３つのＭに基づいています。マインド、メソッド、そしてマネーです。マインドはトレーディングの心理であり、メソッドは市場分析であり、マネーとはリスク管理のことです。この最後のＭは成功の究極のカギです。資金曲線は資金管理プロセスの一環として描かなければならないのですが、その傾斜がトレーダーの市場

分析の質のみならず心理状態も反映するのです。

　だれでも、トレードをしていて1回は、あるいは数回でも儲けることができます。ラスベガスのカジノでさえ、ジャックポット（大当たり）の音楽が始終聞こえてきます。スロットマシンからコインが注がれて、愉快な音を立てます。しかし、いったい何人のプレーヤーが所持金を増やして部屋に戻るのでしょうか？　マーケットでは、たいていだれでも適切なトレードはできるのですが、資金を増やせる人はほとんどいません。

　資金管理はトレーディング資金を運用する技術です。それをアートだと言う人もいますし、科学だと言う人もいますが、実際はその2つを組み合わせたもので、科学の要素が勝っています。資金管理の目的は、負けトレードの損失を減らし、勝ちトレードの利益を最大にすることによって資金を蓄積することです。「歩け」の標識が点灯して通りを横断するときに、まだ左右を見て、信号を無視してぶっ飛ばしてくる無茶なドライバーがいないかどうか確認します。トレーディングシステムがシグナルを出すときは常に、資金管理は左右を見ることに相当します。どんなに素晴らしいトレーディングシステムであっても、一貫した利益を上げるためには資金管理が必要です。

　私は、かつて、成果を上げている父親と息子のマネーマネジャーチームに会ったことがあります。その父親は息子にまだその子が10代のころからビジネスを仕込み始めました。週末になると彼は息子を馬場につれて行って、その日に10ドル与えました。それは彼の昼食代兼賭け金でした。父親は仲間と1日を過ごしました。息子のほうはいろいろなことを聞きに来ましたが、余計にお金をもらうことはけっしてありませんでした。彼は競馬に賭けてお金を儲けて資金をやりくりしなければ昼食を食べられなかったのです。過去のデータから勝ち馬を予想し（テクニカル分析）、自分の賭け金をやりくりし（資金管理）、最高の勝算を待つこと（心理）を習得したことが、父親に加わってヘッ

ジファンドの運用をするようになってから100万倍の効果をもたらしたのです。

　優れたトレーディングシステムは、マーケットにおける優位性を与えてくれます。専門用語を使えば、それは、長期連続試行における正の期待値を提供します。優れたシステムは、長期に連続してトレードする場合に、負けるより勝つ可能性のほうが高くなることを保証します。そんなシステムであれば資金管理が必要ですが、正の期待値がまったくない場合は、いくら資金管理をしても負けを免れることはありません。

　例えば、ルーレットのプレーヤーの場合は負の期待値になります。ルーレット台はアメリカでは38、ヨーロッパでは37のスロットがありますが、生きているのは36で、残りの1か2はカジノ側が「所有」しています。1のスロットは台のおよそ2.7％を占めますから、一定期間にわたってカジノ側は各ゲームでその分だけをピンはねすることになり、プレーヤーは徐々に搾り取られていきます。マーチンゲールと呼ばれる原始的な資金管理システムがあって、プレーヤーは最小限の賭け金――通常は1ドル――で始めて負けるたびに賭け金を2倍にします。だから理論上は、やがて勝つと、負けた総額＋1ドルの払い戻しを受けます。それでまた1ドルから再開します。マーチンゲールは、カジノは賭け金に上限を設定しますから、現実の世界では機能しません。負けた額がその上限に達すると、マーチンゲールは天井に頭を打ちつけて死んでしまいます。ブラックジャックでは、逆に実証された作戦に従ってカードを数える非常に規律のあるトレーダーなら、カジノ側に対してわずかな優位性――1％か2％、ときにはそれ以上――があります。この場合、優れたカードカウンターは、あやふやな手には小さく賭け、強い手には倍賭けるために資金管理を必要とします。

　正の期待値を持つトレーディングシステムがあるなら、資金管理ルールを確立しなければなりません。命がかかっているごとく、実はそ

のとおりですから、それに従うことです。お金を失えば、トレーダートしては死ぬわけです。

　資金の何％を失うにせよ、それ以上に稼がないと復帰できません。私は以前はレンタカー業者のレシートを使ってこのことを説明していました。そのレシートによると、請求金額は70ドルで、10％の割引がついて、税金は10％でした。計算結果はいくらだったでしょうか？ 70ドルだと言った人は勉強をしなおしましょう！　70ドル－10％＝63ドル。63ドル＋10％＝69.30ドル。10％を差し引いて10％を加算したら、結果は元の数値未満になります。資金を失うことは氷穴に落ちるようなもので、滑り込むのは簡単ですが、へりがツルツルしてはい出るのは大変です。トレーダーが自分の１万ドルの口座を6600ドルにたたき落としてしまったらどうなるでしょう？　この場合は34％の下落ですから、50％稼いでやっと元通りになります。資金の３分の１を失ったばかりのトレーダーが50％稼ぐ可能性はどれくらいあるでしょう？　彼は氷穴の底にいるのです。死んでしまうか、別に資金を調達して寿命を延ばすかのいずれかになります。大事なことは、彼が自分の経験から学ぶか否かです。

　市場は、剣闘士の戦いに匹敵するくらい無防備なものです。戦場の命はお金で測定されます。トレーダーのお金を狙って、ほかのトレーダー、ベンダー、ブローカーがこぞって闘っているのです。お金を失うことは簡単ですが、稼ぐのは困難です。

　資金管理には２つの目的——生き残りと繁栄——があります。優先順位は、まず生き残ること、次に着実に利益を上げること、最後に目覚しい利益を上げることです。初心者はこの優先順位を逆にする傾向があります。彼らは目覚ましい利益を狙いますが、長期の生き残りについてはまったく考えません。生き残りを最優先事項にすれば資金管理を重視するようになります。真剣なトレーダーは、常に損失を最小限にして資金を増やすことに焦点を当てています。

私の知り合いで最も成功しているマネーマネジャーは、結局、タクシーの運転手になってしまうのではないかと常に不安だと話しています。彼の工学の学位は時代遅れだし、マーケットを離れて仕事をした経験がまったくないので、もしトレーダーとしてうまくいかなかったら、タクシーの運転しかできないというわけです。彼は数百億ドルも稼ぎましたが、いまだにできるだけの手を尽くして損失を避けようとしています。

計算能力

現代社会は計算をしなくても生きるのは簡単になりました。たいていの人はまれにしか計算せず、計算機や器具のデジタルスクリーンに慣れています。ディナーパーティーで客数を合計したり、6パック入りのビールは2パック飲んだあと何パック残っているのか計算したりできたら、さまになっています。ほとんど計算などしなくても容易に生きていけます。マーケットではそうではありません。

トレーディングは数字のゲームです。数えられなかったら、トレードできません。微積分学や代数学は必要ありませんが、基本的な算数——加減乗除——は容易にできなければなりません。さらに、百分率や分数の計算をし、数字を四捨五入して速く計算する必要があります。また、確率の概念も楽に分からなければなりません。これは簡単なことのように思えますが、初心者のほとんどがいかに計算が不得意で遅いかということに常に驚いています。優れたトレーダーはだれでも計算が楽にできます。彼らは現実的で鋭敏な人たちで、リスクや結果や勝算を素早く計算します。現代教育を受けた人、つまり、計算機を使わないと183.5から26.75を引き算できなかったり、320の15%を計算できない人の場合はどうでしょう？　独学する必要があります。自分で算数の練習をしなければなりません。一番簡単な方法は、買い物に

行ってお釣りの計算をすることです。合計価格を推定し、レジでお金を渡したらお釣りを計算します。消費税も暗算します。いつも練習しながら、計算を必要としない現代消費社会の居心地の良い殻の外に出る習慣をつけることです。確率論の本も何冊か読みましょう。

面倒ですか？　はい、そのとおりです。時間がかかりますか？　確かにそうです。自分で計算するのは愉快ではありませんが、トレーディングで成功するのに役立つのです。

チャネルの幅はどれだけか？　損切りと利食い目標の幅のレシオはいくらか？　リスクを口座の１％以内に抑えて逆指値は1.25ポイント離したい場合、何株を買えばいいのか？　これらの、そしてほかの同様な疑問は、成功するトレードの核心を突いたものです。そんな疑問に即答できることは、算数に弱い素人の群衆に対する真の優位性になります。

経営者のリスクと損失

青果店をして毎日数箱売り上げる小規模な経営者の事例を思い出してください。問屋が、何か初めての外国産の果物を一箱、彼に勧めるとしたらどうでしょう？　彼はそれで儲かるかもしれませんが、もしその果物が地元の人に嫌われて腐ってしまっても、一箱なら彼のビジネスに損害を与えることはないでしょう。それは、経営者の通常のリスクです。

今度は、彼がその果物をトレーラートラック一杯分超低価で仕入れるとします。それが売れたら手っ取り早く儲かりますが、もし全部腐ってしまったら、店に損害を与えて彼の生き残りを危うくする可能性があります。一箱であれば受容可能なリスクになりますが、トラック一杯はとんでもないリスクです。経営者のリスクと損失の間の違いは、経営者の口座のサイズに対してそれぞれが占める比率の違いです。

経営者のリスクは、通常の資金変動を引き起こす懸念はありますが、損失は、彼の成功と生き残りを脅かします。この２つの間に境界線を引いて、けっして越境しないことです。その線を引くことが、資金管理の主要な課題です。

　株を買ってその下に逆指値を置くときは常に、１株当たりの金額のリスクを限定することになります。資金管理ルールは、どんなトレードでも総括して全体のリスクを限定し、それが口座の小部分を占めるにすぎないようにします。１株か、１枚当たりのリスクに加えて１トレード当たりの最大許容リスクが分かっていたら、トレードする株数や枚数の計算は単純な算数にすぎません。

　資金管理ルールは、生き残りと成功のために不可欠です。そのルールに従う規律を備えたトレーダーはほとんどいません。本を読みながら約束するのは簡単ですが、スクリーンを前にするまでは分かりません。「今回は違う。自由なお金だから、このトレードは少し余裕を持たせよう」。トレーダーは、市場に誘惑されて自分のルールを破ります。あなたは、自分のルールに従いますか？

　私は最近、マネーマネジャーの講演会に招かれて、市場心理に関する討論会の議長を務めました。討論者のひとりは、ほぼ10億ドルを運用していました。彼は中年の男性で、大学院を出たあと海軍のコンサルティング会社で働いていたときに20代で起業しました。会社の仕事に退屈してトレーディングシステムを考案したのですが、それは最低限でも20万ドル必要なシステムで、彼にはそんなお金がなく、トレードはしませんでした。「ほかの人のところへ行って、出資を依頼しなければなりませんでした。その人たちは、私がしようとしていることを説明したらお金を与えてくれました。私は自分のシステムを堅持しなければならなかったのです。それを逸脱したら、私は恥知らずになっていたでしょう。私は貧乏だったからよかったのです」と、彼は話していました。貧乏と一貫性がうまく機能したわけです。

もしトレードしたいなら、リスクは容認しなければなりません。重箱の隅をつつくような人は、小銭にこだわって、堅苦しくて注文を入れることができません。しかし、リスクは容認しても、損失を容認してはいけません。損失の定義は何でしょう？

損失は、パーセンテージルール——2％ルールと6％ルール——の違反である

市場は2つある方法のひとつを使ってトレーダーを殺します。まず資金がトレーダーの命だとしたら、マーケットはサメになってひとかみでその資金を奪うことが可能で、そうなるとトレーダーは致命的な損失を被り、事実上ゲームから外れます。また、市場は一群のピラニアになり次々にかみついてトレーダーを殺すこともできます。それぞれひとかみでは致命的にはならない傷でも、全部いっしょになると、資金を骨までしゃぶり尽くします。この2つの資金管理ルールはサメとピラニアからトレーダーを守るために考案されています。

2％策——サメ防止

厄介な損失はほとんどの口座で非常に目立ちます。自分の記録を見直したら、たいてい単一のものすごい損失、あるいは短期間の連続したひどい損失が損害の大部分を占めることが分かります。いち早く損切りしておいたら、結果の数字はもっと高かったでしょう。トレーダーは利益を夢見ますが、負けトレードに襲われると、たいていヘッドライトに照らされた鹿のように立ちすくんでしまいます。だから、何もしないで市場の転換を祈るのではなく、飛びのいて危険を避けるように指示するルールが必要なのです。

適切な市場分析だけで勝者になれるわけではありません。適切なトレードを見つける能力が成功を保証します。いくらリサーチをしても

サメから自分を守らないかぎり役に立ちません。私は、トレーダーが連続して20回、30回、そして、ひとりだけですが何と50回も、トレードで利益を上げ、それでも結局はお金を失ってしまうのを見てきました。連続して勝っているときは、ゲームが分かったような気になりがちです。そんなときに、致命的な損失が出てそれまでの利益をすべて帳消しにし、資金に穴を開けてしまいます。サメ防止の適切な資金管理が必要なのです。

優れたシステムは長期的には優位性を与えてくれますが、市場には非常に多くのランダムな動きがあり、各トレードはどれでも、見込みはほぼ五分五分です。優れたトレーダーは年末までには利益になることを期待しますが、次のトレードで儲けが出るかと尋ねられたら、分からないと正直に答えるでしょう。彼は、ストップを使って、負けトレードで自分の口座に損害が出ることを防ぎます。

テクニカル分析は、どこにストップを置いて１株当たりの損失を限定するかを判断するのに役立ちます。資金管理のルールは自分の口座を総括的に保護するのに役立ちます。その特に重要なルールは、どんなトレードの場合でも、損失を口座の小部分に限定することです。

どんなトレードの場合でも損失を口座の資金の2%に限定すること

２％ルールはもっぱら取引口座に適用されます。トレーダーの預金、持ち家の純資産価値、年金口座、あるいはクリスマスクラブ預金などには適用されません。トレーディング資金はトレーディング専用のお金です。これは真のリスク資金であり、トレーディング事業の資金です。そこに含まれるのは、口座の現金や現金等価物さらにすべての未決済ポジションの当日の市場価値です。トレーダーのシステムは儲ける手段、２％ルールは避け難い下落を乗り切る手段です。

仮に、５万ドルの口座で取引しているとします。買いたい株はXYZ株で、現在20ドルでトレードされています。利食い目標は26ド

ルで、逆指値は18ドルに置きます。XYZ株を何株買えるでしょうか？　5万ドルの2％は1000ドルで、これが最大受容リスクです。20ドルで買って逆指値を18ドルに置くと、1株当たりのリスクは2ドルです。最大受容リスクを1株当たりのリスクで割ると買える株数が分かります。つまり、1000ドルを2ドルで割って500株になります。これが、理論上の最大株数です。実際は、手数料を払わなければならないしスリッページを被る準備もしなければならず、それをすべて2％の上限内に収める必要があるわけですから、さらに株数を減らさなければなりません。だから、500株ではなく400株がこのトレードの上限です。

　私は、2％ルールに対する人々の反応に微妙な違いがあることに気づきました。下手な初心者はこの数字は低すぎると思います。だれかが、最近の講演会で、2％ルールは小口の口座の場合は切り上げたらどうかと私に尋ねました。私は、バンジージャンプに行ってコードを伸ばしても効果はないと答えました。

　プロは、逆に2％は高すぎると言うのが通常で、彼らはもっとリスクを低下させようとします。非常に成功しているヘッジファンドの責任者が最近、彼の次の6カ月のプロジェクトはトレーディングサイズを大きくすることだと、私に話しました。彼はトレードのリスクを資金の0.5％より大きくしたことは一度もなくて、今度検討する予定のリスクは何と1％です！　優れたトレーダーは、2％の上限を優に下回るリスクに抑えている傾向があります。素人とプロが反対の議論をするときは常に、どちらのサイドを選ぶべきかは明らかでしょう。リスクは2％未満になるようにすることです。それがまさに最高レベルです。

　可能性のあるトレードを調べるときは常に、取引単位、つまり1枚当たりの論理的な逆指値が2％ルールに沿っているかどうかチェックします。2％を超える場合、そのトレードは休みます。

毎月初めに口座資金を評価します。月初の口座が10万ドルであれば、2％ルールによるリスクの上限が1株当たり2000ドルです。1カ月で儲かって資金が10万5000ドルに上昇したら、翌月の2％の上限はいくらになりますか？　急いで計算して！　いいですか、優れたトレーダーは計算が得意なんですよ！　口座に10万5000ドルある場合、2％ルールによると、リスクは2100ドルでわずかに大きいサイズでトレードできます。逆に、1カ月で損をして資金が9万5000ドルに下落すると、2％ルールによる次月の最大許容リスクは1株当たり1900ドルになります。2％ルールによって、儲かればサイズを大きくできますが、損をすれば切り詰めざるを得なくなります。このルールはトレーディングサイズを実績に結びつけるわけです。取引口座が複数ある場合はどうでしょう？　その場合は、2％ルールを各口座ごとに適用します。

先物──トレード容認スプレッドシート

　2人のトレーダーを想定します。ひとりはウサギでもうひとりはカメです。2人とも5万ドルの口座を持っていて、2つの先物市場──S&P500指数とトウモロコシ──を見ています。機敏なウサギは、S&Pの1日の平均レンジが1ポイント250ドルで5ポイントであることに気づきます。トウモロコシの1日の平均レンジは1セント50ドルでだいたい5セントです。彼は、1日レンジのちょうど半分をキャッチすればS&Pの場合は1枚当たり500ドルを超える利益があるが、同じレベルのスキルでトウモロコシの場合は100ドルをやや超える程度の利益しかないことを、素早く計算します。ウサギはブローカーに電話して2枚のS&Pを買います。

　用心深いカメは異なる計算をします。彼はまず、口座に2％の最大リスクつまり1000ドルを設定します。日に1000ドルを超す動きをするS&Pをこんな小口の口座でトレードするのは、非常に大きな虎の非

常に短い尻尾を踏むようなものです。ところが、トウモロコシをトレードする場合は、はるかに大きな耐久力を持つことになります。その虎はもっと小柄で、尻尾はもっと長くて手首に巻くことができます。カメはトウモロコシを1枚買います。最後に勝つ可能性が高いのは、ウサギでしょうか、それともカメでしょうか？

　どちらの先物をトレードすればいいのか見極めるために、最近の市場ノイズのレベルと資金の対比を測定します。まず口座の2％を計算します。ノイズのレベルをセーフゾーン指標で測定して、その22日EMAを計算し、それを金額に転換します。どんなマーケットでも、平均ノイズレベルが資金の1％を超える場合は、トレードしてはいけません。このルールに従えば、相対的に静かで逆指値を安全に置くことができる市場をトレードすることになります。なぜ1％で2％ではないのでしょう？　それは、2％の逆指値は平均ノイズレベルを超えて市場から離れてしまうからです。

　表7.1のスプレッドシートの第1列はマーケット、第2列は1枚当たりの価値、第3列は現在のセーフゾーン指標を示し、第4列はセーフゾーンに2を掛けたものです。第5列は口座価値の、この場合は3万ドルの、2％を示します。最後の列で、セーフゾーンに2を掛けた値と口座の2％を比較します。後者が前者より大きい場合、その市場をトレードしてもかまいません。

　表7.1はこれを書いている時点の数値ですが、ボラティリティは変化しセーフゾーンもそれにつれて変化しますから、毎月更新する必要があります。その更新でときどき銘柄に修正が生じて単位価値が変化します。この表はひとつの事例で出発点にすぎません。下調べをして、現在の数値を入れ、銘柄ごとにトレードの適否を見極めます。

　ある市場をトレードする余裕がない場合でも、それをダウンロードして下調べをし、ほんとうのお金でトレードしているようにつもり売買をすればいいのです。そうすれば、口座が大きくなって余裕ができ、

表7.1 トレード容認スプレッドシート

市場	単位価値	セーフゾーン	セーフゾーン2	3万ドルの2%	トレードしてOK？
債券	$1,000	0.33	$660	$600	いいえ
ユーロドル	$2,500	0.09	$450	$600	はい
S&P	$250	10.00	$5,000	$600	いいえ
スイス・フラン	$1,250	0.40	$1,000	$600	いいえ
円	$1,250	0.38	$950	$600	いいえ
ドイツ・マルク	$1,250	0.26	$650	$600	いいえ
カナダ・ドル	$1,000	0.21	$420	$600	はい
砂糖	$1,120	0.11	$246	$600	はい
綿花	$500	0.63	$630	$600	いいえ
コーヒー	$375	1.70	$1,275	$600	いいえ
ココア	$10	24.00	$480	$600	はい
ガソリン	$420	1.84	$1,546	$600	いいえ
灯油	$420	2.11	$1,772	$600	いいえ
原油	$420	0.76	$638	$600	いいえ
銀	$5,000	0.09	$900	$600	いいえ
金	$100	1.80	$360	$600	はい
銅	$250	1.05	$525	$600	はい
小麦	$50	2.60	$260	$600	はい
トウモロコシ	$50	2.50	$250	$600	はい
大豆	$50	6.50	$650	$600	いいえ
大豆油	$600	0.30	$360	$600	はい
大豆粕	$100	2.60	$520	$600	はい

あるいは市場が程よく静かになって、飛び込める状態になるときの準備ができます。

6％ルール——ピラニア防止

　かつて私に不可解だったのは、なぜ機関投資家のトレーダーはひとつのグループとして個人トレーダーにはるかに勝る実績を上げるのかということでした。平均的な個人トレーダーは50歳で既婚、大卒で、たいていは自営業者か知的な職業に就いている人です。こんな人は、大学では球技をして本など中学以来一冊も読んだことのないような、騒々しい駆け出しの25歳の青年にはるかに勝ると思うでしょう。実は、ほとんどの個人トレーダーの寿命は月単位で測定されるのに対し、機関投資家のトレーダーは毎年のように会社のために利益を上げ続けます。それは、彼らの鋭敏な反射神経のためでしょうか？　そうでもないのです。個人トレーダーは、若くても年配であっても同じようにすぐに押し流されてしまうからです。また、機関投資家のトレーダーは訓練を受けるから勝つわけでもありません。その訓練は、ほとんどの会社の場合、不十分だからです。

　大儲けをする機関投資家のトレーダーたちがときどき独立を決心することがあります。彼らは会社を辞めて、同じ装置をリースで借り、同じシステムでトレードし、互いに連絡を保ちます——それで、失敗します。何カ月かすると、ほとんどの無謀なカウボーイたちはヘッドハンターのオフィスに来てトレードの仕事を探します。なぜ彼らは会社では儲けるのに自営では儲からないのでしょう？

　機関投資家のトレーダーが会社を辞めるとき、自分のマネジャー、つまり規律とリスク管理の責任者を会社に残して去ります。マネジャーが各トレーダーの1トレード当たりの最大リスクを設定しているのです。それは、個人トレーダーが2％ルールを使ってできることによく似ています。会社は巨額の資金ベースで営業しますから、リスクの上限は金額にするとはるかに高くなりますが、パーセンテージでは極めて低くなります。その上限に違反するトレーダーは解雇されます。

個人トレーダーは2％ルールに違反してもそれを隠すことができますが、マネジャーはトレーダーをタカのように監視しています。個人トレーダーは取引確認伝票を靴箱に放り込めば済みますが、トレーディングマネジャーは衝動的な人をすぐ解雇します。彼は機関投資家のトレーダーが破滅的な損失を出すのを防ぎ、それが多くの個人口座を破壊することになります。

　さらに、トレーディングマネジャーは各トレーダーごとに月の最大許容損失額も設定します。従業員がそのレベルまで沈むと、その人のトレーディングの権利はその時点で月末まで停止されます。だれにでもサイクルがあります。マーケットとかみ合って、触れるものすべてが金になるときもあります。マーケットと合わなくて、触れるものすべてが金とはまったく違うものになるときもあります。自分では熱くなっているつもりでも、負けが続くと、市場の見方からすれば寒々としているのです。

　ほとんどの個人トレーダーは、負けが続くと穴から出ようとしてトレードを続けます。敗者は、成功するトレードはすぐ近くにあって、運の好転が迫っていると考えます。さらにトレードを仕掛けてそのサイズを大きくし、氷穴をどんどん深く掘り下げます。妥当な対策は、トレーディングサイズを小さくしてから中断し、自分のシステムを見直すことでしょう。トレーディングマネジャーは、毎月の上限損失額に達したトレーダーを強制的に中断させて連敗を断ち切ります。トレードを差し止められて鉛筆を削ったり、サンドイッチを買いに出たりしている間に、同じ部屋で盛んにトレードしている同僚がいる状況を想像してください。トレーダーはできるかぎりのことをしてそんな立場になることを避けようとします。この社会的な圧力が損を出さない真剣な動機を生み出すのです。

　かつてロンドンでトレーディング部門の責任者であった友人のチームに、非常に優れた女性のトレーダーがいました。ある時期、彼女は

連敗してしまって月半ばにはその月の損失上限額に近づいていました。私の友人は、彼女のトレーディングの権利を停止しなければならないことは分かっていましたが、彼は非常にピリピリしている彼女の気持ちを傷つけたくなかったのです。彼は、ワシントン市で開設されている財務管理のコースを見つけて、そこへ彼女を月末まで派遣しました。ほとんどのマージャーはそんなに優しくはありません。優しくても乱暴でも、月の損失上限額は、ピラニアにかまれて、つまり積み重なって破滅に至る厄介な一連の小さな損失によって、トレーダーが破産するのを防止します。

ピラニアは、人間の手ほどの大きさにすぎない熱帯の川魚ですが、厄介な歯を持っています。あまり危険には見えないのですが、犬や人やロバがつまずいて熱帯の川に落ちるとピラニアは群れになって襲ってきておびただしい数の咬み傷を与え、犠牲者は食い倒されてしまいます。雄牛は、川に入ってピラニアに攻撃され、数分のうちに骨だけになって水中でゆらゆらします。トレーダーは2％ルールでサメを寄せつけませんが、まだピラニアを防ぐ必要があります。6％ルールがあればかみ殺されずに済みます。

口座が前月末の額より6％下落すれば常に、その時点でその月のトレーディングは中断する

資金は、口座の現金、現金等価物やすべての未決済ポジションの現在の市場価値を含んで、毎日計算します。資金が前月の最終日の額より6％下落すれば、直ちにトレーディングを中断します。未決済のポジションがあればすべて手仕舞って月末まで傍観します。市場は継続して監視し、好みの株や指標を追跡し、気が向けばつもり売買をします。トレーディングシステムは見直します。この連敗は、単なる偶然なのか、あるいはシステムに欠陥があることを示しているのか？

会社を辞める人たちはトレードの仕方を知っていますが、彼らの規

律は外から与えられたもので自発的なものではありません。彼らはマネジャーがいないとすぐにお金を失います。個人トレーダーにはだれもマネジャーはいません。だから自分独自の規律が必要なのです。２％ルールは破滅的な損失を防止し、６％ルールは一連の損失を防止します。６％ルールは、ほとんどの人が自力ではできないこと――連敗を断ち切ること――を強制します。

６％ルールを２％ルールとともに使うことは、自分自身のマネジャーがいるようなものです。この２つのルールを使うトレーディングの例を検討してみましょう。簡単にするために、任意のどのトレードの場合でも――実際はもっとリスクを下げようとしますが――リスクは資金の２％にすると仮定します。

- トレーダーは、月末に資金を計算し、10万ドル持っていて未決済のポジションはまったくないことが分かります。彼は翌月の最大リスクレベルを書き留めます。１トレード当たり２％で2000ドル、口座全体としては６％で6000ドルになります。
- トレーダーは、数日あとで、非常に魅力的なＡ株を調べて逆指値を計算し、リスクが資金の２％、つまり2000ドルになるポジションを買います。
- 彼は、２～３日あとで、Ｂ株を調べて同様なトレードを仕掛け、さらに2000ドルのリスクを賭けます。
- 週末にＣ株を調べて買い、また2000ドルのリスクを賭けます。
- 翌週に、上記の３銘柄よりもっと魅力的なＤ株を調べます。その株を買うべきでしょうか？　いいえ、買うべきではありません。彼の口座はすでに６％のリスクになっているからです。彼は３つの未決済ポジションを持ち、各リスクが２％で、市場が不利になれば６％を失うかもしれません。６％ルールは彼が今回それ以上のリスクを賭けることを禁じています。
- ２～３日あとで、Ａ株が上昇してトレーダーは逆指値を損益分岐

点の上に移動します。D株がほんの2～3日前はトレードを許されていなかったのですが、まだ非常に魅力的に見えます。今だったらそれを買ってもかまわないでしょうか？ はい、買ってもかまいません。彼の現在のリスクは口座の4％にすぎないからです。彼はB株に2％、さらにC株に2％のリスクを賭けていますが、A株の場合、ストップを損益分岐点の上に置いてありますから、リスクはまったくありません。トレーダーはD株を買って、別に2000ドル、つまり2％のリスクを賭けます。

● 週後半になって、トレーダーはE株を調べます。非常に強気に見えます。それを買ってもかまわないでしょうか？ 6％ルールに従うなら買ってはいけません。彼の口座のリスクはB株、C株、D株（A株にはもはやリスクはありません）ですでに6％になっているからです。E株は見送らなければなりません。

● 2～3日あとで、B株が下落してストップがヒットします。E株はまだ魅力的に見えます。それを買ってもかまわないでしょうか？ いいえ、買ってはいけません。彼はすでにB株で2％失い、C株とD株で4％のリスクになっているからです。今度別のポジションを追加することは、月当たり6％を超えるリスクを賭けることになります。

6％ルールはトレーダーをピラニアから守ります。ピラニアがかみ始めたら、水から出て、厄介な魚に好きなように食い殺されないようにします。リスクが1トレード当たり2％未満であれば、一度に3つを超えるポジションを持ってもかまいません。口座のわずか1％だけのリスクにする場合は、6％の上限いっぱいになるまで6つのポジションを開いてもかまいません。6％ルールは、前月末の価値に基づいて今月出るかもしれない利益は考慮せずに、トレーダーの資金を保護します。

大きな評価益を持って新たな月に入る場合、ストップとサイズを再測定して、任意のすべてのトレードのリスクと未決済のトレード全体のリスクを、新たな資金レベル全体の２％以下と６％以下にしなければなりません。月末までに儲けが出て口座の価値が上昇する場合は常に、６％ルールによって翌月はもっと大きなサイズをトレードすることができます。損失が出て口座のサイズが縮小する場合は、６％ルールによって翌月はトレーディングサイズが小さくなります。

６％ルールは、連勝しているときはサイズを大きくして、連敗のときはトレーディングを早めに中断することを勧めます。市場が有利に動く場合、ストップを損益分岐点を超えるレベルに移動してさらに多くのポジションを仕掛けます。株や先物が不利に動いてストップにヒットし始めたら、その月の最大許容額を失ってトレードを中断し、口座の大部分を翌月のトレードのために確保しておきます。

２％ルールと６％ルールは、ピラミッディング――勝ちポジションに追加すること――のガイドラインを提供します。株を買ってそれが上昇すれば、ストップを損益分岐点を超えるレベルに移動してから、同じ株の新たなポジションを――そのリスクが口座資金の２％以下で全体の口座リスクが６％未満になるかぎり――買い増してもかまいません。各追加ポジションを別個のトレードとして扱います。

ほとんどのトレーダーは感情的な揺れを経験して、高値のときは元気になり、安値のときは悲観的になります。規律あるトレーダーになるつもりで２％ルールと６％ルールを使えば、トレードの安全性が実際に向上します。

ポジションサイズ

数年前に、あるローカルズのトレーディング会社の経営者が、彼のトレーダーを対象とする心理訓練グループの運営を私に依頼しました。

そのトレーダーたちは精神科医が来ると聞いて驚き、自分たちは「狂っていない」と声高に言い張りました。マネジャーが、成績が最悪のトレーダーたちに参加しなさい——さもないと、という話をしてからグループがスタートしました。みんなが集合して心理と資金管理に焦点を当てて訓練するようになると効果てきめんだったので、6週間もすると第二グループの順番待ちリストができていました。

　その会社は独自のデイトレーディングシステムを使っていました。それは非常にうまく機能して、2人のトップトレーダーは毎月100万ドルを超える利益を上げました。ほかのトレーダーは同じシステムを使ってもさほど儲からず、かなりのトレーダーが損失を出していました。

　グループの初期のミーティングで、あるトレーダーが、毎日損失が出て13日間続いているという苦情を漏らしました。彼のマネジャーは、ミーティングを参観していて、そのトレーダーは会社のシステムに従っているのにまったく儲けることができないと認めました。私は、まず13日間も損失を出し続けながらその翌朝も出てきてトレードする肝っ玉に脱帽すると言いました。それから彼にトレードした数量を尋ねました。会社が各トレーダーの上限を設定していたからです。彼は1回当たり700株の売買を許されていましたが、連敗の間は自発的に500株に減らしていました。

　私は彼に、2週間の期間で勝つ日が負ける日より多くなって全体として利益が出るようになるまで、100株まで減らすように指示しました。彼がそのハードルを乗り越えたら、今度は200株まで増やし、それでまた2週間の期間で利益が出るようになったら、300株まで増やすというふうにしました。彼は、2週間の期間で利益の出るトレーディングができるようになれば、100株の増し分が許されたわけです。1週でも損失を出せば、新たに2週間の期間で利益を出せるようになるまで、前のレベルに落とさなければなりません。言い換えれば、彼

は小さなサイズで始めて、ゆっくりとサイズを大きくし、問題があればいち早くサイズを落とさなければならなかったのです。

そのトレーダーは、100株ではあまりにサイズが小さくてまったく儲けられないと声高に反対しました。彼は、大きなサイズでもまったく儲けられないのだから、甘い考えはやめるようにと私に言われると、不本意ながら私の計画に同意しました。1週間あとのミーティングで、彼は5日間のうち4日は利益が出て全体でも儲かっていると報告しました。トレーディングサイズがあまりに小さいので利益はほとんどありませんが、彼はゲームには勝っていました。彼は翌週も勝ち続けたので200株に増やしました。次のミーティングで、彼は「これは心理的なものだと思いますか？」と質問しました。みんな大笑いしました。なぜ人は500株では損をするのに、100株や200株では儲かるのでしょう？

私は10ドル札をポケットから取り出して、グループのだれかが目の前の狭い会議用テーブルの上に乗り、端から端まで歩いてその10ドルを稼ぐ気はないかと尋ねました。数人が手を挙げました。ちょっと待って、もっとましな提案だが、この10階建てのビルの屋上まで登りそのテーブルと同じ幅の板の上を大通りをはさんだ向かい側のビルの屋上まで私と一緒に歩けば、だれでも1000ドルを差し上げます、と私は言いました。だれも、手を挙げませんでした。

私はそのグループを扇動し始めました。「その板はこの会議用テーブルと同じ程度の幅と丈夫さがあるから、風のない日ならできると思うし、その場で1000ドルの現金を支払います。テクニックの難しさはこの会議用のテーブルを歩くのと変わらないのに、報酬ははるかに大きいですよ」。まだ、だれも手を挙げません。なぜでしょう？　会議用テーブルの上でバランスを崩しても、数フィート飛び降りるだけでカーペットがあります。2つの屋上に渡した板の上でバランスを崩したら、アスファルトにたたきつけられます。

リスクのレベルが上がると、行動能力が低下します。

初心者は小口のトレードではたいてい儲けます。彼らは、少しの経験と自信を持って、トレーディングのサイズを大きくします——それで損失を出し始めます。彼らのシステムは変わっていないのですが、サイズが大きくなったのでやや緊張してあまり機敏ではなくなってしまったのです。ほとんどの初心者は大儲けを焦りますが、大儲けされるのはだれなのか考えましょう。

オーバートレーディングというのは、特に大きすぎるサイズをトレードすることを意味します。下手な先物トレーダーは委託証拠金が最も低いブローカーを探します。金の最低証拠金が2000ドルの場合、1万ドルを持っている張り切り屋は5枚買うかもしれません。1枚当たり100オンスの金になりますから、金が1ドル動くごとにトレーダーの口座は500ドルが上下します。彼は、金が不利に動くと、台無しになります。有利に動くと、新たな素晴らしい金儲けの方法を見つけたと確信して、無謀なトレードを続け、次のトレードで有り金をすっかり巻き上げられます。

遠慮のないブローカーは、大きな手数料を生み出すので、オーバートレーディングを勧めます。アメリカ以外の証券会社の一部は、会社に1ドルの保証金を入れると10ドル相当の株を買うことができる、10対1の証拠金取引を提示します。100対1の証拠金取引を提示する為替ディーラーもあります。

スキューバダイバーは、ボートから飛び込むとき、エアタンクにオクトパスと呼ばれる器具を取りつけています。それは数本のチューブで構成されていて、1本はマウスピースに、別の1本は浮揚ベストに、さらに別の1本はタンクのエアの残量を示す装置に装着されています。その残量が低下しすぎると水面に戻るだけのエアがなくなるので、スキューバダイビングは無知な短気者にとっては極めて危険なスポーツになっています。

トレードを仕掛けることは宝探しのダイビングをするようなものです。海底の岩の下には金があります。それをすくい上げるときに、必ずエアゲージを見るようにします。自分の生存を危うくすることなしにどれくらいの金を採取できますか？　海底には、素晴らしいチャンスを目にしたダイバーの遺骸がころがっています。

プロのダイバーは自分のエアサプライをまず考えます。今日はまったく金が手に入らなくても、明日またがんばったらいいのです。ただ大事なことは、生き残ってまたダイブすることです。初心者はエアが切れて死んでしまうわけです。ただで手に入る金の誘惑あまりにも強いのです。ただの金！　ロシアのことわざを思い出します――「ただのものなんてネズミ捕りのチーズだけだ」。アフリカには、地面に打ち込んだ杭に餌を数片入れた首の狭いビンを縛りつけてサルを捕らえる種族がいます。サルは手を小刻みに動かしてビンのなかに突っ込んで餌の一片をつかみますが、何もつかんでいないときだけ何とか手が入る狭さだから、今度はその手を抜くことができません。サルはハンターが捕まえに来てもまだその餌を引っ張ります。サルは、欲が深くて餌をつかんで離そうとしないから、負けてしまいます。ストップを置かずに大きなトレードを仕掛けるときに、このサルのことを考えることです。

プロのトレーダーは、強力な資金管理のスキルを必要とします。すべての成功するトレーダーは規律のおかげで生き残り繁栄するのです。２％ルールはサメ防止であり、６％ルールはピラニア防止です。それで、多少でもまともなトレーディングシステムがあれば、ゲームをはるかにリードするでしょう。

資金管理の段階

オーバートレーディング――口座の割には大きすぎるトレードを仕

掛けること——は致命的な間違いです。初心者は金儲けをあせるのに対し、真剣なトレーダーはまずリスクを計算します。小さなサイズで始めて質を重視するなら、さらに優れたトレーダーになれます。トレード——トレードを見つけだし、仕掛け、ストップと利食い目標を設定し、そして手仕舞うこと——を習得したら、トレーディングサイズを、自分の口座が意味のある収入を上げるようになる程度にまで大きくすることに取りかかればいいのです。

新たなトレーダーが最近私のところにやってきました。バカげた競争にうんざりした42歳のビジネスマンです。彼の妻はまだそのビジネスを経営していますが、彼はすべての時間とエネルギーをマーケットに注いでいます。彼は損益分岐点の辺りで浮き沈みしながら、1回に100～1000株をトレードしていました。たいてい、小口のトレードで数回連続して儲けたあとで1回大きなトレードをしてその儲けをすべて吐き出していました。

私は、彼はほとんどの初心者と違って損をしていないから、ゲームには勝っているのだという話をしました。それから彼に標準的な処方箋——まず最小取引単位の100株でトレードを続け、一定の期間勝ち越して儲かるようになること——を与えました。その期間はデイトレーダーの場合は2週間、長期のスイングトレーダーの場合は2カ月にしたらいいでしょう。一定の期間で儲かるようになれば、100株だけサイズを増やして200株でトレードするようにします。また一定の期間儲かるようになれば、さらに100株増やして300株でトレードするようにします。もし半期（デイトレーダーの場合は1週間、スイングトレーダーの場合は2カ月）の期間に損失を出したら、前のトレードサイズに戻って計算を再開します。先物の場合は、100株を1枚に置き換えます。ゆっくり前進して、いち早く撤退します。

ラルフ・ビンスは画期的な著書『ポートフォリオ・マネジメント・フォーミュラ（Portfolio Management Formulas）』を書いて、オ

プティマルf──長期的に利益を最大化するための対口座残高のリスク比率──の概念を導入しました。彼の本は、数学的に難解ですが、少数の重要な概念に要約されます。まず、あらゆるトレードにはオプティマルfがあること。次に、掛け金が少なくなれば、リスクは算術的に減少するが利益は幾何学的に減少すること、そして、オプティマルfを超えて賭け続けると、必ず破産することです。

オプティマルfはあらゆるトレードによって変化し、計算するのは困難です。それは長期的には最高の利益を提供しますが、口座の90％を超えるひどい減少を引き起こす可能性もあります。だれが、10万ドルの口座を9000ドルにしてしまったシステムでトレードを続ける勇気を持っているでしょうか？　オプティマルfの最も重要なこととは、大きすぎるサイズをトレードすると口座を破壊してしまうことを自覚させてくれることにほかなりません。オプティマルfは、その領域を超えると地雷原に踏み入ることになる標識です。それを避けて、オプティマルf未満でトレードすることです。

利益を計算する初心者は本末転倒なのです。その手法を反転させてまずリスクを計算します。2％ルールと6％ルールに従うとして最大許容リスクはいくらになるのか自問します。

適切な資金管理の段階は次のようになります。

1．月初に口座──現金、現金等価物、未決済ポジションの合計──を測定する。

2．資金の2％を計算する。これが、任意のあらゆるトレードにおける最大許容リスクである。

3．資金の6％を計算する。これが、任意のあらゆる月における最大許容損失額である。この額を超える場合はすべてのトレードを手仕舞って、月末までトレードを中断する。

4．あらゆるトレードについて仕掛けのポイントとストップを判断する。つまり、1株当たりあるいは1枚当たりのリスクを金額表示す

る。

　5．資金の2％を1株当たりのリスクで割ってトレード可能な株数あるいは枚数を求める。概数を得るために、端数を切り捨てる。

　6．仕掛けのポイントと現在の逆指値の間の距離に株数あるいは枚数を掛けてすべての未決済ポジションのリスクを計算する。全体のリスクが口座の4％以下であれば、別のポジションを追加してもかまわない。そのトレードによって2％が追加され、全体のリスクが6％になるからである。1トレード当たり2％のリスクにする必要はなく、事情によっては2％未満にしてもかまわないことを忘れないようにする。

　7．トレードを仕掛けるのは、上記の条件をすべて満たす場合のみである。

　トレードのサイズを確定する基準は、リスクに賭ける余裕のある金額であって、儲けたい金額ではありません。2％ルールと6％ルールに従いましょう。ほとんどのトレードが思いどおりになって儲かっている月であれば、ストップを損益分岐点の上に移動してさらにポジションを仕掛けることができます。信用取引をしてもかまいません。この資金管理システムの利点は、不利なときはいち早く損切りし、有利なときは全速力で進むことができることです。

　月初に未決済のポジションがまったくない場合は、2％と6％のレベルはすぐに計算できます。月初に向けて多少未決済ポジションがある場合は、口座資金――直近の市場価格によるすべての未決済トレードの価値やすべての現金あるいはマネーマーケットファンド――を計算します。その数値を基準にして2％と6％のレベルを計算します。未決済トレードのストップを損益分岐点の上に移動してある場合は、資金のリスクはないので、新たなトレードを探ってもかまいません。ストップがまだ損益分岐点に届いていない場合は、資金リスクのパー

センテージを求めて６％と比較します。その数値を６％から差し引けば、その結果によって、新たなトレードを仕掛けてもかまわないかどうか分かります。

　先物、株、そしてオプションをすべて同時にトレードしている場合は、２％ルールと６％のルールをどのように適用すればいいでしょうか？　まず、初心者は単一の市場に専念すべきです。手を広げるのは成功したあとに限ります。２つ以上の市場をトレードしている場合は、別々の口座を開いてその各口座を別々のトレーディング事業として扱います。例えば、株で６万ドル、先物で４万ドル持っている場合は、６万ドルの２％ルールと６％ルールを計算して株に適用し、４万ドルの２％ルールと６％ルールを計算して先物に適用します。２つ以上の口座を持っている場合は、トレーディング関係の費用はそのサイズに応じて配分します。

　トレーディングシステムと資金管理が整っていないと市場では勝てないことを忘れないでください。

第3部
トレーディングルームへようこそ

PART3
COME INTO MY TRADING ROOM

　トレーダーは数段階の過程を経て成長します。多くの初心者はトレードを機械的な取り組みだとみなしています。彼らは、ストキャスティックスの正しいパラメータや移動平均の適切な期間さえ分かれば、成功は手に入ると思っているのです。それで、機械的なシステムを売る教祖のいいカモになるのです。

　生き残る人たちは、心理的な要因、例えば、楽観や懐疑、貪欲や仕掛けるときの恐怖などがテクニカル指標よりはるかに重要であることを認識します。彼らはリスク管理の重要性に対する感覚を磨くようになります。私がいつも講演会で出くわすのは、テクニカル分析をよく把握し、心理もある程度理解しているが、いつも儲かるわけではないし本業もしなければならないので、今ひとつ何かが足りないように感じている人たちです。彼らは次に何をしたらいいのでしょう？

　テクニカル分析をかなり理解し、資金管理ルールに従い、心理をトレードする価値を認めているトレーダーなら、新たな組織的スキルを養う必要があります。すでに成功の基本的要素を備えているのですから、今こそ成功するトレーディングの構造を構築するときです。

　真剣な素人をプロのトレーダーに変身させる秘訣はありません。私がここで提示するのは、トレーダーをプロトレーディングの最終段階まで引き上げる、重点集中作業の処方箋です。

第8章
組織化されたトレーダー
THE ORGANIZED TRADER

　成功するトレーダーの特に重要な資質は何でしょう？　高い知能でしょうか？　いいえ、違います。ただし、ある程度の能力は必要です。高い教育でしょうか？　あまりそうだとは言えません。最高のトレーダーの多くは高校を卒業していないからです。すべての勝者が共通して持っている資質は極めて高レベルの規律です。どのようにしたら自分の規律のレベルを測定し、それを高めることができるのでしょうか？　その方法は、いくつかのトレーディング記録をつけてそれから学ぶことです。
　成功に特に役立つのは、適切な記録をつけることです。綿密な記録をつけて、見直して、それから学ぶなら、実績が向上します。資金管理が適切に機能して習得期間中の生き残りが確実であれば、必ず成功します。
　強い表現を使いましたが、私は経験を通じて、それを確認しています。何年もトレーダーズキャンプで教えていて、適切な記録をつけている人がいたら、その人は成功しているトレーダーか、まもなくそうなる人に決まっていました。女性のほうが男性より適切な記録をつける傾向があり、そのことが女性の勝率のほうが高い理由のひとつになっていることが分かりました。
　記録は、成功のためにはほかのどんな指標やシステムやテクニカル

ツールよりも重要です。最高のシステムであっても必ずどこかに穴がありますが、適切な記録があればその穴を見つけて埋めることができます。詳細な記録をつけている人はトレーダーとして飛躍的に成長します。

適切な記録をつけているトレーダーが優れたトレーダーです。

ひどいトレーダーはひどい記録をつけています。過去に学ばないトレーダーは必ず同じことを繰り返します。「私はたたかれ、侮辱され、唾を吐きかけられ、虐待された――ここでじっとしているのは、次にどうなるのか見たいだけのことなんだ」

適切な記録があれば、来る日も来る日も苦闘する代わりに、過去から学ぶことができます。市場にたたかれたとき、適切な記録があればその一撃がどこから来たのか分かります。だから、次回は違う経路を取って問題を避けます。次回にはまた別の問題に遭遇するかもしれませんが、根気よく対処すれば、やがて間違いをしなくなります。とにかく資金管理はきちんと行い、習得中に資金が切れないようにします。利益が出るようになると、記録を見ればその理由が分かるので、その経験を再現するのに役立ちます。適切な記録があれば、当て推量を減らしてトレーディングをはるかにプロ仕立ての仕事にすることができます。

大学時代につけた詳細な記録を覚えていますか？　教育者の間で、記録をつけることが学習プロセスの主要な部分であることについて異論はありません。苦闘している場合は、記録をつけ始めなければなりません。いったん勝者になれば、記録は、トレーディングプロセスの重要な部分になり、もうやめることはなくなります。記録をつけるには時間がかかります。いやになったり飽きたりして記録をつけなくなったら、トレードではなくてギャンブルをしている確かな兆候だと思うことです。記録は、真剣なトレーダーであるかどうかの試金石なのです。

トレーダーは４つのタイプの記録を必要とします。そのうち３つは過去のトレードを見直すため、もうひとつは次のトレードを考えるためです。トレーダーのスプレッドシート、資金曲線、トレード日誌は過去の実績を見直すのに役立ちます。スプレッドシートはトレードを個別に評価し、資金曲線は口座を全体として追跡し、日誌は意思決定プロセスを反映します。４番目の記録は次の日のトレーディング計画です。この４つの記録をつけることによって、きちんとした、プロの、成功するトレーディングの軌道に乗ることができます。

トレーダーのスプレッドシート

適切な記録をつける第一段階は、スプレッドシートを設定してすべてのトレードを列記することです。横の各行に、新たなトレードを記入します。縦の各列に、それぞれのトレードについて所定の詳細あるいは実績面の評価などを記入します。次の項目は、トレーダーの実用的なスプレッドシートには必ずあるものです。

1. トレードナンバー（すべてのトレードを仕掛け順に列記する）
2. 仕掛け日
3. 買いか、売りか
4. ティッカー（銘柄コード）
5. サイズ（株数、枚数）
6. 仕掛け価格
7. 手数料
8. サービス料
9. 合計（仕掛け価格×サイズ＋手数料＋サービス料）
10. チャネル（中期の時間枠に使う日足チャートか、その他のチャートの高さを記録する。これを使って手仕舞い後にトレードを

評価する)
11. 手仕舞い日
12. 手仕舞い価格
13. 手数料
14. サービス料
15. 合計(手仕舞い価格×サイズ-手数料-サービス料)
16. 損益(利益か損失――買いの場合は第15列-第9列、売りの場合はその逆)
17. 仕掛けの評価(以下参照)
18. 手仕舞いの評価(以下参照)
19. トレードの評価(以下参照)

　ほかにいくつか行を追加してもかまいません。例えば、トレードを指示したシステムの名前、当初の逆指値、スリッページなど、もしあれば記録したり、手仕舞いの事情を多角的に反映するために、価格目標やストップにヒットしたから、あるいは焦りからというように手仕舞った理由を記録したり、損益や、マーケット別やシステム別の勝敗数をまとめて一覧できるようにしたり、各マーケットや各システム別に損益の平均、最小、最大が分かるようにしたりすればいいでしょう。
　仕掛けの評価(17)は、その日のレンジのパーセンテージで表示することによって仕掛けの質を評価します。例えば、その日の高値が80ドルで安値が76ドル、買値が77ドルの場合、仕掛けの評価としては25、つまり、その日のレンジの下から25%以内で買ったということです。78ドルで買っていたら、評価は50になっていたわけです。買いのパーセンテージが低いほど、評価は良くなります。いつも高い数字で買っていたら破滅的になるかもしれません。だから、仕掛けの評価は50未満に抑えるようにします。これはたいしたことがないように見えますが、実は、驚くほど達成が困難な可能性があります。

手仕舞いの評価（18）は、その日のレンジのパーセンテージで表示することによって手仕舞いの質を評価します。例えば、その日の高値が88ドルで安値が84ドル、売値が87ドルの場合、手仕舞いの評価としては75、つまり、その日のレンジの75％を獲得したということです。86ドルで売っていたら、成績は50になっていたわけです。パーセンテージが高いほど、売り手に有利です。高い数字で売ればいいですが、低い数字で売れば慈善事業になります。だから、手仕舞いの評価は50を超えるように努力します。

これらの評価はポジショントレーダーにとって重要ですが、デイトレーダーにとってはさらに重要です。念のため、売りの場合、売ることによってトレードを開始し、買うことによって手仕舞いします。売買の順序が逆転することを承知しているかぎり、同様な評価が適用されます。

トレードの評価（19）は、獲得したチャネルのパーセンテージで利益を表示します。これは、完結したトレードのまさに最も重要な評価で、利益の額よりはるかに重要です。第12列（手仕舞い価格）から第6列（仕掛け価格）を差し引いて、その結果を第10列（チャネル幅）で割ると、パーセンテージ形式で結果が表示されます。売りの場合はその公式を反対にします――第6列から第12列を差し引いて第10列で割ります。

利益をチャネルのパーセンテージで評価すれば、実績の客観的な尺度になります。サイズの大きいずさんなトレードで大金を稼ぐこともあるし、困難な市場で見事に実行されたトレードでほんの少しだけ稼ぐ場合もあります。チャネルを基準にした各トレードの評価は、トレーダーとしてのスキルを反映します。チャネルの10〜20％を獲得できれば、成績はＣです。利益がチャネル幅の20％を超えたら、成績はＢです。チャネルの30％以上を取れば、Ａランクのトレードです！

各評価のあとに余分の列を追加して、仕掛け、手仕舞い、そして完

結したトレードの平均成績を計算します。それらの数字をグラフにして、それが上げトレンドになるようにできるだけのことをし続けます。綿密に維持されたトレーダーのスプレッドシートは生きた学習ツールです。それは、成功と失敗に即応しながら、市場のカオスという大海に、安定して確実な島を形成するのです。

資金カーブ

　トレーディングで成功するに足る規律を備えていますか？　はっきりと肯定するか、否定の返事ができる人はほとんどいません。多くのトレーダーはその中間辺りにいます。トレーダーとして向上しているかどうかを示すメーター、つまり尺度があります。その尺度はトレーダーの口座資金です。それは、ちゃんと行動すれば必ず上昇しますが、判断を間違うたびにたいてい下落します。

　ほとんどのトレーダーはチャートを見ますが、自分自身を見る人はほとんどいません。それは、見落としです。性格はトレーディングで極めて重要な部分を占めるからです。資金曲線は実績の鏡です。プロは、自分と顧客のために資金チャートをつけます。自分の資金曲線を追跡するようになれば、プロの仲間入りに向けて大きな飛躍になります。

　スプレッドシートを使って資金曲線を追跡します。横の各行は１単位時間、この場合は１カ月を示します。次の列がそのスプレッドシートにあります。

1．日付
2．口座資金
3．２％
4．６％

各月の最終日の口座資金を求めてその数字を入力します。口座資金は、口座のすべての現金や現金等価物、未決済のポジションの価値をすべて加えたものです。自分の口座を値洗いします——口座資金は口座の清算価値です。この手続きを毎月繰り返します。このデータを数カ月積み上げたあとで、資金をチャートに記入し始めます。各プロトレーダーの目標は、資金曲線のなめらかな上昇です。それは、左下から右上向きに流れ、ときどき浅い後退があるだけです。
　１年に相当する資金データを蓄積したら、資金曲線に移動平均を追加します。６カ月の単純MAは、資金のトレンドを確認します。それは、また、重要な疑問——口座にいつお金を追加すべきか——にも答えます。
　ほとんどの人が資金を追加するのは、ひどい損失を出したあとか、一連の成功のあとで非常に自信があるときです。資金が新しいピークに到達したあとでお金を追加するのは感情的に理解できますが、それはお金を追加するにはまずい時期です。だれにでもサイクルがあって、資金が新しいピークに達したばかりのトレーダーは、一服するか、後退する時期が接近しているのです。資金曲線の移動平均が上昇している場合、お金を追加する絶好機は資金がその上昇するMAまで後退するときです。資金曲線の移動平均の上向きトレンドは、優れたトレーダーであることの確認になり、後退は前月末の価値への回帰を示しています。株や先物はそのEMAまで後退するときに買うわけですから、自分のトレードに資金を追加したいときに同じ作戦を使ってもいいでしょう。
　スプレッドシートに、その月の資金を入力したら２つの重要な数値——２％と６％の値——を算出するようにプログラムします。それが、翌月の口座の２つのセーフィティーネットになります。２％ルールがどのひとつのトレードでもリスクを限定します。トレードを見つけだ

してどこにストップを置くのか決定すれば、２％ルールがトレードをしてもかまわない最大の株数や枚数を与えてくれます（できればリスクは低めにします）。６％ルールは、口座価値が前月末レベルの94％まで下落する場合、その時点から月末までトレーディングの権利を取り上げます。

　このスプレッドシートは、自分の知りたいことやプログラミングの能力に応じて拡大できます。金利がつく場合とつかない場合の月次曲線や、トレーディング費用を控除する場合としない場合の曲線などを計算することができます。トレーディング資金を追加したり、削減する場合は、常に前のパーセンテージと混同しないようにして曲線を再計算する必要があります。大事なことは、資金曲線を今記入し始めることです！

　資金曲線は実績の尺度です。整然とした上げトレンドのほうが、大幅な減少を伴う急激な上げトレンドより適切です。資金曲線は上昇するはずですが、もし下向きに転じたら、はるかに防御的なトレーディングにしなければなりません。

トレード日誌

　理性的な人は自分の過去を把握しています。以前に起こったことを理解することは、現在のことに対処し、将来に立ち向かうのに役立ちます。日誌をつけるトレーダーは過去から学ぶことができ、間違いを愚かにも繰り返すことはありません。トレード日誌は、自分専用の鏡、貴重なフィードバックループです。それはたぶんトレーダーが利用できるまさに最高の学習ツールです。

　トレード日誌は、トレードの目に見える記録でもあり、書く記録でもあります。紙に書くこともできますし、電子書面にすることもできます。私が日誌を書き始めたのはかなり前のことで、今でも紙に書い

て、ハサミと両面テープを使ってチャートを張りつけています。次の指示に従うか、それを調整して日誌を電子形式にすればいいでしょう。

トレーディング日誌は11インチ×14インチのアルバムです。見開き各２ページをひとつのトレードに割り当てます。トレードを仕掛けるときは常に、そのトレードをするに至ったチャートをプリントアウトして左側のページに張りつけます。各チャートはだいたい３インチ×５インチで、まず週足チャートを１枚張り、その下に１～２枚の日足チャートそしてときには日中チャートを１枚張ります。銘柄の名前、日付、買いか売った株数を書き留めます。そのトレードに少しでも関連するファンダメンタルズがあれば記入します。最初にその株に気づいた事情――データベースのスキャン、友だちからの情報、あるいは新聞や雑誌の記事――をコメントしておきます。そうしておけば情報源を追跡することができます。ペンを使って、そのトレードをするに至った指標のシグナルやチャートのパターンに印をつけます。そのトレードを仕掛けた気持ち（熱意、うれしさ、自信、不安）を少し書き添えて特異な要因や状況を記入します。

私は日誌は家に置いてあるので、オフィスでトレードする場合、プリントアウトして夜に張りつけます。時間がかかりますが、チャートを切り抜き、アルバムに張り、印をつけて、コメントを書きます。私は、この規律によって、トレーディングが自分の仕事であり、トレーディングがほかのほとんどすべての活動に優先することを自覚します。

トレードを手仕舞いしたあと、このプロセスを繰り返します――チャートをプリントアウトしてアルバムの右側のページに張りつけます。通常は右側のチャートのほうが少なくなります。週足チャートはいつも手仕舞いに関係するとは限らないからです。トレーディングシグナルに印をつけ、手仕舞いの状況をそのときの気持ちなども含めて書き留めます。

日誌が厚くなってくると、トレードの目に見える記録はもっともっ

と貴重になります。過去を振り返りながらページをめくります。あのシグナルは今どう見えるか？　何がうれしくて、何をあのようにすべきではなかったと思い、何の教訓を得たのか？　ほとんどのトレーダーはこんな疑問を自分に問いかけることはありません。儲かると大得意になり、損をすると怒りを感じたり恥じたりします。感情におぼれていてはトレーダーとして向上しません。損は儲けより多くのことを教えてくれるのです。トレード日誌は、自分を責めたり、ひとりで得意がったりせずに、事実に注目するのに役立ちます。学んで成功するのに役立ち、自由になるのに役立つのです。

　トレード日誌を与えてくれる人はだれもいません。それは自分で作成しなければならず、それを維持する能力があれば、規律は常にチェックされていることになります。儲かったときは、常に日誌をめくって、今学んだばかりの観点から過去のどのトレードでも違うやり方があったのではないかと自問してみることです。損をしたら、自分を責めないで、そのトレードについて十分な注釈を書き、振り返って過去のトレードを見直し、将来はそんな損失を避ける方法を考えることです。利益と損失から学ぶわけです。

　さらに学ぶためには、それぞれの完結したトレードを手仕舞いしてからだいたい3カ月後に振り返って、現在のチャートをプリントアウトします。それを1枚の紙に張りつけて、印をつけ、手仕舞いのページに添付します。そうすると、前のトレードに立ち返って改めて考えるので、トレーディングの復習になるのです。

　非常に活発なトレーダーか、デイトレーダーで、あまりにもトレードが頻繁であるために、いちいち日誌に記入することなどできない場合はどうでしょう？　そんな場合は、トレーダーのスプレッドシートに列記されたトレードの5回目か10回目ごとに日誌に記入します。特に重要なトレードであれば日誌に追加してもかまいませんが、5回目か10回目ごとのトレードという規律は必ず維持します。

日誌をつけて自分のトレードから学ぶようにすれば、トレーディングの成功をできるだけ確実にすることになります。必ず資金管理ルールを厳格に守り、変則的な損失を重ねてまだ習得中なのにゲームから追い出されることのないようにします。ルールに従うこと、そして、スプレッドシートと資金チャートとトレード日誌をつけ、それを見直して学ぶことによって、成功するトレーダーになるあらゆる能力が備わってきます。

行動計画

　何をどのようにするのか自覚して毎日対処することが重要です。これはポジショントレーダーの場合は特に重要です。デイトレーダーの場合は、スクリーンの表示に即対応しなければならないからです。
　プロはチャートをじっと見たりしません。有利なトレードはチャートからトレーダーに飛びついて叫びます——ここにいるよ、連れていってくれ！　じっと見なければならないとしたら、トレードの機会はありません。次の株に移ったほうがいいでしょう。優れたポジショントレーダーや事情通のベテランのトレーダーは、難問を探すのではなくお金を探すのです。
　探索する絶好のときは市場が閉まっている夜です。落ち着いて市場を見直し、考え、ほかの株やマーケットをよく調べて、買うのか、売るのか、傍観するのかを判断します。自分の判断を書き留めて朝に市場が開く前に見直します。
　注文を出すときは、特に電話でブローカーにそれを伝えるときは、常に頭にあるものをしゃべるのではなく紙に書いたものを読むほうが得策です。なぜでしょう？　私が知るかぎり、たいていどのトレーダーもうっかり注文を逆にしてしまって、困った経験が何度もあるからです。空売りするつもりなのに言い損なって、ブローカーには買い注

文を出してしまい、たちまちのうちに、崩壊する株の所有者になってはっとするわけです。おまけに、最後の瞬間に注文を変える誘惑に駆られます——計画よりも買い数量を増やしたり、減らしたり、指値注文を成行注文に切り替えたりするのです。自分とブローカーの間に1枚の紙を置けば、有効な防御になります。

　各注文の背景を多少書き留めておくことはいいアイデアです。私は3ライン形式——週足、日足、予定——を好んで使います。例えば、次のようになります。

　週足——EMA上昇、MACDヒストグラム下落して悪化
　日足——MACDヒストグラムの弱気の乖離、EMAの後退続行
　予定——71.30ドルで空売り、73ドルで逆指値、目標60ドル半ば

　あるいは

　週足——EMA横ばい、MACDヒストグラムが強気の乖離から上昇
　日足——EMA上向き、MACDヒストグラム上昇、すべて一気に上向き
　予定——EMAまで後退すれば23.25ドルで買い、逆指値は22ドル、目標20ドル台後半

　私はこれらのメモをエクセルのスプレッドシートに記入します。横の行に追跡するそれぞれの株を記入し、縦の列に日付を記入します。私は、トレードを調べるときは常にその日付と株のセルをクリックして、インサートメニューに移動し、コメントを選びます。いったん3行のメモを記入すると、小さい赤の三角がそのセルの右上隅に現れます。その上にカーソルを移動すると、スクリーンにコメントが現れます。この記録管理システムを使えば、簡単に、ひとつの株の過去の分

析を横列ですべて見直し、その日のコメントを縦列ですべて見直すことができます。私は、同じスプレッドシートに、あとで説明するABC評価システムの記録をつけています。

　必ず、メモは利用できるように書きます。例えば、「週足チャートが買いシグナルを出す」と書いても株について具体的なことはまったく分かりませんし、それを数日後に見ても役に立ちません。まず週足チャートの様子を説明し、次に日足に移って、それから最後に予定ラインにトレーディングのアイデアを書き留めます。

　行動計画をつけると事務処理量が増えますが、トレーディングがさらに仕事らしくなり、カジノの感覚は薄くなります。私がこれで思い出すのは、ほとんどがアメリカ人トレーダーのグループをモスクワのロシア取引所へ連れていって、フロアで模擬立ち会いをしたときのことです。それぞれの人に通訳がついて紙幣が渡されました。だれもがトレーディングをしたり、写真を撮ったりして楽しく過ごしましたが、ひとりで来ていたオランダ人だけは別でした。そのアムステルダムのマーケットメーカーは、フロアの上の表示価格のパネルを見つめて封筒の裏に猛烈に走り書きを続けていました。立ち会いが終わって役員専用のダイニングルームに移動したとき、私たちのトレード結果をプリントアウトして持ってきました。グループ全体としては100万ルーブルの損失になっていました。そのオランダ人は90万ルーブルをやや上回る利益を上げていましたが、ほかの人たちはスリッページや手数料でやられていました――珍しくもない結果でした。適切な記録が優れたトレーダを生むのに役立ちます。だから、私は行動計画をつけて、それに従うように勧めているのです。

第9章
生計のためのトレーディング
TRADING FOR A LIVING

　トレーディングは自由な生活を約束して人を引きつけます。トレードできれば、世界のどこでも暮らし、仕事をすることができます。日常の雑事から開放され、だれに従う必要もありません。海岸のバンガローからでも山頂のシャレーからでも、インターネット接続が十分に可能であれば、トレードできます。上司も顧客もいないし、目覚まし時計も必要ありません。わが道を行くというわけです。

　人は口先だけで自由の夢を語りますが、多くの人は自由におびえています。もし私が理由のいかんを問わずお金を稼げなくなったら、私の面倒を見てくれる会社などありません。これはたいていの人にとって恐ろしい発想です。非常に多くの人が会社のかごのなかで、安心する習慣を持つようになるのは当然なのです。

　かごのなかの動物はいろんな種類の神経症的行動をするようになります。共通の神経症は稼いで消費するサイクルの悪循環です。人は子供のときから社会的な身分は消費するものによって決まることを教えられます。5万ドルの車に乗っている人は、1万5000ドルの車に乗っている人よりも立派で成功している人です。しかし、12万ドルの車に乗っている隣人はひときわ特別な勝者です。アルマーニのブティックで服を仕立てる人は、街角の店でズボンやシャツを買う人より洗練された人です。社会は人の目の前に無数のニンジンをぶら下げます。広

告で売るのは食べ物でも住まいでも乗り物でもなくて、自尊心をあおるものです。依存症患者は、欲しいものを手に入れても元気になるのはしばらくの間だけです。人は世間に遅れを取らないように懸命に努力して、生涯を終えるのです。臆病な隣人たちはとどまるところを知らず、どんどんはしごを登るので、ほかの人も追随せざるを得ません。

　自由は精神に芽生えるもので、自分の銀行口座のなかに芽生えるものではありません。自分を解放するためには、まず支出を意識するようになることです。たぶん、必要なものは案外少ないことが分かり、自由がその分だけ近くなります。ウォールストリートでアナリストをしていたホセ・ドミンゲスという男性は、たっぷりお金を蓄えて31歳で引退しました。彼は残りの人生を楽しみながら、ボランティアの仕事をし、『お金か命か（Your MONEY or Your LIFE）』という本を書いて過ごしました。

　人は生計を立てているのではなく、死計を立てています。平均的なアメリカの男女の勤労者を考えてみよう。6時45分に目覚ましが鳴って起き上がる。シャワーを浴びて、仕事着——人によってスーツやドレスやオーバーオール、医療専門家は白衣、建設労働者はジーンズとフランネルのシャツ——を着る。余裕があれば朝食をとる。コミューターマグとブリーフケース（あるいは弁当箱）をつかんで車に飛び乗り、毎日のようにラッシュアワーに苦しめられる。9時から5時まで仕事。上司、神経を逆なでするひどい同僚と付き合う。サプライヤーと交渉する。顧客や得意先や患者の相手をする。忙しく振る舞う。間違いを隠す。とんでもない締め切りを与えられて笑みを見せる。「リストラ」とか「ダウンサイジング」とか称される斧——つまり、単なるレイオフ——が他人の首に落ちてほっとする。また余分な仕事を背負い込む。時計とにらめっこする。自分の気持ちとは裏腹に上司には逆らわない。また笑みを見せる。そして5時。

車に戻ってフリーウエーに乗り夕方の帰路につく。帰宅。夫や妻、子供、ルームメートに優しく振る舞う。夕食。テレビを観る。就寝。すべて忘れる幸せな８時間。
　これが生計を立てることだろうか？　考えてみよう。１日の仕事を終えて朝より元気な人をいったい何人見かけただろう？……みんな自分――健康、人間関係、喜びや感嘆――を、仕事のために、殺しているのではないだろうか？　人はお金のために命を犠牲にしている――しかし、非常にゆっくりなのでほとんど気づかない。

　過去の所得税申告書や現金収入簿を全部取り出して、最初の仕事から今までの自分の収入をすべて合計してみます。どちらかと言えば成功しているという程度の人でも100万ドル以上は稼いでいる可能性が高いのです。しかもそれを使っているわけです！　ハムスターが踏み車を回しているのを見たことがありますか？　踏み車を飛び降りて、散歩に出て、花の咲いているところへ行って香りを吸い込んだら素晴らしいと思いませんか？　たいていの人はしゃかりきに消費するばかりでリラックスできないのです。トレードを始めると、とんでもない目標を設定します。フェラーリの頭金がどうしても欲しくてトレードを初める場合、初年度に50％儲けても足りません。
　フェラーリやその他の贅沢をしても、広告の文句に釣られるのではなく、自分でしっかり考えて本当に必要だから買うのであれば、何ら問題はありません。人は空虚感と不満を払拭するためにとめどなく、物を買うのです。お金を使って空虚感を満たそうとする人が、できるだけ質の高いトレードにこだわることはまずありません。
　できるだけお金を使わずに快適に過ごせるレベルを見つけることです。また、ドミンゲスの言葉を引用します。

　十分に生きていけるし、十分に快適だし、特別な贅沢も多少はでき

るのだから、もはや余計な荷を背負い込むことはないのだ。十分だと分かれば力がわくし自由になれる。自信ができるし、柔軟になれる。

　出費を意識するようになりましょう。できるかぎりキャッシュカードではなく、現金を使うようにします。持ち物で人の注意を引こうとするのをやめます。相手は人の注意を引こうとして忙しいので、ほかの人のことなど気にしていないのです。借金は、住宅ローンも含めて、全部返します。出費を減らせばそんなに難しいことではありません。半年から１年の間は生活できるだけのお金を取っておいて、仕事と収入の連鎖を緩めます。トレーディングは、高給で高負担の自営業であるはずです。生活費が賄えていたら、余分の利益は免税公債に充てて、ゆくゆくは日常の必需品ならそれで生涯間に合うだけの収入を得るようにします。100万ドル相当の免税公債は、利回りが５％だとすると、年に５万ドルの無傷の収入をもたらします。それで十分でしょうか？　その２倍必要ですか？　３倍ですか？　５倍？　出費を早く減らせば減らすほど、開放される瞬間が早く訪れます。合理的に自分の財源を運用することは、合理的に自分の取引口座を運用する準備になります。

　みなさんは、トレーディングの本で個人支出についての議論など、たぶん予想していなかったと思います。興味がわいたらあとで、ドミンゲスの本を読んでください。トレーダーにとって大事なことは、冷静で合理的な手法で市場に取り組み、利益を最大にし損失を最小にして、どんな場合でも納得できる手を打つことです。

規律と謙虚

　ある友人は、フロアの職員を皮切りに８年間努力して自分のトレーディングを軌道に乗せました。今や彼は世界的に有名なマネーマネジャーです。初心者だったころの彼を知っている多くの人が好んで語る

のは、彼がどのようにニューヨークの小さい取引所で仕事をし、クラスで教え、借金をしないでやりくりしていたかということです。年配のトレーダーが、「私は当時から彼を知っていたが、成功するだろうと思った。彼の場合、慎重さと朝起きて今日は儲かるぞと思い込む楽観的な考え方がうまくかみ合っていたからだ」と私に話しました。

トレーディングで成功するためには、自信と慎重さの両方が必要です。どちらか一方だけでは危険です。自信はあるが慎重でなかったら傲慢になってしまい、トレーダーとしては致命的です。逆に、慎重だがまったく自信がなかったら、引き金を引くことができません。

「この株は上昇しているし、指標は引き続き上昇することを示しているから、私は買ってトレンドに乗るつもりだ」と言う自信が必要です。同時に、謙虚に、口座を危険にさらさないサイズでトレードを仕掛ける必要があります。市場の不確実性を容認して素直に小さな損を受け入れる覚悟が必要なのです。

新たなトレードでみなぎる自信を感じるときに下振れリスクを考慮するのは困難ですが、そうしないと自衛できません。マーケットが不利に動いて所定の手仕舞いレベルに達するときは、そのトレードにいかに自信があっても、謙虚に手仕舞いしなければなりません。自信と謙虚さの両方が必要なのです。2つの相反する感情を同時に意識する能力は感情的成熟のひとつの顕著な特徴です。

私のニューヨークの顧客は、数回セミナーに出て私の会社から本やビデオを買ったのですが、トレーダーとして数年間苦闘を続けました。彼は勝ったり負けたり、また勝ったりしてお金を失い、就職して帳尻を合わせていました。たいていもう少しで成功しそうに思えるのですが、いつも損益分岐点付近で跳ね回っていました。それから、私がある日講演会で出くわした彼は、違う人になっていました。彼は非常に成功して、8000万ドルを運用し、格付け機関から素晴らしい評価を得ていました。それから数週間後に、私は彼のオフィスに立ち寄りまし

た。

　彼は相変わらず、トリプルスクリーンに基づいて何年も前に開発された同じトレーディングシステムを使っていました。しかし、ひとつだけ変えていました。彼は、システムのことをあとでとやかく言わないで、自分をひとりの従業員として見るようになったのです。彼は、社長がシステムのトレードを彼に任せてタヒチへ行ったと想像しました。ボスは、帰ってきたら、利益ではなく、いかに忠実にシステムに従ったかを基準にしてボーナスを支給してくれると考えたわけです。彼は、第一線のトレーダーであることをやめて、謙虚で規律ある立場を取るようにしたのです。そのとき、彼は急に成功するようになりました。

　システムのことをあとでとやかく言うことはひどい間違いで、とんでもないレベルの不確実性を生み出してしまいます。著名なマネーマネジャーでありマーケットウィザードのトム・バッソは、市場の振る舞いを理解するのは難しく、自分が何をしているのか分かっていなかったらゲームは負けだ、と述べています。

　システムを選び、資金管理ルールを設定し、あらゆることを検証します。毎晩システムを走らせて、そのシグナルを書き留め、朝にそのメッセージを読んでブローカーに伝えます。目の前でクオートが点滅しているときに即興で判断してはいけません。クオートの表示に影響されて衝動的なトレードを仕掛けてしまうからです。

　市場が変化して自分のシステムが有利な動きを見逃したり、資金を傷つけるようになったらどうでしょう？　それは、長期の実績について自信を持てるほど十分な期間のデータを検証していなかったということです。資金管理ルールがあれば苦しい期間を乗り切るのに役立ちます。現存のシステムの変更については非常に慎重になることです。不安であれば、新たなシステムを考案して別の口座でトレードします――そのシステムを切り離して使います。

トレードは規律を必要としますが、皮肉なことに、衝動的な人を引きつけます。トレーディングは、訓練と謙虚さと忍耐力を要求します。成功するトレーダーは強いけれども謙虚な人たちで、新たなアイデアにも寛容です。初心者は自慢するのが好きで、プロは好んで耳を傾けます。

10のポイント

初心者は、自分の口座の割には大きすぎるトレードを仕掛けて、それが上向き始めると、興奮状態になります。上昇すると、裕福な境遇になる夢を抱けるほどのお金が入ります。彼は、調子に乗って、天井のシグナルを見逃し、下向きの転換に巻き込まれます。彼は下落で恐慌状態になり、底のシグナルを見逃し、底近くで売り払います。初心者は市場の実態よりも自分の感情に注意を向けてしまうのです。

規律を養うようになると、自分の小さな口座の外の非常に大きな市場の様子がはるかにはっきり見えてきます。平坦なトレーディングレンジで市場が動かなくなったり、急激な上昇で爆発したりすると、多数のトレーダーの感覚が——自分もそのひとりだったので——分かります。市場が平坦になり、素人が興味を失うと、ブレイクアウトの近いことが分かります。自分もかつてはそんな素人で、飽きて市場を注視しなくなった途端にブレイクアウトを見逃したのです。今度市場が平坦になれば、前はどうしていたかを踏まえて行動する準備をします。

市場が急騰して新高値に付け、1日一服して、さらに高値を更新していきます。新聞やラジオやテレビが新たな強気市場について騒ぎ立てます。規律のあるトレーダーであれば、自分が何年も前にあと数呼値で天井になるレベルで買ってしまったことを覚えています。今度は違います。電話に手を伸ばして、市場が退屈で平坦に見えたときに獲得したポジションを利食い始めます。自分自身を理解し、自分がたど

った経路を理解すれば、市場を読み取って競争相手を負かすことができます。

どうしたら自分が規律あるトレーダーになっていることが分かるのでしょう？

正確な記録をつける。最小限4つの記録――トレーダーのスプレッドシート、資金曲線、トレード日誌、行動計画――を維持します。綿密に記録を更新して、それを研究し自分の経験から学びます。

資金曲線は浅い後退を伴いながら着実な上向きトレンドを示す。プロのマネーマネジャーの実績基準は、口座の年率25％で、資金のピークから10％を超えるドローダウンがまったくないことである。それに匹敵するか、勝ることができるなら、ゲームをはるかにリードすることになります。

独自のトレーディング計画を立てる。友だちから素晴らしい情報を入手しても、夢中になって興奮しないようにします。無視するか、または自分独自の意思決定スクリーンに通してみます。

トレードの話をしない。テクニカルな要点や手仕舞ったトレードについて友だちと話すのはかまいませんが、未決済のトレードについてはけっしてアドバイスを求めてはいけません。自分のポジションを人に話して、望みもしないアドバイスを受けたり、いつのまにか自己を縛ったりしないようにします。

トレードしている市場について学べることはすべて学ぶ。自分の株や先物に影響を与えるような、テクニカルで、またファンダメンタルで、市場相互の、そして政治的な主な要因をよく把握します。

書き留めた計画に対する忠実度で評価する。社長が、彼の計画どおりに資金を運用することを従業員に任せて、長期の休暇に出かけると想像します。社長は、戻ってきたら、計画に対する忠実度に応じて報酬を与えたり罰したりします。

毎日一定の時間を市場に割り当てる。毎日データをダウンロードし

て一連のテストやスクリーンにかけ、その結果と明日の計画を書き留めます。トレーディングを思いつきではなく、日々のスケジュールに沿った定期的な活動にします。

　選択した市場をその動きのいかんにかかわらず、監視する。市場が活発で「面白い」ときにだけ市場を監視するという典型的な初心者の間違いを避けます。強い動きは相対的に不活発な時期を経て発生することが分かっています。

　学習して新しいアイデアに寛容だが、人の言うことは容易に信じないようにする。市場に関する本や雑誌を読み、講演会に出席し、オンラインフォーラムにも参加しますが、どんなアイデアも自分自身のデータで検証しないまま受け入れないようにします。

　資金管理ルールに、自分の命がかかっているごとくに従います――自分の財源の命がかかっているから。適切に資金を管理すれば、まともなトレーディングシステムなら長期的にはたいてい儲かります。

時間はありますか？

　すべてのトレーダーはお金に注目しますが、時間の重要性を意識するトレーダーはほとんどいません。時間はお金と同様極めて大事です――あればあるほど、勝つ可能性が高くなります。たいていのトレーダーは、最初はお金がほとんどなく、習得に十分な時間をかけることもありません。トレーディングは、数学や物理学とは非常に異なり、天才が早期に出現することはありません。科学の場合、25歳までにスターにならなければ、もう可能性はありません。トレーディングは、逆に老人のゲームであり、今やますます女性のゲームになっています。忍耐は長所であり、記憶は大変大きな資産です。毎年少しずつ向上すれば、素晴らしいトレーダーに成長することができます。

　私が『投資苑』を贈呈した友人のルー・テイラーは、「私は、毎年

半％ずつ賢くなったら、死ぬころには天才になっているだろう」とよく語っていました。彼の冗談には、日ごろから大変な意味がありました。

　キーボードから目を上げて、2つの目標——トレードを習得することとお金を儲けること——について考えてみます。どちらが先でどちらがあとでしょう？　急いで大金を儲けようとして自滅するのはやめることです。トレードを習得すれば、お金はあとからついてきます。馬の知的な調教師は、若い馬に無理をさせません。調教が先で、重荷を引かせるのはあとです。

　最高の習得法は、何回も小さいトレードをして自分の実績を分析することです。トレードをすればするほど、ますますよく習得できます。小さな賭けでプレーしてプレッシャーを減らし、質に専念します。サイズはあとでいつでも大きくできます。目標は、十分な経験を積んで、たいていの行動がほぼ自動的になることです。経験を積んで実用的なスキルを十分習得したトレーダーは、次のステップのことを心配しないで戦略——自分がしたいこと——に焦点を当てることができます。

　トレーディングを真剣に考えているなら、時間をかけなければなりません。市場を研究し、トレーディングの方法を分析して評価し、システムを考案して適用し、判断してそれを記録しなければなりません。これは全体でかなりの仕事になります。かなり、というのはどのくらいでしょう？　2つの対照的な事例が頭に浮かびます。

　勤勉な人の例として思い出すのは、一流の先物マネーマネジャーのアメリカ人のことで、私は彼のアパートにいたことがあります。同じ屋根の下で暮らしながら、私は彼をめったに見かけませんでした。朝の7時前に家を出てオフィスに出勤し、夜は10時過ぎに帰ってきて、服を着たまま居間で寝てしまいます。週に6日はそんなふうに仕事をしますが、日曜日はゆっくりして、午前中はクラブにスカッシュをしに行きました。そのあと、走ってオフィスに戻り、月曜日の寄り付き

の準備をしていたのです。妻もガールフレンドもいなくて、娯楽もせず、友だちもいない——しかし、彼は何百万ドルも荒稼ぎしているのです！

リラックスした、しかし非常に規律のある人の例として思い出すのは、中年の中国人トレーダーです。私は、株式市場がアジア全体で動揺していたころに、彼のマンションを訪れました。彼は、それまでの10年間に二度の強気市場で財を成し、もう1回だけアジアで強気市場があれば、欲しいだけのお金を儲けることができると話していました。彼は次の強気市場を数年間待つ準備はしていましたが、当面は家族の面倒を見て、美術品を収集し、たっぷりゴルフをしていました。彼は週に数時間かけてデータをダウンロードして指標を監視します。

どれくらいの時間をかけてマーケットの分析と下調べをすべきでしょうか？　初心者は起きている間は寸暇を惜しんで基本を習得しなければなりません。次の段階で、有能なセミプロのトレーダーになったら、どれくらいの時間が必要でしょう？　今話しているのはポジショントレーディングのことで、1日中スクリーンの前にいなければならないデイトレーディングのことではありません。その答えは、仕事の速さとトレードする市場の数によって異なります。

毎日一定の時間を市場に割く必要があります。素人やギャンブラーは典型的な間違いをします。市場が閑散なときに、見守るのをやめて接触を断ってしまうのです。急騰のニュースを聞いてから覚醒します。そのころには市場は進行中で、素人はまたもうひとつの列車に乗り遅れて追いかけ、急騰するトレンドに飛び乗りたいと思うのです。

組織化されたトレーダーは、トレード中であってもなくても、自分のマーケットを追跡します。彼は、活気のないレンジがレジスタンスラインをつつき始めるのに気づいて、早めに買い、素人が大挙して入ってくるときに利食いして、怠けて出遅れた人たちに売りつけます。真剣なトレーダーは毎日のように下調べをしているから、ゲームをリ

ードするのです。

　どれくらいの時間が必要になるでしょう？　それぞれの株とその業界の主要なファンダメンタルズを完全に把握しなければなりません。先物の場合、追加要因として、需要と供給、季節性、限月間のスプレッドがあります。マーケットに影響を与える可能性のある行事――例えば、FRB（連邦準備制度理事会）の発表や業績報告など――のカレンダーを作成する必要があります。過去数年間の週足チャートと少なくとも過去１年間の日足チャートを研究しなければなりません。指標を適用し、どれがその市場で最適に機能するか学習して、そのパラメータを検証する必要があります。

　天才かメタンフェタミン常用者でもないかぎり、これを２時間もかけないで済ませるのは難しいでしょう。しかも、これはどんな銘柄にせよ、ほんの参加料程度にすぎません。真剣なトレーダーは、毎日、週足と日足のチャートを見直します。自分の市場をほかの関連市場と比較しなければなりません。日々のメモをつけて、翌日の計画を書き留めなければなりません。これを適切に行うためには、それぞれの株や先物について少なくとも15分は必要です。

　さらに、これはかなりお決まりの日課です。マーケットがサポートラインやレジスタンスラインにヒットしたり、トレーディングレンジからブレイクアウトしたり、トレードが差し迫ったりする場合はどうでしょう？　そんな場合は１時間近くかけて分析し、リスクと報酬を測定し、仕掛けのポイントと利食い目標を判断することになるでしょう。

　今度は質問を逆にしてみましょう。分析にかける時間が日に１時間あるとしたら、いくつの市場を追跡すべきでしょうか？　３つか、たぶん４つでしょう。２時間あれば、６つ、８つ、あるいは10個の市場でも追跡できるでしょう。下調べを組織化するABCシステムを使えば市場の数を２倍にすることができるかもしれません。何をするにし

ても、量より質が大事であることを忘れないことです。

　ある株をリストに追加する前に、明けても暮れてもそれを追跡する時間があるかどうか判断します。ときには1日省略してもいいでしょうが、その場合でも市場をさっと見ることぐらいはするべきです。毎日の下調べは欠かせませんし、どれだけの時間があるかによって追跡できる市場の数は異なります。接触を断ってしまうと、感覚が冷えてしまいます。プロでさえ、休暇のあとは感触を取り戻すのに数日かかります。発達段階は次のようになります。

　初心者――手始めに、だいたい6つの、多くても10個を超えない銘柄を追跡します。いつでもあとで追加できます。まず少ない市場を十分に追跡するほうが、いきなり多くの市場を追跡してついていけなくなるよりいいのです。

　毎日下調べをすることが、市場感覚を磨くためには不可欠です。時間を割いて毎日市場を研究します。仕事やパーティーで夜遅く帰ってきたときでも、10分ほどでデータをダウンロードして、5つか6つの銘柄をさっと見ればいいのです。銘柄のイメージを、たとえ明日トレードする計画がなくても、更新することができます。あまりに多くの銘柄を追跡する初心者は、無理をして脱落し、やる気を失ってしまいます。少数の銘柄を追跡してよく知るようになってから、もっと増やしたほうがいいです。

　中級者――この段階では数十銘柄の株や先物を追跡してもかまいません。各銘柄の分析には初心者のときとまったく同じ時間がかかりますが、分析はもっと深くなります。真剣な素人やセミプロのトレーダーは、ABC評価システム（371ページ参照）を用いて、時間をもっと効率的に使うことができます。

　一部の優れたトレーダーは、トレードする株や先物の数を増やさない選択をします。人によって、大豆と大豆製品だけ、通貨だけ、ある

いは5つか6つのハイテク株だけに専念するかもしれません。自分の市場を分析することはもちろん、週に少なくとも5～6時間は本や記事を読み、インターネットでほかのトレーダーと交流します。

この段階をだいたい1年以上経験してから、重要な選択——トレーディングを少し儲かる趣味として扱うのか、あるいはプロのレベルまで上達するのか——に対処します。プロになるのであれば、さらに多くの時間をトレーディングに割く必要があります。生活のほかの分野を犠牲にし、日に少なくとも4～6時間を市場の仕事に費やさなければなりません。

プロ——生計のためにトレードする人はほかの職業的興味を捨てる傾向があります。市場は時間と注意を要求し、口座がはるかに大きくなりますから、資金管理がさらに大変になります。

プロのトレーダーはほとんど常に、ひと握りのマーケットだけをトレードする選択をしないかぎり、何かの形のABC評価システムを使っています。市場を調査する時間が長くなり、同時に、高度の専門技術を発揮して見直しは早くなります。毎週数時間かけて、本や記事を読み、分析を深めて資金管理を改善し、インターネットで新たな動きを追跡し続けます。

このレベルでは報酬は非常に高くなりますが、何年もかけてそこに到達したプロは、結果にはあまり夢中になりません。彼は、裕福に暮らしていますが、ほとんどの初心者よりも熱心に仕事を続けます。このレベルのトレーダーは市場が好きで、スキーヤーが高い山を楽しむように、市場から多大な満足を引き出します。

ABC評価システムによる時間管理

市場は途方もない量の情報を生み出します。利用できるデータをす

べて処理できる人はいません。だれも、トレーディングの判断をしながら、すべてのファンダメンタルな価値、経済動向、テクニカル指標、日中の動き、さらにインサイダーやマーケットメーカーの売買を考慮できるわけではありません。徹底した調査をしたいとは思いますが、それを完全にすることはできません。比較的少数の市場を選択してトレーディングプランを立て、入ってくる情報を誘導して管理しやすい流れにする必要があります。

　トレーディングは、卓越した才気を発揮したり、予測したり、銘柄の巨大な宇宙をスキャンすることではありません。トレーディングは、資金、時間、分析、そして自分自身を管理することです。正しく管理すれば、利益が搾り出されます。

　時間管理は成功の重要な側面です。必要な時間数を自分独自のスタイルに基づいて割り出し、新たな市場を調査して、毎日それを追跡します。ABC評価システムは、主要な時間節約法を示して、同じ時間内に追跡し、トレードする市場の数を増やせるようにします。このシステムは初心者用ではありませんが、中級やプロのトレーダーは必ず恩恵を受けることができます。

　ABC評価システムは、D・グッピーによって私に示されたもので、時間管理用のシステムです。それは、トレードが差し迫っているように思えるマーケットに専念して、あまり見込みがない市場に割く時間を少なくするのに役立ちます。ABCシステムの場合、追跡している株や先物を週単位で見直して、3つのグループに分類する必要があります。Aのグループは明日トレードするかもしれない銘柄、Bは週後半にトレードするかもしれない銘柄、Cはこの週にはトレードする予定のない銘柄です。

　ABCシステムは、すべてのデータのダウンロードを済ませた週末に使うのが最適です。スプレッドシートを用意して横の行に追跡するそれぞれの株や先物を記入します。左の列に各銘柄の名前を入力しま

す。縦の列を使って1日当たり1列、B、Cの評価を記録します。トレーディングソフトに週次と日次のテンプレートを用意します。リストの最初の銘柄を週次テンプレートに落とします。それは明日トレードすればいいように見えますか？　例えば、買いサイドからトレードするだけの場合、週足チャートが確固とした下げトレンドであれば、来週はトレードしません。そんな銘柄はCに分類して作業を進めます。次の銘柄を週次テンプレートに落とします。そのトレードが可能なように思えたら、今度はそれを日次テンプレートに落とします。その銘柄は月曜日にトレードすればいいように見えますか？　もしそうであれば、Aをスプレッドシートに記入します。月曜日の可能性はないが週後半にはトレードできそうであれば、スプレッドシートにBと記入します。また、次の銘柄を週次テンプレートに落とします。リストの全銘柄についてこのプロセスを実施します。

　適切なペースを落とさずに維持します。各銘柄について優に1分未満で済ませるべきです。忘れてならないのは、儲かるトレードはスクリーンから目の前に飛びかかってくることです——私だよ、私をトレードしてくれ！　チャートをじっと見なければならないとしたら、たぶんトレードの機会はありません。

　ほんとうの仕事は、ABCスプレッドシートを記入し終えたあとから始まります。今度はAの印をつけた株や先物をそれぞれ研究しなければなりません。トレーディングシステムを適用して、仕掛けのレベルと逆指値と利食い目標を設定し、翌日の注文を書き留めます。これをA評価した各銘柄について行い、ほかの銘柄はすべて省略します。月曜日の大引け後に、A評価の銘柄をすべて検討します。約定した銘柄はトレード日誌に記入し、引き続き計画どおりにそのトレードを管理します。約定しなかった銘柄は、まだ火曜日に仕掛けたいと思うか、再度見直します。BとCのグループを除外することによって、時間を節約し、最も見込みのあるトレードに専念できるようになります。

火曜日の大引け後もこのプロセスを繰り返しますが、今度は前週末にＢ評価した銘柄も見直します。この機会に、Ｂ評価の銘柄をＡに昇格させて毎日監視すればいいのか、あるいはＣに降格させて週末までそのままにすればいいのか判断します。

　前に行動プラン――翌日の注文を記録するスプレッドシート――を検討しました。それとＡＢＣシステムが組み合わされて単一のスプレッドシートになります。横の各行に銘柄を記入し、縦の各列は１営業日に充てます。そのセルにＡ、Ｂ、Ｃの文字を記入し、それぞれの株や先物の翌日に対応する評価を示します。隅にある赤の三角は、その銘柄のトレード法を示すコメントを挿入したセルであることを示します。

　退屈はトレーダーの敵です。もたつくマーケットを毎日監視するのは困難です。プロは自分のマーケットを追跡しなければなりませんが、ペンキが乾くのを見つめていて楽しい人はだれもいません。ＡＢＣシステムは簡潔な解決法になります。このシステムのおかげですべてのマーケットを素早く効率的に監視することができ、しかもほとんどの時間と注意を最も有望な銘柄にだけ充てることができます。ＡＢＣシステムの適用に習熟すると、簡単に追跡するマーケットの数を倍にしてトレーディングのチャンスを増やすことができます。

意思決定木

　プロのトレーダーは市場を真剣に考慮し、それなりの時間と注意を注ぎます。ここまで読んだ読者なら、たぶん、平均的な人よりは熱心でしょう。もはや、行動計画に照準を合わせてもいい時期です。

　毎日一定の時間を市場に割く必要があります。成功するためには、市場と緊密な関係を保つことが不可欠です。どのマーケットをトレードするのか判断し、少数の銘柄に焦点を当てて成功しなければなりま

せん。最後に重要なことですが、自分のトレーディング計画を立てる必要があります。書面の計画は真剣なトレーダーの証明です。

トレーディング計画の立案

　トレーダーは3段階を経て成長します。だれでも最初は初心者です。一部の人が生き残ってやがて真剣な素人やセミプロになり、さらに少数の人がエキスパートレベルに達します。トレーダーは、書面の適切な計画を持っていたら、成長のレベルが高くなっています。

　初心者は、書くことがないので、けっして計画を書き留めません。彼は、最新の情報を追いかけて手っ取り早く儲ける算段をするのが面白くてたまらないのです。たとえ書きたくても、まず何を書けばよいのか分からないでしょう。資金管理ルールを含めた計画を書き留めている真剣な素人やセミプロは、エキスパートレベルに達する途上にあります。

　トレーディング計画と機械的なシステムの主要な違いは、トレーダーが享受できる自由の程度です。トレーディングシステムは柔軟性を欠くのに対し、計画は主要なルールは規定しますが、自由に判断もできます。

　初心者のなかには、機械的なシステムにやたらとデータを詰め込み、かつては機能したであろう一連のルールを発見して、偽りの安心感を得る人もいます。市場は活気のある社会的生物で、発達し、成長し、変化します。厳格なルールは過去のデータには当てはまりますが、将来にわたってうまく機能するとは思えません。機械的なシステムが機能するなら、今ごろは最高のプログラマーがマーケットを征服していたことでしょう。すべての機械的なトレーディングシステムは、そのままに放置すると、時間の経過につれて劣化します。販売業者は、アマチュアは見た目が良いものを好むのを知っているので、機械的なト

レーディングシステムを販売し続けます。

　トレーディング計画は、柔軟性が高くて判断が必要になるアドバイスに加えて、少数の破ることのできないルールを含みます。判断は経験を積むにつれて向上します。トレーディング計画は、市場選択の原則を含み、トレードのタイプを定義し、売買シグナルを出し、トレーディング資金を割り当てます。計画を書くときは、あらゆるものを含めようとする誘惑を回避します。限度を知ることです。ルールは書き留めますが、決断の間際に判断を必要とするところを示しておきます。

　どんなタイプのトレーディングが自分を引きつけるのか自覚しなければなりません。一般的な考え方——売買して儲けること——は具体性が不足しています。勝者はいろいろな方法で儲けますが、敗者はすべてが衝動という同じくずかごに落ちるのです。ピーター・リンチのように、「10倍銘柄（10 bagger）」——10倍に上昇する株——を探索する長期のファンダメンタルズ重視の投資家は、彼にその株を空売りして儲ける短期の投資家とは異なる行動をします。2人とも長期的には成功するかもしれませんが、30分の目安を持つフロアトレーダーが、極めて小さいけれども有利な押し目でその日の終わりまでに空売りを手仕舞う確実性は、長期の投資家が買いを持続する確実性と変わりません。

　トレーディング計画は、特定のマーケットとテクニックに対する興味、経験、口座のサイズを反映します。それは、トレーダーの市場動向にとどまらず、その人の人格も反映します。資金も経験も似通った2人の友人が同じ市場をトレードしてその計画を書き留めるとしたら、異なった計画の概要を思いつくでしょう。いろいろなタイプのトレーディングを好む場合は2つ以上の計画を作成してもかまいません。

　計画がない場合は、その作成に取りかかります。知的な計画を作成するためには大変な量の作業が必要です。私が初めて計画を立てよう

としたのはニューヨークからロサンゼルスへ飛ぶ機内でした。機上の5時間で十分だと思っていました。1カ月たっても私はまだその作業をしていました。

次に、2つのかなり基本的なトレーディング計画の概要を述べて、トレーダー独自の計画を作成するための基本的な骨格と手始めになるポイントを明らかにします。ほかの人のトレーディング計画を読むのは、性行為のガイドブックを読むようなものです。そのマニュアルでいくつか新しい体位に気づくかもしれませんが、結局は自分の気性と状況に合わせて結果を楽しむしかありません。

トレーディング計画A

トレーダーAは、口座に5万ドルあって株式市場に興味を持っています。彼はしばらく市場を追跡して、大型株（ダウ・タイプの株）は安定したトレンドで動くが、年に数回はその中心から上下にスイングする傾向があることを観察しました。

トレーディング計画は市場動向の概念――価格は平均価値の上下を振動すること――を取り入れ、それを行動計画に転換します。それは、トレンドと乖離を確認し、それらをキャッチするツールを選び、資金管理ルール、利食い目標やストップを含みます。

調査

1．ダウ平均の30銘柄の4年間のデータをダウンロードする。

2．26週EMAを備えた週足チャートを使って長期のトレンドを確認する（真剣なトレーダーは、26週より長いEMAか短いEMA、異なる株には異なるEMAというような別の手法、または最小レジスタンストレンドラインのような別のトレンドフォロー型ツールを検証します。自分の市場の価値合意の平均を追跡するための最適のツールを見つけるためには、最初のトレードを仕掛ける前に多くの調査をせざ

るを得なくなります)。

3．トレード予定の各株の価値から平均偏差を判断する（株がその週足EMAの上か下にどれだけ動いてから回帰するのかを測定します。チャネルが役立ちますし、あるいはその数字をスプレッドシートに記入することもできます。転換が発生する——価格やパーセンテージの両方を尺度にした——EMAからの距離やその乖離の平均持続期間を見極めます）。

週足の動き

追跡するすべての株の週足チャートを見直します。中心から偏差の75％を超えて乖離している株に印をつけ、日々監視リストに載せます。

日足の動き

完全なトレーディング計画は空売りのステップも明確に規定しますが、議論を簡単にするために、買いのみを書きます。

1．22日EMAを毎日の監視リストの株に適用して短期のトレンドを決める。22日より長いか短いEMAのほうがうまく機能するかどうかを調査する。株は、週足チャートでは乖離しているが、日足EMAは動きを止めて横ばいになる場合、買い候補になる（ここで調査の別のアイデアを検討します。市場が広範に上昇しているときに買うほうが有利でしょうか？　広範な市場のトレンドをどのように決めますか？　S&Pやナスダックのような指数のEMAですか、それとも新高安値指数［この単純な新高安値指数という指標は、どの取引所の場合でも容易に計算できて、株式市場におけるブルとベアの勢力の最適の尺度です。新高値銘柄はその年の新高値を付けた株——強気のリーダー株——です。新安値株その年の新安値を付けた株——弱気のリーダー株——です。その数を毎日比較すれば、基調が上向きなのか、下向

きなのか分かります。この指標はリーダー株の動向を示し、群衆は通常はリーダー株に従うと予想できます。私はこの指標を『投資苑』で詳細に解説しました］のような指標ですか？　独自の動きをする株であれば、広範な市場は無視します。そうでなければ、市場が広範に上昇する場合は買いを増やし下落する場合は減らします）。

２．週足チャートが下向き乖離を示す場合、日足EMAの最初の上昇を買う。仕掛けのタイプ――EMAの下方、その付近、成り行き、あるいは前日高値の上方ブレイクアウト――を調査する。

３．日足チャートのセーフゾーン指標を使ってストップを置き、週足EMAで利食い目標を設定する。注文を毎日計算し直す。

　１株当たりの金額でのリスクを計算し、買う株数を２％ルールに従って決めます。５万ドルの口座を持つトレーダーは、スリッページと手数料を含んで1000ドルを超えるリスクを賭けてはいけません。ほかのトレードですでに口座の６％がリスクになっている場合は仕掛けません。

　この行動計画はいくつかの違反してはならないルールを含みます。それは、価格が週足EMAより下である場合にのみ買うこと、日足EMAが上昇しているときにのみ買うこと、下調べをすること、毎日逆指値を計算し直すこと、口座資金の２％を超えるリスクをけっしてとらないこと、口座の６％を超えるリスクをとらないことです。この計画によって、仕掛けの正確なレベル、利食い目標を設定するレベル、トレードのサイズ（２％ルールと６％ルールに従うことが前提）を正確に判断することも必要になります。書面の計画を裏づけるために適切な記録を取らなければならないことは言うまでもありません。

　計画は時間が経過するにつれて、精緻になる可能性が高いです。市場は何度も意外な動きをしますから、計画は調整されて長くなります。上記の計画はトリプルスクリーン分析（複数の時間枠と指標）と資金

管理と手仕舞いを結びつけます。

トレーディング計画B

トレーダーBは3万ドルのリスクにさらせる資金を持っていて、先物をトレードしたいと思っています。彼は、先物市場は横ばいのトレーディングレンジで長時間経過し、比較的短期ではあるが急激なトレンドによって中断される傾向があることに気づきます。彼は、その短期の衝動的な動きを利用したいわけです。

調査

このトレーダーは、資金は比較的小口ですが、ミニトレードはしたくないと思っています。だから、彼は、通常のノイズレベルが資金管理ルールを押しつぶさない安価な市場に焦点を当てるべきです。

例えば、S&P500指数の1ポイントの変化はS&P先物では250ドルに転換されます。普通の日の通常の5ポイントの動きは1250ドルの資金変化に相当し、3万ドルの口座のトレーダーの場合、4％の損失になる恐れがあります。2％ルールによって、多くの不安定で高価な市場が小口の口座へ立ち入り禁止になります。コーヒー、大豆、通貨など多くの市場は、口座がもっと大きくなるまで放置されます。

1．トウモロコシ、砂糖、銅の2年間のデータをダウンロードする。トウモロコシは最も安定した穀物で、砂糖は最も安定した熱帯産品である。両方とも非常に流動性が高く、出来高が薄くてひどいスリッページの恐れがあるオレンジジュースのようなほかの安価な市場と違って、仕掛けと手仕舞いが容易である。銅は流動性があって経済の好況期以外は比較的静かである。Eミニは、電子取引される指数先物で、株式市場に興味のある先物トレーダーに適している。各銘柄について2組のデータ――週足チャート用の少なくとも2年間のつなぎ足デー

タと日足チャート用の6カ月間の当限データ——をダウンロードする。

2．数種のEMAを検証して週足チャートのトレンドの追跡に最適のEMAを決める。日足チャートについても同様な作業をする。各市場用に、特に最近3カ月の日足チャートで、最適のチャネルを見つける。そのチャネルは、90〜95％の最近の市場の動きを含まなければならない。過去3カ月が最も適切であるが、2年間さかのぼってチャネルを調査し、劇的な拡大や縮小に備えるのはいいアイデアである。多くのトレーダーは市場が変化すると途方に暮れてしまう。過去のデータを知っていたら、あまり驚くことはない。

週足の動き

市場の週足チャートを見直して、トレンドを確認します。週足トレンドが上向きの場合、日足のチャートを見て買いのチャンスを探ります。週足が下向きの場合、空売りのチャンスを探ります。週足トレンドが明確でない場合は、その市場は放置するか、直接日足チャートを見ます。

週足のトレンドはEMAの傾斜を使って判断できますが、もっと工夫を、特に少数の市場だけを追跡している場合はしてもいいです。例えば、EMAとMACDヒストグラムの両方を使ってトレンドを確認できます。両方の指標が同じ方向に動くとき、それは極めて強い動きのシグナルです。

日足の動き

議論を簡単にするために、また、買いだけを検討しますが、同じ論理は空売りにも適用されます。先物トレーダーはだれでも空売りに馴染まなければなりません。先物市場にはアップティックルールはなく、売りポジションと買いポジションの数は常に等しくなります。

１．力積システムを適用する。EMAとMACDヒストグラムの両方が上昇するとき、それは強力な買いシグナルになる。

　２．次の日に買うが、上側チャネルラインの上方では買わない（この意欲的な仕掛けの目的は、急速な衝動的変動をとらえることです。当面は、トレードしたいと思うマーケットでこのアイデアを調査して検証しなければならないでしょう。機械的なシステムの罠にはまって、市場が変化してから買いません。トレードを仕掛ける前に、ストップのレベルを計算します。そのトレードで資金の何％のリスクをとるのか理解します。資金管理ルールでそのトレードが許されるのかどうか判断します。６％ルールはトレードを許していますか？　例えば、今月に口座の3.5％を失い、資金の２％のリスクをとった未決済のトレードがある場合は、もう新たなトレードを開いてはいけません。さもないと、資金の６％を超えるリスクになってしまうからです。

　３．日足チャートでセーフゾーン指標を使ってストップを設定する（ストップ注文を出してトレードできる場合は、買い注文を出します。買いを確認したら、すぐにストップを置きます。毎日ストップを計算し直して新たなストップを置きます。監視していないときに突然急激な動きがあって、頭のなかのストップを突破してしまわないようにします。日足のスクリーンが買いシグナルを出さなくなれば、その日の大引け前に利食いをします。これは、大引けの数分前に公式を計算しなければならないことを意味します。日足チャートの上側チャネルラインはあまりに小幅なので、衝動的な動きを狙っている場合は目標にできません。買いシグナルが出ているかぎりそのトレードを持続します。必ずこの手法を検証してください）。

　この計画は、違反してはならないルールとトレーダーの判断を促すアドバイスを組み合わせたものです。複数の時間枠を用いること、資金管理ルールに従うこと、ストップを用いること、そして綿密に記録

をつけることは譲れないルールです。マーケットの選択、仕掛けのポイントや利食い目標の設定とトレードのサイズの決定——これらはすべてトレーダーの判断次第です。

　計画は、市場の調査を続け、そして専門技術が向上するうちに、修正されるはずです。忘れずに、いかなる変化でも書き留め、トレーダーとしての向上を記録するようにします。先物のトレードでは不可欠の空売りは、必ず計画に加えます。

　ある時点で、次のような意思決定プロセスのフローチャートを考案すればいいでしょう。

　６％ルールはトレードを認めているか？
　ノーであれば、傍観する。イエスであれば……

　週足チャートはシグナルを出しているか？
　ノーであれば、次の市場に移る。イエスであれば……

　日足チャートが同じ方向にトレードするシグナルを出しているか？
　ノーなら、そのマーケットは省く。イエスなら……

　どこに利食い目標とストップを置くか——リスクと報酬のレシオはトレードするに値するか？
　ノーであれば、そのトレードは省く。イエスであれば……

　２％ルールが認めるトレードのサイズと、トレードするサイズは？

　それぞれのトレードについて詳細なフローチャートを作成できるでしょうが、大事なことは、いくつかの資金管理と複数の時間枠に関係した違反してはならないルールを守ることです。そのルールを守るか

ぎり、分析やトレーディングのテクニックについては、広い選択肢があります。プロのようにトレードしたいのであれば、適切な記録をつけて、絶えず経験から学ぶことを忘れないことです。

初心者、セミプロ、プロ

　トレーダーの質問を聞けば、その人の成長段階が分かります。初心者は必ずトレードの方法——利用すべき指標、システムの選択——を尋ねます。彼らが知りたいのは、正しいストキャスティックスのパラメータや最適な移動平均の長さです。ほとんどの初心者は利益に夢中でリスクは何も分かっていないので、どんなに素晴らしいツールがあっても大失敗を免れません。

　当初の無知な段階を生き延びる人たちは、幸運、努力、生来の警戒心のおかげで、先へ進みます。彼らは、トレードを選択し、売買のレベルを見極めるようになります。そこまで分かるようになると、なぜ着実に利益を出せないのか尋ねるようになります。口座は、なぜある月は20％増えるのに次の月には25％減るのか？　儲けることができるのに、なぜ資金を増やせないのか？

　第二段階のトレーダーは、利益をつかみ取ると、たいていそのお金が消散する前に使ってしまいます。彼らは金儲けの能力に不安を感じているのです。私は、何年も前にスイス・フラン先物でわずかな利益を得たときに、急いで宝石店へ行って当時の妻にネックレスを買ったことを覚えています。また別のときには、1セントにもやや満たない利益を使って娘に高価なアビシニア猫を買ってやりました。アビシニア猫は寿命が長くて、娘のスイシーという名前の猫を見ると、衝動的なトレーディングをしていた昔の日々をよく思い出しました。そのレベルを抜け出せないトレーダーは、氷穴の花のように飛んだり跳ねたりを繰り返します。次の段階へ移行するためには、勝利の最大の障害

――目の前の鏡に映る人――を克服しなければなりません。彼は、衝動的なトレード、規律のないトレード、ストップのないトレードを仕掛ける自分の役割を認識しなくてはなりません。方法がいかに賢明であっても、自分の頭がずれていたら、勝者にはなれません。彼の性格がその癖もろとも、どんなコンピューターにもまして大きな影響を与えるのです。この段階のトレーダーは次のような質問をします。「ストップを置くべきですか、心のなかでストップを使えばいいのですか？」「私はなぜ引き金を引くのが怖いのでしょう？」「自分のしないトレードが、するトレードよりうまくいくのはなぜでしょう？」

　生き残り、成功し、第三段階に上るトレーダーはリラックスして冷静です。そんな人は、質問するときに、資金管理に興味を持っています。彼は、適切なトレーディングシステムを使い、十分な規律を持ち、たくさんの時間をかけてトレーディング資金の配分とリスクの軽減を考えます。

　この３つの段階はピラミッド、つまり底が広くて頂上の狭い構造、を形成します。その行程の消耗率は非常に高くなります。私がこの本を書いたのは、その行程がもう少しなめらかで速く、苦痛が少なく、そしてもっと有利になるように手伝うためです。

　異なる段階における妥当な利食い目標はどの程度でしょうか？　私の示す数字が低くて驚くかもしれません。もっと儲けたいと思うし、可能なら、自由にもっと高いレベルに到達し、もっとうまくやりたいと感じるでしょう。ここで述べる指針は、最小限の要件を満たしているかどうかを理解するのに役立つはずです。問題があることを認識し、立ち止まって、考えて、自分の方法を調節するのに役立ちます。銀行に勤めていて利食い目標をはずし続けたら、マネジャーにトレーディングの権利を取り上げられます。個人トレーダーは、マネジャーはいませんから、自分自身で規律を管理しなければなりません。みなさんが、この本を読んで、立ち止まり、考えて、やり方を再編し、もっと

高い段階に到達する手助けになれば、私の執筆に費やした時間は無駄になりません。

1．初心者

- 初心者の場合に容認できる最小限の実績レベルは、トレーディング資金の10％の年間損失です。私がこの数字を示すとトレーダーはショックを受けます。彼らは、ほとんどの初心者は急速に吹き飛んでしまうことを忘れているのです。多くの人は、1週間ではないにせよ、1カ月で10％を失います。1年間生き残り、トレーディングについて学習し、損失が10％未満であれば、その教育費は安く済み、しかも群衆を優にリードすることになります。
- 初心者の目標は、トレーディングの費用をカバーして、Tビルや類似の無リスク金融商品の現在レートの1.5倍に匹敵する年間口座利益を出すことです。ソフト、データ、授業、今読んでいる『投資苑2』を含む本の費用も、取引口座に計上しなければなりません。初心者はたいてい王国のカギを約束する教祖にお金を浪費します。投資関連費用を自分の口座に計上すれば、有益な実態チェックを取り入れることになります。それらの費用をカバーしてTビルを負かすことができたら、もう初心者ではありません！

2．中級者（真剣な素人あるいはセミプロ）

- 真剣な素人の場合に容認できる最小限の実績レベルは、Tビルの現在レートの2倍の資金利益です。トレーダーの上達は漸進的で急進的ではありません。損切りが少し速くなり、利食いがやや素早くなり、トレードのコツをまた少し習得します。トレーディングの費用をカバーして、無リスク金融商品の利回りの2倍の利益

を上げているなら、効率的市場理論家をかなりリードしています。
- 真剣な素人やセミプロの目標は、20％の年間資金利益を出すことである。このレベルでは、トレーディング資金のサイズが重要な要因になります。100万ドルでトレードしているなら、利益で生計を立てられるようになるかもしれません。しかし、比較的小口の口座で、例えば5万ドルでトレードしている場合はどうでしょう？　トレードの能力はあっても、5万ドルの20％で生活するのは無理でしょう。資金不足のトレーダーは、たいてい非常に小さい口座で現実離れした利益を搾り出そうとして、過大なサイズのトレードで自滅します。途方もないリスクをとれば——いい場合でも悪い場合でも——途方もない結果になります。トレーディングシステムを堅持し、ほかの人の資金をトレードすることによって（387ページ「プロになる」参照）、自分のスキルを活用するほうが賢明です。

3．エキスパート

- エキスパートの場合、最小限の実績目標はもっと柔軟になる。利益はさらに安定するが、必ずしも真剣な素人より大きいとは限らない。実績は絶えずTビルを上回らなければならない——それより劣ることはとんでもないことである。エキスパートはいい年には100％の利益をつかみ取るかもしれません。しかし、大変な額のお金を毎年トレードして20％以上の利益を維持するだけでも、非常に優れた実績です。ジョージ・ソロスのような折り紙つきの天才は、年間ほぼ30％の生涯平均を維持します。
- エキスパートトレーダーの目標は、トレーディングをやめても現在の生活水準を生涯維持できるだけのお金を無リスクの投資に投入することです。このレベルのトレーディングは、自分自身の楽

しみために続けるゲームになります。ソロスがもはや私用のお金を増やす必要のないことは明らかです。しかし、彼がトレードするのは、政治的・慈善的な理由で大金を使うのが楽しいからです。奇妙なことに、無理をして儲ける必要がなくなると、お金は今までにない速さで流入するようになります。

プロになる

　初心者は比較的小口の口座で始めるほうが賢明です。確固としたセミプロのレベルに達した人は、口座のサイズを大きくして利益を増やさなければなりません。大きな口座を持つエキスパートは、自分のトレードで閑散な市場に影響を与えないように用心しなければなりません。彼は、大きなサイズの副作用で実績が落ちないように警戒しなければなりません。

　取引口座の下限は、今のところ約2万ドルです。真剣な素人やセミプロのレベルまで到達したら、8万ドルあればもっと自由に多様化できるようになります。25万ドルにまで増やしたら、プロのトレードに進むことを考えてもかまいません。これらはあくまでも下限ですから、もっと増やすことができるなら、生活はもっと楽になります。まず5万ドル、セミプロのレベルで12万ドル、プロのトレードで50万ドルにできれば、成功のチャンスが広がります。

　そんなにお金がない場合はどうでしょう？　ごくわずかのお金でトレーディングすると、プレッシャーが致命的なレベルに達します。極めて小口の口座を持つ人は不可欠の2％ルールを適用することができません。5000ドルしかなかったら、許容リスクは1株あたり100ドルにすぎません。これでは必ず市場ノイズがストップに引っかかります。初心者は苦しまぎれにゴクリと唾を飲んで、ストップを置かずにトレードを仕掛けます。彼はたいていの場合、負けます。しかし、もし勝

って結果が7000ドルになり、別のトレードを仕掛けて1万ドルまで増えるとしたらどうでしょう？　彼は、もし賢明であれば、トレーディングのサイズを急激に減らして今度は2％ルールを使い始めるでしょう。彼は非常に幸運だったのだから、その儲けは有効なトレーディングプログラムに出資すべきです。ほとんどの人は成功に酔ってしまって中断することができません。5000ドルの賭け金を倍にした初心者は、通常、ゲームは簡単で自分は天才だと思います。水の上を歩くことができると思うのですが、すぐに溺れてしまいます。

　まずトレーディングの仕事に就くという手もありますが、ウォールストリートの会社は、25歳を超えた人を有給のトレーダー見習いとして雇いません。もっと現実的な選択肢は、急激に支出をカットし、アルバイトをして、できるだけ早くお金を貯め、そのかたわらでつもり売買をすることです。これは規律を必要とし、最高のトレーダーのなかにはそんなやり方で始めた人もいます。3番目の選択肢は他人のお金でトレードすることです。

　自己資金でトレードすれば、ストレスのレベルは低下します。お金を集めなければならない場合、緊張が高まってトレーディングの邪魔になります。お金を借りて資金を調達することは賢明な方法ではありません。それは、金利が成功の乗り越えられない障害になるからです。家族や友人から借金すると、彼らの信頼を裏づけなければならないし、見栄も張ろうとするので余計に不利な状況に陥ります。

　ビクビクしたお金は負け銭です。返済の心配をしていたら、トレーディングに専念できません。役員を雇う会社は通常は候補者の信用調査をします。大きな負債があると、候補資格を失います。お金の心配がある人は業務に十分専念できないからです。私のある知人は常習的に負けを繰り返しています。彼は、母親から25万ドルの結婚祝いを受け取りました。母親は彼に投資として取引所の会員権を買うように言ったのですが、彼はその頑固な女性に経済的に依存していることをひ

どく嫌って、男の面目を立てようと決心したのです。彼は会員権を担保に融資を受けてフロアでトレードしました。彼の構想は予想された結果に終わり、彼の家族は今でも「行方不明の会員権」の話をします。

　自分自身のお金でトレードを習得するほうが賢明です。他人のお金を使う時期が到来するのは、自分のしていることを自覚した上でスキルを活用したくなるときです。金融システムには巨大な資金があふれていて、有能なマネーマネージャーを探しています。過去数年間の立派な実績を示したら、運用したいだけの金額が手に入ります。

　私のある友人は、工学の学位を取ったのですが、先物取引所のフロア係として就職しました。彼は数年かけてトレードを習得し、5万ドルを貯めたあとで仕事を辞め、フルタイムでトレードするようになりました。彼は本を書いたりクラスで少し教えたりしてアルバイトをしましたが、着実に年間50％の利益を上げながら絶えず苦闘していました。彼の利益は年に2万5000ドルありましたが、家賃を払い、食べて、時には新しいテニスのラケットと靴を買わなければならなかったのです。そんな状態が数年間続いたあと調子の悪い年があって損益ゼロになりました。彼は、そのときに、種銭にまで手をつけなければならなかった、つまり生活費を工面するためにトレーディング資金にまで手をつけなければならなかったのです。彼はそれで、大手の資金運用会社に当たってみました。

　その会社は、彼の実績をチェックして、5万ドルの追加資金を提供しました。彼は、その会社を通じて安い手数料でトレードし、運用資金によるあらゆる利益の20％は自分のものにすることになりました。彼は成果を上げ続け、会社は彼の運用資金を増やし続けました。数年間で彼の資金は1100万ドルになりましたが、そこでまた調子の悪い年があって18％の利益しか出ませんでした。彼は、昔だったら資金に手をつけたでしょうが、今度は計算が違っていました。1100万ドルの18％の利益はほぼ200万ドルになり、彼の取り分20％は40万ドルでした。

これは、彼が調子の悪い年に稼いだ額です。彼のトレーダーとしての実績はあまり変わらなかったのですが、彼の報酬のサイズは急騰しました。

他人のお金で非公式に、認可なしに、トレードを始めることができます。ただし、資金が一定額を超過すれば登録しなければなりません。株と先物では、監督機関がそれぞれ違うので、規則が異なります。

まず、口座の代理権の授与を依頼して、資金を引き出すことはできないが、トレードすることはできるようにします。登録を済ませたら、個別管理口座は得策ではありません。その所有者が各取引の取引確認伝票を受領して質問を浴びせるからです。すべての口座をひとつの合同資金にして、そのメンバーが月末にその合同資金の価値と各自の負け前が分かる1枚の計算書を受領するようにするほうが賢明です。

先物のマネーマネジャーを監督するのはNFA（全米先物協会）です。CTA（商品投資顧問業者）になるためには、フロアトレーダーでない場合は、シリーズ3と言われる試験に合格しなければなりません。株式市場のマネーマネジャーを監督するのはSEC（証券取引委員会）です。その試験は、シリーズ7と言われ、はるかに難関で多くの人は何カ月もかけて準備をします。

自由市場的な色彩の強いNFAはその会員が報奨金を請求することを認めています。これは、アメリカの弁護士が成功報酬で仕事をするのとほとんど同じです。マネーマネジャーが利益の20％を取るのは珍しくないことです。しかし、彼らは通常それで儲けるわけではありません。多くのマネーマネジャーは資産の1％か2％を管理手数料として請求します。5000万ドルの1％を徴収すれば、ただ好い顔をするだけで、年に50万ドルを得ることになります。そのうえで受け取るあらゆる成功報酬は、まったくのあぶく銭というわけです。

名門意識の勝るSECは報奨金を認めず、登録者が資産のほんの一部で満足することを強制しています。株式市場の資産は先物市場の資

産よりはるかに大きいので、その手数料はバカになりません。ミューチュアルファンドがいくら大々的に広告しても、その手数料はファンドの長期の業績の重要で決定的な要因なのです。バンガード・ファンドは、その低率手数料をいつも最大の売り物にしていますが、長期的にはやり手のマネーマネジャーの業績を常にしのいでいます。

　株式市場のマネーマネジャーは報奨金を禁じるSECの規制を回避する方法を見つけました。ヘッジファンドとして知られる投資対象を設定したのです。所得と資産の審査を通過したいわゆる適格投資家だけがヘッジファンドに投資を認められます。ヘッジファンドの責任者は通常は自分自身のお金をファンドに投入して先物市場の場合に匹敵する報奨金を受け取ります。ヘッジファンドの責任者は自分自身と顧客のお金をともにトレードします。ヘッジファンドがひとつのグループとしてはミューチュアルファンドをしのぐ業績を上げるのは、たぶん、そのためです。ヘッジファンドの責任者と彼らの間の資金の移動を追跡すれば、裕福な投資家向けの市場を追跡することになります。この経路をたどる場合は、必ず責任者が自己資産の何％をファンドに保有しているのか確かめます。成功するマネーマネジャーは3段階を経て成長します。多くの人はまず非公式に少数の小口の口座を運用します。それから登録し、運用資金は数百万ドルに達します。着実に利益を上げてドローダウンは軽度に済ませて5年間の実績を積める人は、主要な獲物——年金基金と寄付基金——を狙うことができます。このような資金を運営するようになる人は、プロのマネーマネジャーのなかでも真のエリートです。

第10章
トレーディングルームへようこそ
COME INTO MY TRADING ROOM

　優れたトレードは、資金管理で始まり資金管理で終わります。6％ルールは、そもそもトレードを仕掛けてもかまわないのかどうかを示します。それから、注文を入れる前に、2％ルールが仕掛けとストップの間の距離に基づいて、そのトレードの最大許容サイズを示します。その2つのルールに挟まれるのが市場分析です。この章では、その分析プロセスを明らかにしたいと思います。

　ショックなことに実は、"トレードの本を書く人はたいていトレードをしないのです。彼らは、精選された仮想事例の効果に頼って本をまとめるのです。実績を公開する義務があるのはマネーマネジャーだけです。私は、自分自身のお金をトレードしていて、物好きな人たちに自分の会計をすべて公開する必要はありません。しかし、みなさんは、私を信頼してこの本を買ってくれたのです。信頼はすべて相互的なものですから、私はお返しに自分のトレードを一部公開したいと思います。

　ここで、私が最近行ったトレードを少し紹介します。重要なことは、それらはすべてすでに手仕舞ったトレードであるということです。トレーダーが犯すかもしれない最悪なことのひとつは、未決済のトレードを公開してエゴをむき出しにし、意思決定プロセスを台無しにしてしまうことです。完結したトレードは過去のデータであり、人はそこ

から学ぶことができます。

　次のチャートを見れば、ひとりのトレーダーがどのように売買の判断をしたか分かります。私の場合は主にトリプルスクリーン・トレーディングシステム——長期の時間枠で戦略上の判断をし、短期の時間枠で作戦上の判断をすること——に基づいています。

　私がトレードを仕掛けるときは、常にそのチャートをプリントアウトして仕掛けるに至った主要なシグナルに印をつけます。トレードを手仕舞うときは、常にチャートを再度プリントアウトして仕切るに至ったシグナルに印をつけます。また、トレードの可能性を意識するようになった経緯、仕掛けと手仕舞いについての気持ちなどを数行書き留めることもあります。各トレードについて詳述しないようにして、主要な要因だけを手早く簡潔に記録します。

　私の日誌は、ハードカバーの螺旋綴じのアルバムで、私のトレーディングルームの本棚にあります。私は、ときどきその部屋で夜にひじ掛け椅子でくつろぎながら、自分のトレードをひとつひとつ見直します。楽しいページもあれば苦痛なページもありますが、すべて役に立ちます。

　トレードを探る場合、ここにあるのと同じパターンを見つけなければならないような気持ちは持たないでください。これは、ひとりのトレーダーの日誌から、最近数カ月のトレードを少しだけ抜粋したものにすぎません。また、トレーディングは非常に個人的なものであり、多様な人がゲームの多様な側面に反応します。マーケットで儲ける方法はいろいろあり、損をする方法はさらにいろいろあります。私の主な目的は、自分の日誌の一部を見せることによって、みなさんも刺激を受けてトレードを記録し、経験から学ぶようになることです。

日誌からの抜粋

　私のトレーディング日誌のチャートは、カラーで印刷して手で印をつけます。コメントは、簡潔に要約して余白に書きます。私は、出版原稿を用意するときに、チャートをカラーではなく白黒で印刷しなければなりませんでした。しかし、コメントはやや詳しく書いて分かりやすくしました。

　自分のトレーディング日誌を公開することは、秘めごとの最中に他人を招き入れるような感じがします。年齢を重ねるにつれて、ますます他人の目を気にしなくなります――自分の日誌を見せることなど、ほんの数年前には考えられなかったことです。

　ここで、大きな疑問がいくつかあります。私のトレードを見てどうするのか？　気軽にページをパラパラめくるのか？　ゆっくり調べて、各トレードのシグナルを評価するのか？　圧倒されるのか？　批判的に――特に不十分な成績のトレードについては――考えるのか？　私の最近6カ月のトレード記録をみなさんにゆだねる前に、ひとつだけ聞いておきたいことがあります。みなさんはこれから自分自身の日誌をつけますか？　私の実例がみなさんをその気にさせたら、私の目的は達成されます。

トレード1──シスコシステムズ(CSCO)の買い

株式市場は1年間下げ続けていて、最近数カ月は加速しています。このトレードの1カ月前のトレーダーズキャンプで、私は有名なエキスパートのゲスト講師に、深刻な経済・金融の悪化の底でどの会社がリードするか、つまり崩壊のなかでどの株を買うべきか、を尋ねました。彼の答えはバイオジェン(BGEN)、シスコシステムズ(CSCO)、そしてインターナショナル・ビジネス・マシンズ(IBM)でした。私はその3銘柄すべてを市場の週次スキャンに加えました。

図10.1 週足──仕掛け

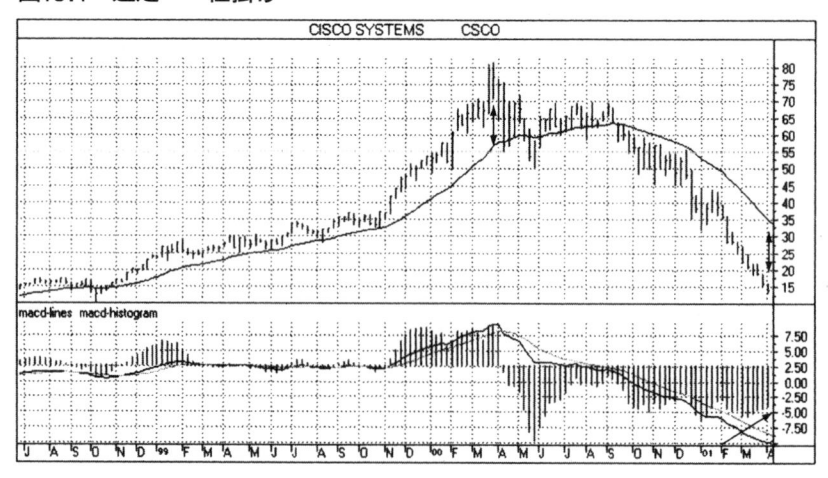

第10章●トレーディングルームへようこそ

図10.2　日足——仕掛け1

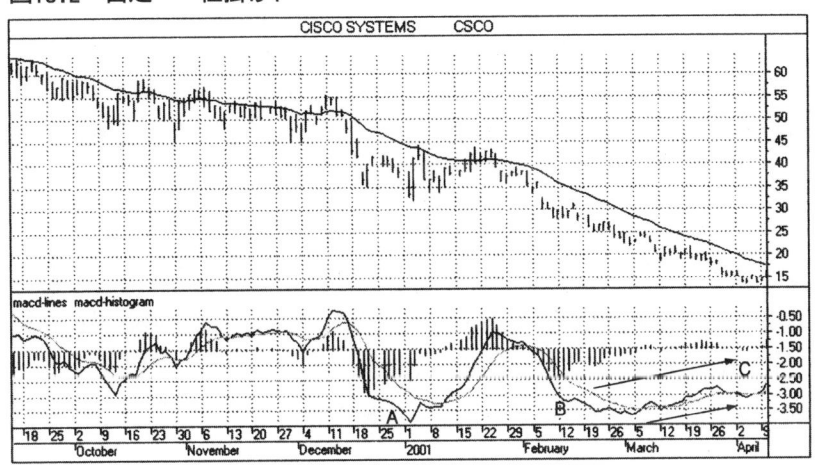

図10.3　日足——仕掛け2

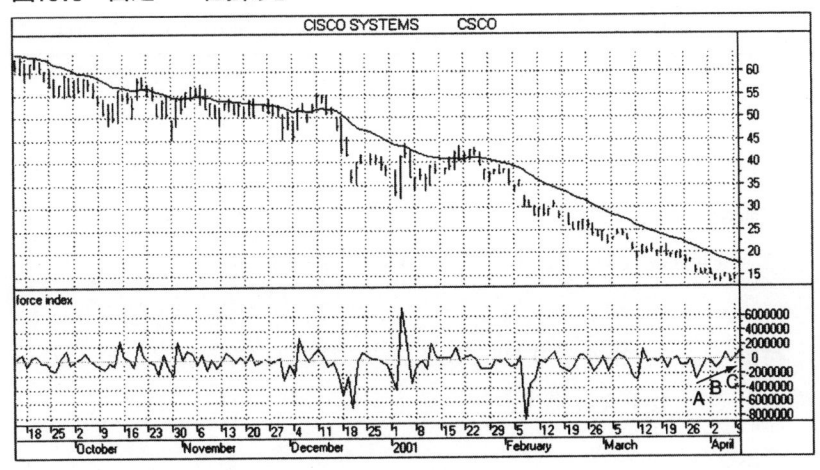

仕掛け

週足――CSCOは価値の85％を失いましたが、この会社は一部のバカげたドットコム企業と違って消滅することはありません。週足のトレーディングレンジは狭くなっていて、右端のバーは、１年前の10ドルのレンジと比較して、ほんの数ドルのレンジしかありません。これは、過度の投機が締め出された兆候です。右端で、週足のMACDヒストグラムが過去６週間上昇していて、強気です。週足の価格は、週足EMAのはるか下方で、2000年にその上方で天井だったころと対照的です（図中の矢印部分）。価格とEMAを結ぶ「ゴムバンド」が伸びすぎて、急上昇が迫っています。

日足――価格とMACDヒストグラムの間の圧倒的な強気の乖離。底Aにおけるベアの強さ、底Bにおけるベアの弱化、そして今、Cにおいて、価格ははるかに安いのに、ベアはほとんど勢力を持っていない、ことに注目します。しかも、めったにお目にかからない価格とMACDラインの間の強気の乖離がＢ－Ｃにあります。２日勢力指数と価格の間の三重の強気の乖離Ａ－Ｂ－Ｃは、価格を押し下げようとする最近の試みがすべて前よりも弱くなっていることを示しています。この乖離は、ベアが息切れしてブルがまさに支配権を握ろうとしていることを明らかにして、大声で買いを勧めているのです。

行動――2001年４月９日に13.91ドルで買い。ストップは直近の安値の下で13.18ドルに置く。

手仕舞い

日足——価格がEMAのやや上方まで急上昇し、売られ過ぎの状況を脱して、失速したように見えます。2日勢力指数は弱気の乖離A－Bを記録し、過去3日の上昇がその前の週より弱かったことを示しています。

行動——2001年4月20日に18.85ドルで買い玉を手仕舞い。トレードの評価は55％（9ポイントのチャネルから4.94ポイント取得）。

図10.4　手仕舞い

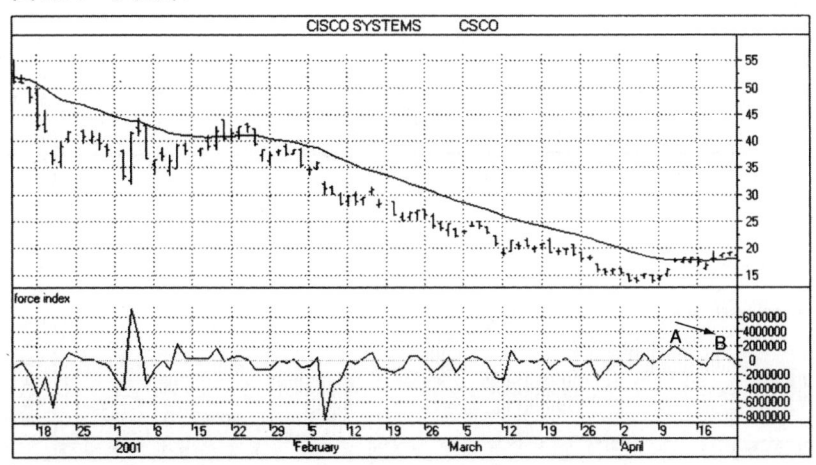

トレード2――グーローバル・クロッシング(GX)の買い

異なる株が互いに数日以内に同じようなパターンをたどることがしばしばあります。そのリーダー株の動きが分かれば、遅れて動く同様なパターンの株を探したらいいのです。ある友人が、株のことで電話してきて、自分の好みの数銘柄について私の意見を求めました。私は彼女の話からグーローバル・クロッシング(GX)に注意を向けるようになりました。そのパターンは著しくCSCOに似ていて、いつも私

図10.5　週足――仕掛け

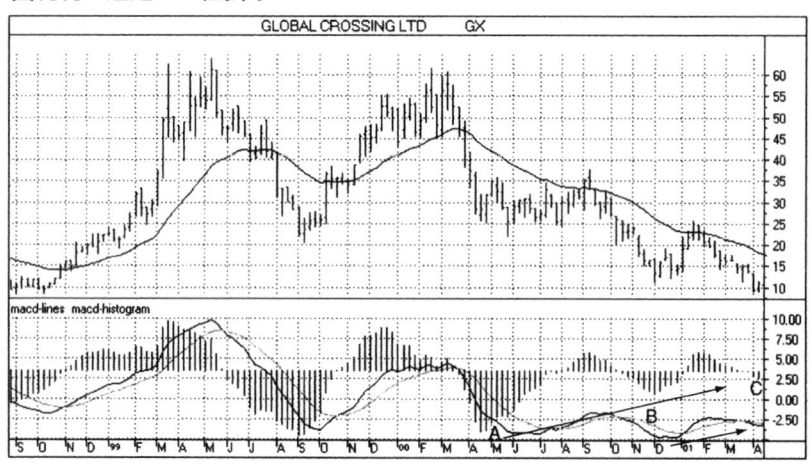

図10.6　日足──仕掛け1

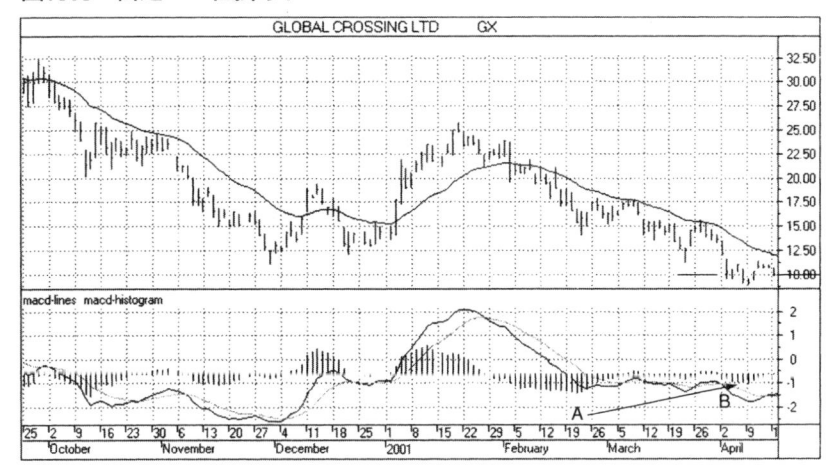

図10.7　日足──仕掛け2

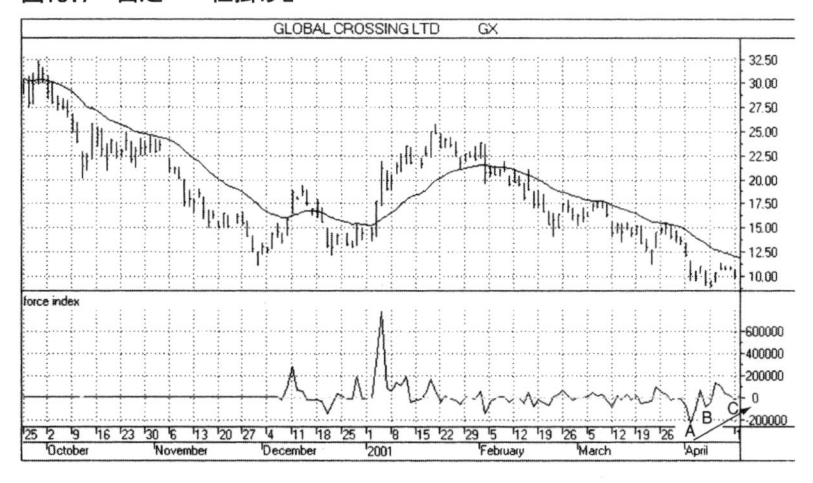

の有利に動いていました。

仕掛け

週足——GXは価値の80％を失いました。価格はかつてない深さで週足EMAを割り込み、10ドルの心理的サポートラインをかろうじて上回る水準です。MACDヒストグラム（A－B－C）とMACDライン（B－C）はともに圧倒的な強気の乖離を示しています。

日足——MACDヒストグラムとA－Bの価格の間の強気の乖離は、ベアが弱くなってきて、価格が慣性を脱しつつあり、大きな売り圧力がまったくないことを示しています。7営業日前に10ドルを割り込むダマシのブレイクアウトがあり、右端のバーが下落してそのレベルを再度試しています。前週のブレイクの底が論理的な損切りポイントになります。2日勢力指数が三重の強気の乖離A－B－Cを記録し、ベアがまったく勢力を持っていないことを示しています——明白な買いです。価格が急上昇してEMAを超えることが予想されます。

行動——2001年4月16日に10.05ドルで買い。ストップは直近の安値の下で8.76ドルに置く。

手仕舞い

日足——上昇が息切れしつつあり、価格は急上昇してEMAをわずかに超えています。2日勢力指数は弱気の乖離A－Bを記録し、右端の上昇が息切れしていることを示しています。

行動——2001年4月27日に11.47ドルで買い玉を手仕舞い。トレードの評価は24％（5.82ポイントのチャネルから1.42ポイント取得）。

図10.8　手仕舞い

トレード3——プロクター・アンド・ギャンブル（PG）の買い

　私は、2001年4月末に、カリフォルニアのリゾート地で週末ミニキャンプの授業をしました。私が自分の方法を示したあと、生徒が選んだ株にその方法を適用して大半の時間を過ごしました。その週末に私たちが分析した数十の株のうち、PGほど魅力的に見える株はほかにありませんでした。月曜日の朝に私はオンラインで買い注文を入れました。

図10.9

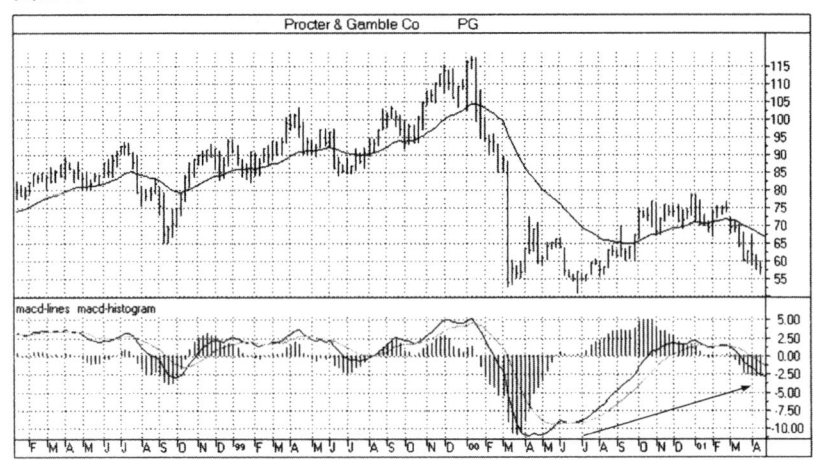

図10.10

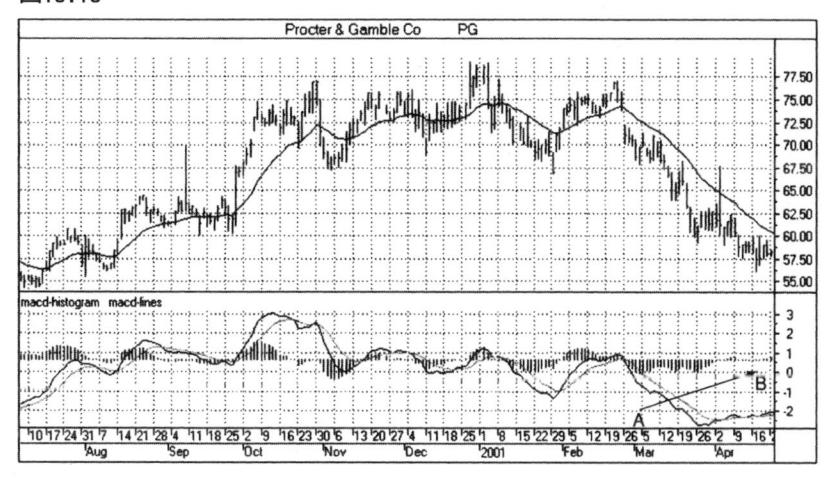

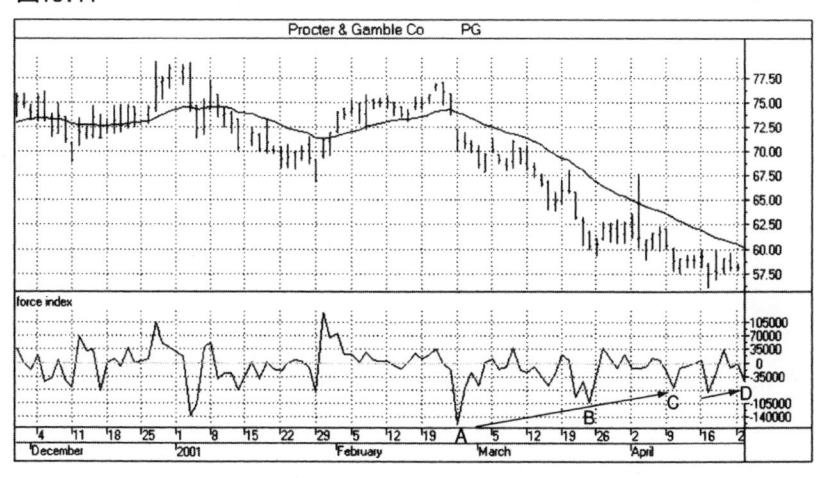

図10.11

仕掛け

　週足――価格はサポートラインまで下落し、週足MACDヒストグラムは強気の乖離を完結する寸前になっており、市場は上昇を見せています。

　日足――MACDヒストグラムの強気の乖離A－Bは、２番底Bが極めて浅く、ベアが完全に息切れしていることを示しています。２日勢力指数は、２月以来長期の強気の乖離A－B－C－Dと右端の短期の強気の乖離C－Dの両方で、引き金を引く最終指令を出しています。価格は少なくとも現在のラインを割り込んでいる分だけ、EMAの上へと上昇することが予想されます。

　行動――2001年４月23日に58.02ドルで買い。ストップは直近の安値の下で55.95ドルに置く。

手仕舞い

日足――右端で、価格が業績報告を受けてギャップアップがあり、私が62ドルで出していた継続注文は63ドルで執行されました。

行動――2001年5月1日に63ドルで買い玉を手仕舞い。トレードの評価は45％（10.83ポイントのチャネルから4.98ポイント取得）。

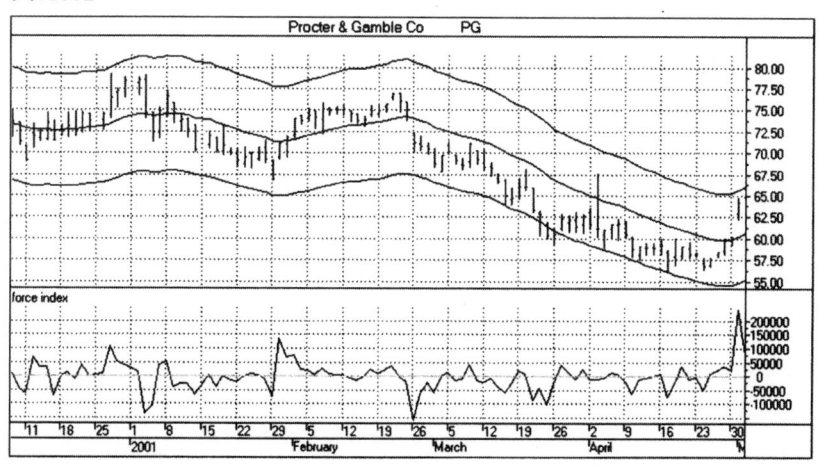

図10.12

トレード4——インパス（IMPH）の買い

　GXの件で電話してきた例の友人が、Eメールで、また別の1ダースほどの好みの銘柄について私の意見を求めてきました。私は、そのなかで、この株に最も注目しました。

図10.13

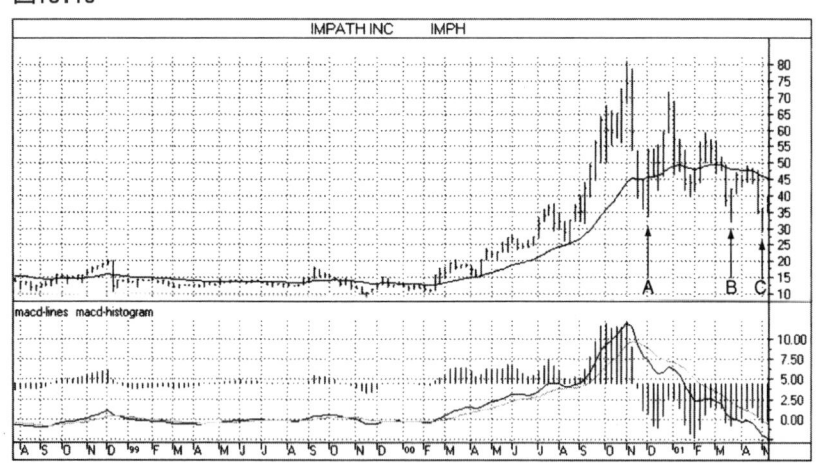

第10章●トレーディングルームへようこそ

図10.14

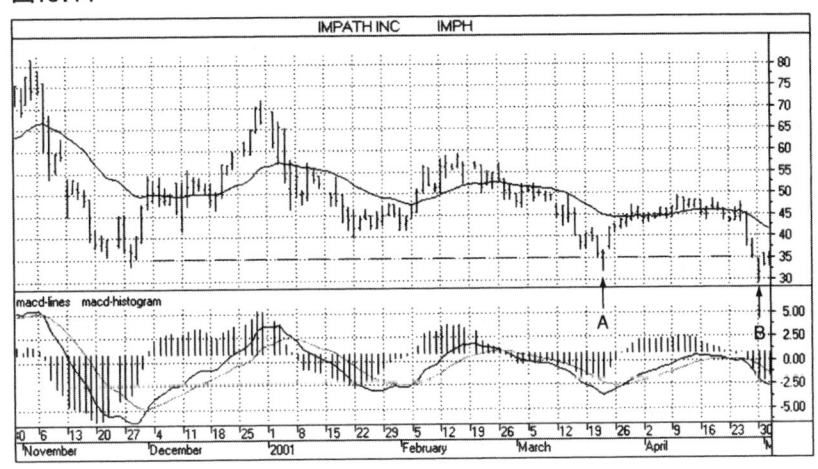

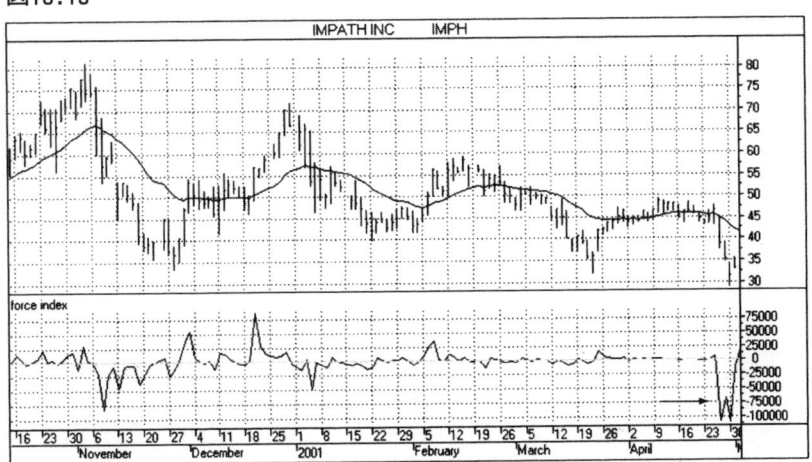

図10.15

409

仕掛け

週足——チャートの右端で、週足チャートではめったに見られないカンガルーテイルCが形成されています。前のテイルのAとBは直後に急上昇を引き起こしました。市場全体は強気です。

日足——価格は支持線のレベルで、カンガルーテイルBは日足チャートでも見られます。右端付近の勢力指数の深い底は大量の整理を反映しており、その整理は、価格が上昇してサポートラインを超えたので、終了したように思えます。価格はEMAまで急上昇すると予想されます。

行動——2001年5月2日に33.86ドルで買い。ストップはテイル半ばの30.50ドルに置く。

手仕舞い

日足——別の、今度は上向きのテイルが出現。予想されたEMAまでの上昇が発生しましたが、残念なことに、価格が後退して、そのレベルで利食いできませんでした。

行動——2001年5月8日に36.39ドルで買い玉を手仕舞い。トレードの評価は16％（16ポイントのチャネルから2.53ポイント取得）。

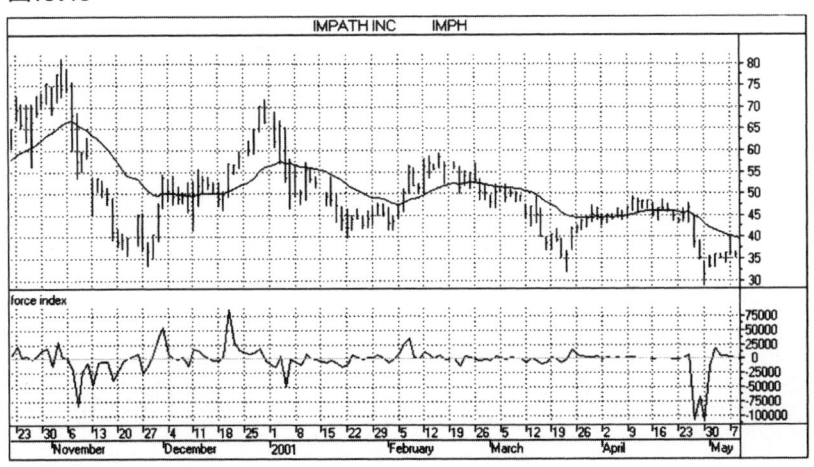

図10.16

トレード5——オーソドンティック・センターズ・オブ・アメリカ（OCA）の空売り

歯科医の友人が、彼の歯科会社を買収しようとしている会社を調べてほしいと私に依頼してきました。彼は、その会社の株を提示されていて、それが有利な取引かどうか分からなかったのです。私にはまったく逆に見えました。

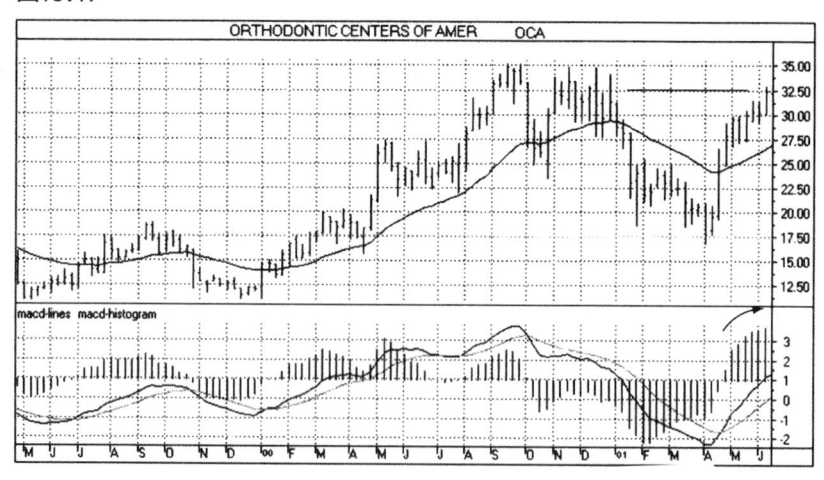

図10.17

第10章●トレーディングルームへようこそ

図10.18

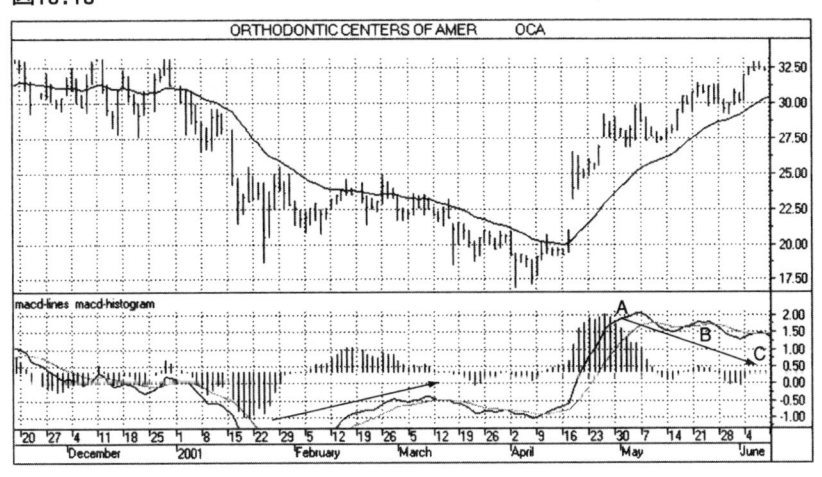

図10.19

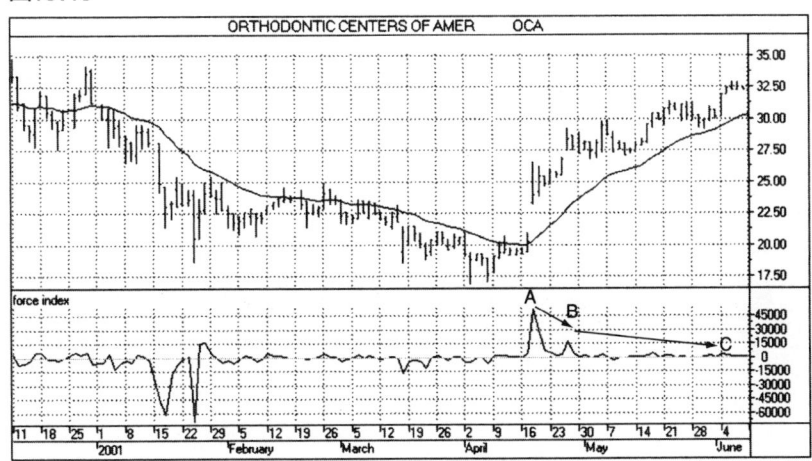

仕掛け

　週足――上昇は重いレジスタンスにぶつかり、週足MACDヒストグラムは、右端で平坦になって、上昇の終了が近いことを示しています。

　日足――MACDヒストグラムとMACDラインと勢力指数の日計に圧倒的な弱気の乖離（それぞれのA－B－C）が発生。先週の極めて小さいレンジはブルが市場から後退したことを示していて、この上昇のレジスタンスは強固です。だから、空売りしてセーフゾーンストップを置く計画です。

　行動――2001年6月11日に32.21ドルで空売り。逆指値は33.49ドルに置く。

手仕舞い

日足——EMA付近に強力なサポートがあって価格は崩壊せず、右端の直近の上昇でセーフゾーンストップにヒットしました。

行動——2001年6月28日に31.46ドルで空売りを買い戻し。トレードの評価は11％（7ポイントのチャネルから0.75ポイント取得）。

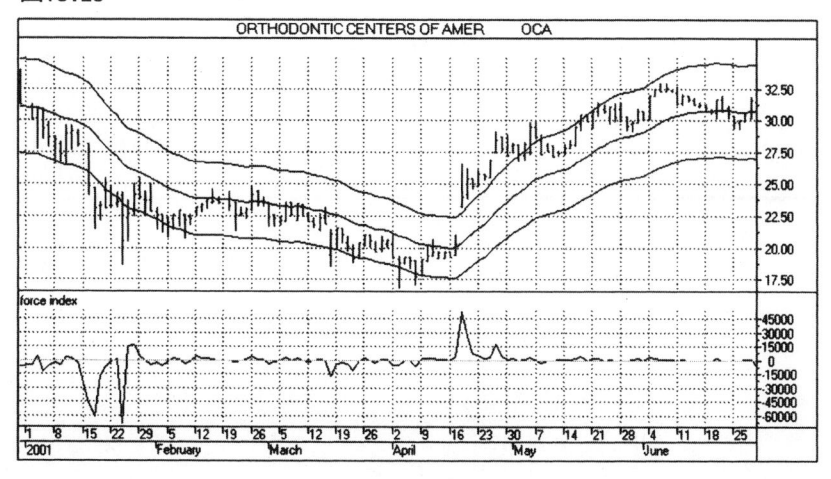

図10.20

トレード6──イーベイ（EBAY）の空売り

　市場が2001年夏に「さらに重く」なって多くの株が崩壊していたとき、私は、当時定期的なスキャンリストにあったEBAYに、このトレードを見つけました。

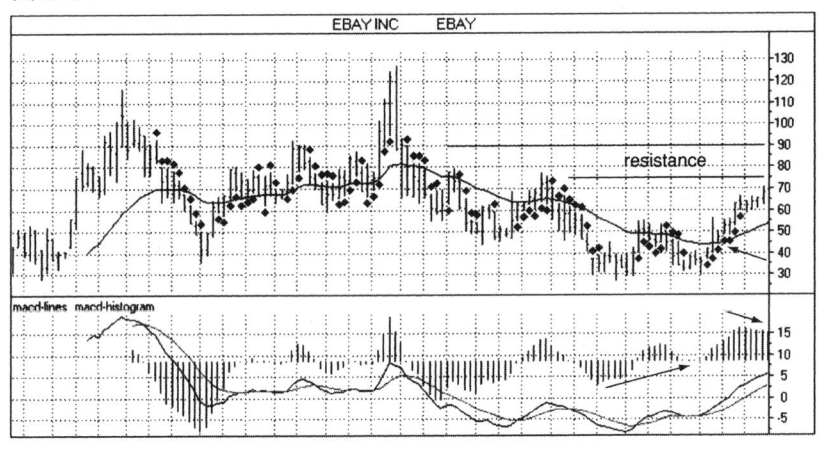

図10.21

第10章●トレーディングルームへようこそ

図10.22

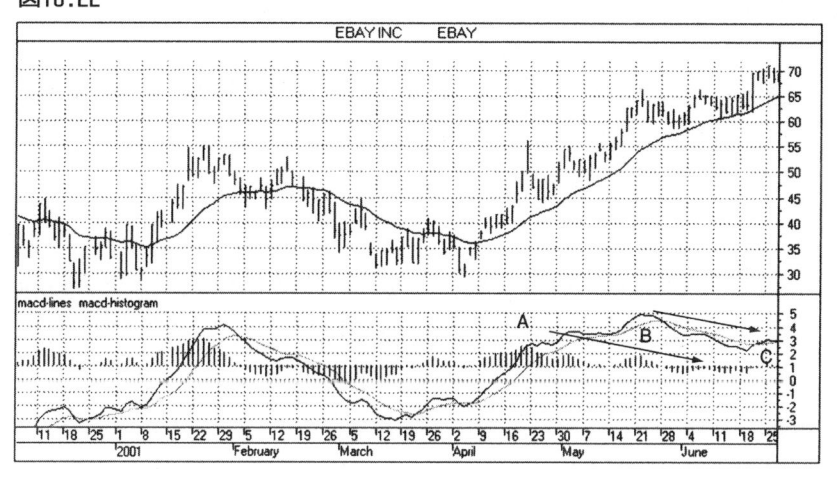

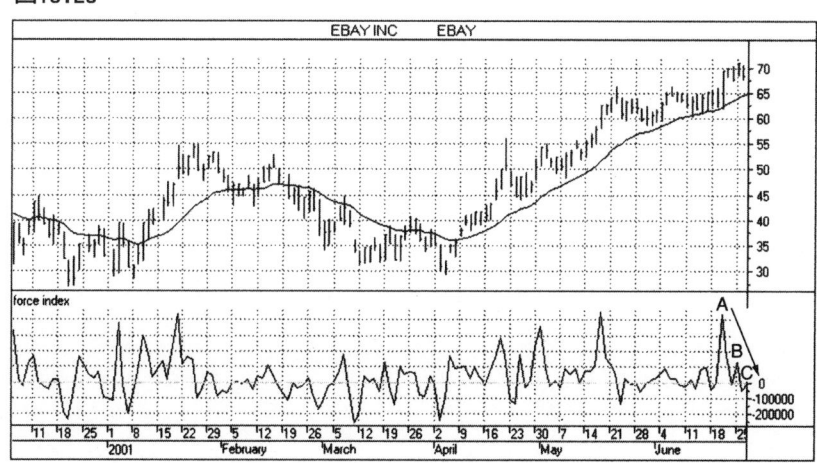

図10.23

417

仕掛け

週足――上昇はレジスタンスにぶつかり、週足MACDヒストグラムは過去4週間下げています。衝動システムは、ポイントAを最後に、もはや買いシグナルを点滅させず、空売りを容認しています。

日足――圧倒的な弱気の乖離が、価格とMACDヒストグラムの間（A－B－C）と、珍しいことに価格とMACDラインの間（B－C）に発生。チャートの右端で、三重の弱気の乖離（A－B－C）が勢力指数と価格の間に発生して、引き金を引くシグナルを出しています。だから、空売りしてセーフゾーンストップを置く計画です。

行動――2001年6月25日に69ドルで空売り。ストップは72.51ドルに置く。

手仕舞い

日足──価格は崩壊して、EMAを割り込み、その深さは前にEMAを超えていた分におおよそ相当しました。勢力指数はほぼ下限に達して、空売りを買い戻す時期です。

行動──2001年7月11日に59.34ドルで空売りを買い戻し。トレードの評価は42％（23ポイントのチャネルから9.79ポイント取得）。

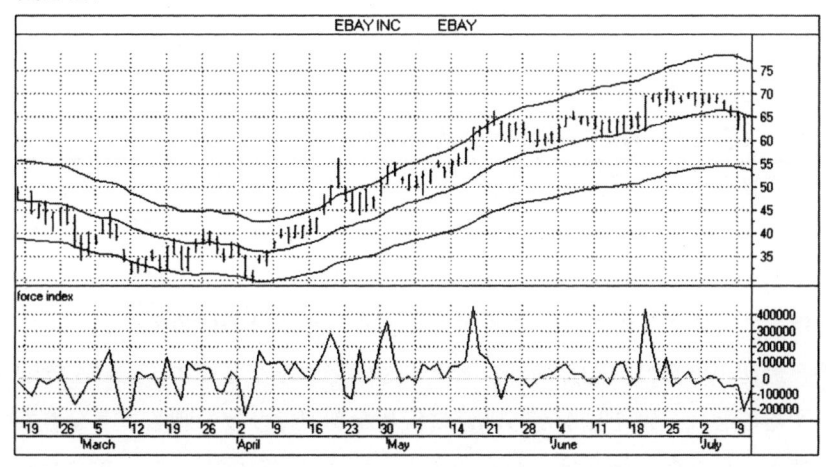

図10.24

次のトレード

　私は、20年間のトレーディングと3年間の執筆を経てこの本を完成しました。困難な作業でしたが、楽しい行程でした。読者は、流し読みではなく研究しながら読んだ人は特に、きつい本だと感じたでしょう。執筆のレベルは多岐に及び、1回読むだけでその発想や概念を完全に把握することはたぶん無理だと思います。何カ月も何年もたつうちに、専門知識が増えて新たな疑問がわいてきたら、またこの本を開いていろいろな章を読み直してください。
　長い間みなさんと一緒に過ごしてきましたが、ここで進路が分かれます。
　私は思いを達成して、トレーディングに関する考え方を要約しました。ワープロから開放されて、大好きなこと、特にトレーディングと旅行に熱中します。もっと時間を割いてスクリーンに向かい、遠隔地に旅行し、十分インターネット接続ができる場合は、そこからトレードして、2つの興味を結びつけたいと思います。
　みなさんは、どうしますか？
　みなさんは、心理、テクニカル分析、資金管理、記録保持について学習してきました。真剣に成功したいと思うなら、学習したことの適用に着手することです。みなさんに、うってつけの仕事です。
　最初の作業は、記録管理システムを設定することです。記録を管理することは、鏡を見ながら非常に鋭利な剃刀でひげを剃るようなものです。見ながら剃るほうが安全です。私は、記録管理について熱心に話しながら、ある患者をAA（匿名アルコール依存症患者の会）に行かせたことを思い出します。その患者は、私に、AAの集会のためにアルコール依存症患者としてはだめになってしまったと言いました。酔っ払ったところで、もはや、まったく面白くなくなったのです。記録管理にも同じ効果があります——衝動的なギャンブルに対する免疫

性を与えるのです。

　次のステップは資金管理計画を立てることです。その管理計画に従って、トレーディング計画を書き留め、意思決定木にします。いったんそうすれば、トレーディングの群衆とは逆の方向へ進むことになります。この本やほかの本で読むことは何でも検証することです。どんな方法でも自分のものにするためには、検証するしかないのです。

　大きな報酬を得ることに全力を注ぐ人たちは、たいてい無理をしてしまいます。小口のトレードで、もっとリラックスして学習過程を楽しむほうが賢明です。そうすれば、裕福になるし、またより機敏になり、自覚が深まり、さらに自由になって、葛藤を覚えることもなくなります。

　私はこの道を進み、自分で選択し、自分の苦悩と闘い、だまされやすい初心者から自覚を備えた人間に成長してきました。長い行程は多難ではありましたが、その経験も報酬も時間をかけるだけの価値があるものです。

　この本を終えても、みなさんとお別れするわけではありません。私がトレーダーズキャンプを続けるかぎり、出席者は一緒に1週間かけてトレードに取り組むこともできます。この本で述べた新たなアイデアはすべて、まず私の生徒のみなさんに提示されたものであり、この本も彼らに捧げます。

　私は、この本を書くにあたって最善を尽くし、出し惜しみしたものは何もありません。みなさんは専心努力して優れたトレーダーになってください。私は自分のトレーディングルームに戻り、みなさんの成功を祈っています。

　2002年2月　ニューヨークにて
　　　　　　　　　　　　　　　アレキサンダー・エルダー博士

謝辞

　このページを書きながら、デザートを食べているような心地がしています。この本に取り組むこと3年余り、その間に助力をいただいたみなさんに対し、ここで感謝申し上げたいと思います。

　まず、私がこの本を捧げた生徒のみなさん、ありがとう。私は、この数年間トレーダーズキャンプを続け、マーケットでも屈指の鋭敏で研究好きな人たちと友人になりました。彼らの質問のおかげで、私はさらに深く問題を掘り下げ、アイデアを明確にして透明度を高めざるを得なかったのです。今に至るまで、マンハッタンの私のアパートで行われる生徒のみなさんの集会が月例のハイライトのひとつになっています。

　私は、スタッフのみなさんに、とりわけマネジャーのイナ・フェルドマンに感謝したいと思います。私は、旅行中や海外でトレードするとき、安心して彼女に私の顧客のことを任せています。

　フレッド・シュツマンは、私の誠実な旧友ですが、貴重な時間を割いて原稿のすべてに目を通し、その鋭い眼でいくつも見落としを見つけてくれました。フレッドは、私の旧著『投資苑』（パンローリング刊）も同じように見直してくれたのです。私は、その出版パーティーの席で、彼に私のアシスタントマネジャーをしていた女性を紹介しました。彼らはデートするようになり、結婚し、昨年3人目の子供が生まれました。フレッドは素晴らしい家庭を持っていますが、それは、彼の勤勉がもたらした思いがけないボーナスだったのです。

　親友のルー・テイラーは、私が『投資苑』を献呈した人ですが、この本が完成する1年以上前に亡くなりました。彼の賢明なアドバイスは極めて貴重なものでした。彼のいない次の出版パーティーは、ポッカリ穴が開いたように感じることでしょう。

長女のミリアムは、パリでジャーナリストをしていますが、原稿の編集を手伝ってくれました。私が彼女の宿題を直してあげてまだ間もないように思えるのに、今度は彼女が私の原稿に赤ペンを入れています。彼女の英語とその文体は申し分のないものです。あの宿題が功を奏したようです。

　次女のニカは、ニューヨークの美術史家ですが、非常に鋭い審美眼を持っていて、この本のジャケットのデザインを製作しました。彼女は、フォントの選択やほかのいろいろなアドバイスもして、本の体裁と感触の向上に当たってくれました。

　２人の娘は、末っ子のダニーとともに、仕事を離れてリラックスする機会を何度も与えてくれました。私は３人を連れてよく旅行に出かけました。子供たちがベニス、フィジー、ニュージーランド、その他の旅行先で朝寝を楽しんでいる間、私は、喫茶店でこの本の仕事をして、そのあとみんなでスキーや美術館めぐりをして１日を過ごしました。

　私の前のマネジャーで、私の旧著をすべて編集したキャロル・キーガン・ケインは、この本の組み見本を見直してくれました。私のどんな本も彼女の承認なしにはけっして完成に至らないことを承知しています。

　旧友のテッド・ボナーノは、本を出すことで最もストレスのたまる部分——出版契約の交渉——から私を隔離してくれました。テッドは漕艇のオリンピックコーチです（少し前に彼はシドニーオリンピックへ行き、私は聖なる３週間の間、彼のジムへ近寄りませんでした）。私たちは一緒に運動し、走ったりウエートを持ち上げたりしながら仕事の話をするのは愉快でした。

　最後になってしまいましたが、この本の執筆中に世界のあちこちで滞在した海岸、山、シティハウスの大勢の友人に感謝したいと思いま

す。その多くの人たちがトレーダーでしたから、私が歓待に応じて披露した見識がみなさんのお役に立てばと願っています。

　2002年2月　ニューヨークにて
　　　　　　　　　　　　　　　アレキサンダー・エルダー博士

参考文献

数字の書籍は日本で刊行、または刊行予定の本です。

Achelis, Steven. *Technical Analysis from A to Z* (New York: McGraw-Hill, 1995).
Appel, Gerald. *Day-Trading with Gerald Appel* (video) (New York: Financial Trading, 1989).
①Basso, Thomas F. *Panic-Proof Investing* (New York: John Wiley & Sons, 1994).
Belveal, L. Dee. *Charting Commodity Market Price Behavior* (1969) (Homewood, IL: Dow Jones Irwin, 1989).
②Bernstein, Peter L. *Against the Gods* (New York: John Wiley & Sons, 1996).
Bloom, Howard. *The Lucifer Principle* (New York: Atlantic Monthly Press, 1995).
Briese, Stephen E. *The Inside Track to Winning* (video) (New York: Financial Trading, 1993).
Brower, William. Personal communication.
Caplan, David. *Trade Like a Bookie* (Oxnard, CA: Com-Op Publishing, 1995).
Chande, Tushar S., and Stanley Kroll. *The New Technical Trader* (New York: John Wiley & Sons, 1994).
Dominguez, Joe, and Vicki Robin. *Your Money or Your Life* (New York: Penguin Books, 1992).
Douglas, Mark. *The Disciplined Trader* (New York: New York Institute of Finance, 1990).
③Douglas, Mark. *Trading in the Zone* (Englewood Cliffs, NJ: Prentice-Hall, 2001).
④Edwards, Robert D., & John Magee. *Technical Analysis of Stock Trends* (1948) (New York: New York Institute of Finance, 1992).
Ehlers, John. Personal communication.
⑤Ehlers, John. *Rocket Science for Traders* (New York: John Wiley & Sons, 2001).
Elder, Alexander. *Rubles to Dollars* (New York: New York Institute of Finance, 1999).
⑥Elder, Alexander. *Study Guide for Come Into My Trading Room* (New York: John Wiley & Sons, 2002).

⑦ Elder, Alexander. *Study Guide for Trading for a Living* (New York: John Wiley & Sons, 1993).

Elder, Alexander. *Trading at the Right Edge* (video) (New York: Financial Trading, 1996).

⑧ Elder, Alexander. *Trading for a Living* (New York: John Wiley & Sons, 1993).

Elder, Alexander. *Winning Psychology and Tactics* (video) (New York: Financial Trading, 1999).

Friedentag, Harvey Conrad. *Options—Investing without Fear* (Chicago: International Publishing, 1995).

Gleick, James. *Chaos* (New York: Viking Penguin, 1987).

Guppy, D. Personal communication.

⑨ Hagstrom, Robert G., Jr. *The Warren Buffett Way* (New York: John Wiley & Sons, 1995).

Hartle, Thom. *Talking with "Turtle" Russell Sands* (Stocks & Commodities. 1992; 10(12): 544–548).

Hieronymus, Thomas A. *Economics of Futures Trading* (New York: Commodity Research Bureau, 1971).

Hurst, J. M. *The Profit Magic of Stock Transaction Timing* (Englewood Cliffs, NJ: Prentice-Hall, 1970).

Kaufman, Perry J. *Smarter Trading* (New York: McGraw-Hill, 1995).

LeBeau, Charles. Personal communication.

⑩ LeBeau, Charles, and David W. Lucas. *Technical Traders Guide to Computer Analysis of the Futures Market* (New York: McGraw-Hill, 1991).

Leigh, Norman. *Thirteen against the Bank* (London: Weidenfeld, 1976).

⑪ LeFevre, Edwin. *Reminiscences of a Stock Operator* (New York: George H. Doran Company, 1923).

⑫ Lynch, Peter. *One Up on Wall Street* (New York: Simon & Schuster, 1989).

McMillan, Lawrence G. *Options as a Strategic Investment*, 3rd ed. (New York: New York Institute of Finance, 1999).

Murphy, John J. *Technical Analysis of the Financial Markets* (Englewood Cliffs, NJ: Prentice-Hall, 1999).

⑬ Natenberg, Sheldon. *Option Volatility and Pricing* (New York: McGraw-Hill, 1994).

Nison, Steve. *Japanese Candlestick Charting Techniques* (New York: New York Institute of Finance, 1991).

Perry, Roger. Personal communication.

Perry, Roger. RightLine Report—Stock Splits and Momentum Trading (a presentation in the Traders' Camp, January 2001).

Schabacker, Richard W. *Technical Analysis and Stock Market Profits* (London: Pearson Professional, 1997).

⑭ Schwager, Jack D. *Market Wizards* (New York: HarperBusiness, 1990).

⑮ Schwager, Jack D. *Technical Analysis of the Futures Markets* (New York: John Wiley & Sons, 1995).
⑯ Schwager, Jack D. *The New Market Wizards* (New York: HarperBusiness, 1992).
Steidlmyer, J. Peter, and Kevin Koy. *Markets & Market Logic* (Chicago: Porcupine Press, 1986).
Sweeney, John. *Campaign Trading* (New York: John Wiley & Sons, 1996).
Teweles, Richard J., and Frank J. Jones. *The Futures Game*, 3rd ed. (New York: McGraw-Hill, 1998).
⑰ Tharp, Van K. *Trade Your Way to Financial Freedom* (New York: McGraw Hill, 1998).
⑱ Thorp, Edward O. *Beat the Dealer* (New York: Vintage Books, 1966).
Vince, Ralph. *Portfolio Management Formulas* (New York: John Wiley & Sons, 1990).
⑲ Wilder, J. Welles, Jr. *New Concepts in Technical Trading Systems* (Greensboro, SC: Trend Research, 1976).

① 『成功者への道——ウォール街実践投資マニュアル』トム・バッソ著(ラジオたんぱ)
② 『リスク』ピーター・バーンスタイン著(日本経済新聞社)
③ 『ゾーン——相場心理学入門』マーク・ダグラス著(パンローリング)
④ 『アメリカの株価分析——チャートによる理論と実際』ロバート・エドワーズ&ジョン・マギー著(東洋経済新報社)
⑤ 『ロケット工学投資法——サイエンスがマーケットを打ち破る』ジョン・エーラース(パンローリング)
⑥ 『投資苑2 Q&A』アレキサンダー・エルダー著(パンローリング)
⑦ 『投資苑がわかる203問』アレキサンダー・エルダー著(パンローリング)
⑧ 『投資苑』アレキサンダー・エルダー著(パンローリング)
⑨ 『株で富を築くバフェットの法則』ロバート・ハグストローム著(ダイヤモンド社)
⑩ 『テクニカル・トレーダーズ・ガイド・トゥ・コンピューター・アナリシス・オブ・ザ・フューチャー・マーケット』チャールズ・ルボーとデビッド・ルーカス著(パンローリング近刊予定)
⑪ 『欲望と幻想の市場——伝説の投機王リバモア』エドウィン・ルフェーブル著(東洋経済新報社)
⑫ 『ピーター・リンチの株で勝つ——アマの知恵でプロを出し抜け』ピーター・リンチとジョン・ロスチャイルド著(ダイヤモンド社)
⑬ 『オプション・ボラティリティ・アンド・プライシング』シェルドン・ナッテンバーク著(パンローリング近刊予定)
⑭ 『マーケットの魔術師——米トップトレーダーが語る成功の秘訣』ジャック・シュワッガー著(パンローリング)
⑮ 『シュワッガーのテクニカル分析』ジャック・D・シュワッガー著(ラジオたんぱ、パンローリング発売)
⑯ 『新マーケットの魔術師——米トップトレーダーが語る成功の秘密』ジャック・シュワッガー著(パンローリング)
⑰ 『魔術師たちの心理学——トレードで生計を立てる秘訣と心構え』バン・K・タープ著(パンローリング)
⑱ 『ディーラーをやっつけろ!』エドワード・ソープ著(工学社)
⑲ 『ワイルダーのテクニカル分析入門——オシレーターの算出法とその売買シグナル実践法』ウエルズ・ワイルダー著(パンローリング)

著者について

アレキサンダー・エルダー医学博士は、プロのトレーダーで、現在ニューヨーク在住。『投資苑』(パンローリング刊)と『投資苑がわかる203問』(パンローリング刊)の著者。この2冊はトレーダーの間で現代の古典とみなされ、1993年の初版以来、世界的なベストセラーになり、日本語、中国語、オランダ語、フランス語、ドイツ語、ギリシャ語、ハングル語、ポーランド語、ロシア語に翻訳されている。ロシアの変容に関する本である『ルーブルズ・トゥー・ドラーズ (Rubles to Dollars)』の著者でもある。

エルダー博士は、旧ソ連のレニングラード生まれ。エストニアで育ち、16歳で医学部に進学する。23歳で、船医の仕事をしていたとき、アフリカでソ連の船から逃亡し、アメリカに政治亡命。精神分析医としてニューヨークで開業し、コロンビア大学で教鞭もとる。精神科医としての経験からトレーディングの心理を独自に洞察する。著書や記事やソフトの批評を通じて、今や屈指のエキスパートトレーダーとしてゆるぎがない。

エルダー博士は、引っ張りだこの講演者であり、トレーダーズキャンプ——1週間のトレーダー向け講習会——の創設者である。『投資苑2』の読者は、書面か、電話の申し込みによって、エルダー博士の電子ニュースレターの無料購読歓迎。

> Financial Trading, Inc.
> P.O.Box 20555,Columbus Circle Station
> New York, NY 10023, USA
> Tel. 718-507-1033; fax 718-639-8889
> e-mail : info@elder.com
> website : http://www.elder.com/

■著者紹介
アレキサンダー・エルダー博士(Alexander Elder, M.D.)
レニングラードに生まれ、エストニアで育った。16歳で医学部に進学し、23歳のとき船医として立ち寄ったアフリカで逃亡、アメリカに政治亡命した。ニューヨーク市で精神科医として診療を行うかたわら、コロンビア大学で教鞭も取っている。さらには精神科医としての経験を生かしてトレーダー心理に関するユニークな洞察を発表している。エルダー博士はその著作、記事、ソフトウエアの批評を通じてトレーディングの第一人者のひとりとして知られるようになった。エルダー博士は多忙な講演活動の一方、トレーダーズキャンプと呼ばれる1週間のトレーディングセミナーも主宰している。

■監修者紹介
長尾慎太郎(ながお・しんたろう)
東京大学工学部原子力工学科卒。日米の銀行、投資顧問会社などを経て、現在は運用プログラムの開発を手掛ける。クオンツアプローチによるシステムトレードを専門とする。訳書に『魔術師リンダ・ラリーの短期売買入門』『タートルズの秘密』『新マーケットの魔術師』『マーケットの魔術師【株式編】』『デマークのチャート分析テクニック』(いずれもパンローリング刊、共訳)、監修に『ワイルダーのテクニカル分析入門』『ゲイリー・スミスの短期売買入門』『ロスフックトレーディング』『間違いだらけの投資法選び』『私は株で200万ドル儲けた』『バーンスタインのデイトレード入門』『究極のトレーディングガイド』(いずれもパンローリング刊)など、多数。

■訳者紹介
山中和彦(やまなか・かずひこ)
英会話学校のティーチング・スタッフおよび予備校の英語講師を経て、現在は自営業。相場は学生時代から相当に打ち込んでおり、『投資苑2』を翻訳しながら原著者の精神科医エルダー氏の精神分析を受けているような臨場感があった。

2003年8月20日　初版第1刷発行	
ウィザードブックシリーズ㊼	
投資苑 2	
とうしえん	
トレーディングルームにようこそ	

著　者	アレキサンダー・エルダー
監　修	長尾慎太郎
訳　者	山中和彦
発行者	後藤康徳
発行所	パンローリング株式会社
	〒160-0023　東京都新宿区西新宿7-21-3-1001
	TEL 03-5386-7391　FAX 03-5386-7393
	http://www.panrolling.com/
	E-mail info@panrolling.com
編　集	エフ・ジー・アイ (Factory of Gnomic Three Monkeys Investment) 合資会社
装　丁	新田"Linda"和子
印刷・製本	大日本印刷株式会社

ISBN4-7759-7017-8

落丁・乱丁本はお取り替えします。
また、本書の全部、または一部を複写・複製・転訳載、および磁気・光記録媒体に
入力することなどは、著作権法上の例外を除き禁じられています。

Ⓒ Kazuhiko Yamanaka　2003　Printed in Japan

トレーディング・投資業界に一大旋風を巻き起こしたウィザードブックシリーズ!!

ウィザードブックシリーズ①
魔術師リンダ・ラリーの短期売買入門
ウィザードが語る必勝テクニック　基礎から応用まで

リンダ・ブラッドフォード・ラシュキ＆
ローレンス・コナーズ著
本体28,000円＋税

ウィザードブックシリーズ②
ラリー・ウィリアムズの短期売買法
投資で生き残るための普遍の真理

ラリー・ウィリアムズ著
本体9,800円＋税

ウィザードブックシリーズ③
タートルズの秘密
最後に勝つ長期トレンド・フォロー型売買

ラッセル・サンズ著
本体19,800円＋税

ウィザードブックシリーズ④
バフェットからの手紙
世界一の会社が見たこれから伸びる会社、滅びる会社

ローレンス・A・カニンガム著
本体1,600円＋税

ウィザードブックシリーズ⑤
カプランのオプション売買戦略
優位性を味方につけ市場に勝つ方法

デビッド・L・カプラン著
本体7,800円＋税

ウィザードブックシリーズ⑥
ヒットエンドラン株式売買法
超入門　初心者にもわかるネット・トレーディングの投資術

ジェフ・クーパー著
本体17,800円＋税

ウィザードブックシリーズ⑦
ピット・ブル
チャンピオン・トレーダーに上り詰めたギャンブラーが語る実録「カジノ・ウォール街」

マーティン・"バジー"・シュワルツ著
本体1,800円＋税

ウィザードブックシリーズ⑧
トレーディングシステム徹底比較　第2版

ラーズ・ケストナー著
本体19,800円＋税

ウィザードブックシリーズ⑨
投資苑
心理・戦略・資金管理

アレキサンダー・エルダー著
本体5,800円＋税

ウィザードブックシリーズ⑩
賢明なる投資家
割安株の見つけ方とバリュー投資を成功させる方法

ベンジャミン・グレアム著
本体3,800円＋税

発行●パンローリング株式会社

トレーディング・投資業界に一大旋風を巻き起こしたウィザードブックシリーズ!!

ウィザードブックシリーズ⑪
売買システム入門
相場金融工学の考え方→作り方→評価法

トゥーシャー・シャンデ著
本体7,800円+税

ウィザードブックシリーズ⑫
オニールの成長株発掘法
良い時も悪い時も儲かる銘柄選択をするために

ウィリアム・J・オニール著
本体2,800円+税

ウィザードブックシリーズ⑬
新マーケットの魔術師
米トップトレーダーが語る成功の秘密

ジャック・D・シュワッガー著
本体2,800円+税

ウィザードブックシリーズ⑭
マーケットの魔術師【株式編】
米トップ株式トレーダーが語る儲ける秘訣

ジャック・D・シュワッガー著
体2,800円+税

ウィザードブックシリーズ⑮
魔術師たちのトレーディングモデル
テクニカル分析の新境地

リック・ベンシニョール編
本体5,800円+税

ウィザードブックシリーズ⑯
カウンターゲーム
幸福感の絶頂で売り、恐怖感の真っただ中で買う「逆張り投資法」

アンソニー・M・ガレア&ウィリアム・パタロンⅢ世著
本体2,800円+税

ウィザードブックシリーズ⑰
トレードとセックスと死
相場とギャンブルで勝つ法

ジュエル・E・アンダーソン著
本体2,800円+税

ウィザードブックシリーズ⑱
マーケットの魔術師
米トップトレーダーが語る成功の秘訣

ジャック・D・シュワッガー著
本体2,800円+税

ウィザードブックシリーズ⑲
グリーンブラット投資法
M&A、企業分割、倒産、リストラは宝の山

ジョエル・グリーンブラット著
本体2,800円+税

ウィザードブックシリーズ⑳
オズの実践トレード日誌
全米ナンバー1デイトレーダーの記録公開

トニー・オズ著
本体5,800円+税

発行●パンローリング株式会社

トレーディング・投資業界に一大旋風を巻き起こしたウィザードブックシリーズ!!

ウィザードブックシリーズ㉑
投資参謀マンガー
世界一の投資家バフェットを陰で支えた男

ジャネット・ロウ著
本体2,800円+税

ウィザードブックシリーズ㉒
賢人たちの投資モデル
ウォール街の伝説から学べ

ニッキー・ロス著
本体3,800円+税

ウィザードブックシリーズ㉓
ツバイク　ウォール街を行く
株式相場必勝の方程式

マーティン・ツバイク著
本体3,800円+税

ウィザードブックシリーズ㉔
賢明なる投資家【財務諸表編】
企業財務が分かれば、バリュー株を発見できる

ベンジャミン・グレアム&
スペンサー・B・メレディス著
本体3,800円+税

ウィザードブックシリーズ㉕
アームズ投資法
賢明なる投資は出来高を知ることから始まる

リチャード・W・アームズ著
本体6,800円+税

ウィザードブックシリーズ㉖
ウォール街で勝つ法則
株式投資で最高の収益を上げるために

ジェームズ・P・オショーネシー著
本体5,800円+税

ウィザードブックシリーズ㉗
ロケット工学投資法
サイエンスがマーケットを打ち破る

ジョン・F・エーラース著
本体6,800円+税

ウィザードブックシリーズ㉘
インベストメント・スーパースター
ヘッジファンドの素顔とその驚異の投資法

ルイ・ペルス著
本体2,800円+税

ウィザードブックシリーズ㉙
ボリンジャーバンド入門
相対性原理が解き明かすマーケットの仕組み

ジョン・ボリンジャー著
本体5,800円+税

ウィザードブックシリーズ㉚
魔術師たちの心理学
トレードで生計を立てる秘訣と心構え

バン・K・タープ著
本体2,800円+税

発行●パンローリング株式会社

トレーディング・投資業界に一大旋風を巻き起こしたウィザードブックシリーズ!!

ウィザードブックシリーズ㉛
マーケットニュートラル投資の世界
ヘッジファンドの投資戦略

ジョセフ・G・ニコラス著
本体5,800円+税

ウィザードブックシリーズ㉜
ゾーン
相場心理学入門

マーク・ダグラス著
本体2,800円+税

ウィザードブックシリーズ㉝
トビアスが教える投資ガイドブック
賢いお金の使い方、貯め方、殖やし方

アンドリュー・トビアス著
本体2,800円+税

ウィザードブックシリーズ㉞
リスクバジェッティング
実務家が語る年金新時代のリスク管理

レスリー・ラール編
本体9,800円+税

ウィザードブックシリーズ㉟
NO BULL（ノーブル）
天才ヘッジファンドマネジャー　マイケル・スタインハルトの自叙伝

マイケル・スタインハルト著
本体2,800円+税

ウィザードブックシリーズ㊱
ワイルダーのテクニカル分析入門
オシレーターの売買シグナルによるトレード実践法

J・ウエルズ・ワイルダー・ジュニア著
本体9,800円+税

ウィザードブックシリーズ㊲
ゲイリー・スミスの短期売買入門
ホームトレーダーとして成功する秘訣

ゲイリー・スミス著
本体2,800円+税

ウィザードブックシリーズ㊳
マベリック投資法
巨万の富を築くための10原則

ダッグ・ファビアン著
本体2,800円+税

ウィザードブックシリーズ㊴
ロスフックトレーディング
最強の「押し/戻り」売買法

ジョー・ロス著
本体5800円+税

ウィザードブックシリーズ㊵
ウエンスタインのテクニカル分析入門
ブルでもベアでも儲けるプロの秘密

スタン・ウエンスタイン著
本体2800円+税

発行●パンローリング株式会社

ウィザードブックシリーズ㊾
私は株で200万ドル儲けた

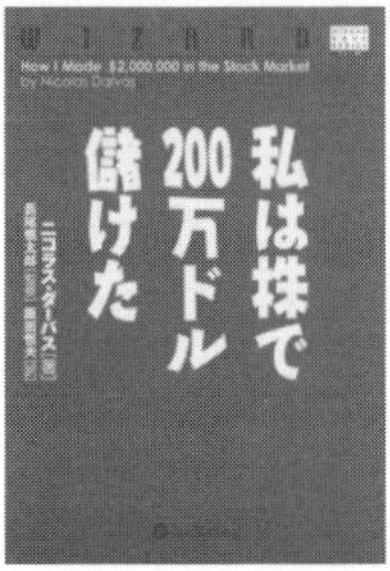

著者●ニコラス・ダーバス／監修●長尾慎太郎
A5判ソフトカバー・280ページ／定価2,200円＋税

ウォール街が度肝を抜かれた伝説の「ボックス理論」！
一介のダンサーがわずかな元手をもとに、200万ドルの資産を築いた手法！

原書名：How I Made $2,000,000 in the Stock Market

ISBN4-7759-7010-0 C2033

ウィザードブックシリーズ㊿
投資苑がわかる203問

著者●アレキサンダー・エルダー／訳者●清水アキオ
A5判ソフトカバー・280ページ／定価2,800円＋税

初心者に最適なテクニカル分析（心理・戦略・資金管理）の
完全征服問題集！

原書名：Study Guide for Trading for a Living : Psychology, Trading Tactics, Money Management

ISBN4-7759-7011-9 C2033

ウィザードブックシリーズ(51)
バーンスタインのデイトレード入門

著者●ジェイク・バーンスタイン／監訳●長尾慎太郎
A5判上製本・336ページ／定価7,800円＋税

あなたも「完全無欠のデイトレーダー」になれる！
デイトレーディングの奥義と優位性がここにある！

原書名：The Compleat Day Trader : Trading Systems, Strategies, Timing Indicators, and Analytical Methods

ISBN4-7759-7012-7 C2033

ウィザードブックシリーズ(52)
バーンスタインのデイトレード実践

著者●ジェイク・バーンスタイン／監訳●長尾慎太郎
A5判上製本・312ページ／定価7,800円＋税

デイトレードのプロになるための「勝つテクニック」や
「日本で未紹介の戦略」が満載！

原書名：The Compleat Day Trader II

ISBN4-7759-7013-5 C2033

発行●パンローリング株式会社

ウィザードブックシリーズ㊼

ターナーの短期売買入門
3日から3週間で最大の利益を手にする法

著者●トニ・ターナー／訳者●古河みつる
A5判ソフトカバー・448ページ／定価本体2,800円＋税

全米有数の女性トレーダーが奥義を伝授！
自分に合ったトレーディング・スタイルでがっちり儲けよう！

原書名：A Beginner's Guide to Short-Term Trading

ISBN4-7759-7014-3 C2033

ウィザードブックシリーズ㊾

究極のトレーディングガイド
全米一の投資システム分析家が明かす「儲かるシステム」

著者●ジョン・R・ヒル／ジョージ・プルート／ランディ・ヒル
監修●長尾慎太郎／訳者●関本博英
A5判上製本・416ページ／定価本体4,800円＋税

短期トレンドのとらえ方とは？　使えるトレーディングシステムとは？
マネーマネジメントのテクニックとは？　利益につながる数々のパターンとは？

原書名：The Ultimate Trading Guide

ISBN4-7759-7015-1 C0033

ウィザードブックシリーズ㊿

コーポレート・リストラクチャリングによる企業価値の創出
倒産と再建、バイアウト、企業分割のケーススタディ

著者●スチュアート・C・ギルソン／訳者●関本博英
A5判上製本・600ページ／定価本体7,800円＋税

リストラは市場価値を引き上げる打ち出の小槌
13社の経営不振企業を一変させたリストラ策とは……

原書名：Creating Value Through Corporate Restructuring

ISBN4-7759-7016-X C2033

ウィザードブックシリーズ㊿

投資苑2
トレーディングルームにようこそ

著者●アレキサンダー・エルダー／監修●長尾慎太郎／訳者●山中和彦
A5判上製本・440ページ／定価本体5,800円＋税

エルダーの最新アイデアを盛り込んだ『投資苑』アップデート版
氏はどこで仕掛け、どこで手仕舞いしたのか──そのすべてが明らかに

原書名：Come Into My Trading Room : A Complete Guide to Trading

ISBN4-7759-7017-8 C2033

発行●パンローリング株式会社

いますぐトレーダーズショップにアクセスしてみよう!

1 インターネットに接続して http://www.tradersshop.com/ にアクセスします。インターネットだから、24時間どこからでもOKです。

2 トップページが表示されます。画面の左側に便利な検索機能があります。タイトルはもちろん、キーワードや商品番号など、探している商品の手がかりがあれば、簡単に見つけることができます。

3 ほしい商品が見つかったら、**お買い物かご**に入れます。お買い物かごにほしい品物をすべて入れ終わったら、一覧表の下にある**お会計**を押します。

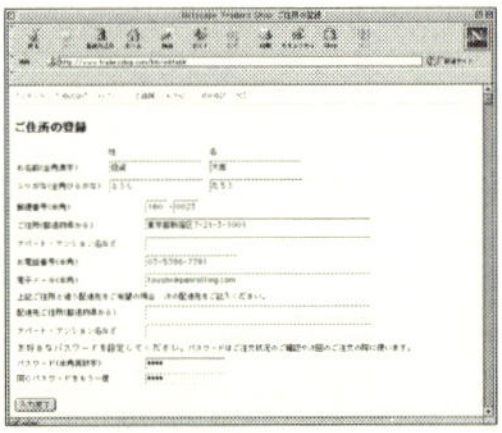

4 はじめてのお客さまは、配達先等を入力します。お支払方法を入力して内容を確認後、**ご注文を送信**を押して完了(次回以降の注文はもっとカンタン。最短2クリックで注文が完了します)。送料はご注文1回につき、何点でも全国一律250円です(1回の注文が2,800円以上なら無料!)。また、代引手数料も無料となっています。

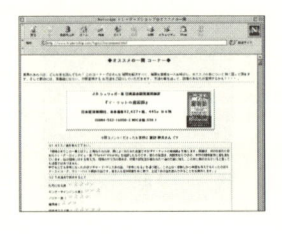

5 あとは宅配便にて、あなたのお手元に商品が届きます。
そのほかにもトレーダーズショップには、投資業界の有名人による「私のオススメの一冊」コーナーや読者による書評など、投資に役立つ情報が満載です。さらに、投資に役立つ楽しいメールマガジンも無料で登録できます。ごゆっくりお楽しみください。

かんばる投資家の強い味方、24時間オープンの投資専門店です。

パンローリングの通販サイト「トレーダーズショップ」は、個人投資家のためのお役立ちサイト。書籍やビデオ、道具、セミナーなど、投資に役立つものがなんでも揃うコンビニエンスストアです。街の本屋さんにない商品がいっぱい。さあ、成功のためにがんばる投資家は、いますぐアクセスしよう。

http://www.tradersshop.com/

投資に役立つ楽しいメールマガジンも無料で登録できます。
http:// www.tradersshop.com/back/mailmag/

お問合わせは **Pan Rolling** パンローリング株式会社
〒160-0023 東京都新宿区西新宿7-21-3-1001 TEL.03-5386-7391 FAX.03-5386-7393
http://www.panrolling.com/ E-Mail info@panrolling.com